불교사 연구총서 ❶

불교 근대화의 전개와 성격

대한불교조계종 교육원 불학연구소 편

조계종 출판사

불교근대화의 전개와 성격

| 격 려 사 |

　불교에는 理의 영역과 事의 영역이 있습니다. 理는 불교의 존재 및 불교를 존립, 발전시키는 역할을 구분하여 지칭하는 개념입니다. 세부적으로 제시하면 불교의 교리, 사상 그리고 그것을 공부하고 수행하여 부처님의 가르침을 널리 펴는 것이 理의 분야입니다. 이에 반해 事는 국가 및 사회와의 관계, 불교의 재산과 문화재를 관리하고 외호하여 불교가 존속, 유지될 수 있는 역할을 하는 분야입니다. 불교가 정상적으로 발전하려면 理와 事의 분야가 정체성을 유지하면서도 양측의 역할과 입장이 잘 조화를 이루어야 한다고 봅니다.
　이러한 성격은 불교학의 경우에도 적용된다고 봅니다. 불교학의 연구 경향은 불교의 교리, 교학, 사상을 중점적으로 연구하는 흐름과 불교의 역사, 교단, 사회와의 관계 등을 중점적으로 연구하는 흐름이 있습니다. 이러한 敎學 연구와 佛敎史 연구는 각각의 연구 방법이 있으나 지향하는 목적은 동일하다고 볼 수 있습니다. 그런데 그간 한국 불교학계에서는 전자의 교학적인 분야를 우선하여 연구를 한 경향이 적지 않았습니다. 이러한 불균형의 연구 경향은 그 나름의 원인이 있겠지만, 교학 연구와 불교사 연구가 균형을 이루어야 한다는 대의명분에서 보면 시정되어야 할 대목입니다.

특히 종단의 최일선에서 근무를 하다 보니, 더욱 그러한 아쉬움을 진하게 느끼고 있었습니다. 그런데 이런 문제를 인식한 저희 교육원의 불학연구소의 소장님을 비롯한 연구원들이 그 타개책을 제시하였던 것입니다. 즉 불학연구소 내에 불교사연구위원회를 설립, 가동시키고 불교사 분야의 교수님들에게 연구비를 제공하여 귀중한 연구 성과를 도출하고, 이렇게 첫 번째 성과물을 펴내게 되었습니다. 그간 연구소 소임자들은 부족한 연구자금을 외부 후원을 통해 해결하였고, 훌륭한 연구 성과의 도출을 위한 지원 활동을 하였습니다.

이제 불교사 연구의 역사적인 첫출발에서 불학연구소의 그간의 활동에 격려의 말씀을 드리고, 연구에 동참하신 연구위원님들이 노고에도 감사의 말씀을 드립니다.

2006년 12월
대한불교조계종 교육원장 청 화

| 발 간 사 |

한국불교의 근대사는 긍정적인 면과 더불어 수많은 난관과 부끄러움을 가지고 있었다. 그는 조선 후기의 산중불교에서 도회지불교, 대중불교로 전환하면서 나타난 고뇌와 좌절, 그리고 일제에게 나라를 빼앗김으로 인한 식민지불교 체제가 바로 그것이었다. 당시 불교인들은 식민지 불교 체제를 극복하면서 불교의 대중화를 기해야만 하는 역사적 과제를 떠안고 있었던 것이다.

그런데 지금까지 쓰여진 근대 불교사는 이러한 당시 상황을 객관적으로 조명하지 못한 한계를 가지고 있다 하겠는데, 왜색불교·친일불교라는 지칭 및 수식이 바로 그것이다. 이러한 수식과 연관된 그간의 연구에는 근대불교를 지나치게 비하한 학대적인 관점이 구현되었다. 역사는 객관적인 입장에서 사실에 근거하여 서술해야 함에도 불구하고 이러한 관점은 근대 불교사 이해에 장애물로 작용하고 있다. 물론 호교적인 지나친 옹호도 바른 역사 이해에 장애로 기능되는 것을 부인하지는 않는다. 그렇기 때문에 이제는 지난날의 자기비하적 관점에서 벗어나 다양한 관점과 객관적 시각에서 당시 역사를 균형적으로 이해, 서술해야 된다고 본다. 이러한 역사 이해가 현 불교계의 정체성 파악 및 확립 그리고 미래의 비전 제시에 필수적이라 보기 때문이다.

　한편, 대한불교조계종 교육원의 불학연구소에서는 조계종의 종지, 종풍을 재점검하기 위하여 다양한 연구 작업을 수행하였다. 그 일환으로 몇 년 전에는 『조계종사』를 펴내 종단의 역사와 정체성을 점검하였다. 그러나 『조계종사』의 발간은 종단 역사 찾기의 완성이 아니라 이제 시작이었음을 의미하는 것이었다. 이러한 배경에서 조계종 교육원 불학연구소에서는 조계종의 종단사를 비롯한 한국불교사를 보다 심층적으로 연구, 분석하는 전문 연구위원회 구성의 필요성을 절감하였다.

　이에 불학연구소는 한국불교사 분야의 관련 교수, 전문가를 중심으로 '불교사연구위원회'를 구성하였으며, 2006년 2월에 위촉식을 갖고 본격적인 작업에 들어갔다. 그 결과 불학연구소와 연구위원들은 2006년도 불교사 연구위원회의 연구 과제를 개항기부터 8·15해방까지의 한국불교와 조계종이라는 대주제를 설정하고, 각 연구위원이 그에 관련된 세부 주제를 선택하여 연구하기로 하였다. 이어 2006년 9월 1~2일에는 그 연구 성과를 발표하는 워크숍을 개최하여 연구의 수준을 진작하기 위한 활동을 수행하였다.

　이번에 발간하는 본서, 『불교 근대화의 전개와 성격』은 위에서 요약, 정리한 불학연구소 불교사연구위원회의 첫 번째 연구 보고서인 것이다. 본 연구서에 포함된 개화기 사찰, 불교교단의 변천, 사찰령과 사법, 불교혁명론, 중앙불전, 수좌대회, 조계종의 종조·법통 인식, 근대불교학, 불교의 타종교 인식 등은 근대불교사의 큰 흐름에서 볼 때 매우 중요한 테마들이다. 하지만 거세게 그리고 새롭게 변화하는 근대의 시기에서 불교는 어떠한 고민과 대응을 하였으며, 구체적으로 어떤 활동을 수행하였는가에 대한 검토는 매우 미진하였다. 1941년에 등장한 조선불교 조계종의 개요 및 성격도 이러한 근대화와 연관해서 검토되지 못하였다. 또한 1941년의 조계종은 대한불교 조계종의 전신임에도 불구하고 그 계승의식도 뚜렷하지 못하다. 때문에 이러한 역사인식에 대한 비판과 출범의 기반에 연관된 사회·문화적 검토는 배제할 수 없는 작업인 것이다. 다시 말하지만 이러한 작업들이야말로 현 조계종의 방향 설정 내지는 불교가 한국사회를 이끌어 갈 수 있는 새로운 지평을 열어주리라 확신한다.

이러한 의미를 갖고 있는 본서가 나오기까지에는 많은 분들의 정성과 후원에 힘입은 바가 크다. 우선 바쁘신 가운데에도 불구하고 연구위원회에 동참하고, 논문까지 집필해 주신 연구위원들에게 고마움을 감출 수가 없다. 다음으로는 본 사업의 취지를 이해하고 적지 않은 후원을 베풀어주신 조계사 주지 원담 스님, 도선사 주지 혜자 스님, 봉은사 전 주지 원혜 스님께 깊은 감사의 말씀을 드린다.

불학연구소와 불교사연구위원회는 매년 이런 작업을 거쳐 의미 있는 성과물을 불교계 내외에 제공할 예정이다. 아무쪼록 본 저술이 한국불교사, 조계종단사의 재정립과 발전에 일정 부문 기여되기를 바라면서 이상 발간사에 대하고자 한다.

2006년 12월
대한불교조계종 교육원 불학연구소장 현 종

차 례

격려사 ·· 4

발간사 ·· 6

개화기 사찰의 조직과 운영 | 한상길 ·· 11

근대 불교 종단의 성립 과정 | 김순석 ··· 47

寺刹令 체제의 역사적 배경과 의미 | 한동민 ·································· 93

권상로의 「朝鮮佛教革命論」 | 김종인 ··· 135

조선불교 禪宗과 首座大會 | 김광식 ··· 161

中央佛教專門學校의 開校와 學風 | 황인규 ··································· 199

일제강점기 불교계의 宗名 변화와 宗祖·法統 인식 | 김상영 ········ 235

근대 한국불교의 타종교 인식 | 이재헌 ··· 267

대한시대 불교학 연구의 지형도 | 고영섭 ····································· 299

개화기 사찰의 조직과 운영

한상길 | 동국대학교 불교문화연구원 연구교수

Ⅰ. 머리말

Ⅱ. 개화기 사찰의 소식
   1. 19세기 말의 승직
   2. 國內寺刹現行細則의 규정

Ⅲ. 개화기 사찰의 운영
   1. 시주활동
   2. 경제활동

Ⅳ. 맺음말

Ⅰ. 머리말

한국불교사의 연구에 있어서 19세기 말은 未踏의 시기이다. 조선은 건국의 이념을 유학으로 표방하면서 불교를 배척의 대상으로 삼았고, 이후 지속적으로 척불정책을 시행하였다. 그 결과 조선 중기 이후 19세기 말까지 불교계는 종단조차 없는 無籍의 통불교로서 명맥을 유지하였다.

불교사에 대한 관심이 고대, 중세의 불교 盛行時代에 집중되면서 침체 혹은 쇠퇴의 조선시대에 대한 연구는 저조할 수밖에 없었다. 이러한 과정에서도 조선불교에 대한 몇몇의 연구가 시도되었지만, 대부분 억불정책의 시행과정, 왕실의 불교신앙, 의승군의 활약, 그리고 유불논쟁 등에 국한되었다. 그런데 최근 들어 조선불교의 다양한 분야에 대한 다각적인 연구가 이루어지고 있다. 예를 들면 신앙과 의식을 기반으로 서민불교의 실상을 이해하거나, 寺刹契를 통해 경제적 어려움을 극복하는 과정, 그리고 寺誌와 眞言集 등의 간행을 통해 신앙과 사상의 흐름을 규명하는 노력들이다.[1]

---

1) 洪潤植,「朝鮮後期 佛敎의 信仰儀禮와 民衆佛敎」,『韓國佛敎史의 硏究』, 敎文社, 1988.
 吳京厚,『朝鮮後期 僧傳과 寺誌의 編纂 硏究』, 동국대 사학과 박사학위 논문, 2002.
 南希叔,『朝鮮後期 佛書刊行 硏究－眞言集과 佛敎儀式集을 中心으로－』, 서울대 국

이러한 연구들은 공통적으로 조선불교에 대한 기존의 이해와 차이를 보인다. 비록 억불의 시대에서 수난을 겪었지만, 지속적으로 생존을 모색하면서 大河와 같은 내재적 발전을 모색하던 시기라는 평가이다. 침체와 쇠퇴의 부정적 입장에서 긍정적 관점으로 전환하기까지는 보다 다양한 분야에 대한 심도 깊은 논의가 필요하다. 초보적 수준이지만 이러한 변화는 새로운 연구 시각과 방법론을 확대해 나갈 수 있다는 점에서 바람직한 현상이라고 하겠다.

그런데 19세기 말의 불교에 관해서는 일본불교와의 관계를 제외하면 연구가 거의 전무하다시피 하다. 근본원인은 이 시기가 근대불교로 이행하는 과도기적 시기라는 섬에 있는 듯하다. 개항을 전후하여 일본불교가 침투하면서 불교계는 변화에 휩싸였고, 1902년 寺社管理署가 출범하여 불교는 국가의 직접적인 관리 하에 편제되었다. 이러한 일련의 변화와 정책에 관심이 집중되면서 일본불교의 활동을 침략정책의 일환으로 귀결지었고, 자연스럽게 1910년 이후의 식민지 정책으로 연결시켰던 것이다. 결국 불교사의 연구가 조선 후기에서 20세기로 훌쩍 뛰어넘어버린 원인이 여기에 있는 것이다.

19세기 말은 불교사의 시대구분에서 근대불교가 시작하는 시기이다.[2] 시기상으로는 1876년의 개항을 전후한 시대를 말한다. 흔히 '개항기 불교', '구한말의 불교', '開化 격동기의 불교' 등으로 부르는데 적합한 용어조차 설정되지 못한 실정이다. 본고에서는 이 시기의 불교를 '開化期 佛敎'로 표현하고자 한다.

개화기는 주지하듯이 1870년대 이후 박규수와 오경석 등이 개화

사학과 박사학위 논문, 2004.
韓相吉, 『조선후기 불교와 寺刹契』, 景仁文化社, 2006.

사상을 형성하고, 근대화를 위해 헌신하였던 시기를 말한다. 그리고 개항기는 1876년 강화도 조약에 의해 일본의 강압적 개항이 이루어지던 前後시대를 지칭한다. 따라서 개항기의 의미 속에는 타율성이 포함되어 있다고 생각된다. 개항 이후 우리의 역사는 주권을 상실하고 식민지화되었으므로 개항은 비극적 역사의 출발점이기도 하다. 역사학의 연구에 있어서 민족주의적 관점은 때로 국수주의의 愚를 범하기도 하지만, 주체적 사관을 정립한다는 의미에서 보면 매우 중요한 역사관이다. 이러한 맥락에서 개화사상은 실학의 실사구시, 경세치용 사상을 한층 발전시킨 주체적 사상이다. 신사상과 신문물의 수용을 통해서 조선왕조를 근대화시킨다는 선구적 사상으로서 근대사의 개막을 앞당겼다. 이와 같이 개항과 개화는 같은 19세기 후반을 지칭하지만, 역사의 주체적 입장에서 볼 때 이 시대의 불교를 개화기 불교로 명명하는 것이 옳다고 생각된다.

개화사상의 형성과 실천에 있어서 불교의 역할이 대단히 컸음은

---

2) 한국불교사에서 근대불교가 언제부터 시작하는가의 기점에 관한 문제는 다음의 표와 같이 연구자에 따라 견해가 약간씩 다르지만 공통적으로 1870년 이후라고 규정한다.

근대불교의 기점에 관한 견해

시기	연구자	근거	전거
1877	金淳碩	일본불교의 별원 포교 시작	「한국 근대불교의 시작은 언제일까」, 『법보신문』, 2006. 5. 24.
1895	徐景洙	도성출입 해금	「開化思想家와 佛敎」, 『崇山朴吉眞博士古稀記念 韓國宗敎思想史』, 원광대 출판부, 1984.
1895	金敬執	도성출입 해금	「近代佛敎의 硏究現況과 課題」, 『한국종교사연구』 7, 한국종교사학회, 1999.
1897	金煐泰	대한제국 성립	『韓國佛敎史槪說』, 경서원, 1986.
1899	朴敬勛	元興社 창건	『불교근세백년』, 개정판, 민족사, 2002.

널리 알려진 사실이다. 개화사상의 鼻祖라고 하는 오경석과 유대치 등의 초기 개화사상가에게 불교 사상은 평등과 민권의 이념을 제공하였고, 이동인과 무불 등은 승려로서 개화사상의 실천에 뛰어들었던 것이다. 개화사상가와 함께 정치와 외교의 일선에서 활약했던 이러한 불교계의 흐름은 일찍이 볼 수 없었던 새로운 변화였다. 억불의 시대 도성출입마저 금지되었던 불교계가 개화사상가에게 개혁과 근대화의 이념을 제시하고 나아가 그 실천에 헌신하였다는 것은 불교사의 전개에서 중요한 의미를 지닌다. 즉 근대불교의 萌芽를 여기서 찾을 수 있을 것이다.[3]

이와 같은 19세기 말의 불교를 개항기 불교라고 규정하면 이는 1876년의 개항 전후의 불교에 국한되고, 내용상으로는 일본불교의 침투에 따른 불교계의 변화 등에만 집중하게 된다. 그러나 개화기 불교는 조선 후기 불교의 내재적 역량을 토대로 개화사상을 형성하고, 마침내 근대불교의 씨앗을 싹틔웠다는 발전적 의미를 나타내는 것이다.

개화기 불교는 구체적으로 1870년 무렵부터 1910년까지의 40년 정도를 가리킨다.[4] 그런데 이 시기의 불교에 대한 연구는 1900년을 전후하여 일제강점기까지가 주요 대상이 되어 왔다.[5] 연구 주제에 있어서는 일본 종파의 포교와 불교계의 변화, 그리고 대한제국의 불교 정책, 식민지화에 대한 불교계의 저항 등이 주류를 이루었다. 근현대

---

3) 韓相吉, 「開化思想의 형성과 近代佛敎」, 『佛敎學報』 제45집, 동국대 불교문화연구원, 2006.
4) 역사학의 시대구분에 있어서도 일반적으로 고대-고려-조선-개화기-일제강점기-광복 이후라고 하여 개화기는 개항을 전후한 시기에서 1910년까지를 말한다.
5) 근대불교 연구의 한 특징으로 일제강점기 연구가 많은 부분을 차지한다는 점을 지적한다. 김경집, 「近代佛敎의 硏究現況과 課題」, 『한국종교사연구』 제7집, 한국종교사학회, 1999, pp.48~49.

불교의 전개에 있어서 이러한 일본불교와의 관계, 국가의 불교정책 등은 물론 대단히 중요한 문제임에 틀림없고 또 상당한 연구성과를 이루었다. 그러나 조선시대 불교 연구의 경향, 즉 배불정책과 왕실불교 등에 지나치게 치우친 나머지 신앙과 사상, 그리고 문화 등에 대한 무관심은 결국 조선불교의 올바른 이해를 더디게 하였다는 평가는 개화기 불교의 연구에 있어서도 시사하는 바가 있다.

개화기 불교정책과 제도에 관한 연구는 이미 상당한 궤도에 올라 있고, 또 많은 사실들이 속속들이 규명되었다. 이제는 이러한 연구성과를 바탕으로 사상과 신앙, 문화 등으로 다양하게 연구의 저변을 확산해 나가야 할 때라고 생각한다. 본고는 이러한 맥락에서 개화기 특히 19세기 말을 전후한 시기 사찰의 조직과 운영에 관해 살펴보고자 한다. 사찰은 일상의 수행과 생활을 영위하는 공간으로서 간경과 참선, 독송, 그리고 포교 등의 불교에 관한 모든 것이 이루어지는 도량이다. 이러한 신앙과 수행의 터전인 사찰이 어떻게 조직되었고, 어떤 방식으로 운영되었는가를 이해함으로써 개화기 불교의 실상을 파악하는 데 연구의 목적이 있다.

Ⅱ 개화기 사찰의 조직

1. 19세기 말의 승직

사찰에서 다수의 대중들이 공동생활을 영위하기 위해서는 일정한 조직과 질서를 필요로 하고, 位階에 따라 직분과 역할이 구분되었다. 19세기 말에는 불교계를 통할하는 종단이 존재하지 않았으므로 각 사찰의 조직은 단일한 체계로 구성되지는 않았다. 그러나 사찰마다 각각 다른 조직으로 운영된 것은 아니고, 전통적으로 혹은 관습적으로 전래의 소임에 따라 승직을 편제하고 업무를 분담하였다.

조선시대 억불의 어려운 실정에서 사찰을 운영하기 위해서는 조직을 효율적으로 구성하고, 통솔할 필요가 있었다. 사찰의 조직은 수행과 신앙을 원활히 유지할 수 있도록 편제되어야 한다. 그러나 불교계는 존립 자체가 순탄치 못한 상황이었으므로 우선의 과제는 생활을 위한 물적 토대를 확보하고 관리하는 데 주력하였다. 출가자는 공통적으로 불도를 수행하여 正覺을 깨우치는 데 목적이 있었지만, 조선 후기 사찰의 현실은 수행보다 생존을 염려해야 했다. 수행과 기도에 앞서 전답을 일구고, 화주를 구하며 상업에 종사하는 등 세속과 다를 바 없는 현실이었다. 그런데 이러한 생존의 방편이 지나쳐 그 자체가 목적이 되어 환속하는 부작용이 발생하기도 하였다.[6]

조선 후기의 승려를 이른바 理判과 事判으로 분류하게 된 배경이 바로 여기에 있다. 이판은 대개 참선·간경·수행·弘法하는 승려들을 일컫는데 工夫僧이라고도 하였다. 사판은 재산을 운영하고 사업을 시행하는 등의 사무 처리에 힘쓰는 승려로서 山林僧이라고 하였다.[7] 이판과 사판은 마찬가지로 중요한 존재였다. 이판이 아니면 불교의

---

[6] 1826년(순조 26) 白坡 亘璇(1767~1852)은 당시의 일부 승도들이 경학과 참선에 힘쓰지 않고 미투리, 돗자리, 종이 생산 등의 생업에 열중하는 세태를 지적하였다. "出家爲僧者 意在於何也 古之爲僧者 深厭三界熱惱 猶如火宅 出家修道 自度度人 同出三界 共入無爲之樂也 汝等能如是否 吾意以爲汝 等資生之道爲難 又搖役擔當 極亂故 姑息爲僧 而不務經學參禪 但事捆屨織席 搗楮興利 幸得饒富之産 則終當退俗 豈不良策哉"『作法龜鑑』, 「沙彌十戒 三寶通請」, 『韓國佛敎全書』 제10책, 東國大, 1989, p.575中.
[7] 李能和, 『朝鮮佛敎通史』 下篇, pp.930~931.

慧命을 잇기가 어렵고, 사판이 아니면 가람을 보호·유지하기가 곤란하였다. 그런데 19세기 이후에는 사판승이 증가하면서 이들이 실질적으로 사찰의 운영 주체가 되었고, 나아가 불교계의 대표자가 되었다. 이러한 현상은 국가가 불교계를 관리하기 위해 여러 가지 정책을 시행한 결과이다. 그 대표적인 정책이 總攝制였다. 임진왜란 당시 승도를 군사체계로 편제하면서 청허 휴정을 八道十六宗都摠攝으로 임명하였고,[8] 이후 泗溟 惟政, 碧巖 覺性, 白谷 處能 등을 禪敎都摠攝으로 선임하였다. 도총섭으로 하여금 승군을 통솔하고 남·북한산성 두 곳의 승군을 운영하도록 하였다. 그 밖에 陵園, 史庫, 胎封 등이 인접한 사찰에도 총섭을 두어 僧將이라 부르기도 하였다.

1790년(정조 14)에는 龍珠寺의 창건을 계기로 五糾正所 제도가 성립하였다. 광주 奉恩寺, 양주 奉先寺, 남한산성 開運寺, 북한산성 重興寺, 수원 龍珠寺 등의 5개사에 도총섭을 두어 이들이 승려의 과실을 규찰하고 바로잡도록 하였다. 5糾正所는 지역을 나누어 봉은사는 강원도의 사찰, 봉선사는 함경도의 사찰, 남한산성은 충청·경상의 2도 사찰, 중흥사는 황해·평안도의 2도 사찰, 그리고 용주사는 전라도의 사찰을 담당하였다. 다만 경기도의 사찰은 5규정소의 합동 구역으로서 分掌하지 않았다. 그리고 경성의 興國寺와 奉元寺는 貢員所로서 5규정소를 보좌하였으므로 이 둘을 합쳐 7규정소라 부르기도 하였다. 한편 각도에는 道糾正所가 있어 柴谷의 天柱寺는 경상도의 규정소가 되었고, 松廣寺는 전라좌도의 규정소, 金山寺는 전라우도의 규정소가 되었다.[9]

---

8) 「淮陽 表訓寺 淸虛堂 休靜大師碑文」, 李智冠, 『韓國高僧碑文總集』(朝鮮朝·近現代), 伽山佛敎文化硏究院, 2000, pp.56~57.

이와 같이 국가에서는 사찰의 잠재력을 군사력으로 흡수하기 위해 總攝制를 시행하였다. 불교계를 대표하는 승려를 都摠攝, 總攝, 都僧統, 僧統 등으로 임명하고 승도를 군사조직으로 편제시켰던 것이다. 이러한 승직에 임명된 승도들이 사판승으로서 사찰의 전권을 행사하게 되었다. 총섭이 지니는 위상과 권한이 얼마나 컸던지 국가에서 공식적으로 총섭을 임명하지 않았던 사찰에서도 주지 대신 총섭이라는 호칭을 사용하는 일도 있었다.[10]

　전통적으로 조선시대 사찰에는 住持, 首僧, 三寶, 監務, 執事, 書記, 胥吏 등의 승직이 있었다. 이들은 사찰의 일체 사무를 주관하였으니, 재산 처분이니, 전각의 중건 등 중요한 일은 반드시 寺衆의 公議를 통해 처리하였다. 이를 寺中公事 또는 圓融살림이라고 하였다. 그러나 총섭제의 시행 이후 국가의 공인을 받았다는 세속적 권위를 내세워 이른바 주지의 독살림이 행해졌다. 1894년 갑오경장 이후 총섭제가 폐지되어 불교계의 승직은 자율에 맡겨졌으나, 국가와의 밀접한 연관성은 여전히 지속되었다.

2. 國內寺刹現行細則의 규정

　개화기 사찰의 조직을 이해하는 데 중요한 자료가 1902년 寺社管理署에서 제정한 「國內寺刹現行細則」이다. 정부가 불교계를 총괄하기 위해 宮內府 산하에 사사관리서를 설치하였다. 먼저 國內首寺刹

---

9) 李能和, 『朝鮮佛敎通史』 下篇, pp.824~827.
10) 李載昌, 『韓國佛敎寺院經濟硏究』, 불교시대사, 1993, p.172. 그 대표적인 사찰로 통도사·화엄사·동화사·금산사·천주사 등을 예로 들었으나, 柒谷의 천주사는 경상도의 규정소였으므로 총섭이 존재하였다.

로 元興寺를 창건하고, 각 도에 首寺刹을 지정하였다. 국내 수사찰은 大法山, 도내 수사찰은 中法山이라고도 하였는데 각 도의 대찰 16개소를 정했다. 이처럼 사찰의 總宗務所인 원흥사가 전 불교계를 직접 지휘, 관리하고 행정의 체계화를 위해 각 지방에 수사찰을 두었던 것이다. 그 구체적인 법제가 36개조의 「국내사찰현행세칙」이다.[11] 그러나 사사관리서는 시행상의 미숙과 오류로 2년 만에 폐지되었고, 세칙 역시 유명무실해졌다. 따라서 짧은 기간 동안의 法制와 規則이 불교계에 큰 영향을 미치지는 못하였다. 다만 세칙의 제정이 이전까지의 관습과 전통을 토대로 이루어졌을 것이므로, 이를 통해 19세기 중엽 이후 1902년까지 불교계의 승직과 사찰의 조직을 살펴볼 수 있을 것이라 생각된다.

세칙 가운데 제4조, 그리고 7조부터 22조까지가 사찰의 승직과 법계, 임무에 관한 규정이다. 먼저 제4조는 승려의 법계에 관한 규정으로서 모든 승려를 3등급으로 구분하였다. 1급은 內法階僧으로서 法師·講師·發心修行하는 자, 2급은 外法階僧으로서 宗名 있고 法臘 20년 이상인 자 및 가람을 수호하는 자, 3급은 平僧地로 하고 宗名이 없는 凡僧 및 법랍 20년 이하의 자로 나누었다. 이어서 법계에 따라 法服의 색과 문양을 차별화하였다.

조선 초기 이래 승려의 법계는 僧科制度에 따라 크게 교종과 선종으로 나뉘어 있었다. 즉 승과를 敎宗選과 禪宗選으로 나누어 3년마다 실시하였다. 『經國大典』에 "선교양종이 3년마다 시험을 실시하되

---

[11] 徐景洙, 「日帝의 佛敎政策-寺刹令을 中心으로-」, 『近代韓國佛敎史論』, 民族社, 1988.
金淳碩, 「개항기 불교계의 변화와 國內寺刹現行細則의 성격」, 『東國史學』 제37집, 東國史學會, 2002.

선종에서는 『傳燈錄』과 『拈頌』을, 교종에서는 『華嚴經』과 『十地經論』을 시험해 각각 30인을 뽑는다"[12]라고 하였다. 승과에 합격하면 선·교의 구별없이 大禪의 법계를 받았다. 그리고 다시 中德을 거쳐 교종에서는 大德·大師로, 선종에서는 禪師·大禪師로 위계가 높아갔다. 조선시대 승과가 언제부터 시작되었는지는 분명하지 않으나 세종대(1419~1450) 이전에 이미 시행되고 있었다. 이후 억불정책으로 오랫동안 폐지하였다가 명종대(1546~1567) 문정왕후의 불교진흥책에 의해 부활된 후 1562년(명종 17)을 끝으로 더 이상 시행되지 않았다. 그런데 승과에 관한 『경국대전』의 규정은 조선 말기까지 변동없이 그대로 존속되었다. 승과를 시행하지 않는 현실에서 위의 규정은 이미 효력이 없는 死文이었지만 조선 후기 불교계에서는 관습적으로 大德, 禪師, 大禪師의 호칭을 사용하였다. 덕이 높거나, 연로한 승려를 지칭하는 보통명사로 흔히 사용하였다. 이러한 현실에서 승려의 위계를 법랍 20년을 기준으로 나누고, 다시 자질에 따라 內法階僧과 外法階僧으로 구분하였다. 內法階僧은 교학과 참선을 수행하는 승려로서 法師·講師·發心修行者고, 外法階僧은 가람을 수호하는 자라고 하였다. 이른바 理判·事判의 전통에 따라 위계를 설정한 것이다.

제7조에서 16조까지는 國內首寺刹, 즉 元興寺의 직제에 관한 규정이다. 즉 종래의 總攝·僧統·和尙·住持[13] 등의 명칭을 左敎正·右敎正·大禪議·上講議·理務·都攝理·監院·書記·知賓 등으로 개정하였다. 각각의 위계와 소임은 다음과 같다.

---

12) 『經國大典』 卷3, 禮典, 「度僧」.
13) 總攝·僧統·和尙·住持 등의 명칭은 모두 사찰의 대표자를 나타낸다. 1895년 北漢山 中興寺의 기록에 住持僧 大將·執事·書吏 등의 승직이 보인다. 高橋亨, 『李朝佛敎』, 1929, pp.898~899.

左敎正: 釋品 제1級 1等으로 하고, 道德 學術 및 品行, 法臘을 兼有하는 자를 推望公選한다. 이하의 임원과 一般寺院의 사무를 지휘 감독한다.

右敎正: 1급 2등으로 하고, 公選한다. 좌교정을 보좌하며 좌교정의 有故時 사무를 代辦한다.

大禪議: 1급 3등으로 하고, 좌우교정의 지휘를 받아 法階黜陟과 褒賞·懲戒 및 精進勤慢에 종사한다.

上講議: 1급 3등으로 하고, 좌우교정의 지휘를 받아 승려의 교육과 度牒 및 이력서, 기타 일체 役員의 公選望記 및 書類著述에 종사한다.

理務: 1급 4등으로 하고, 상급 役員의 지휘를 받아 전국 사원의 一般公務를 會議決定하고 기타 사무를 관리한다.

都攝理: 2급 1등 혹은 1급 4등으로 하고 전국 사원의 일체 사무를 役員과 협의하여 처리한다. 전국 각 사찰의 新建, 重建, 興廢, 分合, 그리고 所關 山林 및 僧侶 糾察 등에 관한 대소의 사무를 담당한다.

監院: 2급 2등으로 하고, 都攝理를 보좌하여 일체의 錢穀 物品에 관한 사무를 담당한다. 會計를 상세히 기록하여 열람을 편리하게 하고 分錢粒米라 할지라도 일체 타인에게 貸與하면 안 된다.

書記: 1급 5등으로 하고, 役員의 명령을 받아 일반 사원 및 內外法界의 往復布達 서류의 편찬에 관한 일 및 제반의 사실을 모두 기록하여 지체없이 法會에 提閱한다. 攝理가 銓衡 임명한다.

知賓: 2급 3등으로 하고, 攝理의 지휘를 받아 사원 내 제반의 動作行爲 및 賓客 접대 등의 일에 종사한다. 단 지빈은 섭리가 전형 임명한다.

이와 같이 국내 수사찰은 불교계를 통할하는 대표기구로서 모두 9개의 승직으로 편제되었다. 좌교정이 불교계의 首班이었고, 우교정이 좌교정을 보좌하는 次席이었다. 국가에서 불교를 직접 관리하기 위해 사사관리서를 설치하면서도 좌우교정의 선출은 推望公選이라 하여 불교계의 자율에 일임하였다. 교정 이하의 승직 역시 공정한 선거에 위임하였고, 다만 하급 승직인 書記와 知賓은 상급자가 임명하도록 규정하였다. 조선 후기의 前例대로라면 왕실에서 불교계의 유력자를 좌우교정 등으로 임명하였을 것이다. 17세기 중엽 양난 이후, 불교계의 결속력과 노동력을 군사적으로 이용하기 위해 제정한 都總攝·總攝·僧統 등은 전적으로 왕실에서 임명하였다.

불교에 대한 이러한 인식변화는 시대의 변화에서 비롯된다. 개항 이후 근대화의 물결이 확산되면서 평등, 민권 등의 근대적 사고가 형성되있고, 1894년 갑오경장을 시점으로 신분제가 폐지되었다. 승려는 더 이상 賤民의 신분이 아니었고, 어엿한 사회구성원으로서 동등한 권리와 의무를 지닐 수 있었으므로 승직을 불교계의 자율에 일임하였던 것이다.

인식변화의 또 다른 이유는 전통종교로서의 불교의 위상이 높아졌다는 데 있다. 열강의 침탈과 함께 시작된 외래 종교의 확산은 민족의 전통적 가치와 이념에 혼란을 불러왔다. 수백 년 동안 유학적 가치를 제창하며 불교를 탄압해 왔지만, 대중의 정신적 가치와 사고의 밑바탕에는 불교가 짙게 자리잡고 있었던 것이다. 즉 외부로부터의 자극에 대응하여 민족의 고유사상으로서 불교의 가치를 재인식하였던 것이라 생각된다. 여기에는 불교계가 지닌 資産의 가치도 함께 고려되었음은 물론이다.

대법산(국내 수사찰)의 승직은 중법산(도내 수사찰)과 이하 각 사찰에도 그대로 적용되었다. 먼저 중법산에는 道教正, 副教正, 講議, 攝理, 監院, 書記, 知賓 등의 7개의 승직을 두었다. 대법산을 총괄하는 左教正·右教正이 중법산에서는 道教正·副教正으로 바뀌었고,

대법산으로서의 업무, 즉 法階를 심의하고, 전체 사찰의 회의를 주관하는 大禪議·理務의 직제는 포함되지 않았다. 중법산의 임원은 반드시 대법산의 명령을 받아 도내 각사를 지휘하고, 일체의 사무와 서류를 보고하도록 규정하였다.

다음으로 각도의 사찰에는 住職·監院·書記·知賓의 4개 승직을 두었다. 대체로 규모가 크지 않은 군소 사찰이었으므로 사찰의 대표자로서 住職을 두고, 監院·書記·知賓으로 하여금 행정 실무를 담당하도록 하였다. 일체의 사무는 중법산의 지휘에 따라 시행해야 했다.

대법산과 중법산, 각 사찰의 승직을 간략히 표로 나타내면 다음과 같다.

1902년 사찰의 승직

지 위	승 직								
大法山	左敎正	右敎正	大禪議	上講議	理務	都攝理	監院	書記	知賓
中法山	道敎正	副敎正	·	講議	·	攝理	監院	書記	知賓
각 사찰	住職	·	·	·	·	·	監院	書記	知賓

위와 같이 전 불교계는 대법산-중법산-각 사찰이라는 일관된 체계로 편제되었다. 비록 편의적인 기준이었지만 승직을 구분하고, 각각의 소임을 배정함으로써 효율적인 사찰 관리를 꾀하였다. 사사관리서의 설치는 불교계의 입장에서 볼 때 복합적 의미를 지닌다. 국가의 통치체제에 직접 귀속됨으로써 종교의 자율성이 제한되었지만, 승려의 출가를 법적으로 인정하고, 외부로부터의 침탈을 일체 금지시키는 등, 불교에 대한 보호·장려책이 되기도 하였다. 그러나 좋은 취지

에도 불구하고 실제 운영과정에서 부정이 빈번하자 2년 만에 폐지하고 말았다.

한편 사사관리서에서 규정한 승직이 실제 사찰에서 어떻게 운영되었는가를 살펴보기 위해 각종 불화의 畵記를 찾아보았다. 불화의 화기에는 緣化秩이라 하여 불사에 참여한 명단을 직함과 함께 반드시 기록한다. 「국내사찰현행세칙」이 발효되었던 1902년과 1904년 사이에 조성한 불화 15점을 대상으로 하였다.[14] 화기에 보이는 승직은 불화를 직접 그리는 畵師, 金魚 등을 제외하고 공통적으로 나타나는 명칭이 誦呪, 持殿, 毘首, 供養主, 維那, 摠攝, 書記, 三綱, 供司, 別供, 別座, 鍾頭, 都監, 茶角, 火臺, 祖室 등이다. 이 가운데 시사관리서에서 제정한 승직과 일치하는 명칭은 1904년 松廣寺의 釋迦如來圖에 등장하는 '攝理'가 유일하다.[15] 그러나 여기서의 攝理는 세칙의 규정과도 부합하지 않는다. 왜냐하면 섭리는 중법산에 두고 가람의 중건 등에 관한 일을 담당하게 하였는데, 송광사는 중법산이 아니었기 때문에 사중에 섭리를 둘 필요가 없었다. 즉 송광사의 섭리는 사사관리서의 세칙과는 무관하게 사찰의 필요에 의해서 정한 소임이었던 것이다. 이와 같이 사사관리서의 법제가 실제 사찰에서는 시행되지 않았음을 확인할 수 있다.

---

14) 洪潤植 編,『韓國佛畵畵記集1』, 가람사연구사, 1995. pp.366~374.
15) 洪潤植, 앞의 책, pp.370~371.

Ⅲ. 개화기 사찰의 운영

　오랫동안의 억불을 겪으면서 사찰은 경제적으로 어려운 입장이었다. 사찰의 운영은 전통적으로 시주와 보시에 의해 이루어져야 하지만, 신앙과 수행을 정상적으로 영위할 수 없는 현실에서 법등을 이어나가기도 힘겨운 실정이었다. 개화기 사찰이 어떻게 운영되었는가를 이해하기 위해 사찰의 수입과 지출에 대해 살펴보고자 한다. 사찰의 수입은 대략 두 가지 양상으로 구분된다.

　첫째는 전통적인 시주활동으로 탁발과 화주가 여기에 속한다. 탁발은 일상생활에 필요한 米穀 등을 직접 구하는 가장 전통적인 수입원인 동시에 수행활동이었다. 화주는 전각을 중수하거나 불상과 탑 등의 불사에 소용되는 큰 재원을 마련하기 위해 비교적 장기간에 걸쳐 행하는 모금활동이다. 왕실의 내탕금 하사, 공명첩의 발행 등이 여기에 해당한다. 또한 개인이 법회와 기도 등을 통해 금전, 전답 등을 헌납하기도 하였다.

　두 번째는 사찰이 직접 경제활동에 참여하여 수익을 창출하는 경우이다. 閑曠地를 개간하여 농토를 마련하거나, 사찰에서 직접 상품을 제작, 생산하여 판매하기도 하였다. 또한 조선 후기 이래 많은 사찰에서 광범위하게 결성된 寺刹契도 재원을 마련하는 좋은 방법이었다.

1. 시주활동

1) 왕실의 지원

　조선 후기는 서민과 왕실이라는 두 상반된 계층이 불교신앙의 주류를 이루었다. 서민불교는 어렵고 난해한 교리와 사상 체계를 멀리하고, 현실 구제의 기복신앙을 추구하였다. 조선 후기에 다양하게 간행된 다라니와 진언집 등의 유행은 이러한 서민불교의 양상을 잘 말해준다.[16] 왕실불교는 국가적으로 억불정책을 시행하면서도 국왕과 왕실이 개인적 차원에서 사찰의 불사를 지원하기도 하고, 寫經을 간행하는 등의 이중적 모습을 지녔다.

 19세기 불교는 이러한 두 신앙의 흐름을 바탕으로 가람을 중창하고 전각을 건립해 나갔다.[17] 개화기 왕실의 지원 사례를 구체적으로 살펴보자. 1851년(철종 2) 대왕대비가 法住寺에 공명첩 5천여 장을 시주하여 전각의 중수에 사용하도록 하였다. 또한 完文을 내려 승역과 기타 잡역을 면제하고, 유생들의 강압으로 관청과 향교 등에 제공하였던 山果·山菜 등의 공납을 근절시켰다.[18] 개화기 근대사의 중심에 서 있었던 大院君 李昰應과 고종 즉위 초에 수렴청정을 하였던 趙大妃 역시 신앙심이 두터웠다. 1864년(고종 1) 보광사의 중창 불사에 시주하였고, 1866년(고종 3)에는 화계사의 중건 불사에 석수와 목공을 지원하였다. 아울러 대원군은 여러 전각의 현판을 직접 쓰기도 하였다. 1879년(고종 16)에는 국왕이 歸州寺에 내탕전과 공명첩 등을 하사하여 350여 칸의 당우를 중수하였다.[19] 왕실에서 사찰을 재정적

---

16) 南希叔, 『朝鮮後期 佛書刊行 硏究-眞言集과 佛敎儀式集을 中心으로-』, 서울대 국사학과 박사학위 논문, 2004.
17) 『曹溪宗史 고중세편』, 대한불교조계종 교육원, 2004. pp.390~392.
18) 1889년(고종 6)에도 또다시 禮曹에서 승역과 침탈의 근절을 명하는 完文을 내렸다. 국가의 命이었지만 실제로는 엄격히 지켜지지 않았음을 알 수 있다. 李箕永, 「朝鮮王朝 末期의 佛敎」, 『民族文化硏究』 제10호, 고려대학교 민족문화연구소, 1976. pp.42~43.
19) 『日省錄』, 高宗 16년 2월 28일조.

으로 지원하는 공식적인 이유는 사찰이 왕실의 胎封을 수호하며,[20] 때로는 國防의 필요에서 山城 등을 수비한다[21]는 명목이었다. 이 밖에도 사찰은 史閣守護之所, 陵園造泡屬寺, 駐驛之所 등으로 지정되어 국가의 지원과 보호를 받기도 하였다.

왕실의 지원으로 사찰의 중건과 불사가 이어지면서 19세기 불교계는 이전과는 다른 활기를 되찾고 있었다. 사찰의 중건은 곧 승려의 증가를 의미한다. 양반사회의 질곡에 허덕이던 사찰은 승려가 떠나가 폐사되기 일쑤여서 금강산의 대찰이었던 長安寺의 경우 1790년(정조 14)에는 불과 4, 5명만이 남아 있었을 뿐이다.[22] 그러나 1894년에는 120명의 승려가 주석하고 동승과 신도들이 북적이는 대찰의 면모를 회복하고 있었다.[23]

---

20) 조선시대 역대 왕들의 胎封은 주로 사찰과 인접한 명산에 있었다. 예를 들어 定宗은 金山 直持寺, 文宗은 豊基 鳴鳳寺, 世祖는 星州 禪石寺에 봉안되었다. 태봉 인근의 사찰은 그 수호사찰로서 국가의 보호와 지원을 받았다. 鳴鳳寺의 경우 1827년(순조 27) 국가에서 공명첩 200장을 하사받아 퇴락한 전각을 중건하였다. 『日省錄』, 純祖 27년 5월 25일조.
21) 呂恩暎, 「朝鮮後期 山城의 僧軍總攝」, 『大邱史學』 제32집, 대구사학회, 1987.
22) "사찰의 폐단으로 말하면 절이 퇴락하고 승려의 수가 적기는 어느 곳이나 다 마찬가지입니다. 그 원인을 따져 보면 종이감의 배정, 길잡이를 세우는 것, 하인들을 침해하는 것, 肩輿를 메는 군정, 돌을 다듬고 나무를 조각하는 등 별의별 부역과 이러저러한 갖가지 관청 공납이 번다하고 과중하기 때문이었는데, 재작년에 이미 조정에서 없애고 금지하였습니다. 지금에 와서 바로잡아야 할 폐단은 종이감과 미투리 같은 물건의 상납에 불과하니, 이는 신의 감영에서도 금지할 수 있는 것입니다. 그러나 長安寺는 본도에서 가장 오래된 큰 절인데 태반이 퇴락되고 승려들도 4, 5명에 불과하니, 신의 감영에서 물자와 인력을 내어주고 본 고을을 시켜 돈과 쌀을 좀 도와주어 재목을 모아 공사를 시작하게 해야겠습니다. 이 밖에 승려를 머물러 살게 할 대책과 사찰을 소생시킬 방도에 대해서는 우선 감영과 고을에서 충분히 논의한 뒤에 계문하겠습니다" 『正祖實錄』 권31, 정조 14년 8월 辛未.
23) (長安寺의) 승려들, 절의 불목하니들, 승려의 길을 걸으려 하는 동승들 사이에 100~120명 가량 되어 보이는 비구니들이 있었다. 이 비구니들은 소녀로부터 87세

이와 같이 왕실은 내탕금 등의 직접적인 시주와 공명첩을 발행하는 간접적인 방법으로 사찰의 불사를 지원하였다. 전각의 중건은 막대한 재원과 인력을 필요로 한다. 그럼에도 불구하고 19세기 후반 이후 전국의 사찰에서 대규모의 중수와 중건이 진행될 수 있었던 것은 왕실의 적극적인 시주가 있기에 가능하였다.

2) 탁발과 시주

탁발은 승가의 가장 전통적인 식량 수급 방법이었으나 억불의 시대에서는 널리 이루어지지 못했다. 승가에게는 수행에 필요한 최소한의 재물만을 소유하도록 일깨우고, 시주자에게는 보시하는 공덕을 쌓게 하는 의미를 지닌다. 그러나 우리나라 사찰은 입지상 마을과 떨어진 산중에 위치하고 있어 본래 의미의 탁발은 용이하지 않았고, 넓은 의미에서 시주의 개념과 구분 없이 사용되었다.

개화기 탁발, 시주에 관한 몇 가지 기록을 찾아보면 다음과 같다.

A. 勸善文을 지고 길에 나서니 상서로운 바람은 일곱 근의 삼〔七斤衫〕 속에 불고, 善神은 六環杖 머리에서 보호하였다. 孝悌하고 忠信을 행하는 집에서는 문을 열어 웃음으로 맞이하고, 자비로워 베풀기를 좋아하는 절에서는 주머니를 털어 도와주었다.[24]

B. 많은 수의 사람들은 산 아래 있는 사원 토지의 임대료와 생산품들,

에 이르는 노파까지 모든 연령층을 포함하고 있었다. 『한국과 그 이웃나라들』, 이사벨라 버드 비숍 지음, 이인화 옮김. 살림, 1994. p.162.
24) 「大芚寺無量會募緣疏」, 『韓國佛敎全書』 제10책, 1989, pp.1093下~1094上 및 「梵海禪師文集」, 『艸衣詩稿外』, 동국역경원, 1977, pp.696~697.

그리고 절을 찾는 신도들의 헌금, 그리고 일종의 종교적 수행으로 멀리 서울의 4대문까지 탁발을 다니는 승려들이 모아 온 시주쌀로 부양되고 있었다. 얼마 전까지만 해도 승려들이 4대문 안에 들어선 다는 것은 곧 죽음을 의미했으나 민비의 포고령에 의해 최근에는 점점 출입이 자유로워지고 있다.[25]

C. 높은 지위에 있는 고승들을 빼고는 누구나 바가지를 들고 전국을 돌아다니며 탁발을 하는데, … 그들이 이 집 저 집에서 염불을 하면 음식이나 숙박, 얼마간의 돈이나 곡식을 내주지 않는 사람은 거의 없다.[26]

D. 1899년 봄 玄鏡과 月波 두 대사가 대중을 모아 놓고 이르기를 "우리 大乘寺는 영·호남이 교차하는 鳥嶺과 竹嶺 사이에 위치하여 창건된 지 천백 년이 지났다. 史蹟은 勝覽(『東國輿地勝覽』)에 있고 古蹟 또한 여러 史書에 전하지만, 근래의 고적은 모두 缺失하였다. (절에는) 念佛堂 하나 없어 거주승 대부분이 遺憾으로 여기고 있다. 이에 우리가 약간의 금전을 출자하여 彌陀稧를 설립하고자 하니 의견들이 어떠한가?" 하자 모두가 한마음으로 찬성하였다. 이에 幻鏡, 華應 鶴松 등이 風霜을 무릅쓰고, 갖은 어려움을 겪으면서 사방으로 화주를 구해 약간의 재원을 모으게 되었다.[27]

---

25) 이사벨라 버드 비숍, 앞의 책, p.162.
26) 이사벨라 버드 비숍, 앞의 책, p.170.
27) 「四佛山大乘寺雙蓮庵萬日會新刱記」, 『退耕堂全書』권1, 퇴경당전서간행위원회, 1990, pp.381~382.

자료 A는 梵海 覺岸(1820~1896)이 1887년(고종 24) 이전 海南 大芚寺에서 만일회를 결성하면서 찬술한 「大芚寺無量會募緣疏」 중의 일부다. 만일회를 개설하기 위해 勸善文을 작성하여 민가와 사찰을 찾아가 모연하였다고 한다.

자료 B는 1894년 長安寺에 관한 기록인데 금강산에서 서울까지 왕래하며 탁발을 행하였다고 한다. 탁발이 수행의 한 방편이라고 하지만, 왕복길에 수십 일이 소요되는 먼 거리를 다닐 만큼 절의 재정이 어려웠음을 알 수 있다. 한편 이 기록에서 당시 장안사의 재정 수입을 토지 임대료, 생산품, 헌금, 그리고 탁발에 의한 시주금이라고 하였음이 주목된다. 18세기 이후 대찰은 많은 토지를 소유하고 있었다. 일찍이 왕실의 資福寺刹이 되어 국가로부터 전답을 받거나, 재력가의 시주, 또는 직접 임야를 개간하는 등 다양한 방법으로 寺田을 확보하였다. 17세기 무렵에는 승려의 사유재산이 형성되면서[28] 英祖 연간(1724~1776)에 이르면 '富僧'이라 불릴 정도로 많은 財貨를 소유한 승려도 존재하였다.[29] 이러한 승려의 개인 재산과 사찰의 재산은 이원화되어 있었다.[30] 승려의 재산은 사유재산의 확대에 따라 그 양이 적지 않았는데, 사후에는 일정한 양을 사찰에 귀속시켜 사찰 재산이 점차 증가하였던 것이다. 다만 이러한 현상은 보편적인 경우는 아니었던 것 같다. 장안사는 험한 산중에 위치하고 있어 주위에 寺田이 많지 않았고, 또 비구니와 동승이 다수를 차지하고 있어서 사유재산이 넉넉한 형편이 못 되었던 것이다. 그러므로 자료 C에서 보듯이 금

---

28) 金甲周, 『朝鮮時代寺院經濟硏究』, 同和出版公社, 1983. p.149.
29) 河宗睦, 「朝鮮後期의 寺刹製紙業과 그 生産品의 流通過程」, 『歷史敎育論集』 제10집, 경북대 역사교육학회, 1987, p.88.
30) 高橋亨, 앞의 책, pp.1022~1024.

강산의 4대 사찰에 있는 거의 모든 행자와 승려들은 전국으로 탁발을 다녀야 했다.

자료 D는 大乘寺 雙蓮庵의 만일회 創設記이다. 玄鏡과 月波 등의 발의로 만일회를 개설하는데 시주에 많은 어려움을 겪었다. 곡절 끝에 이듬해에 東別堂에서 만일회를 시작하였으나 대중을 수용하기에 너무 좁아 새로 전각을 짓기까지 7년이 걸렸다고 한다. 이 7년은 건축에 소요된 기간이 아니라 자산을 식리하여 비용을 마련하기까지 걸린 시간이다. 이를 통해 어려움 속에서 모연한 화주가 크지 않은 금액이었음을 알 수 있다.

이 밖에도 탁발과 시주에 관한 기록은 많이 찾아볼 수 있다. 19세기 이후 여러 사찰에서 가람의 중건을 거듭하면서 각종의 사적기, 중수기, 중건기 등을 남겼는데 공통적으로 불사에 참여한 시주자들을 기록하였다. 이처럼 시주는 사찰 재원의 가장 기본적인 수입원으로 널리 행해지고 있었다. 특별한 경우 재력가의 개인 시주로 전답을 확보하거나 불화·범종 등을 조성하기도 했지만, 역시 사찰의 수입은 다수의 시주에 의해 이루어졌다.

2. 경제활동

1) 전답 소유

조선왕조의 배불은 고려시대까지 불교계가 누렸던 사회경제적 기반을 박탈함으로써 신왕조의 기반을 마련한다는 정치적 입장에서 출발하였다. 고려 말까지 불교는 많은 토지를 소유하여 농장을 경영할 정도로 경제적 번성을 누렸다. 그러나 조선의 건국과 함께 사찰소유의 토지는 국가에 몰수되었고, 많은 社寺가 혁파되면서 免稅地였던

寺位田도 사라져갔다. 또한 승려의 토지 사유화는 철저하게 법으로 금지되어 있었고, 이 제도는 조선 초기까지 그대로 유지되었다. 그러나 17세기에 이르면 사회경제의 발달에 따라 토지를 사유하는 승려가 생겨나기 시작하였다.[31] 양난 이후 승려는 군역을 비롯하여 각종의 부역에 동원되면서 이에 대응할 경제적 능력을 확보해야 했다. 사찰에 在籍하고 있지만 사찰소유의 전답과 별도로 승려는 사유 전답을 마련하여 승역을 감당하는 한편 개인자산을 증가시키기도 하였다. 이러한 승려의 토지 사유화는 17세기 후반에는 보편화되어 있었고, 盆財의 규정이 마련되기도 하였다.[32]

조선시대 사찰의 토지는 대략 네 가지 유형으로 구분된다.[33] 첫째는 佛香畓으로 왕실에서 하사한 토지를 공양의 香燈 財源으로 삼았기 때문에 붙여진 이름이다. 둘째는 影畓으로 조사 및 선승의 影堂에서 1년에 한 차례 제를 지내는 데 사용한다. 셋째는 祭位畓으로 승속이 사후의 제사를 대비하여 헌납한 토지이다. 넷째는 法畓으로 법사, 즉 스승이 물려준 토지이다. 법답은 재적 승려들이 대를 이어 相傳하는데 門派가 단절되면 寺中에 귀속되었다.

승려가 전답을 소유하는 방법은 다양하다. 출가 전의 俗家에서 상속받거나, 사찰 주변의 閑曠地를 개간하기도 하였다. 또한 스승의 유산을 상속받기도 하였으며, 이를 토대로 경제활동을 통해 증식하기도

---

31) 金甲周, 「朝鮮後期 僧侶의 私有田畓」, 『朝鮮時代 寺院經濟 硏究』, 동화출판공사, 1983.
32) "僧人의 전답은 4촌 이상의 친족과 그 上佐에게 절반씩 分給한다. 상좌나 4촌의 친족이 없으면 전답을 本寺에 屬公하여 僧役을 돕도록 한다"『新補受敎輯錄』, 戶典 雜令.
33) 李能和, 『朝鮮佛敎通史』 下篇, pp.985~986.

하였다. 먼저 출가자가 속가에서 상속받는 경우는 드물기는 하였으나, 조선시대에도 자손이 많은 가문에서는 아들 가운데 한 명을 출가시켜 부모와 가문을 축원하는 관습이 있었다.[34] 이 과정에서 평생의 수행을 보장하는 충분한 재산을 주었을 것이다.

다음으로 개간을 통해 전답을 확보하기도 하였다. 조선 후기에는 조세를 확보하기 위해 황무지 등의 개간을 적극 권장하여 起耕者에게 소유권을 인정하였다.[35] 사찰 주변은 인적이 드물어 閑曠地가 많았고, 비록 척박한 땅이기는 하지만 자신의 노력으로 전답을 일구어 재산을 형성하였던 것이다. 스승에게서 상속받는 경우는 上佐로서 재산의 절반을 증여받는다. 그러나 일찍이 출가하여 俗家를 멀리하고 절에서 평생을 지낸다는 사실을 생각하면, 4촌의 친족에게 나머지 절반을 준다는 규정은 사실상 지켜지지 않았을 것이다. 즉 스승의 재산은 대부분 상좌가 계승하거나 사찰에 귀속되어 사찰경제를 확충시켜 나갔다.

전답을 소유한 승려는 직접 경작하여 식량을 需給하기도 하고, 인근의 농민들에게 임대하여 재산을 증식시켜 나갔다. 사찰 주변의 민가들이 寺下村을 형성하여 사찰과 승려의 전답을 소작하며 생계를 유지하는 모습은 흔히 볼 수 있었다.[36]

이상과 같이 조선 후기 사찰의 전답은 사찰 소유와 승려 개인 소유의 이원적 체제로 구성되어 있었다. 사찰에 籍을 둔 승려는 자신의 전답을 일부 희사하여 수행과 생활의 자산으로 삼았다. 또한 전각의

---

34) 高橋亨, 앞의 책, pp.907~908.
35) 『續大典』 戶典 田宅條.
36) 金光植, 「소설 寺下村에 나타난 1930년대 佛敎像」, 『근현대불교의 재조명』, 민족사, 2000.

중수를 돕거나 사후의 제사 등에 쓰도록 시주하는 경우도 있었다. 이처럼 승려의 사유전답과 사찰경제는 별개의 것이 아니라 서로 밀접한 연관을 지니고 있었다. 승려 개인의 사유재산이 증가하면 사찰의 재정도 풍족해졌고, 반대로 승려가 貧寒한 사찰은 사찰 역시 곤궁을 면치 못했던 것이다.[37]

2) 상품 생산

사찰의 재정을 확보하는 데 전답의 소유가 가장 안정적이고 전통적인 방법이었지만, 상품의 생산을 통한 잉여 창출도 사찰 재정에 큰 도움이 되었다. 사찰은 상품 판매의 수익으로 각종의 香燭과 儀式器物을 조달하였고, 다시 전답을 매입하여 안정적 자산을 증식하기도 하였다. 사찰에서 생산하는 상품은 紙物, 山菜, 山果, 미투리〔麻鞋〕, 누룩〔麴〕, 돗자리〔織席〕 등 매우 다양하였다. 이 중에서 지물과 미투리가 대표적인 財貨의 수단이었으므로[38] 이를 통해 사찰의 상품 생산과 유통과정 등을 살펴보고자 한다.

---

37) 19세기 이후 대찰의 기록을 살펴보면 각종의 사적기, 중수기 등에 統政大夫, 嘉善大夫 등의 승직을 쉽게 발견할 수 있다. 예를 들어 1879년(고종 16)의 통도사 「己卯年改金幀畫丹臒事施主記」를 보면 불사에 참여한 시주자 가운데 統政과 嘉善의 직함을 지닌 승려가 20명이나 된다.(『通度寺誌』, 亞細亞文化社. 1979, pp.442~449) 이러한 승직은 국가에서 賜與한 공명첩을 買得한 승려들의 虛職이다. 국가에서 사찰에 공명첩을 발행하고, 사찰은 이를 부유한 승려에게 매각하여 불사에 필요한 자금을 마련하였다. 그러므로 이러한 虛職이 많은 사찰은 資産家로서의 승려가 많은 곳이고, 이에 따라 사찰도 경제적 여유를 지닐 수 있었다.
38) 通度寺에서 한 때 누룩을 생산한 사실을 들어 사찰의 중요한 생산품으로 보기도 한다.(高橋亨, 앞의 책, pp.906~907) 또한 19세기 말 범어사에서도 누룩을 제조, 판매하는 누룩契가 활동하였음을 볼 때(「經濟」, 『韓國佛教最近百年史』 제3책, 三寶學會 編, p.49.), 누룩 역시 중요한 생산품 중 하나였음을 알 수 있다.

먼저 紙物에 관해 살펴보면, 사실 조선 후기 승도에게 부과되는 잡역 중에서 가장 폐해가 컸던 것이 紙役이었다. 사찰의 紙物貢納은 이미 조선 초부터 있어 왔으나 大同法의 실시 이후 대폭 증가하였다. 이전에는 貢物로서 紙를 직접 징수하였으나, 대동법이 실시된 이후에는 紙대신 米로써 상납해야 했기 때문에, 민간의 楮田은 급속히 種穀之地로 변해갔다. 楮田의 種穀之地化는 필연적으로 楮의 생산을 격감시켰고 또한 楮生産의 격감은 紙物의 품귀현상을 수반하였다. 이에 따라 國用紙의 供給源으로서 사찰의 비중이 커지게 되었고 점차 國內 需用의 紙 및 方物, 歲幣用 紙의 대부분을 공급하게 되었다.[39] 顯宗代에 전라도의 경우 큰 사찰은 일년에 80여 권, 작은 사찰은 60여 권에 달하는 紙物을 바치게 하자, 견디다 못한 승려는 도망하고 뭇 사찰은 蕭然해졌다. 이에 監司로 하여금 사찰로부터 紙物을 연속적으로 징수하는 폐단을 즉시 혁파하도록 했으나, 일시적 조처에 그칠 뿐이었다. 오히려 전국의 사찰은 국가의 紙物生産所로 전락하거나[40] 각종 供物의 공급처가 되기에 이르렀다. 심지어 지리적인 여건상 楮木이 자라지 않는 梁山 通度寺, 義城 孤雲寺, 寧邊 萬合寺 등에까지 공납이 할당되어 이를 충당하기 위해 사찰에서는 별도로 지물을 매입하여 납부하는 불합리한 사례도 있었다.

그런데 이와 같이 사찰의 법등을 끊게 한 원인이었던 紙役이 잉여를 가져오는 생산활동으로 탈바꿈하였다는 사실에 주목하게 된다. 즉 과다한 紙役에 부응하기 위해 전문적으로 지물 생산에 종사하는 紙僧이 생겨났고, 이들이 점차 전문적 기능을 활용하여 상품으로서의

---

39) 河宗睦, 앞의 글. p.47.
40) 李光麟, 「李朝後半期의 寺刹製紙業」, 『歷史學報』 17·18合輯, 1962. p.207.

지물을 생산, 판매하기 시작하였다. 전국의 楮田이 급감하고, 또 紙匠도 드문 현실에서 사찰의 제지품은 높은 부가가치를 불러와 재정의 확충에 큰 도움이 되었다.

조선 후기 製紙業으로 유명한 사찰은 直指寺, 松廣寺, 海印寺, 百泉寺, 雲興寺, 無量寺, 玉泉寺, 大光寺 등이다.[41] 이 외에도 전국의 많은 사찰이 지물을 공납하였지만, 위의 사찰은 製紙와 관련한 다양한 기구와 조직이 있었음을 볼 때 대규모의 생산이 이루어졌던 곳이라 생각된다. 즉 紙所·紙所廳·貿楮廳·紙筒·紙大同·別紙廳 등으로 정확한 기능은 알 수 없으나 지물을 생산하는 독자의 건물이 있었고, 원료인 楮를 구입, 관리하는 조직이 별도로 있었다. 이 가운데 玉泉寺에서는 1858년(철종 9) 당시 지물을 생산하는 浮紙所閣이 120칸의 큰 규모로 존재하고 있었다. 건물이 퇴락하자 3월과 6월에 공명첩을 각각 1천장, 3백장씩을 발급하여 중수에 사용하도록 하였다.[42] 국가에 지물을 진상하는 중요한 곳이었기 때문에 이러한 지원과 관리를 받고 있었다.

지물 공급에 대한 대가는 보통 시가의 3, 4분의 1 정도밖에 받지 못하였다. 그나마 전혀 비용 제공 없이 수탈당하는 경우도 있어서 사찰의 입장에서는 이러한 적자를 대치할 방법을 모색해야만 했다. 여기서 官需品이 아닌 독자적인 상품으로서의 지물을 생산하여 紙役에 대처하고 나아가 이윤을 추구하기 시작했던 것이다.

사찰에서 생산된 製紙品은 場市와 貢人을 거쳐 유통되었다. 때로는 紙契貢人들에게 입도선매하기도 했지만, 이 경우 제값을 받기가

---

41) 河宗睦, 앞의 글, pp.59~64.
42) 『備邊司謄錄』, 철종 9년 3월 27일 및 6월 29일조.

어려웠다. 대부분의 물품은 貢人과 私商들에게 판매하였고, 직접 場市에 유통시키기도 하였다. 특산물로서 紙物이 유명했던 전라도의 경우 紙市場은 인근의 사찰과 근접한 지역에 집중적으로 분포하였다.[43] 場市에서 유통되는 제지품이 사찰에서 생산되기 때문이었다. 사찰의 제지업은 국가의 수요 거의 전부를 담당할 정도로 방대하였다. 1825년(순조 25) 備邊司의 啓狀에 三南의 方物 중에 좋은 종이는 모두 사찰에서 나온다고 할 정도였다.[44]

사찰의 紙役은 비록 국가의 부역에서 비롯되어 조선 후기 사찰을 殘敗시키는 폐단이었지만, 승도는 현실을 직시하고 오히려 이를 順機能으로 전환시켰다. 製紙에 좋은 입지 환경을 지닌 사찰은 국가의 징수를 감내하면서 이를 지원과 보호정책으로 이끌어냈다. 억불의 사회에서 제지품의 생산은 사찰의 활로를 모색하는 계기가 되었고, 유통과정을 통해 사회와의 긴밀한 유대를 지속함으로써 불교의 위상을 지켜나갔던 것이다.

종이 다음으로 널리 생산된 상품은 미투리였다. 미투리는 특별한 제작기술이나 큰 힘을 필요로 하지 않는 단순 수공품이었다. 따라서 중세사회에서 미투리 생산은 자급자족의 농민수공업으로 보편화되어 있었고, 사찰에서도 역시 자체 수급하며 때로는 人情物로 상납하기도 하였다.[45] 이러한 미투리가 17세기에 이르면 상품으로서의 가치를 지니게 된다. 즉 사찰 재정의 악화에 따라 수입원을 모색하게 되었고,

---

43) 河宗睦, 앞의 글, pp.77~83.
44) 『備邊司謄錄』, 純祖 25년 정월 14일조.
45) 1736년(영조 12) 八道都摠攝을 지냈던 護巖 若休(1664~1738)가 仙巖寺에 있으면서, 供司의 손님에게 미투리를 선물하던 폐습을 금한 일이 있었다. 猊雲山人 撰, 「護嵒堂若休大師傳」, 『朝鮮佛敎界』 제2호, 1916, pp.47~50.

마침내 풍부한 노동력을 이용해 대량의 미투리를 생산하기 시작하였다. 사찰은 다수의 수행자가 모여 공동생활을 하는 곳이고, 또 대찰의 경우 적지 않은 고아와 노인들이 의탁하고 있어 항시 노동력을 보유하고 있었다.[46]

미투리 생산의 대표적 사찰은 강원도 平康의 浮石寺였다.[47] 1600년(선조) 무렵 吳希文(1539~1613)이 私奴인 德奴를 시켜 부석사의 미투리를 매입, 한양에 판매하도록 하였다. 당시 부석사의 미투리 판매는 미리 물건값을 받는 주문생산 방식이었고, 오희문 이전에도 절에는 貿鞋商人이 출입하면서 거래가 이루어지고 있었다. 부석사는 한양과 이틀 빈의 멀지 않은 거리였고, 이 무렵 미투리의 가격이 높아지고 있었으므로[48] 이를 제작, 판매하여 사찰재정을 확충해 나갔던 것이다. 이러한 사정은 17세기의 사례이지만 이후 19세기 말까지 사찰의 미투리 생산은 계속되었을 것이라 짐작된다.[49] 근대화 이후 신발제품이 보급되기 전까지 미투리는 여전히 중요한 필수품이었고, 자급자족의 단계에 머물렀던 민가와 달리 사찰은 집단노동력을 활용하여 대량의 상품을 생산할 수 있었던 것이다. 純祖代 이후 승려의 生業은 기도, 탁발, 製麴, 手工, 傭工, 그리고 織鞋 등 다양한 방법이 있

---

46) 1894년 금강산을 유람한 비숍은 長安寺의 많은 예비승려들은 영리하고 날렵한 열 살에서 열세 살에 이르는 고아 소년들이고, 이러한 행자들이 금강산의 4대 사찰에 거의 1천명에 이른다고 하였다. 이사벨라 버드 비숍, 앞의 책, pp.167~171.
47) 金甲周, 「浮石寺의 미투리 生産과 商業」, 『朝鮮時代寺院經濟硏究』, 同和出版公社, 1983.
48) 『宣祖實錄』 권71, 선조 29년 정월 을미조.
49) 1851년(철종 2) 예조에서 법주사를 침탈하는 각종의 使役과 사대부의 횡포를 근절시키는 「報恩郡法住寺判下完文節目」을 제정하였다. 이 중에 미투리 징수를 일체 엄금하는 조항도 포함되어 있음을 볼 때 사찰의 미투리 생산은 꾸준히 지속되었음을 알 수 있다. 李能和, 『朝鮮佛敎通史』 下篇, pp.127~132.

었다. 이 가운데 織鞋, 즉 미투리 생산은 전라도의 사찰이 유명하였다고 한다.[50] 이후 개화기까지 사찰경제를 변화시키는 특별한 계기나 사건이 없었으므로, 미투리는 여전히 사찰의 중요한 상품으로서 생산, 유통되었을 것이라 생각된다.

3) 사찰계의 성행

조선후기 사찰의 경제활동 중에서 가장 광범위하고, 빈번하게 이루어진 것이 寺刹契다.[51] 사찰계란 불교신앙을 바탕으로 수행과 신앙심을 증진시키거나[52] 사찰 재산, 전각, 혹은 의식용품 등을 마련하기 위해 결성한 모든 조직체를 말한다. 전답을 소유하거나 특별한 기능을 지닌 승려들은 자신들의 장점을 살려 재화를 획득하였으나, 대부분의 승려들은 수행과 사찰 유지에 필요한 생계형 자산을 조달하기도 힘겨웠다. 또한 사찰의 상품 생산은 생산에 참여할 승려 수가 어느 정도 확보된 대찰에서만 가능한 일이었다. 그나마 居住僧이 단출한 군소사찰에서는 경제활동이란 엄두도 못 낼 처지였다. 그러나 사찰계는 이처럼 경제적 여력이 없는 승려들이 적은 계금으로도 결성할 수 있었고, 대중이 적은 사찰이라 하더라도 신도가 함께 참여하여 재원을 마련할 수 있었다.

사찰계는 16세기 중엽에 시작된 이래 조선 후기에 가장 성행하였

---

50) 高橋亨, 앞의 책, p.906.
51) 韓相吉, 『조선 후기 불교와 寺刹契』, 景仁文化社, 2006.
52) "夫契者何爲以作也 能發菩提心 供佛之義也 以其心 自有信也禮也行也道也 而心契於佛 信發於心 禮生於信 道成於行 斯則近矣 若以色見聲求以爲佛 則非菩薩之所供佛也 若心外覓佛 則非菩薩之能供心也 若不深咸於佛恩難報 則非菩薩供佛之信也"
「金剛山神溪寺七星契序」, 『楡岾寺本末寺誌』, 亞細亞文化社, 1977, pp.266~267.

고, 근대까지 지속되었다. 초기에는 염불계와 갑계가 주류를 이루었으나 점차 25종에 이를 만큼 다양하게 분화하여 사찰 재정의 확충에 큰 역할을 하였다. 16세기 이후 1910년까지의 사찰계를 그 유형과 결성 횟수에 따라 표로 나타내면 다음과 같다.

사찰계의 시기별 유형

시기 \ 명칭	甲契	燈燭契	門徒契	佛糧契	喪布契	念佛契	地藏契	廳契	七星契	기타	합계	비율(%)
18세기	24	5	1	10	1	4	0	1	0	2	48	20
19세기	42	14	16	24	2	22	4	8	9	13	154	66
1900년 이후	5	3	3	3	0	9	2	5	0	3	33	14
합계	71	22	20	37	3	35	6	14	9	18	235	100

이와 같이 현재까지 파악된 사찰계는 모두 235건이다. 이 가운데 본고에서 설정한 1870년에서 1910년까지의 개화기에는 모두 97건, 약 41.3%가 활동하였다. 사찰계가 번성한다는 것은 그만큼 사찰의 재정이 열악한 실정을 반영하는 것이지만, 계를 통해 富刹로 성장하는 경우도 있었다. 그 대표적인 사찰이 梵魚寺이다. 1722년부터 1947년까지 2백년이 넘는 기간 동안 범어사에는 모두 63건의 다양한 사찰계가 활동하였다.[53] 구체적으로 1812년(순조 12) 무렵 절의 역사를 통해 사찰계의 존재가 얼마나 컸던가를 짐작할 수 있다. 이해 4월 보제루를 중수하였는데 여기에 참여한 계는 무려 19건이나 된다.[54] 당

---

53) 韓相吉,「朝鮮後期의 梵魚寺와 寺刹契」,『蓮史洪潤植敎授停年退任紀念論叢 韓國文化의 傳統과 佛敎』, 2000.
54)「梵魚寺普濟樓重修記」,『梵魚寺誌』, 亞細亞文化社, 1989, p.102.

시 범어사에 주석했던 정확한 승려 수는 알 수 없지만 대개 300명 정도로 추산하고 하나의 사찰계 최소 인원을 십여 명만 설정해도 19건의 계에 참여한 계원은 200명이 훨씬 넘는다. 이처럼 범어사의 승려 대부분은 사찰계에 소속되어 있었고, 각 계는 사찰의 운영이나 유지와는 별도로 계를 통해 수행과 보사활동을 전개하고 있었던 것이다. 한편 1926년의 통계이지만 범어사의 당시 승려는 298명, 신도 수는 26,523명으로 31본사의 평균 승려 수가 약 232명, 신도 수가 5,010명이었음에 비해 월등히 많은 숫자였다. 더욱이 신도 수는 31본사 가운데 최대였다.[55] 이처럼 300명에 가까운 대중과 많은 신도들이 다양한 계를 결성하여 절의 위상을 높여 나갔던 것이다.

범어사의 사찰계에서 특히 중시되어야 할 것은 갑계의 활동이다. 즉 25건의 갑계가 32차례 이상의 보사활동을 하면서 커다란 재정적 뒷받침을 하였던 것이다. 25건의 갑계 중에서 가장 활발한 활동을 한 것은 丙午甲契였다.[56] 1846년(헌종 12) 무렵에 태어난 승도 20명이 1858년(철종 9)에 결성하였는데, 당시 이들은 십대의 어린 나이였고 이후 1893년(고종 30)과 1906년, 그리고 1910년 65세에 이르기까지 세 차례 이상의 지속적인 보사활동을 하였다. 하나의 갑계조직이 50년이 넘는 세월동안 꾸준히 활동하고 있었다는 사실은 갑계만이 가질 수 있는 독특한 특징이다[57] 조선 후기 범어사의 역사에 있어서 사

---

55) 高橋亨, 앞의 책, pp.960~961. 범어사의 경우 속인이 참여했던 사찰계는 극히 일부다. 그러나 보시와 시주에 의해 유지되는 사찰재정은 신도 수의 多寡에 크게 영향을 받으므로 속인이 직접 사찰계에 동참하지 않았더라도 그들은 신도로서 간접적으로 사찰계의 지원자 역할을 했던 것이다.
56) 「丙午甲有功記」, 『梵魚寺誌』, 亞細亞文化社, 1989, pp.297~303.
57) 계의 존속연한은 대개 목표액을 설정하고 달성될 때까지로 정하는데 일반적으로 5, 6년이면 끝나지만 10년씩 걸리는 경우도 있었다고 한다. 범어사 尹奇峰, 통도

찰계는 이와 같은 외형적 보사활동과 아울러 계의 공동체적 유대감을 통해 수행의 진작에도 기여함으로써 범어사를 명실공히 禪刹大本山으로 발전시켜 나갔다. 또한 개화기 이후 각지에 포교당과 학교의 건립, 유학생 파견 등과 같은 근대 교육운동을 가능하게 했던 바탕에도 사찰계의 경제적·정신적 힘이 자리잡고 있었던 것이다.[58]

사찰계의 결성은 재정적 어려움을 해결하기 위한 경제적 계기에서 비롯된다. 여기서 나아가 수행과 신앙, 재정, 포교활동에 이르는 사찰의 모든 기능과 역할이 계를 통해 종합적으로 수행될 수 있었다. 사찰계가 수행하는 경제적 역할은 중요한 가치를 지닌다. 계의 성립과 활동, 그리고 조직과 규칙에 이르기까지 補寺活動이라는 목적이 일관되게 작용하였다. 그러나 경제활동 자체가 목적이 아니라 억불의 사회에서 사찰을 유지, 발전시키기 위한 신앙적 가치를 추구하였다.[59] 계의 성립을 통한 계금의 적립은 전각의 보수나 佛供의 확충 등의 보사활동으로 전개되어 사찰을 유지·운영하는 기본틀이 되었다.[60] 이를 바탕으로 사찰은 수행과 신앙 활동, 그리고 불교사상의 深

사 金鏡河 스님의 구술. (李載昌, 앞의 책, p.236) 그러나 범어사의 여러 갑계는 수십 년에 걸친 활동을 하고 있어 갑계의 존속연한은 기한을 두지 않고 계원의 사망 등에 의해 자연적으로 해체될 때까지 계속되었던 것이라 생각된다.

58) 蔡尙植, 「한말·일제시기 梵魚寺의 사회운동」, 『韓國文化硏究』 제4집, 부산대 한국민족문화연구소, 1991. 범어사가 근대불교운동과 사회운동을 추진할 수 있었던 경제력이 계의 활동에서 비롯되었음을 지적하였다.

59) "盖甲之設 合衆員 而以財契義 以義契心" 「梵魚寺壬子甲有功記」, 『梵魚寺誌』, p.124.

60) 한편 사찰계는 불교계에서 뿐만 아니라 사회적으로도 중요한 역할을 하였다. 즉 식리를 위해 계금을 농민에게 低利로 융자하여 그들의 활로를 개척해주는 서민 금융기관의 역할을 하면서 사회구제사업에도 기여하는 발전적 측면을 지닌다. 金甲周, 『朝鮮時代寺院經濟硏究』, 동화출판공사, 1983, pp.130~135.

化를 기할 수 있는 일차적 토대를 마련할 수 있었다. 즉 계는 식리와 생산 등의 경제활동을 기반으로 수행과 법회, 그리고 의식을 집행하면서 불교신앙을 고취해 나갔던 것이다.

IV. 맺음말

이상으로 개화기 사찰의 조직과 운영에 관해 살펴보았다. 개화기 사찰의 조직은 기도와 수행을 효율적으로 유지하도록 편제되었다. 사찰을 대표하는 주지와 실무를 담당하는 首僧, 監務, 執事 등이 山中 公議를 통해 결정되는 제반 업무를 관장하였다. 이처럼 寺中 모든 승도들의 公議에 따라 사찰을 운영하는 전통적인 방식은 19세기 말까지 커다란 변화없이 계속되었다. 다만 임난 이후 국가에서 도총섭제도를 시행하면서 사찰에는 도총섭과 총섭 등의 세속적 승직이 등장하였다. 이후 조선 말기까지 총섭은 대부분의 대찰에서 주지를 대신하거나 혹은 별개로 존재하면서 국가의 부역에 대응하는 外護의 업무를 담당하였다. 억불의 시대에서 산성을 수호하고, 築城하는 등의 軍役은 법등을 잇는 수행과 포교 못지않게 중요한 과제였다. 이른바 이판승과 사판승의 구분이 등장하면서, 사판승의 역할이 오히려 중시되었던 것이다.

1902년 사사관리서의「국내사찰현행세칙」은 국가에서 사찰을 직접 통제, 관할하기 위한 조처였다. 비록 2년 만에 관리서가 폐지되면서 그 시행세칙도 무효화되었지만, 사찰의 승직과 법계, 소임 등을 구체적으로 규정함으로써 개화기 불교계의 새로운 변화를 예고하였다.

사찰의 운영, 즉 가람을 유지하고 기도와 수행을 영위하기 위해 승도는 다양한 방법으로 재원을 조달하였다. 사찰이 행할 수 있는 가장 기본적이고 전통적인 재원 마련은 시주활동이었다. 가람을 중수하기 위해 화주를 구하거나, 각종의 불사에 모연을 권장하여 사찰 재원을 조달하였다. 또한 승속을 막론하고 사후의 재의식을 위해 전답을 희사하는 경우도 적지 않았다. 여기에 왕실의 원찰이 되어 국가의 賜田과 공명첩을 받아 대규모의 중건불사를 시행하기도 하였다.

그러나 19세기 후반 국가의 혼란과 서민경제의 불안정 속에서 시주에 의한 재원은 일정한 한계를 지닐 수밖에 없었다. 이에 사찰과 승도는 보다 적극적인 방안으로 경제활동에 직접 참여하여 수익을 창출하였다. 소유 전답을 임대하여 잉여를 추구하고, 지물과 미투리, 누룩 등을 상품화하여 기도와 수행의 자원으로 삼았다. 여기에 각종 사찰계가 유행처럼 번져나가 25종 이상의 다양한 분화를 보이며 보사활동과 신앙활동을 뒷받침하였다. 이러한 전답의 확대와 사찰의 상품생산, 그리고 사찰계를 통한 재원의 축적으로 불교계는 안정적인 수행기반을 조성할 수 있었다. 이를 바탕으로 19세기 말 각종의 수행결사가 개설되어 전통불교의 수행가풍을 회복하기 시작하였다. 한편 근대화의 사조에 발맞추어 불교학교를 곳곳에 설립하는 등 전통과 근대의 공존을 동시에 모색해 나갔다.

개화기 불교는 개항 이후 근대에 이르는 과도기임에도 불구하고 이처럼 다양한 회생과 발전의 내재적 역량을 지니고 있었다. 비록 국권을 상실하면서 자주적 근대불교의 수립은 至難하였지만, 개화기 불교는 근대화를 향한 씨앗을 싹틔웠다는 점에서 중요한 의미를 지닌다고 하겠다.

근대 불교 종단의 성립 과정

김순석 | 한국국학진흥원 수석연구원

머리말

1. 문호개방 이후 불교계의 상황과 寺社管理署의 설치
2. 圓宗의 창립과 臨濟宗 설립 운동의 전개
    1) 圓宗의 창립
    2) 臨濟宗 설립 운동의 전개
3. 30본산 주지회의원과 30본산연합사무소 체제의 성립과 운영
4. 禪學院의 창립과 변천
    1) 禪學院의 창립
    2) 재단법인 朝鮮佛敎中央禪理參究院으로 전환과 朝鮮佛敎禪宗의 창립
5. 재단법인 조선불교중앙교무원의 설립과 운영
6. 朝鮮佛敎禪敎兩宗 中央敎務院의 성립
7. 曹溪宗의 성립

맺음말

머리말

불교는 삼국시대에 도입된 이래 1600년이 넘는 세월을 지나면서 토착 종교가 되었다. 고대사회부터 정교가 분리되어야 한다는 주장이 있어왔지만 실제로는 정치권과 불교 종단은 긴밀한 관계가 형성되어 왔다. 정치권의 비호를 받을 때 교단은 번성하였고, 탄압을 받을 때는 피폐되는 상황을 면치 못하였다. 삼국시대는 불교가 도입되어 번성의 일로를 걸었고, 고려시대는 불교가 국교의 위치에서 많은 사찰이 창립되고 5교 9산문이라는 종파가 융성하였다. 조선시대에 들어와서 유례가 없는 대탄압을 받으면서 교세는 위축되어 겨우 명맥을 유지하였다. 조선왕조는 개창 이후 寺院田을 혁파하고 寺社奴婢를 몰수하였다.[1] 승려들은 도성출입이 금지되었으며[2] 南・北漢山城의 築造와 守備를 담당해야만 하였다.[3] 많은 양의 한지를 공물로 바쳐야했으며, 役이 과중하여 도망하는 승려들이 많아서 사찰이 빌 지경에 이르렀다고 한다.[4] 조선왕조 정부는 寺院田을 몰수하고 사찰과 승려들에게

---

1) 金甲周, 『朝鮮時代 寺院經濟研究』, 동화출판공사, 1983, p.32.
2) 「刑典」. 禁制條, 『續大典』, 亞細亞文化社, 1983, p.424. 僧尼濫入都城者杖一百永屬殘邑奴婢許接人以制書有違律論童女爲尼者治罪還俗立禁斷而申嚴舊典其勿濫及.
3) 朴容淑, 「朝鮮朝 後期의 僧役에 관한 考察」, 부산대학교 『論文集』 31집, 1981, pp.124~134.

가혹한 役을 부과함으로써 불교계를 피폐케 하였다. 출가하여 승려가 되는 것을 엄격하게 제한함으로써 승려들의 지위는 하락하여 賤民의 지경에 이르렀다.[5]

문호가 개방된 이후 조선왕조 정부는 서구 종교의 포교를 묵인하지 않을 수 없었고, 그에 따라 불교계에 대한 탄압도 완화되어 승려의 도성출입 해금이 이루어져야 한다는 논의가 곳곳에서 있었다. 도성출입 해금은 1895년 일본 승려 사노 젠레이(佐野前勵)의 건의를 수용하여 이루어졌다. 이후 불교계는 조선왕조 정부의 탄압이 완화되고 寺社管理署라는 기구를 통하여 국가의 관리 체제로 편입되었다. 이후 불교계의 근대적 자각이 이루어져서 우리나라 최초의 근대적인 종단인 원종이 성립하였고, 근대 불교 학교인 明進學校를 운영하면서 새로운 모습으로 거듭났다.

그러나 불교계는 원종의 종정이던 이회광에 의해서 1910년 일본 불교 조동종과 연합책동이 시도되면서 불교계의 자주세력들에 의해서 임제종 설립운동이 일어나면서 양분되었다. 결국 원종과 임제종은 총독부에 압력으로 해산된다. 총독부는 寺刹令과 寺刹令施行規則을 시행함으로써 불교계에 식민통치에 순응할 것을 강요하였다. 사찰령의 시행으로 불교계는 30본산제도가 성립되어 본산 주지들의 회합체인 30본산주지회의원이 발족한다. 30본산 주지회의원은 1915년 30본산연합사무소 체제로 전환된다. 1919년 3·1운동이라는 조선인의 거족적인 항일운동을 경험한 조선총독부는 이른바 문화정치라는 기만적인 회유책으로 통치정책을 전환한다. 문화정치는 조선인에게 시행

---

4) 李光麟,「李朝後半期의 寺刹製紙業」,『歷史學報』제17·18집 합집, 1962, p.201.
5) 鄭珖鎬,「李朝後期 寺院雜役考」,『史學論志』제2집, 1972, pp.25~26.

하였던 언론·출판의 통제를 완화하고 다소간의 문화 활동을 승인해 주었다. 이러한 분위기 속에서 1921년에 禪學院이 창립된다. 선학원 창립의 주역들은 임제종 설립 운동에 가담하였거나 3·1운동에 참여하였던 자주적 성향이 강한 승려들이었다. 이들은 일본불교의 영향으로 대처승들이 늘어가던 시기에 조선불교의 전통을 수호하려고 하였다. 그러나 선학원은 출범 초기부터 재정적인 어려움을 겪으면서 1934년에 재단법인 朝鮮佛敎中央禪理參究院으로 전환된다. 선리참구원은 제3회 首座大會를 계기로 禪宗이라는 종단을 발족시키고, 禪宗宗規와 中央執行機關인 宗務院 그리고 宗會에 해당하는 禪議員會를 구성한다. 선종의 탄생은 30본산 주지들이 선교양종을 채택한 데 반해서 독자적인 종명을 선포하였다는 점에서 큰 의미를 가진다. 그러나 선종은 30본산 주지들의 반발과 재정적인 난관에 부딪혀 제 기능을 발휘하지 못한다.

30본산 주지들이 중심이 된 30본산연합사무소는 1924년 재단법인 조선불교중앙교무원을 성립시키지만 그 과정에서 자주적인 총무원 세력과 어용적 성격을 띠는 교무원이 대립하는 갈등을 겪는다. 결국 총무원이 교무원에 흡수 통합되어 출범한 재단법인 조선불교중앙교무원은 총독부 시책에 협력하는 면모를 보인다. 1929년에는 조선불교계의 총의를 결집하는 조선불교선교양종승려대회가 개최되어 당면한 모든 현안들을 토의하고 종헌을 제정하고 집행기관인 중앙교무원을 성립시키고 종회를 구성하여 종단으로서의 면모를 일신한다. 그렇지만 승려대회가 진행되는 과정에서 핵심 구성원들이 有故·病故 등의 이유로 탈락함으로써 처음부터 일정한 한계를 노정하였다. 1941년 총본산 설립운동이 전개됨으로써 불교계는 조계종이라는 통합 종단이 탄생하고, 종정이 옹립되고, 종회가 구성된다. 총본산 설립운동

역시 총독부가 격화일로를 치닫는 전쟁을 효율적으로 수행하려는 목적을 가지고 설립을 종용한 까닭에 종정에게 종회 의장을 겸직시키는 불순한 의도를 표출하였다. 이렇게 성립된 총본산은 전쟁 수행에 협력할 수밖에 없었다.

근대 불교 교단의 변천을 정리한 선행연구는 거의 없는 실정이며 각 시기별로 개별논문[6]에 언급되어 있는 수준이다. 본고에서는 근대 사회 불교 종단의 성립 과정을 살펴보고자 한다. 이러한 작업은 현재 우리나라 최대 종단인 대한불교조계종의 연원을 밝히는 데 있어 중요한 연구가 될 것이며, 나아가서 근대 불교사 연구에 있어서 하나의 초석이 될 것이다.

1. 문호개방 이후 불교계의 상황과 寺社管理署의 설치

문호개방 직후 1877년부터 일본 淨土 眞宗 大谷派 東本願寺派가 부산에 별원을 설치하여 포교 활동을 시작한 이래 일본불교 세력은

---

6) 근대 교단에 관한 논저는 다음과 같다.
　김광식, 「1910년대 불교계의 曹洞宗 盟約과 臨濟宗 運動」, 『韓國近代佛敎史硏究』, 민족사, 1996.
　_____, 「일제하 불교계 통일운동과 조계사」·「조선불교조계종의 성립과 역사적 의의」, 『새불교운동의 전개』, 도피안사, 2002.
　김경집. 「佛敎의 國家管理와 敎團의 自覺」 『한국근대불교사』, 경서원, 2000.
　김순석, 「戰時統制政策과 敎團의 대응」, 『일제시대 조선총독부의 불교정책과 불교계의 대응』, 경인문화사, 2003.
　한동민, 『'寺刹令'體制下 本山制度 硏究』, 중앙대 사학과 박사학위 논문, 2005.

날로 확장되어 갔다.[7] 1895년 일본 일련종 승려 사노 젠레이(佐野前勵)가 제출한 건백서에 의해서 승려들의 도성출입금지가 해제되었다.[8] 이것은 조선왕조 정부가 불교의 공식적인 포교를 허용하였다는 뜻이다. 승려들의 도성출입 금지는 당시 사회적인 분위기로 보아서 곧 해제될 상황이었다. 1894년에 발발한 東學農民戰爭에서 농민군들이 제출한 폐정개혁안 12개조 가운데 신분제 철폐 조항이 들어있었다.[9] 동학농민전쟁의 영향으로 설치된 軍國機務處는 사회·경제·사법·군사·교육 등에 걸쳐 약 210개항에 달하는 개혁안을 입안하였다. 군국기무처가 시행해야 할 주요 개혁안에는 승려가 도성에 들어오는 것을 금하는 법을 폐지해야 한다는 내용이 들어있다.[10] 대한제국 정부는 1902년 4월 11일 황실의 안녕을 기원하고, 13도 사찰을 관할하기 위해서 동대문 밖에 元興寺 창건을 승인하고[11] 「布達」 제80호로 寺社管理署를 설치하였다. 이어 4월 15일에 육군 참령 종이품 가선대부 權鍾奭을 관리자로 임명하였다.[12] 조선왕조 정부가 500여 년 동안 불교계에 취한 탄압정책을 생각하면 제한적이기는 하지만 불교계의 자율권을 보장하고, 발전을 지향할 수 있는 길을 열어주었다는 점에서 이 법령은 근대 불교사에서 큰 의미를 지닌다. 오늘날의 관점에서 보면 이 법령은 봉건사회에서 근대사회로 이행되는 과정에

---

7) 김순석, 『일제시대 조선총독부의 불교정책과 불교계의 대응』, 경인문화사, 2003, pp.22~27.
8) 『朝鮮王朝實錄』 高宗 32년 乙未 3월 29일 庚子條.
9) 吳知泳, 『東學史』, 大光文化社, 1987, p.136.
10) 서울대학교, 독일학연구소 譯, 『韓國近代史에 대한 資料』, 신원문화사, 1992, pp.207~209.
11) 『皇城新聞』, 「創寺法說」, 1902년 1월 6일.
12) 『官報』, 光武 6년 3월 8일.

서 나타난 전근대적인 요소가 다분히 남아 있다. 이 법령의 성격은 제정 배경을 설명한 演義에 함축적으로 드러나 있는데 그 골자는 다음과 같다. "승려들을 규제하는 법령이 없어 국왕의 감화가 불교계에 미칠 수 없었다. 승려라고 해서 어찌 백성이 아니겠는가. 이제 관리서를 세워 승려들을 감화시키고자 한다"는 것이다.[13] 이 연의는 조선왕조 정부가 취했던 불교계 卑下를 그대로 답습하고 있으며 승려들을 어리석은 교화의 대상으로 파악하고 있다. 이 법령은 승려들의 정치에 대한 발언을 엄금하고 있다. 설령 정치권에 부정과 비리가 있다고 하더라도 승려들은 그것을 비판해서는 안 된다는 것을 명문화하였다.

「국내사찰현행세칙」은 이전 시기에 비해서 불교계의 자주적인 발전 가능성을 보장하는 면도 있다. 그것은 불교계의 수장인 左敎正을 국가에서 임명하지 않고 승단에서 선출하도록 한 점이다. 일반 승려의 징계포상에 관한 규정은 사사관리서에서 마련하여 시행하도록 하였다. 승려가 현행범일 때는 그 경중에 따라서 죄가 가벼울 경우에는 자체적으로 해결하고 사안이 중대할 경우에는 관리서에 보고하여 지시를 받도록 하였다. 그리고 사찰 형편에 따라서 학교를 설립하고 승려 중에서 우수한 인재를 선발하여 교육시킬 것을 권장하였다.[14] 인재를 선발하여 교육시킬 것을 권장한 조항은 불교계 발전을 고무시키는 긍정적인 것이었다. 이러한 권유에 따라 불교계는 1906년 원흥사 안에 明進學校를 설립하고, 근대적인 교육을 실시하게 된다. 나아가서 일반 사원의 제반 잡역을 혁파하라는 것이었다. 관리 및 吏屬輩의 토색적인 행위에 일체 응하지 말라는 것을 명문화해주었다. 이것

---

13) 鄭珖鎬 編, 『韓國佛敎最近百年史編年』, 仁荷大學校出版部, 1999, p.431.
14) 위의 책, p.435.

은 불교계의 자율권을 보장한 것이었다고 할 수 있다. 이제 불교계도 다른 종교 단체들과 비슷한 조건에서 포교와 여러 가지 사업을 할 수 있는 계기를 얻었다고 할 것이다.

「국내사찰현행세칙」은 원흥사를 首寺刹로 하고 각 도에 중법산[15]을 두어 전국의 사찰을 일원적으로 통할하게 하였다. 이 중법산은 1911년에 조선총독부가 공포하는 「사찰령시행규칙」에 명시된 30본사와 밀접한 관련을 가진다. 경제적인 부분에 있어서 각 사찰은 관리 대상인 전답·산림 등의 자산과 불상·탑·부도·범종 등 문화재적 성격을 띠는 유물 목록 3부를 만들어 사사관리서에 제출하게 하였다. 이것은 奸僧輩들의 농간과 투매를 방지하고자 한 것이었다. 그러나 제출기한과 제출하지 않았을 경우에 처벌에 관한 사항이 명시되어 있지 않다는 점에서 전근대사회의 법령이 지니는 한계성을 내포하고 있다. 끝으로 「국내사찰현행세칙」에 명시되지 않은 부분에 대해서는 관리서의 판정을 기다려서 시행할 것을 규정하였다.

사사관리서는 「국내사찰현행세칙」의 시행을 관리·감독하는 기구였다. 앞에서 언급한 점들을 미루어 보면 대한제국의 불교정책은 이전 시기에 비해서 많이 개선되기는 하였지만 아직도 시정되어야 할 많은 부분이 남아 있었다. 1904년 사사관리서는 소속 부처인 궁내부와 의정부 내각 사이의 갈등으로 인해서 소관 사무를 內部로 이관

---

15) 당시에 선정된 16개 중법산은 다음과 같다. 경기좌도 봉은사(광주)·경기우도 봉선사(양주)·경기남도 용주사(수원)·충청남도 마곡사(공주)·충청북도 법주사(보은)·전라남도 송광사(순천)·전라북도 금산사(금구)·경상우도 해인사(합천)·경상남도 통도사·경상좌도 동화사(대구)·강원남도 월정사·강원북도 유점사·함경남도 석왕사(안변)·함경남도 귀주사(함흥)·평안도 보현사(영변)·황해도 신광사(해주) 등이다(정광호, 『韓國佛敎最近百年史編年』, p.432.).

시키고 폐지된다.[16] 사사관리서 폐지 원인에 대하여 여러 요인이 거론되기도 하지만 근본적인 것은 불교계가 급변하는 정세 속에서 자주권을 수호할 수 있을 만큼 능동적으로 대처할 만한 역량이 갖추지 못한 데서 찾아져야 할 것이다. 당시 국내외 정세는 일본이 노골적으로 한반도의 침략을 가속화하던 시기였고, 대한제국 또한 자주권을 지켜내지 못하던 때였다.

2. 圓宗의 창립과 臨濟宗 운동의 전개

1) 圓宗의 창립

근대 사회에 들어와서 불교계의 탄압이 완화됨으로써 종단 설립의 필요성이 대두되었다. 1904년 사사관리서가 폐지되고 원흥사마저 폐지하라는 칙명이 내려졌지만 불교계의 요구로 원흥사는 폐지되지 않고 관할권이 불교연구회로 이관되었다. 불교연구회는 명진학교를 설립하여 포교사를 양성하고, 불교계의 발전을 도모하였다. 불교계가 자체적으로 발전을 지향하고자 하는 여망은 종단 설립으로 구체화되었다. 1908년 3월, 불교계의 대표 52명이 원흥사에 모여 圓宗을 설립하고 종정으로 당시 해인사의 대강백 李晦光을 종정으로 추대하였다. 이와 더불어 총무부장에 金玄庵 교무부장에 陳震應, 학무부장에 金寶輪·金之淳, 서무부장에 金石翁·姜大蓮, 인사부장에 李晦明·金九河, 감사부장에 朴普峰·羅晴湖, 재무부장에 徐鶴庵·金龍谷, 고등강사에

---

16) 한동민, 『'寺刹令' 體制下 本山制度 硏究』, pp.35~37.

朴漢永 등을 선임하여 종단 집행부로서의 면모를 갖추었다. 종단의 임원들은 당시 불교계의 중추적인 역할을 하였던 인물들이었다. 원종이 설립될 당시 신문지상에 발표된 佛敎宗務局 趣旨書를 살펴보면 종단 설립의 내막을 보다 잘 알 수 있다.[17] 그 요지는 대체로 다음과 같다. "현재 세계 각국은 모두 발전하는데 우리나라만 지지부진하며, 각 국의 불교가 모두 興旺하는데 한국불교만 어둠 속에서 벗어나지 못하는가. 이러한 때에 각 승려가 경성의 명진학교에 모여 교육의 방침과 포교의 규정을 원만하게 시행하기 위하여 그 사무소를 설립하고 불교종무국이라고 하였다. 각 도 사원의 總攬機關이요, 전국 승려 활동의 주체가 될 것"이라고 하였다. 이 취지서에 서명한 발기인은 원종 종무원의 임원을 중심으로 모두 65명이었다. 새로 탄생하는 종단은 한국 불교계가 안고 있었던 여러 가지 제약을 극복하고 새롭게 면모를 일신하여 교육과 포교에 매진할 것이니 모든 불자들은 적극적으로 동참하여 달라고 당부하고 있다.[18]

원종은 근대사회 초기에 성립된 종단이었기 때문에 해결해야 할 여러 가지 문제를 안고 있었다. 먼저 전국적인 조직 구성과 교육 및 포교사업의 방향 설정 그리고 국가로부터 종단으로 승인을 받아야 하는 일 등이었다. 이 가운데서 국가로부터 불교 종단으로 승인을 받는 문제는 우선적으로 해결해야 할 과제였다. 원종은 전국 사찰의 주지와 각 도의 支院長 임면권 등 13도 사찰을 총괄할 수 있고, 종단 운영에 필요한 예산 등을 확보하기 위해서 합법적인 권한을 부여받을 필요성이 있었다. 이 문제를 해결하기 위해서 이회광은 일본불교

---

17) 「佛敎宗務局 趣旨書」, 『大韓每日申報』·『皇城新聞』, 1908년 3월 17일.
18) 위와 같음.

세력의 힘을 빌리고자 하였다. 이회광은 당시 대표적인 친일파로 일진회 회장이었던 李容九와 내부대신 宋秉畯의 권유로 일본 조동종 승려로서 정치권과 긴밀한 연관을 가지고 있던 다케다 한시(武田範之)를 원종의 고문으로 영입하였다. 다케다는 명성황후 시해사건에 관련되어 히로시마(廣島) 감옥에 투옥된 경험이 있는 인물이었다. 뿐만 아니라 그는 후일 원종과 일본 조동종을 연합시키려고 이회광을 배후에서 움직인 인물이기도 하다.[19] 이회광은 원종종무원의 인가를 받기 위해서 인가신청서를 1910년 5월 한성부를 통해서 통감부에 제출하였으나 통감부는 끝내 원종종무원을 인가하지 않았다. 그 이유는 일본불교 세력으로 하여금 한국 불교계를 장악하게 하려는 의도가 내재되어 있었지만 실질적으로 제기한 문제는 이러하다. 새로운 사찰의 창립 허용 여부와 주지 임용에 관한 절차 문제 그리고 종무원의 명칭 사용에 관한 것 등이다.[20] 통감부는 한국 불교계에서 자체적으로 종단을 구성하여 전국의 사찰을 통솔하게 된다면 그로 인하여 발생되는 문제가 적지 않을 것으로 판단한 듯하다.

    원종의 설립 인가가 벽에 부딪히게 되자 종정이었던 이회광은 종단의 인가를 받기 위한 방법으로 일본 조동종과 연합을 시도하게 된다. 그는 이 연합을 위해서 전국 72개 사찰의 위임장을 받아 일본으로 건너가서 1910년 10월 7일 한국불교 원종과 일본불교 조동종이 연합하는 '연합맹약'을 성립시켰다.[21] 연합맹약이 체결되었다는 소식

---

19) 韓晳曦, 『日本の朝鮮支配と宗教政策』, 東京: 未來社, 1988, pp.59~65.
20) 한동민, 앞의 논문, pp.53~57.
21) 이능화, 『朝鮮佛教通史』, 하권, 938쪽. 연합맹약 7개조는 다음과 같다.
   一. 朝鮮 全圓宗宗務院衆은 完全且永久히 聯合盟約하여 불교를 확장할 事
   一. 朝鮮 圓宗宗務院은 曹洞宗務院에 顧問을 依囑할 事

이 불교계에 알려지자 민족적 성향이 강한 朴漢永·韓龍雲·陳震應과 같은 승려들이 주축이 되어 전개된 임제종 설립운동이라는 불교계의 저항에 부딪히게 된다.

2) 臨濟宗 설립 운동의 전개

이회광의 매종책동은 1910년 12월 경 원종종무원 서기에 의해서 통도사에 전해짐으로써 불교계에 알려지게 되었다.[22] 이러한 소식을 들은 朴漢永·陳震應·金鍾來·韓龍雲 등이 중심이 되어 이회광의 매종행위를 저지하고 나섰다. 이들은 1910년 10월 5일 光州 證心寺에서 규탄대회를 가지기로 하였으나 來集者가 없어 성사되지 못하고 다음 해 1월 15일 松廣寺에서 승려대회를 열기로 하였다.[23] 이 승려대회 이전인 1911년 1월 6일 金學山·金寶鼎·金栗庵·阿檜城·趙信峯·金淸浩·張基林·朴漢永·陳震應·申鏡虛·宋宗憲·金鍾來·金錫演·宋學峰·都鎭浩 등 15명이 光州郡 瑞石山의 증심사 내

一. 曹洞宗務院 조선 원종종무원이 설립인가를 득함에 斡旋의 勞를 취할 事
一. 朝鮮 圓宗宗務院은 조동종의 포교에 대하여 상당한 편리를 도할 事
一. 조선 圓宗宗務院은 曹洞宗務院에서 포교사 약간명을 초빙하여 각 首寺에 배치하여 일반 僧侶及靑年僧侶의 교육을 위탁하고 又는 조동종무원이 필요로 인하여 포교사를 파견하는 시는 조선 원종종무원은 조동종무원이 지정하는 地의 寺나 혹 사원에 宿舍를 정하여 一般布敎及靑年敎育에 종사케 할 事
一. 본 맹약은 쌍방의 意가 不合하면 폐지 혹 개정할 事
一. 본 맹약은 其 관할처의 승인을 득하는 日로부터 효력을 발생함.

明治 四十三年 十月 六日
조선원종대표자 李晦光 (인)
조동종종무대표자 弘津說三 (인)

22) 高橋亨, 『李朝佛敎』, p.925.
23) 「佛敎改宗問題(五)」 '先何心後何心', 『東亞日報』, 1920년 6월 28일.

에서 총회를 가지고 敎學을 쇄신할 것을 가결하였다. 이들은 이회광의 매종책동을 저지하는 차원을 넘어서 信敎의 자유를 확보하는 것은 신세계 종교인의 의무라고 밝혔다.[24] 이들은 1911년 1월 15일 송광사에서 개최된 승려대회에서 임제종을 탄생시키고 임시종무원 관장으로 仙巖寺의 金擎雲을 선출하였으나 연로하여 직책을 수행할 수 없었기 때문에 직무대리로 한용운을 선출하였다. 그리고 임시종무원은 송광사에 두기로 하였다.[25] 임제종 설립의 주역들이 조동종과의 연합을 반대하는 까닭은, 선불교의 宗旨는 선종이지만 임제종 계통인데 같은 선종이기는 하지만 조동종과는 계파가 다르다는 것이다. 뿐만 아니라 이들은 연합맹약의 내용이 굴욕적이어서 조선불교를 일본불교에 예속시키는 매종행위로 규정하였다.[26]

1911년 10월 경 김학산·장기림·한용운 등은 영남의 通度寺·海印寺·梵魚寺 등 여러 사찰을 찾아가서 통도사·해인사·송광사를 三本山으로 정하고 범어사에 임시종무소를 두기로 하였다.[27] 임제종 설립 운동은 범어사가 중심이 되어 영·호남지역을 넘어서 중앙에 포교당을 건립하기로 결정하였다. 1912년 3월 경부터 시작된 포교당 건립 사업은 동년 5월 26일 경성 寺洞 28統 6호에서 개교식을 가지게 된다. 韓龍雲·白龍城이 주축이 되어 거행한 개교식에는 1,300여 명이 운집하여 대성황을 이루었다.[28]

그러나 조선불교의 정통성 수호를 고집하던 임제종 설립 운동이

---

24) 「佛敎一新의 機」, 『매일신보』, 1911년 2월 2일.
25) 김광식, 『韓國近代佛敎史硏究』, pp.72~73.
26) 위와 같음.
27) 「朝鮮佛敎臨濟宗擴張」, 『매일신보』, 1911년 10월 3일.
28) 「布敎堂의 盛況」, 『매일신보』, 191년 5월 28일.

지속적으로 전개되기에는 한계가 있었다. 1911년 사찰령의 공포로 불교계를 장악한 총독부는 임제종의 활동을 용인하지 않았다. 1912년 6월 21일 京城府는 한용운과 이회광 그리고 강대련을 소환하여 兩宗의 문패를 철거하도록 하였다. 이에 대해서 원종측은 1912년 6월 17일부터 22일까지 개최된 30본사 주지회의에서 대한제국 시기에 성립하였던 원종을 朝鮮佛敎禪敎兩宗 各本山住持會議院으로 명칭을 변경하였다고 밝힘으로써 위기를 모면하였고, 임제종은 해산되었다.[29]

원종은 개항기 불교계의 자주적인 노력에 의해서 성립한 근대 최초의 불교종단이었다. 그러나 종정이었던 이회광은 제국주의 세력의 본질을 정확하게 이해하지 못하고 朝日佛敎 연합책동을 벌였다. 이회광의 망동을 저지하기 위한 노력으로 남쪽 지방에서 임제종이 성립되었다. 이로써 불교계는 북쪽의 원종과 양분되는 사태가 벌어졌다. 조선 불교의 정통성을 지키고자 하였던 임제종은 총독부의 탄압으로 해산되었다. 그러나 임제종 성립의 중심이 되었던 승려들은 이후 1919년 3·1운동과 1920년대 초반 불교계 개혁세력으로 변모하게 된다.

3. 30본산 주지회의원과 30본산연합사무소 체제의 성립과 운영

조선총독부는 1911년 6월 3일자로 사찰령을 공포하고 이어서 7월 8일자로 사찰령시행규칙을 선포하여 9월 1일자로 시행하였다.[30] 사

---

29) 「雜報」, '門牌撤去', 『朝鮮佛敎月報』 제6호, 1912. 7, p.78.

찰령은 조선 불교계를 통제하고, 총독부의 정책에 순응할 수 있도록 만들어진 악법이었다. 사찰령시행규칙 제2조에 의하면 조선 불교계는 30본사와 소속 말사로 재편되었다. 30본사 제도는 1924년 선암사의 말사였던 화엄사가 본사로 승격되면서 31본사 체제가 된다. 30본사 주지의 임면은 조선 총독의 인가를 받아야 했다. 총독부는 불교계에 통일기관을 두지 않고 30개로 나누어 관리하고자 하였던 것이다. 30본사는 불교계의 중심 기관이었으며 본사 주지들은 조선 총독과 매년 신년 하례를 함께 하였으며 奏任官의 대우를 받았다.

본사 주지들은 불교계의 여러 사안들을 협의할 수 있는 협의체를 필요로 하였다. 1912년 5월 28일 前圓宗宗務院 임시사무소에서 11개 본사 주지들이 회동하였다. 이들은 동년 6월 17일에 30본사 주지 회의를 열기로 합의하고 통첩을 발송하였다.[31] 이 회의의 안건은 사법과 사찰령시행규칙 준수, 사법을 통일적으로 제정할 것, 원종종무원 문제 해결, 本院 미래방침을 論定할 것 등이었다. 이러한 결의에 따라 6월 17일부터 22일까지 30본사 주지들 가운데 17개 본사 주지[32]들과 7개 본사 주지 대리[33]와 원종종무원의 임원들이 참석한 가운데

---

30) 『朝鮮總督府官報』 부령 제83호, 1911년 7월 8일.
31) 『朝鮮佛敎月報』 제6호, 「雜報」, '會議院會議顚末' 朝鮮佛敎月報社, 1912. 7, p.57. 첫째 사법과 사찰령시행규칙을 준봉할 件, 둘째 사법을 齊一토록 제정할 건, 셋째 本院(禪敎兩宗各本山住持會議院을 말함) 과거의 관계를 의결할 건, 넷째 本院 미래 방침을 論定할 것 등이다.
32) 『朝鮮佛敎月報』 제6호, 「雜報」, '會議院會議顚末', 佛敎月報社, 1912. 7, p.57. 姜大蓮(용주사)·羅晴湖(봉은사)·金之淳(전등사)·徐震河(법주사)·張普明(마곡사)·金慧翁(김룡사)·金萬湖(기림사)·李晦光(해인사)·金九河(통도사)·吳惺月(범어사)·朴徹虛(보석사)·姜九峯(패엽사)·申湖山(성불사)·李順永(법흥사)·趙世昊(건봉사)·金錦潭(유점사)·金崙(석왕사).
33) 위와 같음, 이 회의에 참석한 7개 본사 주지 대리는 다음과 같다. 金一雲(봉선

식민지 시대 최초의 주지회의가 개최되었다. 이 회의 결과 원종종무원을 해산하고, 宗名은 조선시대『經國大典』에 명시된 禪教兩宗으로 한다는 것이 결정되었다. 그리고 30본산 주지들의 회의체로써 30본산 주지회의원을 성립시키고 본산 주지들의 회의를 정례화 하는 계기를 마련하였다. 대한제국 시기에 성립하였던 원종종무원은 식민지 시기에 들어와서 30본산 주지회의원으로 재편되었다. 30본산 주지회의원 체제는 1915년 1월 1일부터 10일까지 각황사[34]에서 개최된 제6차 회의를 계기로 30본산연합사무소 체제로 전환되었다. 30본산 주지들이 모여서 30본산연합제규를 논의하는 회의장에 총독부 내무부장과 지방국장과 과장, 다카하시 도오루(高橋亨) 등이 찾아와서 연합제규에 관한 의견을 전달하였다.[35] 이들은 30본산연합제규가 향후 불교계를 규율하는 내규가 될 것이므로 각별한 주의를 기울인 것이다.

「朝鮮各本寺聯合制規」는 1915년에 2월 25일자로 조선총독부로부터 승인을 받았다. 그리고 30본산연합사무소의 총회를 개최하여 초대 위원장으로 수원 龍珠寺의 강대련이 선출되었고, 이 30본산연합사무소 체제는 1920년까지 이어졌다.[36] 30본산연합사무소는 1917년 위원장이었던 金九河를 비롯해서 海印寺 주지 李晦光, 龍珠寺 주지

사)·金耻庵(고운사)·金相淑(위봉사)·朴漢永(백양사)·申鏡虛(대흥사)·李桂湖(월정사)·鄭煥朝(귀주사).
34) 각황사는 1909년 조선 사찰의 대표 150여 명이 동대문 밖 원흥사에 모여 도성 안에 전국 사찰의 중심이 되는 佛教總合所를 설립하기로 하고 각 도에서 의연금을 걷어 세운 사찰이다.(「佛堂新建」,『大韓每日申報』, 1910년 2월 8일)
35) 「朝鮮禪教兩宗三十大本山住持會議所第四定期總會會議狀況」,『佛教振興月報』 제1호, 佛教振興會本部, 1915. 3, pp.71~72.
36)『韓國近世佛教百年史』제1권「僧團編年」, 民族社, p.56.

姜大蓮, 奉恩寺 주지 羅晴湖, 威鳳寺 주지 郭法鏡, 梵魚寺 주지 후보자 金龍谷, 전등사의 首班 말사 華藏寺 주지 李智永, 奉恩寺의 수반 말사 神勒寺 주지 金相淑, 조선불교총보 기자 權相老 등 9명을 일본 시찰단으로 파견하였다.[37] 이들은 일본불교 각 종파의 사찰과 교육기관·자선사업기관 등을 돌아보고, 일본 수상을 비롯하여 각계의 명사들을 면담하였으며, 대대적인 환영을 받았다. 이들의 일본 방문은 30본산연합사무소 차원에서 구성되고 추진되었지만 그 배후에는 총독부의 후원과 여러 가지 배려가 있었다.[38] 일본 시찰로부터 돌아온 이들은 자연스럽게 친일세력으로 경도되었다.

30본산연합사무소는 講學을 위해서 경성에 중앙학림을 두고 각 본사에 지방학림을 둘 것을 결정하였다. 포교 사업은 각 본사에서 임명한 포교사가 경성의 30본산연합사무소에 거주하면서 담당하도록 하였다. 포교방법은 주지회의에서 결정하도록 하였다. 포교에 필요한 경비는 담임 사찰에서 부담하도록 하였다.[39] 1910년대 총독부는 불교계의 활동을 규정하는 모든 법령을 만들어 공포하였다. 그리고 불교계 내부에서 자체적인 규약을 만드는 데까지 영향력을 행사하였다. 불교계가 자주적인 발전을 도모할 수 있는 가능성을 제도적으로 봉쇄하였다.

---

37) 이경순, 「1917년 佛敎界의 日本視察 연구」, 『한국민족운동사연구』 25, 2000, pp.58~60.
38) 李能和, 「內地에 佛敎視察團을 送함」, 『朝鮮佛敎叢報』 제6호, 1917. 6, pp.1~4.
39) 「各寺聯合制規」, 『매일신보』, 1915년 3월 2일.

4. 禪學院의 창립과 변천

1) 禪學院의 창립

   3·1운동으로 조선인의 대규모 항일운동을 경험한 총독부는 1920년대 초반에 이른바 문화정치를 표방하고, 조선인에게 언론·출판을 포함한 다소간의 문화적인 자유를 인정하였다. 이렇게 이완된 통제책으로 인하여 불교계는 조선불교의 전통을 수호하려는 움직임이 일어났다. 이러한 움직임은 1921년에 禪學院의 창설로 나타났다. 선학원은 대처승들이 늘어가고, 교단의 수행 풍토가 무너져 가던 시기에 비구승들이 중심이 되어 건립된 사찰이다. 선학원은 白龍城·宋滿空·吳惺月 등 민족적 성향이 강하던 승려들을 중심으로 불교의 진리를 널리 펴고, 正法을 수호하기 위한 목적에서 발족되었다.

   선학원 창설의 핵심 인물들은 1910년 임제종 설립 운동에 참여하였거나 3·1운동에 가담하였던 승려들이 많은 데서 민족적 성향을 읽을 수 있다. 선학원은 재단법인 조선불교중앙교무원 성립에 끝까지 반대하였던 범어사와 석왕사의 노력에 의해서 탄생되었다. 선학원이 창설될 수 있었던 배경은 1920년대 총독부의 통치정책이 문화정치로 전환되면서 각종 문화단체의 창립을 용인한 것과 관련이 있다. 1920년대 일본은 조선에서 정치단체를 제외한 문화단체의 설립을 허용하였다. 선학원은 항일적인 성향이 강한 승려들이 주축이 되어서 결성되었다. 그렇지만 총독부 당국이 인정하는 범위 안에서 활동할 수밖에 없었기 때문에 일정한 한계가 있었다. 1921년 11월 30일에 선학원을 창설하였던 비구승들은 선풍진작 활동을 전개하였다. 이러한 노력은 선우공제회의 결성으로 나타났다.[40] 1922년 3월 30일에서 4월 1일까지 선학원에서 선우공제회 창립총회가 열렸는데 그 자리에서 논의된 사항은 대체로 다음과 같다. 현재 불교계에는 진정한 수행자는 숫자가 적고, 비구승과 대처승이 뒤섞여 있다 보니 일반인들이 진짜와 가짜를 구분할 수 없다. 식민통치 하에서 승려들의 처지는 날로 궁색해져서 자기 한 몸을 보전하기도 힘든 상황이다. 그런 까닭에 출가의 목적을 성취하기 위해서 비구 선승들이 함께 모여서 대책을 마련하자는 취지에서 선우공제회가 창설되었다. 창립총회의 주요 결의 사항을 살펴보면 다음과 같다. 첫째, 경성에 선우공제회 본부를 두고 庶務·財務·修道部의 부서를 설치하고 지방에는 지부를 둔다.[41] 둘째, 임원 선출이 있었다.[42] 셋째, 유지방법에 대한 결의가 있었는데, 경비는 禪友의 義捐金과 희사금으로 충당하고 각 지부의 禪糧米 2할과 매년 예산액 중 남는 돈을 저축하여 기본 재산으로 하여 禪院을 진흥케 하기로 가결되었다.[43]

1924년 11월 15일 제3회 정기총회가 선학원에서 개최되었는데 임시의장에 한용운이 피선되었다. 주요 議題 가운데 선우공제회를

---

40) 鄭珖鎬 編,『韓國佛敎最近百年史編年』,「禪友共濟會趣旨書」, 인하대학교출판부, 1999. 8, pp.248~251.
41) 앞의 책,「禪友共濟會創立總會錄」. 지부는 총 19개처로 다음과 같다. 望月寺·定慧寺·直指寺·白羊寺·梵魚寺·佛影寺·乾鳳寺·摩訶衍·長安寺·月精寺·開心寺·通度寺·神溪寺·南長寺·釋王寺·仙巖寺·泉隱寺·龍華寺·海印寺
42) 위와 같음, 본부에는 이사 3인 및 서기 1인을 둔다. 지부는 간사 2인을 두되 해당 지부의 衆望에 의해 선정하기로 한다. 선출된 임원은 다음과 같다. 본부 임원은 서무이사 金寂音·재무부 이사·金石頭·수도부 이사 宋滿空 서기 金用煥이었다. 본회의 사무를 토의하기 위하여 全鮮寺刹을 통하여 평의원 20인이 투표 선출되었다. 선출된 승려는 다음과 같다. 吳惺月·白學鳴·康道峰·林石頭·鄭石庵·申幻翁·黃龍吟·李海山·權一鳳·朴古峰·奇石虎·李覺元·李龍河·李戒奉·金南泉·權南鏡·金初眼·金映海·金法融·金敬爽 등이었다.
43) 위와 같음.

사단법인화 하려는 논의가 구체적으로 진행되었다. 선학원은 사단법인으로 인가받지 못하였는데 자세한 내막은 현재로서는 알 수 없다.[44] 제3회 총회가 열릴 무렵 선우공제회 회원은 통상회원 203명, 특별회원 162명으로 총 365명이었다. 선우공제회는 1924년 무렵부터는 재정난에 봉착하게 된다. 창립총회 때 전임간사의 봉급을 매월 50원씩 지급하기로 하였으나 재정난으로 인하여 제2회 정기 총회 때에는 전임간사의 봉급을 20원으로 삭감하였다.[45] 1924년 1월 5일 통도사·범어사·석왕사가 중심이 되어 운영되던 총무원 회의에서 선학원을 직할로 운영하기로 결정하였다.[46] 그렇지만 동년 4월에 총무원이 교무원과 통합됨으로써 이 결정은 실효를 거둘 수 없었다. 이후 선학원은 1926년 5월 1일자로 범어사 포교소로 전환되었다.[47] 이것은 선학원이 재정난으로 인하여 사실상 활동이 중단된 것을 뜻한다.

　　1924년경부터 재정난에 부딪혀서 침체되었던 선학원은 1931년 1월에 金寂音이 선학원을 인수함으로써 중흥의 계기를 맞았다.[48] 그는 송만공의 제자로서 한의학에 능하여 침술과 시약으로 많은 사람들의 병을 고쳐주었다고 한다. 그는 선학원을 인수한 즉시 큰 방을 거처로 하고 李炭翁을 立繩[49]으로 하여 참선을 시작케 하니 승려 및 신도는 20여 명에 달했다.[50] 3월 1일에 禪의 대중화를 위해서 남녀선우회가

---

44) 위와 같음.
45) 앞의 문건, 「禪友共濟會第二會定期總會會錄」, p.24.
46) 「佛敎總務院總會」, 『조선일보』, 1924년 1월 5일.
47) 「官報抄錄」, 『불교』 30호, 佛敎社, 1926. 12, p.44.
48) 老姿, 「禪學院日記招要」, 『禪苑』 창간호, 선학원, 1931. 10, p.28.
49) 禪 수행을 하는 사찰에서 대중 가운데 도덕과 학식이 높은 승려가 입승 소임을 맡는다. 수행의 기강을 확립하는 것이 주요 임무다.(이운허 저, 『불교사전』, 동국역경원, 1988, p.748)

조직되었다. 회원 수는 약 70여 명이었고, 부인선우회도 조직되었다.[51] 대중포교를 위해서 기관지 『禪苑』을 간행하였다.[52]

2) 재단법인 朝鮮佛敎中央禪理參究院으로 전환과 朝鮮佛敎禪宗의 창립

선학원은 선의 대중화에 노력하면서 全鮮首座大會를 개최하여 내실을 기하고자 하였다. 수좌대회는 1931년, 34년, 35년, 39년 등 몇 차례에 걸쳐서 개최되었다. 제1회 대회에서 결의된 내용은 선 수행에 전념하는 비구승들의 처지가 너무 곤궁하므로 중앙선원을 설치해 달라는 건의서를 조선불교신교양종중앙교무원[53] 종회에 제출하였으나 교무원 종회는 예산상의 이유로 부결시켰다.[54] 김적음은 1931년 11월 8일 예전부터 인연이 있던 범어사에 경비 보조를 요청하였다. 범어사 본사 총회에서는 선학원이 요청한 매년 600원의 경비에 대하여 경제 사정이 어려운 까닭에 매년 200원씩을 보조하기로

---

50) 老姿, 앞의 글, p.28.
51) 「조선불교중앙부인선원」, 『禪苑』 제4호, 1935. 10, pp.33~34. 부인선우회는 별도의 공간이 없어 불편한 생활을 하였다. 김적음의 도움과 자체 회비를 적립하여 1935년 초에 선학원 옆 안국동 41번지에 이층 양옥을 구입하여 조선불교중앙부인선원을 개설하였다. 매월 한 차례 정기모임을 가지고 설법을 들었다.
52) 『禪苑』은 선학원에서 발간하였는데 통권 4호까지 간행되었다. 1931년 10월에 창간호가 발간되었고, 1932년 2월에 제 2호, 1932년 8월에 제 3호가 발간된 이후 선학원이 침체기를 맞으면서 휴간되었다가, 1935년 10월에 제 4호가 복간호로 발간되었다.
53) 1929년에 개최된 조선불교선교양종 승려대회의 결과로 탄생한 집행기관으로서 교무원과 중앙종회를 의미한다. 조선불교선교양종 승려대회에 대해서는 다음의 논문을 참조할 수 있다. 김광식 「朝鮮佛敎禪敎兩宗 僧侶大會의 개최와 성격」, 『韓國近代佛敎史硏究』, 民族社, 1996.
54) 老姿, 앞의 글, p.29.

결의하였다.[55]

　비구승들은 보다 안정적인 수행풍토를 정착시키기 위하여 재단법인 결성의 움직임을 보였다. 선학원은 10년 전 선우공제회 때 들어온 토지와 신도들의 성금 그리고 새로 각 사찰에서 들어온 토지 등을 모아서 1934년 초 무렵 재단법인 설립 인가를 신청하여 동년 12월 5일자로 朝鮮佛敎中央禪理參究院(이하 선리참구원으로 약칭함)으로 인가를 받았다.[56] 1935년 3월 7일 오전 10시부터 8일 오후 4시까지 2일 간에 걸쳐 선리참구원에서 제3차 수좌대회가 개최되었다. 이 대회에서 禪理參究院은 禪宗을 탄생시키고 朝鮮佛敎禪宗宗規에서 규정한 각종 법안을 제정하였다. 朝鮮佛敎禪宗宗規는 宗名・宗旨・本尊・儀式・禪院・僧侶及信徒・禪會・宗務院・宗正・禪議員會・財政・補則 등 12장 29조로 구성되어있다.[57] 종명을 선종이라고 칭한 것은 큰 의미를 가진다. 왜냐하면 사찰령 체제 하에서 30본사 주지들의 회합체인 30본산 주지회의원에서 채택한 종명은 조선불교 선교양종이기 때문이다. 본산 주지들은 제대로 된 종명을 채택하지 못하였는데 수좌대회에서 선종이라고 종명을 표방한 것은 구체적으로 선종의 어떤 종파를 내세우지 않았지만 조선불교의 연원이 선종에 있음을 밝힌 것이다. 이러한 사실은 선종은 총독부와 결탁된 30본산 주지들의 회합체인 30본산연합사무소와는 성격을 달리하며 조선 불교계의 독자성을 천명하였다고 할 수 있다. 8개조로 구성된 中央禪院淸規에는 제1조에 본원 衲子는 無常出入을 금하고 매월 3일,

---

55) 日波, 「禪學院日記招要」, 『禪苑』 제2호, 선학원, 1932. 2, p.85.
56) 『불교시보』, 창간호, 1935년 8월 3일.
57) 金寂音, 「朝鮮佛敎禪宗首座大會會錄」, 禪宗中央宗務院, 1935, pp.22~25.

8일에 목욕하며 교외에 散步할 수 있다고 되어 있다. 제5조는 본 선원은 飮酒, 食肉, 吸煙, 歌謠 등 일체 混亂을 禁止한다고 명시하고 있다. 당시 불교계는 일본불교의 영향으로 대처식육이 보편화되어 있었다. 이러한 상황에서 청정 계율을 지키는 조선불교의 전통을 수호하려 하였다는 것은 일본불교에 동화되지 않고 자주성을 지키려는 노력의 일환이었다. 이 수좌대회에서는 종정을 비롯한 임원들을 선출하였는데 宗正은 숫자와 임기를 정하지 않은 종정회를 구성하였다. 종정회는 종무원 임원, 즉 이사 및 원장·부원장과 이와 같은 수의 禪會 銓衡員으로 구성된 협의체에서 전형하여 선회의 동의를 받을 것을 명시하였다. 이때 신출된 종정은 申慧月·宋滿空·方漢岩 등이며, 원장은 吳惺月이 선출되었다.[58] 이 시기 총독부의 후원을 받은 재단법인 조선불교중앙교무원과는 상반된 성격을 가진 선학원이 새로운 종단을 탄생시켰다는 것은 큰 의미를 갖는다. 그것은 불교계가 식민지 동화정책에 물들지 않고 독자적으로 전통수호를 천명하였기 때문이다.

그러나 선리참구원은 중일전쟁 이후 재정난이 악화되면서 성격도 변화되어 총독부 정책에 협조하는 면모를 보이고 교무원과도 협조체제를 형성하는 모습을 보였다. 교무원에서 국방헌금을 모집할 때 선학원[59]에서도 30원 4전을 납부하였다.[60] 1937년 8월에는 두 차례나 출정부대 송영식에 참석하였으며[61] 1940년 2월 創氏改名令이 실시

---

58) 「佛敎首座大會」, 『동아일보』, 1935년 3월 13일. 부원장에는 薛石友, 이사에는 金寂音·鄭雲澤·李兀然, 禪議員에는 奇石虎·河龍澤·黃龍吟이 선출되었다.
59) 선학원은 1934년에 재단법인 조선불교중앙선리참구원으로 바뀌었지만 자료에는 선학원으로 나오는 경우가 많다.
60) 「在京城各寺庵及布敎堂獻金」, 『불교시보』 제27호, 1937년 10월 1일.

되자 선리참구원도 무료상담소를 운영하였다.[62] 1941년 9월 3일에는 전국 各 寺 선원에 공문을 띄워 모금된 황군위문금 159원 23전을 매일신보사에 납부하였고,[63] 1943년 5월 24일 태고사에서 실시된 금속류 헌납운동에 참여하여 眞鍮器 1점을 헌납하였다.[64]

선학원은 재단법인으로 전환하면서 그 성격도 바뀌게 된다. 설립 당시에는 비구승들이 중심이 되어 대처승들이 주류를 이루었던 재단법인 조선불교중앙교무원과 차별성을 보이면서 출발하였다. 그러나 재단법인이 성립된 이후에는 총독부의 시책에 협조하는 모습을 보였다. 선리참구원이 제대로 운영되기 위해서는 31본사로부터 지원을 받지 않을 수 없는 상황에 처하였다.[65] 선리참구원은 수좌대회를 통하여 선종을 탄생시켰으나 종정으로 선출된 세 승려 가운데 方漢岩은 1941년 조계종 총본사 태고사의 종정으로 취임하였다.[66] 그리고 宋滿空·金擎山·宋蔓庵은 총본사의 종무고문을 승낙하는 등 여러 가지로 굴절된 면모를 보였다.[67]

---

61) 「교계소식」, 『불교』 신7집, 1937. 11, p.49.
62) 『불교시보』 제60호, 1940. 7. 15.
63) 「선학원의 황군위문금 헌납」, 『불교시보』 제75호, 1941년 10월 15일.
64) 「조계종보」, 『불교』 신50집, 1943. 7, p.3.
65) 「우리 각 기관의 활동상황」, 『禪苑』, 1935. 10, p.31.
66) 「宗務日誌」, 『불교』 신30집, 1941. 9, p.41.
67) 「宗務日誌」, 『불교』 신31집, 1941. 12, p.55.

5. 재단법인 조선불교중앙교무원의 설립과 운영

    1920년대 조선총독부가 종교계에 취한 정책 가운데 중요한 것은 종교단체가 소유하고 있는 거액의 부동산을 재단법인으로 허가해 주는 것이었다. 그렇게 함으로써 한말 이래 조선에서 외국인 단체의 부동산에는 법인격을 인정치 않는 관례가 있었던 것을 1920년 종교 및 제사를 목적으로 하는 재산에 한해 민사령에 따른 공익법인으로서 그 기본재산의 관리·유지하는 데 편의를 도모해주었다. 이러한 일련의 조치는 많은 선교사들을 친일세력으로 선환시켰고, 종교난체를 친일화 하는 데 중요한 계기가 되었다.[68] 종교단체의 법인화를 인정하는 것은 종교의 사회적 신용을 높이는 점도 있지만 한편으로는 국가의 감독 하에 편입된다는 것을 의미한다. 그러므로 법인은 재산상의 소유권은 보장을 받게 되지만 이사가 바뀔 때마다 관할 관청에 신고하는 것을 비롯해서 매년 법인의 활동상황 및 자산의 증감 현황 그리고 수입과 지출 상황을 매년 회계연도 말에 총독부에 보고하고 감독을 받아야만 하였다. 조선총독부에서는 법인의 상황을 점검할 수 있었기 때문에 종교단체를 보다 쉽게 통제할 수 있었다.[69]

    불교계는 1912년에 성립되었던 禪敎兩宗 30본산 주지회의원을 해체하여 1915년에는 30본산연합사무소로 그 명칭을 바꾸고 경성부 수송동 각황사에 본부를 두었다.[70] 1920년대 초반, 이 무렵 청년 승려

---

68) 姜東鎭, 『日帝의 韓國侵略政策史』, 한길사, 1984, p.87.
69) 尹善子, 『朝鮮總督府의 宗敎政策과 天主敎會의 對應』, 國民大學校 박사학위 논문, 1997. p.156.
70) 『朝鮮佛敎叢報』제1호, p.4.

들이 중심이 되어 창립된 조선불교청년회는 관권과 결탁된 일부 주지 계층의 권위적인 행태를 시정하고, 불교계를 당면한 현실을 개혁하려는 운동을 전개하고 있었다.[71] 불교청년회의 이러한 개혁운동을 일선에서 실천할 수 있는 일종의 전위대로서 조직된 것이 불교유신회였다.[72] 불교유신회는 1921년 12월 20일에 발기인 총회를 열고,[73] 대강의 방침을 결정한 후 21일에는 諫洞에 있는 불교청년회관에서 창립총회를 열고 규칙과 임원 선정 등 기타 사무를 협의하였다.[74]

불교유신회의 개혁의지는 1922년 1월 6일에 개최된 30본산 주지회의에서 종래 30본산 주지총회를 조선불교총회로 바꾸는 것으로 나타났다. 이어서 1월 7일에 속개된 조선불교도 총회에서는 30본산연합제규는 몇몇 주지들이 專制로 하기 때문에 사업이 잘 되지 않으니 폐지해야겠다는 안이 제출되자 만장일치로 가결되었다.[75] 30본산연합제규를 폐지한 조선불교도 총회에서는 통일기관으로 후술하게 될 총무원을 두기로 결정하고, 그 아래에 理務部와 事務部를 두어서 이 무부에서는 포교와 교육에 관한 일을 사무부에서는 庶務와 재정에 관한 일을 하기로 하였다. 교육사업의 일환으로 운영하였던 중앙학림은 500,000원의 기부금으로 재단법인 불교전문학교를 만들고, 종래에 30본산연합사무소에서 운영해 왔던 東光高等普通學校와 新明學校는 현상태로 유지하기로 했다. 그리고 통일기관을 유지하기 위한

---

71) 조선불교청년회에 관해서는 다음 논문을 참고할 수 있다. 김광식,「朝鮮佛敎靑年會의 史的 考察」,『한국근대불교사연구』, 민족사, 1996.
72) 卍海,「佛靑運動을 復活하라」,『佛敎』(新) 제10집, 1938. 2, pp.2∼3.
73)「僧侶七千餘名을」,『매일신보』, 1921년 12월 22일.
74)「佛敎維新創立」,『東亞日報』, 1921년 12월 22일.
75)「三十本山 聯合制를 폐지하자는 의견에 일치 불교도 총회 데이일 오후」,『東亞日報』, 1922년 1월 9일.

규칙을 제정하기 위하여, 吳惺月 외 14인을 선정하여, 그 해 3월 내로 宗憲을 제정하여 불교도 총회를 열어 통과시키기로 하였다.[76] 곧이어 불교유신회는 통일기관 유지를 위해 총무원 사무를 집행하기 위하여 임시원장 한 명, 부장 두 명, 부원 네 명을 두기로 하였다. 재정통일 문제는 全道 900여 사찰의 전 재산을 3등분으로 나누어 3분의 1은 그 절 유지에 쓰기로 하고, 3분의 1은 그 지방의 포교와 교육사업에 쓰고, 나머지 3분의 1은 京城에서 朝鮮 全道 寺刹을 대표한 불교사업에 쓰기로 만장일치로 가결하였다. 이때 선임된 임시원장은 郭法鏡, 理務部長 吳惺月, 庶務部長 李晦光, 部員으로는 劉碩規, 黃耕雲, 林錫珍, 金智玄이 선임되었다.[77] 아울러 종헌을 제성하고, 1922년 3월 24일 각황사에서 총회를 열어 불교개혁에 관한 건의안을 제출하였고, 26일에는 敎憲을 통과시킬 예정이었다. 이렇듯 불교유신회에서는 자체적으로 불교계의 문제들을 정리하려는 독자적인 모습을 보이고 있었다.

그러나 1월 12일에 속개된 30본산 주지총회에서 임시의장 洪蒲龍이 불교도총회에서 결의된 통일기관 문제와 재정통일에 관한 문제에 대해서 사찰령에 위반되는 듯한 말을 하였다. 그러자 돌연히 총독부 학무과장 마쯔무라(松村)가 두 명의 隨員과 함께 출장하여 방청을 일체 금지하고, 비밀리에 어떤 훈화를 하여 회의장은 살풍경으로 돌변하였다.[78] 이러한 상황에서 시바다(柴田) 학무국장은 불교총회의 결정을 인정하지 않고 만일 청년 승려 가운데서 회의를 방해하는 일이

---

76) 위와 같음.
77) 「佛教界의 新光明」, 『東亞日報』, 1922년 1월 11일.
78) 「任員選擧議論中에」, 『東亞日報』, 1922년 1월 13일.

있으면 경찰권의 발동으로 제재를 가할 뜻을 비추었다.[79] 총독부는 자주적이고 독자적으로 조선교계의 모순들을 극복하면서 발전하려는 총무원의 노선에 제동을 걸었다. 조선총독부 학무국에서는 1922년 5월 24일 경에 30본산 주지들을 불러 모아 총회를 개최케 하고 이 회의에 참석할 26본산 주지들을 사전에 불러서 모종의 지시를 하였다. 그 내용은 종래 30본산연합제도를 폐지하는 동시에 지난번 10본산[80]에서 설립한 총무원도 폐지하고 새로운 통일기관을 세워서 불교사업을 하라는 것이었다.[81]

조선총독부의 이런 지시를 받은 26본산 주지들은 5월 27일 총회를 열어 중앙기관 설립 문제를 토의한 결과, 경성에 朝鮮佛敎中央敎務院을 두고 30본산 주지 중에 專任理事 5명을 두고 庶務・敎育・布敎・財務・社交部의 업무를 처리하게 하되 임기는 2년으로 하였다.[82] 교무원 측은 1922년 5월에 개최된 30본산 주지회의에서 결의된 60만원 재단법인 설립 문제를 계속 추진하여 동년 10월 15일에 당시 총무원을 운영하던 통도사・범어사・석왕사를 제외한 김룡사 주지 金慧翁 등 27개 본산 주지들이 재단법인 조선불교중앙교무원의 설립을 신청하여 1922년 12월 30일자로 조선총독부로부터 재단법인 조선불교중앙교무원의 인가를 받았다.[83]

30본산 주지회의는 5월 29일에도 계속되었는데 총무원 측을 배제

---

79) 위와 같음.
80) 10본사는 通度寺・梵魚寺・海印寺・釋王寺・白羊寺・威鳳寺・奉先寺・松廣寺・祇林寺・乾鳳寺 등이다.
81) 「佛敎紛爭解決乎」, 『東亞日報』, 1922년 5월 25일.
82) 위와 같음.
83) 『朝鮮總督府官報』 제3153호, 1923년 2월 16일.

한 가운데 회의를 진행하여 교무원에 대한 규칙을 통과하고 불교사업을 위하여 중앙교무원을 60만원의 재단법인으로 조직하기로 결정하였다. 조직 방법은 전조선 사찰 所有의 地價 5분지 1을 내어 땅을 팔든지, 삼림을 팔든지 내년 3월 말일 안으로는 완전히 돈을 모아 기본금을 적립시키기로 결의하였다. 포교에 대한 건은 각황사에 포교사 한 사람을 두고 일요일마다 아침저녁으로 전도를 하고 때때로 불교에 대한 강연을 할 것이며 차차로 보아 포교사 양성소를 설립하기로 결의하였다.[84]

사태가 이렇게 되자 통도사・석왕사・범어사 세 본산은 총무원을 설립하고 그 이어이 27본산은 교무원을 설립하여 서로 반목하였다. 교무원은 총독부 학무국의 양해를 얻어 재단법인 설립에 관한 허가를 얻어 동광고등보통학교를 경영하고 기타 사업을 집행할 계획이었고, 총무원은 불교학원을 경영하고 기타 교화사업을 구상하면서 교무원과 대립 중이었다. 두 단체가 모두 각황사 내에 사무실을 두었던 바, 교무원 측에서는 총무원에 대해서 우리가 인정치 않는 단체이므로 각황사에 있는 사무소를 다른 곳으로 옮기라고 하고, 총무원에서는 각황사를 건축할 때 총무원 측 본사에서도 비용을 부담했으므로 사용할 권리가 있다고 맞섰다.[85] 교무원 측에서는 1922년 5월에 개최된 30본산 주지회의에서 결의된 60만원 재단법인 설립 문제를 계속 추진하여 동년 10월 15일에 당시 총무원을 운영하던 통도사・범어사・석왕사를 제외한 김룡사 주지 金慧翁 등 27개 본산 주지들이 재단법인 조선불교중앙교무원의 설립을 신청하여 1922년 12월 30일자

---

84) 「六十萬圓의 基本으로」, 『東亞日報』, 1922년 5월 30일.
85) 「事務室 問題로 불교계에도 분쟁」, 『東亞日報』, 1923년 2월 20일.

로 조선총독부로부터 재단법인 조선불교중앙교무원의 인가를 받았다.[86]

총무원은 총독부로부터 가해지는 압력과 천도교측으로부터 인수한 보성고등보통학교의 운영난 등 중첩된 압박감에서 벗어나지 못하고, 1924년 4월 3일에 총무원과 교무원은 타협을 이루어 30본산이 재단법인 조선불교중앙교무원으로 통합되었다. 재단법인 조선불교중앙교무원 통합이 이루어진 직후에 총무원 측의 통도사 주지 金九河와 범어사 주지 吳惺月을 새로운 이사로 영입하여 모두 7명의 이사로 증원되었다.[87] 불교계의 개혁과 유신을 목적으로 출범했던 총무원은 2년 3개월 만에 문을 내렸다. 총무원 측을 포함해서 통합을 이루어낸 중앙교무원은 총무원 측의 보성학교와 교무원에서 운영하던 동광학교를 통합하여 운영하고, 1922년에 강제 폐교되었던 중앙학림을 전문학교로 승격시켜 운영하는가 하면, 권상로로 하여금 『佛敎』라는 기관지를 발행하도록 하는 면모를 보이기도 하였다.

재단법인 조선불교 중앙교무원은 일제시기 불교계가 만들어낸 통일적 성격을 지닌 단체였으므로 이후 총독부의 지침을 수용할 수밖에 없었다. 1935년 1월 心田開發運動이 시작되자 동년 7월 28일에 재단법인 조선불교중앙교무원에서는 在京 주지들을 중심으로 朝鮮佛敎心田開發事業促進會를 구성[88]하였는가 하면, 1937년 중·일전쟁이 발발하자 조선군사후원연맹을 만들었고, 만주 지방으로 위문단을 파견하는 등의 행적을 남기기도 하였다.[89] 재단법인 조선불교중앙교

---

86) 『朝鮮總督府官報』 제3153호, 1923년 2월 16일.
87) 「佛敎敎務院의 發展 六十萬圓의 財團法人成立 法人事業으로 보성고교를 경영」, 『東亞日報』, 1924년 4월 3일.
88) 「朝鮮佛敎心田開發事業促進發起會」, 『佛敎時報』제2호, 1935년 9월 1일.

무원은 1941년 4월 23일 총독부로부터 태고사가 조선 불교계를 통괄하는 총본산으로 명칭 변경을 신청하여 1942년 5월 18일 曹溪學院으로 변경되었다.[90]

6. 朝鮮佛敎禪敎兩宗 中央敎務院의 성립

朝鮮佛敎禪敎兩宗 中央敎務院은 1929년 1월 3~5일 사이에 각황사에서 개최된 朝鮮佛敎禪敎兩宗 승려대회(이하 승려대회로 약칭함)의 결과로 성립되었다. 이 승려대회는 당시 불교계의 대표가 참여한 가운데 개최되어 宗憲을 제정하고 宗會와 집행기관인 中央敎務院을 성립시킴으로써 불교계 통일운동에 기념비적인 성과를 이루었다. 총독부는 불교계를 31본산으로 나누어 각기 개별 관리함으로써 통일기관의 성립을 저해하였다. 그간에 통일기관을 설립하려는 노력은 宗務院・總務院・敎務院 등으로 나타나기도 하였지만 본사 주지 계층이 식민지 권력과 결탁함으로써 명실상부한 통일기관이 성립되지 못하였다.[91] 승려대회가 불교계의 통일운동의 일환이었다는 것은 준비위원이었던 白性郁이 한 다음과 같은 취지 설명에서 드러난다. "今番大會의 根本 目的으로 말하면 宗憲・其他 法規를 제정하야 支離散漫한 現下 敎界를 통일쇄신하야 其 將來 發展을 劃策하려 함이외다."[92] 이

---

89) 「敎界消息」, 『佛敎』(신) 제10집, 佛敎社, 1938. 2, pp.31.
90) 『朝鮮總督府官報』 제4646호, 1942년 7월 24일.
91) 金光植, 「朝鮮佛敎禪敎兩宗 僧侶大會의 개최와 성격」, 『韓國近代佛敎史硏究』, 民族社, 1994, p.312.

무렵 불교계의 통일운동 성격을 띠는 승려대회가 개최될 수 있었던 것은 1920년대 전반기 민족운동세력이 분열되어 있는 상황에서 민족주의자들과 사회주의자들이 민족해방을 위하여 협동해야 한다는 민족협동전선 구축의 분위기에 영향을 받은 듯하다. 민족협동전선 결성은 1925년에 접어들면서 공개적으로 표명되었고, 1927년 2월 신간회가 창립되면서 여러 집단들 사이에 조직적 결집이 이루어졌다.[93]

승려대회는 1928년 11월 14일 각황사에서 在京僧侶有志代表委員이 회합하여 승려대회 발기인회를 가지고 각 본사에 발기인을 보내라는 공문을 발송하면서 준비 모임이 시작되었다. 이어 동년 11월 30일부터 12월 1일까지 각황사에서 승려대회 발기회를 개최하였다.[94] 7차례의 준비위원회 모임을 가지고 개최된 승려대회에서는 당시의 모든 현안이 토의되었다. 승려대회에서 토의된 사안은 다음과 같다.[95]

① 종헌 제정
② 교무원 원칙 제정
③ 교정회법 제정
④ 법규위원회법 제정
⑤ 종회법 제정
⑥ 승니법규 제정
⑦ 교육에 관한 근본책

---

92)「朝鮮佛教禪教兩宗僧侶大會會錄」,『佛教』제56호, 佛教社, 1929. 2, p.125.
93) 이균영,『신간회연구』, 역사비평사, 1996, p.35.
94)「發起人期成討議」,『佛教』제54호, 佛教社, 1928. 12, pp.104~116.
95) 앞의「朝鮮佛教禪教兩宗僧侶大會會錄」, p.120.

⑧ 포교에 관한 근본책

⑨ 재정에 관한 근본책

⑩ 사회사업에 관한 문제

⑪ 기강 숙청에 대한 문제

⑫ 불교청년운동의 옹호책

⑬ 세계불교운동에 대한 태도

총 107명의 승려가 참가하여 개최된 승려대회[96]의 결과 宗憲이 제정되었고, 불교계를 상징적으로 대표하는 敎正會가 성립되었다. 그리고 중앙집행기관으로서 중앙교무원가 입법기관으로서 宗會가 탄생하였다. 종헌에는 宗名・宗旨・本尊・儀式・寺刹・僧尼及信徒・宗會・敎務院・敎正・法規委員會・財政・補則 등의 기능과 역할이 명시되었으며 총 12장 31조로 구성되었다. 당시 교정으로 선출된 승려는 金幻應・徐海曇・方漢岩・金擎雲・朴漢永・李龍虛・金東宣 등 7명이었다. 중앙교무원은 교무원장이 총괄 지휘를 하는 것이 아니고 서무부・교학부・재무부의 3部長 체제였다. 서무부장에는 李混惺, 교학부장에는 宋宗憲, 재무부장에는 黃耕雲이 각각 피선되었다.[97] 승려대회는 진행되는 과정에서 156명이 참가하기로 된 승려대회에 49명이 불참하였고, 핵심 구성원들마저 有故・病故 등으로 탈락하는 면모를 보임으로써 일정한 한계를 가지는 면도 있었다.[98]

---

96) 김광식, 앞의 논문, 「朝鮮佛敎禪敎兩宗 僧侶大會의 개최와 성격」, p.326.
97) 앞의 「朝鮮佛敎禪敎兩宗僧侶大會會錄」, pp.129~130.
98) 앞의 「朝鮮佛敎禪敎兩宗僧侶大會會錄」, p.126. 준비위원장이었던 권상로는 행사 당일 사회를 맡았으나 둘째날 有故로 辭免하였으며, 준비위원이자 부사회자였던 송종헌 역시 병고로 사회를 진행하지 않았고, 서기였던 김낙순 역시 유고로 사임하

그렇지만 이 승려대회는 중요한 의미를 지닌다. 중앙교무원의 역할을 명시한 종헌의 조문을 살펴보면 다음과 같다. 제6조는 "본 양종은 31본산이 일체로 하야 조선불교를 통리함"으로 명시되어 있다. 제15조는 "본 양종은 교무와 제반 사업을 通辯하기 위하야 31본산의 단일기관으로 중앙교무원을 설함"이라고 되어 있다. 제26조는 "각 본말사의 소유인 일체 재산을 조선불교선교양종의 소유재산이라 함"이라고 표현하고 있다. 이러한 조문의 내용을 적시하면서 한용운은 승려대회의 의의를 조선 불교계의 精髓였고 조선불교의 백년대계에 관한 것임으로 실로 조선 불교계의 획기적인 회합이었다고 평가하였다.[99] 사찰령 체제 하에서 불교계의 자발적인 노력에 의해서 불교계를 총괄하는 통일기관이 성립하였다는 것은 실로 중차대한 의미를 지닌다. 조선불교선교양종 중앙교무원의 성립은 그 명칭이 비록 선교양종 체제에서 벗어나지 못하였지만 총독부가 31본산을 개별적으로 관리하던 체제에서 벗어나 31본산을 지휘할 수 있는 통일기관의 탄생을 뜻한다. 조선불교선교양종 중앙교무원이 실질적인 권한을 가지려면 총독부의 인가를 받아야 했고, 31본산 주지 임면의 인사권을 가져야 했다. 그러나 총독부는 통일기관을 인가할 뜻이 없었고 오히려 그 의미를 축소하였다.[100] 그러한 까닭에 중앙교무원은 31본사 주지의 인사권과 재정권을 확보할 수 없었고, 실질적인 활동을 할 수가 없었다.

는 모습을 보였다.
99) 韓龍雲,「佛敎事業의 旣定方針을 實行하라」,『佛敎』제103호, 佛敎社, 1933. 1, pp.2~3.
100) 김광식,「朝鮮佛敎禪敎兩宗 僧侶大會의 개최와 성격」, pp.356~357.

7. 曹溪宗의 성립

　일본은 중일전쟁을 도발한 직후인 1937년 8월 國民精神總動員運動 체제를 구축하고 모든 국민들에게 전쟁에 적극적으로 협력할 것을 강요하는 이른바 총력전 체제로 전환하였다. 전시체제 하에서 불교계도 국가통제와 동원체제에 흡수되었고, 태평양 전쟁기에 돌입하면서 전 종교계는 광신적인 파시즘 체제의 협력자가 되면서 본래의 종교성을 상실하였다.[101] 일본은 전쟁 상황이 악화됨에 따라서 1938년 조선에서 구축된 국민정신총동원 제제를 1940년 10월에 국민총력 체제로 전환하였다. 전시체제 하에서 총독부는 산업·경제·문화·종교 등 각 방면의 단체를 총망라해서 통합된 단일기구로서 일원적 지도 체제를 확립하였다.[102] 일원적 지도체제 구축은 전쟁 상황의 격화와 함께 모든 부분에서 나타났고 불교계도 예외는 아니었다. 불교계의 일원적인 지도체제는 총본사 설립이라는 형태로 나타났다. 총본사 설립은 농촌진흥운동과 함께 실시되었던 심전개발운동과 밀접한 관련을 가진다. 총독부는 심전개발운동의 원활한 추진을 위해 각 종교 단체에 연락기관을 세울 것을 종용하였다.[103] 나아가서 별도의 강력한 추진기관 설립이 요구된다는 주장이 제기되었다. 총본사 설립은 심전개발운동과 더불어 일본의 전쟁 수행과 연관성을 가지고 진행되었다.

---

101) 柏原祐泉, 『日本佛敎史』 近代, 吉田弘文館, 1990, p.241.
102) 김운태, 『日本帝國主義의 韓國統治』, 박영사, 1998, p.455.
103) 中村進吾, 『朝鮮施政發達史』, 1936, p.257.

총본사 설립 운동을 조선 불교계의 자주적인 노력의 일환으로 보려는 견해도 있다. 총본사의 설립 동기를 일본불교가 조선불교를 병합하려는 음모를 분쇄하기 위한 것에서 비롯되었다고 한다. 1934년 말에 박문사 주지 우에노(上野)는 朝鮮佛敎 통치상 조선 승려들에게만 一任 방관할 수 없으니 박문사를 總本山으로 하여 일본불교에 병합해야 한다는 합병안을 작성, 중추원에 附議하는 사태가 일어났다.[104] 이러한 음모를 탐지한 김상호가 범어사·통도사 등 유수한 사찰의 원로들을 설득한 결과 불교계의 總帥寺刹로서 총본사가 탄생하였다고 한다.[105]

또 다른 견해는 위의 주장을 수용하면서 1930년대 총본사 설립 운동에서 심전개발운동의 영향을 배제하기는 곤란하다고 한다. 그렇다면 朝鮮佛敎心田開發事業促進會의 발기회에 범어사·통도사의 원로 승려들이 포함되어야 했다고 한다. 그렇지 않으면 두 사찰 원로들의 의견이 재경주지발기회[106]에 반영되었어야 했는데 발기회에 범어사 주지 吳梨山이 포함되어 있었다는 점을 지적하였다. 이러한 전후 사정을 신뢰한다면 총본사 설립 운동은 일본 불교도들의 조선불교 병합안을 저지하기 위하여 심전개발운동을 활용한 것이라고 한다.[107] 총본사의 설립은 박문사가 조선 불교계를 통합하려는 움직임을 저지

---

104) 김법린,「한국불교의 독립을 위한 투쟁기-조계사는 이렇게 창건되었다-」,『大韓佛敎』제41호, 1963년 8월 1일, 42호, 9월 1일.
105) 정광호,「日本 侵略時期 佛敎界의 민족의식」,『尹炳奭敎授華甲紀念 韓國近代史論叢』, 1990, p.531.
106) 발기인은 龍珠寺 주지 姜大蓮, 奉恩寺 주지 姜性仁, 梵魚寺 주지 吳梨山, 華嚴寺 주지 鄭秉憲, 月精寺 주지 李鍾郁 등이었다.(『佛敎時報』2호, 1935년 9월 1일)
107) 김광식,「일제하 佛敎界의 總本山 建設運動과 曹溪宗」,『韓國近代佛敎史硏究』, 民族社, 1996, pp.416~417.

하려는 측과 총독부로부터 대표기관 설립을 종용 받은 두 흐름이 1937년 1~2월경에 통합된 결과라고 한다.[108] 그 근거로서 지방별 본사 연합체의 구성을 들고 있다. 경남3본산종무협의회(1934. 9), 경북불교협회(1936. 2), 전남5본산연합회(1937. 1)의 결성이 그것이라고 한다. 전남5본산연합회는 창립과 동시에 경남 각 본사를 방문하여 통일기관 설립을 논의하였다. 이 모임에 당시 교무원 이사였던 김상호가 참석하였다고 한다. 이 모임을 통하여 두 흐름이 합류되었다는 것이다.[109] 결국 총본사 설립은 조선 불교계에서 정체성을 수호하려는 노력과 대표기관을 설립하려는 자주적인 의지가 결합된 산물이라는 것이다. 그리고 이러한 노력을 총독부가 인정할 수밖에 없었다는 것이다.[110]

이러한 논지는 불교계의 자주적인 면모를 찾으려 했다는 점에서 의의를 가질지는 모르지만 총본사가 설립된 시기가 태평양전쟁 발발 직전이라는 점을 고려하면 다음과 같은 점에서 한계를 가진다. 첫째, 불교계의 통일기관 설립 논의는 1920년대 초부터 있어 왔으며,[111] 1929년 조선불교선교양종 승려대회의 결과로 조선불교선교양종 중앙교무원이 성립하였다. 그러나 총독부가 이 통일기관을 승인하지 않았기 때문에 기능을 수행할 수 없었다. 둘째, 총본사 설립이 본격적으로 논의되던 시기인 1937년은 만주사변 이후 전쟁이 확대일로에 있던 시기였고, 동년 7월에 중일전쟁이 발발한다. 총본사인 태고사가

---

108) 김광식, 「조선불교조계종의 성립과 역사적 의의」, 『조선불교조계종의 창립과 주역 연구』, 조계사 창건 91주년 학술토론회 발표문, 2001, p.9.
109) 김광식, 앞의 발표문, pp.9~10.
110) 김광식, 앞의 발표문, p.11.
111) 김순석, 앞의 책, p.189.

인가된 1941년은 태평양전쟁이 발발하던 해다. 따라서 불교계의 총본사 설립은 일본의 효율적인 전쟁 수행이라는 점과 연관시켜 볼 때 합리적인 설명이 가능하다. 셋째, 종헌에 宗正으로 하여금 宗會 議長職을 겸직하도록 한 데서 효율적인 전쟁 수행을 위한 후방의 지원체제 구축이라는 그 단서를 찾을 수 있다.[112] 넷째, 조선불교총본사설립위원회 위원장이 총독부 학무국장 시오바라 토키자부로(鹽原時三郎)였다.[113] 이러한 사실은 총본사의 설립이 총독부의 의지에 따라 불교계의 논의를 거치는 형식으로 이루어졌다는 것을 입증한다.

총본사 설립에 관한 논의는 1937년 2월 총독부가 31본사 주지들 앞으로 두 가지 사항에 대하여 서면으로 의견을 제출하도록 공문을 시달한 이후부터 본격적으로 진행된다. 두 가지 사항 가운데 첫 번째는 朝鮮佛敎振興策에 관한 것이었고, 두 번째는 교무원 및 중앙불교전문학교에 대한 개선책이었다. 총독부는 동년 2월 26일과 27일에 이 두 가지 건에 대해서 본사 주지들의 의견을 직접 청취하고자 회의를 개최하였다.[114] 31본사의 주지들은 이 회의에 참석하기 전에 1937년 2월 23일부터 25일까지 사전에 모여서 회의를 개최하였다. 2월 23일 회의에는 지방에 있는 주지들이 참석하지 못한 관계로 인하여 조선불교선교양종총본사 각황사 설립과 중앙불교전문학교의 현상 유지를 주요 내용으로 하는 幹部案을 제의하기로 결정하였다.[115] 31본사 주

---

112) 『조선불교교조계종태고사법』, 태고사법 제6장 종회 제52조, 1941. 5.
113) 「불교의 합동구체화」, 『매일신보』, 1940년 11월 29일.
114) 崔錦峰, 「三十一本山住持會同見聞記」, 『佛敎』新 第2輯, 불교사, 1937. 4, p.11.
115) 「교계소식」, 『불교』 신 제2집, 불교사, 1937. 4, p.59.
    1. 총본산 건설비 10만원 한도로 하여 금년 내로 완성할 것
    2. 총본산 유지비 30만원을 갹출할 것
    3. 명칭은 조선불교선교양종총본산 각황사로 할 것

지들은 24일에 원탁회를 개최하여 어제 논의하였던 간부안에 대한 의견교환이 있었다. 이들은 25일에는 총본사 건설안을 가결하는 동시에 기초위원을 선정하였다. 그리고 내일 있을 총독부 회동에 대한 주의사항을 협의하고 휴회하였다.[116] 이 사전 회의에서 31본사 주지들은 중앙에 31본사를 통괄할 수 있는 중앙통제기관으로서 총본사의 설립이 필요하다는 데 의견을 모았다.[117]

지금까지 총독부는 31본산을 개별적으로 관리하면서 관권 이외의 통제력이 미치는 것을 원치 않았다. 전쟁을 효과적으로 수행하기 위해서는 고도국방 국가체제로 전환이 필요하였다. 이러한 필요성이 불교계에는 총본사 체제의 수립이라는 형태로 나타났다. 조선 불교계의 여망을 수렴하여 총독부가 총본사 설립을 인정하였다는 고도의 기만술책을 사용하였다. 전시 비상시국 체제 하에서 총독부는 31본사들을 총괄하면서 시달되는 지침을 신속하게 수행할 수 있는 총본사를 필요로 하였다. 31본사 주지들은 총독부에서 회의를 마치고 2월 28일부터 3월 5일까지 교무원에서 세 차례의 회의를 가졌다. 이들은 총독부에서 검토하였던 사안들에 대하여 구체적인 실행방안들을 토의하였다. 첫째 날인 28일에는 임시 집행부가 구성되었다. 의장에 李鍾郁,

---

    4. 교무원 基地 건물을 총본산 건설에 제공하며 현 각황사는 매각하여 총본산 기지 확충비에 충용함.
    5. 교무원 재단은 총본산 완성 후 該 총본산에 귀속케 함.
    6. 중앙불교전문학교는 당분간 현상을 유지하되 기숙사 및 예과를 신설할 것과 학과목 쇄신과 교원 소질 향상을 도모할 것.
    7. 총본산 실현 援助方法에 대하여 당국에 건의할 것.
116) 「교계소식」, 『불교』 신 제2집, 불교사, 1937년 4월 1일. 이날 선정된 기초위원은 다음과 같다. 李鍾郁, 林錫珍, 李東碩, 崔英煥, 鄭秉憲, 許永鎬, 權相老, 辛太皓, 姜裕文, 姜性仁, 金法龍, 韓普淳, 朴昌斗, 金包光.
117) 崔錦峰, 앞의 글 「三十一本山住持會同見聞記」, pp.10~17.

부의장에는 林錫珍이 선출되었다. 본 의안을 심의하기 전에 심사위원 14인을 선정하기로 하였다. 심사위원은[118] 전형위원 5인을[119] 선임하여 그들로 하여금 선정하게 하였다. 선정된 심사위원은 주지회의 안건 제1호부터 제3호[120]까지를 심사하여 보고하게 하였다.

본사 주지회의는 총본사 건설비와 유지비 40만원은 1924년 재단법인 교무원 설립시에 기금 60만원을 확보하였던 것과 같은 방법으로 하기로 결정하였다. 즉 각 사찰이 분담금을 납부하기로 하였다. 宗正과 宗務總長 그리고 각 部長의 선출 방법과 임기를 확정하였다. 총본사의 명칭은 朝鮮佛敎禪敎兩宗總本山 覺皇寺로 하였으며 위치는 경성부 수송정 44번지 재단법인 교무원 기지에 두기로 하였다. 각황사는 매각하여 기지 확장비에 충당하기로 하였다. 현 재단법인 교무원은 총본사 건설이 완료될 때까지만 유지하고 설립이 완료되면 해체하여 총본사에 귀속시키기로 하였다.[121]

총본사가 인가될 즈음에 조선불교총본사설립위원회가 조직되었다. 이 위원회의 설립 목적은 조선불교총본사 설립에 관한 사무처리를 위해서였다. 그런데 그 위원회의 사무소가 총독부 학무국 사회교육과에 두어졌다. 총본사설립위원장은 총독부 학무국장 시오바라 토

---

118) 『불교』신 제4집, 불교사, 「교계소식」, '三十一本山住持會議抄錄,' 1937. 6. pp.47~52. 선정된 심사위원은 다음과 같다. 李鍾郁・林錫珍・姜性仁・朴昌斗・權相老・李同碩・許永鎬・金法龍・姜裕文・韓普淳・崔英煥・金包光・莘太皓・鄭秉憲.
119) 위와 같음, 선임된 전형위원은 다음과 같다. 車相明・林錫珍・李鍾郁・朴暎熙・金靖錫.
120) 『불교』신 제4집, 「교계소식」, '31本山住持會議抄錄' 1937. 6. 이 회의는 2월 26일과 27일 총독부에서 총본사 건설에 관한 회의를 하고 나서 31본사 주지들이 교무원에서 개최한 것이다. 여기서 총본사 건설에 관한 구체적인 사안들이 협의되었다.
121) 위와 같음.

키자부로(鹽原時三郞)였고, 부위원장은 총독부 사회교육과장이었던 桂珧淳과 월정사 주지였던 李鍾郁이었다.[122] 이 무렵 불교계에서는 宗名 개정에 관한 논의가 이루어졌다. 1940년 11월 31본사 주지들이 모여서 총본사 건설에 대한 회의를 열었다. 이들은 종래 조선불교선교양종이라고 사용해 오던 종명을 조선불교 曹溪宗이라고 개정할 것을 결정하고, 太古寺 사법과 함께 인가를 신청하였다.[123]

1939년 5월 총본사건설사무소는 총본사의 寺名을 태고사로 확정[124]하고, 총독부에 인가를 신청하였다.[125] 총본사의 명칭은 종래에 논의되어 오던 각황사와 태고사 중에서 태고사로 확정되었다. 총본사의 명칭이 태고사로 확정된 것은 조계종의 법통을 고려 말의 太古和尙과 연결시키려 한 데서 비롯되었다.[126] 태고사의 인가는 신청한 지 1년의 세월이 지난 1940년 5월에 확정되었다.[127] 총본사 태고사는 그 후로도 1년여의 세월이 흐른 1941년 4월 23일자로 사찰령시행규칙을 개정하여 인가되었다.[128] 현행 사찰령시행규칙에는 31본사만 규정되

---

122) 「불교의 합동구체화」, 『매일신보』, 1940년 11월 29일.
123) 廣田鍾郁, 「各自의 固執을 버리고 全體主義로」, 『불교시보』 제66호, 1941년 1월 15일.
124) 총본산건설사무소는 전라북도 정읍에 있던 보천교의 십일전을 해체하여 옮겨와 총본사 건물을 짓기로 하였다. 1937년 6월에 시작한 공사는 1938년 11월 25일에 완공되어 준공식과 봉불식을 함께 거행하였다(총본산건설사무소, 「총본산건설에 관한 고보」, 『불교』 신 제14집, 1938. 5, pp.30~37).
125) 「彙報」, 『불교』 신 제22집, 불교사, 1940. 3, p.43.
126) 金山泰洽(김태흡의 창시개명한 이름), 「曹溪宗旨」, 『불교시보』 제70호, 1940. 5. 1.
127) 「휘보」 '總本山認可內示', 『불교』 신 제25집, 1940. 7, p.45. 이 기사에 따르면 1940년 5월 6일 鹽原 학무국장이 31본산 주지 대표 이종욱씨를 招致하여 총본산 인가문제에 대하여 "총독 및 정부총감의 최후 결재가 끝났다"고 하였다. 그리하여 "총본사 인가는 다만 사무적 수속만 남았으므로 그 실현은 목전의 사실이다"라고 하였다고 한다.

어 있고 총본사에 관한 규정이 없었기 때문이다. 사찰령시행규칙은 경기도 廣州郡의 奉恩寺에 경성부의 태고사를 포함시키는 형태로 개정되었다.[129] 태고사법은 5월 1일자로 인가되었다.[130] 총본사는 종래에 본사가 없었던 경성부에 태고사라는 1개의 본사를 추가한 데 지나지 않았다. 1941년 6월 5일 태고사에서 31본사 주지 회의가 열렸다. 종정 선거를 실시한 결과 方漢岩이 당선되었고,[131] 종무총장은 월정사 주지였던 이종욱이 내정되어 10월 3일자로 총본사는 인가되었다.[132]

불교계는 이제 총본사, 본사 그리고 말사로 분류되었다. 총독부는 총본사가 전국의 본말사를 통괄·지휘 감독하게 하였다.[133] 태고사는 31본사를 총괄하는 최고 기관임에도 종정에게 31본사 주지의 임면권이라든지, 사찰 재산 처분권을 인가하는 등의 실질적인 권한은 부여하지 않았다. 이러한 점은 총독부가 총본사를 31본사의 통제관리를 통하여 보다 효율적인 전시체제를 수행을 하기 위한 수단으로 이용하려 한 것이라고 이해된다.

---

128) 『조선불교교조계종태고사법』, 1941년 5월.
129) 『朝鮮總督府官報』 제4273호, 1941. 4. 23.
130) 『朝鮮佛敎曹溪宗總本寺太古寺法』, 社敎第23號, 1941. 4. 23.
131) 「총본사 태고사 주지선거」, 『불교시보』 제71호, 1941년 6월 15일.
132) 「종무일지」, 『불교』 신 제31집, 불교사, 1941. 12, p.55.
133) 앞의 책, 『조선불교교조계종태고사법』, 제9조.

맺음말

　개항기 한국불교 교단은 조선왕조 시대의 혹심한 탄압에서 벗어나 국가 관리 체계에 편입됨으로써 제한적이긴 하였지만 자율적으로 발전할 수 있는 계기를 맞이하였다. 원종은 1908년 불교계 내부의 필요성에서 탄생한 종단이었다. 원종은 우리나라 최초의 근대 불교학교인 명진학교의 운영을 통하여 시대적인 요구에 부응하는 포교사를 양성하고, 기관지를 발행하는 등 전국 사찰을 통솔할 수 있는 체제를 갖추었다. 그러나 종정인 이회광은 민족의식의 결여로 인하여 일본불교 조동종과 연합을 시도함으로써 민족적 성향이 강한 승려들의 반발을 불러일으켰다. 이러한 사태는 임제종 설립 운동이라는 형태로 나타났고, 종단은 양분되었으며 결국 일제시대에 들어와서 조선총독부의 지시에 의해 모두 해산되게 된다. 총독부는 1911년 사찰령과 사찰령시행규칙 시행으로 30개 본사를 개별적으로 관리하였다. 사찰령이 시행되고 난 이후 1912년 성립된 30본산연합회의소에서 30본산 주지들은 종명을 조선불교선교양종 체제를 수립함으로써 근대사회에 성립하였던 원종 체제는 조선시대로 회귀하게 되었다. 30본산회의소 체제는 1915년 30본산연합사무소 체제로 전환된다. 일제는 1919년 3·1운동이라는 거족적 항일운동을 경험하고 나서 이른바 문화정치로 통치정책을 전환한다. 문화정치는 조선인에게 언론·출판을 비롯해서 다소간의 문화적인 자유를 허용하였다. 뿐만 아니라 종교단체에 재단법인의 설립을 허가해주었다. 이러한 분위기 속에서 선학원은 자주적 성향이 강했던 비구승들에 의해서 설립되었다. 이들은 조선불교의 전통인 청정한 계율을 수호하고자 하였다. 선학원은 설립된 지 얼마 지나지 않아서 재정난에 봉착하게 된다. 재정난을 타개하기 위한 방편으로 선학원은 1934년에 재단법인 조선불교중앙선리참구원으로 전환된다. 선리참구원은 1935년 제3차 수좌대회를 계기로 선종을 탄생시켰다. 선리참구원은 30본산 주지들이 조선불교선교양종 체제를 구축하였던 데 반해서 선종을 출범시킴으로써 자주적인 종단을 수립하였지만 재정적인 문제와 총독부의 압력으로 독자성을 지켜내기 어려웠다. 선리참구원은 1937년 중일전쟁 발발 이후부터 성격도 변화하여 총독부의 시책에 협조하지 않을 수 없었다.

종교계에 재단법인의 설립을 허용하자 불교계는 1924년에 재단법인 조선불교중앙교무원을 설립하게 된다. 재단법인 조선불교중앙교무원은 성립과정에서 민족적 성격이 강한 총무원과 어용성이 강한 교무원 사이의 갈등이 있었으나 결국 총독부의 후원을 받은 교무원 측이 총무원을 흡수하게 된다. 종교계에 법인 설립을 인가한다는 것은 종교계의 신임도를 향상시키는 점도 있지만 다른 한 편으로는 감독 관청의 관할 하에 편입되는 것이므로 조선총독부의 간섭과 통제로부터 자유로울 수 없었다. 1929년 조선불교선교양종 승려대회를 계기로 조선불교중앙교무원이 성립하여 종헌을 제정하고, 불교계 현안 문제에 대해서 토의하는 자리를 가지게 된다. 승려대회는 진행과정에서 주요 구성원들이 有故·病故를 이유로 탈락하고 면모를 보임으로써 한계를 노정하였다.

일제시대 불교계는 1937년 중·일전쟁의 발발 이후 전시체제로 돌입함으로써 종교성을 상실하고, 광신적 파시즘의 협력자가 되었다. 1941년 조계종이 성립되고 총본사 태고사가 탄생하게 된다. 총본사의 성립 자체가 총독부의 효율적인 전쟁 수행이라는 과제를 달성하려는 목적에 내재되어 있었기 때문에 일제시대 조계종은 일제의 전쟁수행에 협력하는 역할을 할 수밖에 없었다. 근대 불교 교단의 변천 과정에서 주목하여야 할 것은 불교계에는 친일세력과 항일세력이 언제나 함께 있었다는 사실이다. 1910년 연말에 시작된 임제종 설립 운동에서부터 1941년 조계종이 탄생하기까지 이러한 현상은 계속된다. 그 과정에서 항상 친일 세력이 주도권을 장악하게 된다. 그것은 식민지 치하에서 당연한 귀결일지 모르지만, 소수 저항 민족세력들의 저항은 식민통치에 반영되어 통치의 강도를 약하게 하고, 방향을 수정하게 하였다는 것을 간과해서는 안 된다.

寺刹令 체제의 역사적 배경과 의미

한동민 | 수원시 전문위원

Ⅰ. 머리말

Ⅱ. 寺刹令 공포와 목적
  1. 사찰령의 주요 내용
  2. 사찰령의 역사적 배경

Ⅲ. 寺刹令 수용의 배경과 내용
  1. 권력에 대한 의타성
  2. 主屬관계와 本末관계의 친연성
  3. 住持의 지속성
  4. 寺法에 대한 호의적 인식
  5. 일제의 지속적인 선전활동

Ⅳ. 결론

I. 머리말

1876년 이후 서구 열강 및 일본과 체결한 불평등조약이 체결되면서 조선은 자본주의적 세계질서에 편입되었다. 근대국가를 지향해야 했던 조선의 입장에서 자주적이지 못한 開港은 내부적 개혁의 문제와 더불어 외세의 문제를 더하게 되었다. 더욱이 일본은 명치유신 이후 자본주의적 팽창과정에서 식민지 대상으로 한반도를 염두에 두면서 지속적인 침탈을 감행하고 있었다. 이러한 상황은 불교계도 예외는 아니었다. 일제의 식민정책에 힘입어 일본불교의 각 종파들이 開港地를 비롯하여 布敎所와 別院을 설치하면서 종교적 침략을 노골화하였다. 이러한 일본불교와 접촉은 조선시대 억불의 열악한 상황을 견디어 온 조선불교에게 심한 자괴감과 더불어 일본불교에 경도되는 위약함을 드러내는 계기로 작용하였다.

따라서 대한제국 정부는 그 자구책으로 전국 사찰의 首寺刹로서 元興寺를 창건하고 寺社管理署를 두고 불교를 국가관리로 수용하고자 했다. 불교계는 圓宗의 曹洞宗 연합책동에 맞선 臨濟宗 운동이 펼쳐졌다. 그러한 와중에 1910년 國亡을 맞이하였다. 주지하다시피 1910년 국망과 더불어 일제는 불교에 대한 보호의 미명 아래 寺刹令을 반포하였다. 따라서 불교계를 통제하기 위한 식민지 법령이었던 사찰령에 대한 연구는 일제강점기 불교사 연구의 중요한 주제 가운데 하나였다.[1]

그럼에도 사찰령이 제정·공포되고 난 이후 불교계에서는 적극적이고 조직적으로 사찰령에 대한 반대 및 저항운동이 일어나지 않은 것으로 보인다. 이는 한일합방 뒤 행해진 제반 법령의 제정 공포에 대하여 해당 부문에서 적극적인 저항이 일어나지 않은 것과 궤를 같이한다. 당시 승려들의 법률적 무관심과 법률에 대한 일천한 지식이 한 몫을 한 것이거나 현실적으로 『總督府官報』에 실린 법령을 접하기 힘든 현실을 반영하는 것이기도 하다. 이는 사찰령 제3조에 의거 30본사가 寺法을 제정하고 난 이후 본사 주지들이 사법에 대한 교육을 실시하고 있었던 현실과 맥을 같이 한다. 사법이 제정될 때 각 본사별로 승려들이 협의하여 만든 것이 아니라는 사실과 각사의 사법이 총독부에 의해 인가된 이후 사법시행의 효율성을 위해 본사 주지들에 의해 사법에 대한 교육을 실시하였던 것이다.

처음 사찰령이 공포되었을 때 일반 승려들의 사찰령에 대한 인식은 사찰령이 갖는 구체적인 구속력에 대하여 인식하지 못했거나 무관심했을 가능성이 크다. 동시에 제정 공포된 법령이 즉각적으로 효과가 발휘되기보다는 좀 더 시간이 흐른 뒤 법제정의 목적이 관철되기 때문이기도 하다. 또한 무단통치를 통해 언론·집회·결사의 자유가 철저히 부정되었던 일제강점 초기의 상황에서 사찰령에 대한 승

---

1) 일제강점기 불교사에서 사찰령은 중요한 계기였다. 이에 많은 연구에서 사찰령에 대하여 언급하고 있지만 사찰령에 대한 본격적 연구성과만을 보면 다음과 같다. 정광호, 「寺刹令의 公布와 植民地 佛敎」, 『近代韓日佛敎關係史硏究』, 인하대학교출판부, 1994; 서경수, 「일제의 불교정책-사찰령을 중심으로-」, 『불교학보』 19, 1982; 김광식, 「1910년대 불교계의 진화론 수용과 사찰령」, 『오세창교수 화갑기념 한국근현대사논총』, 1995; 김광식, 「백용성스님과 일제하의 사찰재산, 사찰령」, 『대각사상』 4, 2001; 김순석, 「朝鮮總督府의 '寺刹令' 공포와 30본사 체제의 성립」, 『韓國思想史學』 18, 2002.

려들의 대응을 알려주는 자료의 부족일 수도 있다.

물론 일부 승려들의 사찰령 체제에 대한 반발이 없었던 것도 아니지만, 그럼에도 불구하고 사찰령 공포 초기에 조직적인 저항은 없었던 것으로 보인다. 사찰령에 대한 반대와 사찰령 철폐 운동이 조직적으로 펼쳐지는 것은 1919년 3·1운동 이후의 일이었다. 1911년 사찰령 공포 이후 불교계는 사찰령을 별다른 저항 없이 수용하게 된 것으로 볼 수 있다.[2] 따라서 불교계에서 사찰령의 의미와 사찰령 수용의 배경을 역사적 맥락에서 파악하고자 하는 것이 이 글의 목적이다.

기존의 연구에서 사찰령은 조선불교에 대한 통제와 관리를 위해 제정된 악법이고, 따라서 사찰령에 의해 일제강점기 불교가 피폐·타락했다는 관점이 대세를 이루고 있다. 사찰령이 식민지배를 위한 법규정으로써 조선 불교계를 장악하고자 한 것은 근본적으로 변할 수 없는 역사적 사실이다. 그러나 사찰령이 제정될 당시 불교계에서는 사찰령을 단순히 악법으로만 인식하지 않았다는 점이다. 오히려 제정 당시 사찰령은 일제에 의하여 불교의 재생과 발전을 가져온 주요한 시정개선의 하나로 선전되었고 그렇게 간주한 측면이 강하다.

따라서 당시 사찰령을 인식했던 불교계 내부의 상황을 살펴봄으로써 사찰령의 제정과 수용의 배경 및 그 역사적 맥락을 파악해 보는 것이 이 글의 목적이다.

---

2) 이러한 관점은 사찰령에 대한 기존의 연구와 인식태도와 다른 것이지만 역사적 진실에 가깝다고 할 수 있다. 이에 김광식은 이러한 점에 주목하여 사찰령의 수용을 사회진화론적 시각에서 파악하였다. 김광식, 「1910년대 불교계의 진화론 수용과 사찰령」, 『오세창교수 화갑기념 한국근현대사논총』, 1995.

Ⅱ. 寺刹令 공포와 목적

1. 사찰령의 주요 내용

첫째, 식민지 권력에 의한 統敎權의 장악이라 할 수 있다. 사찰령은 제령 제7호로 1911년 6월 3일 공포되었다. 사찰령 자체는 7조로 이루어진 지극히 간단한 법령이었다. 그러나 사찰과 관련한 일체의 권리와 내용은 조선총독과 각 도장관의 인·허가를 받아야 하는 조항으로 이루어졌다. 특히 총독의 인가사항으로 사찰의 병합·이전·폐지 및 그 基址나 명칭의 변경을 규정하였고(제1조), 본사 寺法 제정(제3조), 그리고 사찰의 寺有財産 및 귀중품의 처분(제5조), 그리고 30본산 주지의 취직(시행령 제2조) 등을 규정하였다.

이러한 통교권의 독점은 식민지 권력의 특성이기도 하다. 사찰령은 불교에 대한 정책을 수립하고 입법화하는 과정에서 조선의 불교계 내부의 統敎權을 규정하는 입법적 권한 행사가 철저히 배제되었다는 점이다.[3]

사찰령 제정과 더불어 유교의 통제책으로 1911년 6월 15일 일제는 조선총독부 부령 제73호로 전문 17조의「經學院規程」을 제정 공포하였다. 그 내용은 성균관을 경학원으로 변경하는 것으로 경학원의 일체 의식과 기본재산을 조선총독이 감독하고, 大提學·副提學·祭酒·司成·直員 등의 직원들도 조선총독의 인가를 받아야 한다는 내용이다.[4]

조선을 대표하는 불교와 유교에 대한 관리와 통제를 위한 사찰령

---

3) 통교권에 대하여는 孫晟,「日本의 宗敎立法의 敎訓-宗敎法人法을 中心으로-」,『佛敎大學院論叢』1, 동국대학교 불교대학원, 1993, p.88.
4)『朝鮮總督府官報』1911년 6월 15일;『每日申報』1911년 6월 16일.

과 경학원 규정의 핵심은 조선총독의 관리감독을 직접적으로 받아야 한다는 것이다. 정교분리에 입각한 종교 내부의 자율권을 부정하고 식민지 권력에 의한 종교에 대한 통교권을 장악한 것이다. 이는 주지의 인가를 통한 인사권과 사찰재산의 관리에 엄격한 제한을 두는 재정권의 장악을 뜻하는 것이기도 하다.

이는 을사보호조약 이후 1906년 일본인들의 포교에 대한 제한을 가한「宗敎宣布規則」을 지나 1910년 합방 이후 1911년 조선 불교계에 대한 직접 관리를 규정한「寺刹令」과 1914년 1차 세계대전에 연합국으로 참가하여 국제적 지위를 확보한 뒤인 1915년 외국인 특히 기독교 선교사를 대상으로 하는「布敎規則」이 공포되면서 일제의 종교정책이 구체화되어 가는 과정이었다.

조선불교에 대한 법률적 규정이 사찰령이라 한다면 1915년 발포된 총독부부령 제82호「神社寺院規則」은 일본인 사원에 대한 법률적 규정이다. 이들을 상호 비교해 보면 다음 표와 같다.

사찰령·사찰령시행규칙 및 신사사원규칙 내용 비교

내용	寺刹令施行規則	寺刹令(1911)	神社寺院規則(1915)
총독의 인가	30본산 주지의 취직 (제2조)	①사찰의 병합·이전·폐지 및 그 基址나 명칭의 변경(제1조) ②寺法의 제정(제3조) ③사찰의 토지·삼림·건물·불상·석물·고문서·고서화 등의 귀중품의 처분(제5조)	①사원의 창립(제2조) ②사원 창립 허가 후 2년 내 건립하지 않아 기간 연장(제5조) ③사원 이전(제7조) ④사원 폐지 혹은 합병 ⑤사원의 칭호·본존의 증감변경, 사원의 소속 종파 변경, 사원의 유지 방법 변경, 건물이나 경내지 평수 증감(제10조) ⑥부동산이나 보물을 매각·양여·교환·전당 및 저당, 경내지 立竹木 채벌, 起債(제15조)

내용	寺刹令施行規則	寺刹令(1911)	神社寺院規則(1915)
총독의 신고	①주지의 신분·연령·수행 이력서(제3조) ②寺有財産 및 귀중품 목록, 5개월 내 재산의 증감 이동, 5일 내(제7조)		①사원창립으로 건물 준공(제5조) ②變災에 의한 건물 망실 혹은 재건(제6조) ③주지의 임명 이후 사망 등 주직 이동 ④사원소유의 부동산과 보물
道 장관 인가	30본사 이외 말사 주지의 취직(제2조)	사찰의 基址와 伽藍의 전법·포교·법요 집행과 승니 거주 목적 이외의 사용(제2조)	
도 장관 신고			①단신노 총대 수소·이름, 총대 이동(제12조) ②경내지와 건물의 사용(제16조)
사찰 주지	①주지 선정 방법, 주지 교체 절차, 임기 중 缺員시 寺務取扱은 寺法으로 규정(제1조) ②임기 3년, 임기만료 후 재임 가능(제4조)	사찰에 속하는 일체의 재산을 관리, 寺務 및 법요 집행, 사찰을 대표함.(제4조)	
단속 조항	①주지 인가 취소자는 1주일 이내 인계하고 퇴거 ②주지가 범죄, 부정행위, 또는 직무태만의 경우 취직인가 취소(제5조) ③제6조, 제7조 위반자는 50원 이하의 벌금 또는 구류(제8조)	규정 위반자는 2년 이하의 징역, 5백원 이상 벌금(제6조)	①도장관은 총대를 부적임자로 인정할 경우에는 변경할 수 있음.(제12조) ②전법·포교·법요 집행과 승니 거주 목적 이외에 사용할 수 없음.(제16조) ③허가받지 않은 사원이나 유사한 건조물을 세운 자는 1년 이하 금고 혹은 2백원 이하 벌금
기타	5개월 이내에 寺法의 인가를 신청(부칙)	本令의 규정 외에 사찰에 관한 필요사항은 조선총독이 정함.(제7조)	본령 시행 때에 존재한 사원은 본령 시행일로부터 5개월 내에 총독의 허가수속을 해야 함.

일제강점기 총독부는 일본인과 관련된 불교기관은 寺院, 조선인의 그것은 寺刹로 구분하여 용어를 쓰고 있다. 이는 조선인 寺刹의 住持에 대하여 일본인 寺院은 住職이란 용어를 사용하였다. 조선인에 대한 법령이 寺刹令인 것에 비해 일본인을 대상으로 하는 것이 (神社)寺院規則인 것과 같다.

사찰령과 신사사원규칙에서 공통적으로 총독의 인가를 받아야 하는 사항으로는 사찰의 병합·이전·폐지·변경 등 사찰의 근본적인 변화와 관련한 내용과 財産의 처분 등이다. 다만 신사사원규칙에는 사찰령에 없는 寺院 創立과 관련한 내용이 들어 있고, 사찰령에는 신사사원규칙에는 없는 寺法 제정에 대한 규정이 있다는 점이다. 이를 통해보면 법률적 규정력에는 커다란 차이가 없다고 할 수 있다.

사원규칙과 사찰령의 근본적인 차이점은, 사찰령에서는 본산 주지는 총독 인가사항인 반면 사원규칙에서 주직의 임명은 총독의 인가사항이 아닌 신고사항이라는 점이다. 즉 일본 종파불교의 각 종무원에서 임명권을 행사하여 주직은 이를 신고만 하면 되는 것이었다. 따라서 사찰령 체제에서 종무원의 역할을 조선총독부가 행사하는 셈이 된 것이다.

조선의 사찰을 30본산으로 정함으로써 본산 주지는 총독에게, 말사 주지는 지방장관의 허가를 얻도록 하였다. 그 임기는 3년으로 하되 주지에게 범죄 및 그 밖의 부정한 행위가 있을 때나 직무를 태만히 한 때는 그 직무의 인가를 취소토록 하였다. 인가가 취소된 자는 1주일 내에 그 사찰을 퇴거해야 한다고 규정하였다. 이것은 일제가 사실상 불교계의 인사권을 장악함으로써 조선불교에 대한 식민지 종속화를 규정한 셈이었다.

둘째, 寺法을 통한 불교계의 통제였다.

사찰령 제3조 "사찰의 本末關係・僧規・法式・기타의 필요한 寺法은 각 本寺에서 정하여 조선총독의 인가를 얻어야 한다"는 규정에 따라 寺法이 제정되었다.

사찰령 발표 이후 한 달 뒤 전문 8조와 부칙으로 구성된 「寺刹令施行規則」이 조선총독부령 제84호로 제정 발표되었다.[5] 특히 시행규칙 제2조의 30개 사찰의 주지 취직을 조선총독에게 신청하여 인가를 얻도록 한 조처는 총독부가 의도했든 아니든 간에 조선 불교계를 새롭게 재편하는 역할을 하였다. 사법을 만들도록 규정된 이들 30개 사찰이 本寺로 암묵적으로 인정되었다.

이러한 30개 사찰은 사찰령 또는 사찰령시행규칙의 법조문에는 구체적으로 本山 혹은 本寺라 명시되지 않았지만 '30本山'으로 통칭되었다. 이는 이들 30개 사찰이 寺法 제정을 통하여 본산으로 역할하게 되었다. 이러한 寺法은 여타 종교에는 없는 것으로 불교계를 통제하고 관리하는 실질적인 규정력으로 작용하였다.

셋째, 住持權의 강화와 주지 선정 방법의 강요에 따른 승가화합의 파괴다.

사찰에 속하는 일체의 재산을 관리하고 寺務 및 法要 집행 및 사찰을 대표하는 주지에 대한 제4조 규정은 기존의 주지와 다른 권한을 주지에게 제공하였다. 이로써 사찰령에 의한 주지권한 확대라는 또 다른 특징이 나타나게 된 것이다.

이는 과도하게 주지의 권한이 강화된 것도 문제지만 보다 심각한 문제는 전통적인 大衆公事 혹은 山中公議制度를 무시하고 강제된 주

---

5) '寺刹令施行規則', 「朝鮮總督府令 第84號」, 『朝鮮總督府官報』 제257호, 1911. 7. 8.; 李能和, 『朝鮮佛教通史』 下, pp.1120~1121.

지 선출방식에 있다. 민주적 절차로 보이는 주지 선출 방식은 친일주지의 등장과 성장을 추동하면서 승가의 화합을 훼손하는 기제로 작용하였다.

2. 사찰령의 역사적 배경

한일합방 이후 조선총독부는 일본 종파불교에 의한 국내 사찰의 관리와 그들 상호간의 경쟁으로 인한 분쟁을 꺼리게 되었다. 이는 종교적 침투로 반일감정을 만들 수 있다는 우려와 더불어 조선을 식민지로 만든 이상 일본 종파불교의 제국주의 첨병의 역할이 소멸되었음을 의미하는 것이다. 이러한 측면에서 조선총독부는 기존의 불교정책과 태도를 이어받은 현상유지 정책을 취하게 된다. 즉 급격한 변화를 거부하면서 멀리 經國大典의 틀과 가깝게는 寺社管理署의 불교의 국가관리라는 기본적 틀을 계승하는 것이었다.

또한 불교계 내부의 변혁적 의지의 결핍과 광대한 寺有地의 존재는 방치할 수 없는 관리대상으로 인식되었다. 막대한 불교계의 재산이 독립자금으로 활용되는 것을 막고, 또한 전국 산간에 산재한 사찰이 독립투쟁의 근거지로 활용되는 것을 막을 필요가 있었던 것이다. 그리고 사회적으로 위상이 높지 않았던 승려들을 교묘히 활용하고자 한 측면도 무시될 수 없다.

따라서 사찰령의 근본 취지는 불교계의 급격한 변화가 아닌 현상유지를 통하여 총독부가 조선 불교계를 직접 관리하기 위한 법령이었다.

1) 현상유지책으로 사찰령

(1) 新寺創建 禁止

사찰령 제1조는 사찰의 병합·이전·폐지 및 그 基址나 명칭의 변경은 총독의 인가를 받도록 하였다. 사찰의 병합과 이전, 폐지에 대한 언급은 있으나 새로운 사찰의 창건에 대하여는 언급하지 않고 있다. 즉 사찰의 창건을 인정하지 않고 있다.

1914년 강원도장관이 총독부에 "사찰 병합·이전·폐지는 사찰령에 규정함에도 그 신설 또는 폐사·재흥에 관해서는 명확한 문서가 없는데 허가하지 않는 조치인가?"를 문의했을 때 그렇다고 답하고 있다.[6] 사찰령은 사찰의 創建과 再興에 대하여 구제적으로 언급하지 않음으로써 사찰의 창건과 재흥을 배제하였던 것이다.

이러한 사찰 창건에 대한 규정이 없다는 점을 들어 사찰령이 조선불교의 발전을 염두에 둔 것이 아니었다는 논리로 활용되어 왔다. 그러나 실상 사찰의 창건에 대하여는 이미 조선시대부터 금지해 오던 상황이었다. 사찰의 건립은 신라 및 고려시대의 불교가 융성하던 시기에 가능한 것으로 조선시대에 이르러서는 抑佛의 방침에 따라 사찰의 新創은 금지되어 왔다.[7]

『經國大典』이래 조선시대 내내 모든 寺社는 새로 창건할 수 없으며 오직 옛터를 重修할 수 있으며, 이에 兩宗에 신고하고 禮曹에 보고하여 啓聞하도록 하였다. 즉 법령으로 엄금하고 오직 종래 존재한 것의 修築 또는 再建만 허락하였던 것이다.

한편 神社寺院規則(1915)에 일본인의 조선에서의 사원 창립을 허

---

6) 官通牒 제220호, 『朝鮮總督府官報』, 1914. 6. 16.
7) "凡寺社勿新創唯重修古基者告兩宗報本曹啓聞"『經國大典』, 禮典, 寺社.

락한 것과 사찰령에서 조선 사찰의 창사 금지를 비교하여 사찰령의 폐단으로 지적하기도 한다. 그러나 일본인의 경우 조선에 들어와서 새로운 사찰을 건립하여 운영할 수밖에 없는 조건이었다. 이러한 상황에서 일본인의 사원 설립과 조선인의 창사 금지를 단순하게 비교할 수는 없다.

일본인에 의한 사원 창립의 경우에도 조건을 까다롭게 제한하였다. 즉 檀信徒 30인 이상의 連署와 더불어 창립 사유, 사원 칭호, 창립지명, 본존과 소속 종파 명칭, 건물과 경내지 평수, 도면과 경내지 주위의 상황, 創立費와 기타 비용 조달 방법, 유지 방법, 단신도 수 등을 서류로 제출하도록 규정하고 있다. 이는 일본인의 경우에도 함부로 사원을 남설하지 못하게 만드는 조항으로 작용하고 있었다.

따라서 사찰령은 조선불교에 대한 억압적 조항을 갖는 『경국대전』의 법령을 편의대로 지속한 것이다. 즉 일제의 조선에 대한 식민통치상 기존 법령의 '현상유지'라는 지극히 행정적 편의주의에 입각하여 안출한 셈이다.

(2) 本寺 傳統의 활용

사찰령은 대한제국시기 사사관리서의 '국내사찰현행세칙'을 일정 부분을 계승한 것으로 볼 수 있다.

드디어 1911년 6월 사찰령을 발하고 다음 달 그 시행규칙을 발포하여 管理署時代의 舊規를 본받아 30본산을 정함으로써 완전하게 조선불교의 성립을 보았다.[8]

---

8) 高橋亨, 『李朝佛敎』, 寶文館, 1929, p.928.

다까하시(高橋亨)는 30본산의 확정이 사사관리서 체제를 본받았다는 것이다. 사찰령의 또 다른 특징은 30본산제도의 시행이었다. 총독부는 敎政의 편의와 효율성을 위해 전국의 사찰 가운데 30개 대찰을 열거함으로써 결과적으로 30본산제도를 확정하였다. 이러한 30본산의 성립은 사찰령과 그 시행세칙에 의한 만들어진 것이지만 어떠한 절차와 방식에 의해 30개 사찰이 본사로 결정되었는지는 알 수 없다.

> 管理署規則이 此에 發布된 僧制는 明治 四十四年 六月 總督府의 寺刹 슈이니 本令은 주로 各寺刹의 財産權을 法認하고 全道寺格을 定훈 者이나 其制定훈 寺格은 果然 李朝 僧政의 엇던 資料에 準據하야 決定하얏는지 未詳하나[9]

일제강점기 조선불교에 대하여 가장 해박한 지식을 지녔다고 평가되는 다까하시조차 30본산으로 제정된 寺格이 어떠한 자료에 준거하여 결정하였는지 알 수 없다고 진술하고 있다.

그러나 전국적으로 유력한 30개 대찰은 조선 불교계 내부에서도 일정하게 인정하고 있었던 내용이라 할 수 있다. 1899년(광무 3) 동대문 밖 紹興寺에 전국의 사찰을 관할하기 위해 각도에 13개 首寺를 정하였고, 1902년 元興寺로 고치고 난 뒤 사사관리서 체제에서는 각 도의 수사찰 16개 사찰이 존재하였다.[10]

이렇듯 30본산제도가 사찰령 체제에서 갑자기 만들어진 것은 아

---

9) 高橋亨, 「李朝에 在한 僧職의 變遷(四)」, 『每日申報』, 1921년 12월 14일.
10) "즉 1899년 13개 首寺에 비해서 본산 수가 2배 이상이고, 1902년의 16개 首寺의 약 2배다. 그것이 어떠한 標準으로 寺格을 정했는지는 명확하지 않다." 高橋亨, 『李朝佛敎』, pp.884~885.

니라는 점이다. 1899년의 13개 수사찰에 대하여는 자료의 부족으로 확실하게 알기 어렵다. 元興寺의 설립과 함께 사사관리서를 설치한 대한제국 정부는, 1902년 7월 管理署管理 陸軍叅領 權鍾奭의 이름으로 「國內寺刹現行細則」 전문 36조를 반포하였다. 그 국내사찰현행세칙 제6조에는 元興寺를 大本山으로 삼고 각도 首寺刹 16寺를 中法山으로 지정하였다.[11]

사사관리서가 폐지되고 난 뒤 원흥사가 전국 승정을 統理하게 되었을 때 梵魚寺·仙巖寺·銀海寺·乾鳳寺 등이 중법산 승격을 위한 圖得運動을 펼쳐서 이들 4개 사찰이 중법산이 되었고, 향후 孤雲寺 등 10여 개 사찰을 승격시켜준 결과 이것이 사찰령 체제의 30본사가 되었다는 주장도 있다.[12]

그러나 사사관리서 폐지 이후 원흥사 역시 대법산에서 일개 사찰에 불과한 상황이 되었다. 따라서 사사관리서 폐지 이후 원흥사가 전국 승정을 총괄한 경우는 없다고 할 수 있다. 그럼에도 불구하고 중법산 도득운동이 있었다는 것은 이후 불교연구회 혹은 원종종무원 당시의 일로 보아야 한다.

왜냐하면 사사관리서가 폐지되고 설립된 佛敎硏究會에서 전국적으로 大刹 27개 사찰을 지정하여 分擔金을 거출한 경우가 있다. 즉 통도사·송광사·범어사·봉선사·봉은사·속리사(법주사)·월정사 등 7개 사찰 이름을 파악할 수 있다. 즉 범어사가 27개 사찰에 포함되었

---

11) '國內寺刹現行細則'「國內寺刹現行細則演義」,『韓國近現代佛敎資料全集』65, 민족사, 1996, pp.414~415.
원흥사와 관련해서는 김경집,「近代 元興寺의 創建과 時代的 意義」(『회당학보』7, 2002)가 있다.
12) 金暎遂,「朝鮮佛敎統轄에 對하야」,『佛敎』91, 1932. 1, p.14.

던 것이다. 도득운동은 이렇게 불교연구회 체제에서 이루어진 일로 파악할 수 있다.

실제 불교연구회는 당시 전국의 승려 1명에게 금 50전씩을 납입하는 규약을 세워서 8도에 파견하여 이를 재원으로 얻는 일에 진력하였다. 이에 회비 징수의 효율성과 여러 행정적 편의를 위해 27개 수사찰을 정한 것이었다. 일정한 구역 내 사찰의 승려들 회비 징수의 편리함을 위하여 27개 회비 징수 책임 사찰을 정한 것에 불과하였다. 이러한 27개 사찰의 지정은 향후 일제 사찰령 체제 아래 30본산제도와 관련성을 살펴보게 만든다. 그러나 27개 사찰이 寺格에 이론이 없고 지격 있는 사찰을 선정하였다고 하더라도 27개 사찰의 지정에 대하여 법률적 근거나 합리적 토론에 의한 것이 아닌 것은 분명하다. 이는 당시 27개 사찰에 유서 깊은 華嚴寺가 빠져 있었기 때문이다. 이는 불교연구회가 승려 1명당 출금액을 규정하여 사람을 파견하여 이를 遊說를 하였을 당시 화엄사는 寺産이 饒富하고 종래 그 寺格이 높았기 때문에 불교연구회의 방침에 반대하였다. 이에 불교연구회와 조인을 승낙하지 않았고, 또 일체의 회의에 출석하지 않았기 때문에 화엄사는 27개 수사찰의 선정에서 누락되었던 것이다. 이에 인근의 선암사의 관할 구역에 화엄사가 포함되었다.[13] 이것이 사찰령 체제 30본산에 화엄사가 누락된 원인이고, 향후 화엄사의 끈질긴 본산승격 운동을 통해 1924년 본산으로 승격되었던 것이다.

이후 圓宗宗務院 체제에서도 불교연구회의 27개 사찰의 운용방식은 그대로 이어졌던 것으로 보인다. 더 나아가 전국의 사찰 가운데 大刹 29개를 지칭하기도 하였다. 1910년 9월 13일부터 16일까지 4일

---

13) 「仙巖寺華嚴寺問題調査報告書補遺(奉先寺住持洪月初談話)」, 1924.

동안 동대문 밖 元興寺에서 각도 사찰 주지승 330여 명이 모여 조선 불교 현상 타개와 발전에 대한 논의를 하였다. 이때 나온 불교계 발전에 대한 결의 가운데 첫 번째가 布敎者 養成所의 설치 문제였다.

> 布敎者의 位置를 進行ᄒ기 爲ᄒ야 各道內 大刹 二十九個寺에셔 生徒 一名式을 選拔ᄒ야 養成所를 設立ᄒ고 四月間 敎育홀 事[14]

이를 통해 보면 포교자 양성소에 각 도내 大刹 29개사에서 2명씩을 선발토록 하고 있다. 이러한 29개 대찰에 대한 암묵적 동의가 조선 불교계에 존재하고 있었음을 알 수 있다. 그러나 이러한 29개 大刹에 대한 구체적 자료는 없는 실정이다.

그러나 29개 대찰 등의 호칭이 사찰령과 같은 本末의 상하구조의 형태가 아니었음은 분명하다. 즉 현실적 배려와 행정적 편의에 따른 구분이었을 것임에 분명한데, 일제는 이러한 구분을 또 다른 목적에서 30본산으로 확정한 것으로 보인다. 즉 1899년 13개 수사, 사사관리서 체제의 대법산 원흥사와 중법산 16개 사찰, 불교연구회의 27개 사찰, 원종종무원의 29大刹 등을 거쳐 사찰령의 30개 사찰을 통한 30본산제도로 이어졌던 것이다.

따라서 조선에 없는 본말제도를 가져온 것이기는 하지만 30개 본사는 조선 불교계 내부에서 일정하게 인정되었던 대찰들을 대상으로 구성된 것임을 알 수 있다. 더욱이 30개 대찰을 통한 교정의 편의를 도모하고자 했던 기존의 틀을 유지한 것이었다.

---

14) 「各道僧 會集」, 『每日申報』, 1910년 9월 20일.

(3) 광대한 불교재산의 존재

1902년 사사관리서에 의한 전국 사찰의 관리는 숭유억불 정책의 변화와 불교의 국가관리라는 측면과 동시에 광범한 불교재산에 대한 관리를 목적한 것이라는 양면성을 지니고 있다.[15] 이는 사사관리서가 宮內府 警衛院 산하기관이라는 점에서 그 성격을 명백히 하고 있다. 갑오개혁 당시 황제권의 약화를 목적으로 설치되었던 宮內府는 광무개혁 이후 황제권의 강화를 도모하는 기구로 변모하였다. 이에 궁내부는 황실의 재산을 관리하며 황제권 강화를 추구하였던 황제 친위세력들의 근거지로 전통적 양반관료세력의 議政府와 대립적인 관계를 유지하였다. 이에 1899년 황제친위세력이었던 李根澤·權鍾奭 및 내시 姜錫鎬 등에 의해 소홍사가 설치되고 이후 1902년 원홍사로 발전한 것으로 볼 수 있다.

> 古來로 朝鮮의 寺刹에는 巨額의 寺有財産을 有호 者 不少호다 寺刹 總 一千四百十二中에 三分의 一은 富饒호 寺刹이며 特히 三十本山은 百萬 以上의 財産을 有호 者 多호다 朝鮮總督府는 其에 注目호야 一千九百十一年에 寺刹令을 發호야 此를 朝鮮總督府의 監視下에 置호다.[16]

사찰령 제정 당시 총독부 내에 세 가지 의견이 있었다고 한다. 첫째, 조선불교의 현상태는 쇠잔하고 보존할 여지가 없으니 스스로 자

---

15) 管理署를 두어 종래의 공유지, 산림까지 부속하여 궁내부가 이 시기 가장 거대한 지주경영의 주체가 되어가는 과정에서 나타난 기구로 파악하기도 한다. 徐榮姬, 「1894~1904년의 政治體制 變動과 宮內府」, 『韓國史論』 23(1990), p.376.
16) 「寺刹 財産의 監視」, 『한국독립운동사 자료 4(임정편Ⅳ) 史料集』, pp.151~152.

멸하도록 방기하자는 안이다. 둘째, 불교가 衰敗하다 할지라도 寺刹의 財産이 적지 않으니 이를 방기하는 것은 부당한 일이니 이를 日本 各宗에 分屬하여 管理케 하자는 안이다. 셋째, 쇠퇴한 불교승려일지라도 예부터 繼承해 내려온 法脉(僧譜)이 있으니 이를 日本 各宗에 分屬할 때는 朝鮮僧侶의 불평불만과 불상사가 일어날 수 있으니 특별히 법령을 정하여 사찰을 보호 관리하자는 안이다.[17]

따라서 사찰령은 방기 혹은 일본 종파불교에 부속이 아닌 특별 법령의 제정이라는 셋째 안이 채택되었다. 광대한 사찰재산의 유지와 일본 종파불교에 대한 제한을 통해 사찰령을 안출한 셈이다. 사찰령은 궁극적으로 조선의 광범한 재산을 소유하고 있는 사찰에 대한 관리를 목적으로 한 것으로 조선불교의 발전과는 거리가 있었음을 보여준다.

이는 1902년 대한제국의 사사관리서 체제에서 보여준 불교계에 대한 인식을 계승하고 있는 것이다.

(4) 사찰의 정치적 이용 배제

사찰령의 또 다른 목적이 사찰의 종교적 목적 이외의 용도로 사용되는 것을 막고자 했다는 점이다. 즉 사찰령 제2조는 사찰의 基址와 伽藍은 지방장관의 허가를 얻지 않으면 전법·포교·법요 집행과 승려 거주의 목적 이외에 사용하거나 또는 사용할 수 없다고 규정하고 있다. 이는 사찰령을 통해 사찰이 독립운동이나 불순한 동기의 온상이 되는 것을 막고자 하는 의도였다.

---

[17] 「總督政治의 大佛教策」, 『한국독립운동사자료 4(임정편Ⅳ) 史料集』, pp.123~124.

寺刹令 第二條에 依ᄒᆞ야 寺刹의 基址及 加藍은 地方長官의 許可를 受치 안이ᄒᆞ면 傳法·布敎 法要執行 及 僧尼止住의 目的 以外에 此를 使用ᄒᆞ거나 又는 使用치 못ᄒᆞ게 홀 事인바 往往히 許可를 得치 안이ᄒᆞ고 信託 以外의 衆民을 集會케 ᄒᆞ고 쏘는 無賴 浮浪의 徒가 任意로 集會ᄒᆞ야 妓樂ᄒᆞ는 者-有ᄒᆞ 故로 一般의 信仰을 墮落케 ᄒᆞ는 故로 自今 以後로는 如斯훈 行爲가 無케 嚴重히 取締ᄒᆞ기를 各府郡에 通牒이 有ᄒᆞ얏다더라.[18]

사찰을 빌리는 행위와 衆民을 모이게 하며, 또는 무뢰배들이 멋대로 모여 오락히는 것을 막고자 하였다는 것이다. 그러나 이러한 조항은 실제 의병투쟁 등의 정치적 목적으로 활용되는 것을 막고자 했던 측면이 강했다.

이는 1907년 이래 의병전쟁 과정에서 사찰이 의병투쟁의 중요한 근거지로 활용되었다는 점을 상기한 것이었다. 사찰에서의 각종 집회와 교육을 할 수 없도록 원천봉쇄함으로써 사찰이 갖는 교화적 공간이자 민족적 문화공간이 되는 것을 막았다. 이는 종교기관의 종교 이외의 목적, 특히 정치적 목적으로 활용되는 것을 막고자 한 것이다.

그러나 일본인을 위한 「神社寺院規則」(1915) 제16조에도 전법·포교·법요 집행과 승니 거주 목적 이외에 사용할 수 없다는 단속조항을 두고 있다는 점이다. 따라서 사찰의 정치적 이용을 단속하는 사찰령 제3조 조항은 사찰령에만 있는 독소조항이 아니라 일제 당국이 갖는 종교에 대한 의식 수준을 보여주는 것이다.

이는 이전 사사관리서 현행세칙 제3조 사원의 불교법회는 불교관

---

18) '最近의 慶南', 「寺刹令과 嚴締」, 『每日申報』, 1913년 5월 28일.

계에만 한정하고, 政界得失은 一切勿開口할 것이라는 조항과 크게 다르지 않다. 정치에 대한 언급은 물론 정치개입을 불허하고 있었던 점과 맥을 같이한다. 종교계에 대한 정치의 무관심과 간섭배제에서 더 나아가 사찰의 정치적 목적의 활용을 철저히 막고자 했던 것이다.

2) 불교계에 대한 직접관리의 의지

1895년 승려의 도성출입 해금 조치가 일본인 승려에 의해 추동되었다는 사실은 당시 불교계의 현실을 잘 보여주는 것이었다. 갑오경장으로 각종의 제약적인 법규 등이 철폐되는 상황에서 불교계 내부 혹은 조선인 관료들에 의해 주도적으로 이루어지지 못하고 일본 승려의 제청으로 이루어졌던 도성출입 해금은 일본불교에 대한 우호적인 분위기를 만들었다고 평가된다.

더욱이 불교의 맥이 끊어지지 않고 이어졌던 일본에 비해 숭유억불에 따른 불교계의 피폐가 상당하였던 조선의 처지는 일본불교의 다양한 모습을 선망의 태도로 바라보게 하였다. 그러한 상황에서 개항 이후 일본불교의 침투는 지속적으로 진행되었다. 1906년 3월 10일 일본 종파불교는 한국에서의 불교 발전을 도모하기 위하여 각 종파가 보조를 맞추어 京城佛教各宗聯合會를 설치할 정도였다.

이에 1906년 11월 17일 통감부는 일본 각 종파를 대상으로 한 「宗教宣布에 關한 規則」을 제정·공포하였다. 이는 기존의 연구에서는 일본 종파불교에 대한 지원책이었고, 이에 따라 일본 종파불교에 대하여 한국사찰의 관리청원이 줄을 이었다고 보았다. 그러나 「종교선포규칙」은 일본 각종파의 지원이라기보다 통제적 측면이 강화된 것으로 보아야 한다. 각 宗派에서 포교에 종사하고자 할 경우 해당 管長 또는 이에 준하는 자가 한국에서의 管理者를 선정하고 履歷書를 첨부하여 布敎方法, 布敎者의 監督方法 등을 갖추고 소관 理事官을 경유하여 통감의 인가를 받도록 하였다. 또한 한국의 사원의 관리를 위촉받거나 그 위촉의 변경 또한 통감의 인가를 받도록 하였다. 이는 일본 각종의 조선포교를 위한 조치로 이해되었지만 실제로는 한국포교에 대한 통감부의 통제조치로 보아야 한다.

종교선포규칙과 사찰령의 비교

내용	宗敎宣布規則(1906)	寺刹令(1911)
통감/ 총독의 인가	① 한국에서 포교할 경우 포교 방법, 포교자의 감독 방법(제1조) ② 한국사원의 관리 위촉(제4조) ③ 한국사원 관리 위촉의 변경 (제5조)	① 사찰의 병합·이전·폐지 및 그 基址나 명칭의 변경(제1조) ② 寺法의 제정(제3조) ③ 사찰의 토지·삼림·건물·불상·석물·고문서·고서화 등의 귀중품의 처분(제5조)
理事官 /道長官 인가	① 사원, 당우, 회당, 설교소, 강의소 설립 ② 포교자 이름, 자격과 그 변동(제6조)	사찰의 基址와 伽藍의 전법·포교·법요 집행과 승니 거주 목적 이외의 사용 (제2조)
기타	3개월 이내에 인가 사항 계출(제8조)	本令의 규정 외에 사찰에 관한 필요사항은 조선총독이 정함.(제7조)

이는 일본인의 한국 내 포교자와 포교 상황 및 한국사원에 대한 위촉관리에 대한 통감부의 관리를 의미하기 때문이다. 실제 개항 이후 일본 각종 종파의 조선포교는 커다란 제약을 받지 않고 실현되었다. 더욱이 1905년 한국의 외교권 박탈과 1906년 2월 통감부 설치 이후 일본의 각 종파의 포교는 맹렬한 기세로 경쟁적으로 진행되었다.

年前에 日本 僧侶가 渡韓호야 始設 淨土宗敎會于京城內호니 自王公貴

人으로 以至一般 紳士가 多表 其贊成ᄒ얏고 幾而廣設其支敎 自於各地方ᄒ야 全國 閒散之徒가 俄然從之ᄒ더니 今者 寶谷大師가 以開敎摠監으로 來韓ᄒ니 其位ᄂᆫ 公爵이오 勢力家也라. 伊藤總監은 政治上 總監이오 寶谷摠監은 宗敎上 摠監이라. 大抵 國之爲國은 以其有政治權也오 以其有宗敎權也어늘 今玆 兩大權이 悉入於他手라. 以政治力으로 縛韓人之手足ᄒ고 以宗敎力으로 奪韓人之精神ᄒ니 區區 韓國이 更何餘地之有哉아.[19]

특히 이 시기에 淨土宗의 교세 확장과 진종 대곡파 본원사의 움직임은 뜻있는 사람들의 우려를 자아낼 정도였다. 이에 따라 통감부는 각종파의 한국 내 포교활동에 대하여 방임적인 태도에서 일정하게 관리를 하는 방향으로 선회한 것이라 볼 수 있다.

따라서 일본불교에 대한 管理請願에 대해서도 새로운 해석이 가능하다. 1907년 전국적인 의병전쟁으로 인해 산지 사찰들의 피해가 속출하였다. 일본군 수비대에 의한 사찰의 방화와 약탈은 의병들의 주요한 근거지가 된다는 이유였다. 경기도 양평 용문산 일대의 사찰의 방화는 그 대표적인 경우다. 이에 산간의 사찰들은 사찰 보호라는 생존적인 필요성에 의해 일본 종파불교에 관리청원을 의뢰하게 되었다. 이는 물론 사찰 보호라는 필요성에 더하여 1905년 통감부 설치 이후 보다 우월해지는 일본의 세력을 빌려 사찰의 보호와 발전을 꾀하고자 하는 의도가 더욱 컸다. 단기적으로 의병전쟁의 피해를 모면하고 중장기적으로 불교발전을 꾀하고자 하는 목적이 상승 작용한 것이지만, 이는 한국 불교계의 위약한 현실을 잘 보여주는 징표이기

---

19) '別報', 「開敎總監」, 『大韓每日申報』 1906년 10월 16일.

도 했다. 더욱이 한국을 대표하는 유수한 사찰들의 관리청원은 당대의 불교계 현실과 외세임에도 불구하고 권력의 보호를 받고자 하였던 불교계의 한계를 잘 보여준다.

그러나 수많은 사찰의 관리청원이 쇄도했음에도 불구하고 통감부가 일본 종파불교의 한국사찰 관리를 인가한 경우는 그리 많지 않았고, 관리청원을 인가를 한 경우에도 유력한 사찰들이 아니었다. 다음은 眞宗 大谷派 本願寺에 관리청원한 한국 사찰들의 현황이다.

관리청원 사찰 현황[20]

허가 여부	해당 사찰
통감부 허가 사찰	金泉 直指寺[21], 鐵原 四神庵, 博川 深源寺, 果川 戀主庵
미 허가 사찰	安州 大佛寺・法興寺, 寧邊 普賢寺, 永同 寧國寺, 高川 花岩寺, 陜川 海印寺, 東小門外 華溪寺・奉國寺, 晋州 大源寺, 龍潭 天皇寺, 淮陽 長安寺, 全州 鶴井寺, 東來 梵魚寺, 求禮 華嚴寺

한국 불교계는 진종 대곡파 本願寺가 일본 황실과 밀접한 연관을 맺고 있어 일본 종파불교 가운데 우월한 입지를 지니고 있다고 여겼다. 따라서 여타의 종파에 비해 진종 본원사에 대한 관리청원이 압도적 다수를 차지하고 있다.

---

20) 大谷派本願寺 朝鮮開教監督部, 『朝鮮開教五十年誌』, 1927, 「寺刹 財産의 監視」, 『한국독립운동사 자료 4(임정편Ⅳ) 史料集』, pp.195~196.
21) 직지사가 관리청원의 허가를 얻어 일본 종파에 의해 위탁 관리되었는지는 의문이다. 실제 직지사 대신 평양의 永明寺가 사신암・심원사・연주암과 더불어 위탁 관리되고 있기 때문이다. 「宗教ニ關ル諸表綴」, CJA0004731 『宗教ニ關スル雜件綴』, 1906. 2~1909, p.261.

그럼에도 불구하고 통감부는 한국 사원의 일본 각 종파에 의한 관리보다 통감부의 직접적인 관리에 유의하기 시작하였다. 통감부의 관리청원이 허가된 사찰은 상대적으로 적은 수였고 그나마 사세가 미약한 사찰들이었다. 특히 법흥사·보현사·해인사·장안사·범어사·화엄사 등 국내 유수의 대찰들의 관리청원은 인가하지 않았다는 점이다. 이는 통감부가 한국 사원을 직접 관리할 수 있다는 자신감과 일본 각 종파불교의 과도한 경쟁을 제한하려는 측면, 그리고 일본불교에 의한 사원관리로 인한 한국인의 반일감정을 자극하지 않으려는 배려 등이 복합적으로 작용한 것이기도 하다.

이러한 예는 묘향산 보현사의 관리청원을 받아들이지 않은 것이 대표적이다. 西山大師의 진영을 모셔 놓은 酬忠祠가 있는 평안도의 主寺인 보현사를 일본 승려의 관리에 맡긴다는 사실에 대하여 寧邊郡 차원에서 적극적으로 반대하였다. 더 나아가 영변군수는 관리위탁을 체결한 보현사 주직 普峰을 구속하였다.[22] 따라서 보현사의 관리청원을 허락하지 않은 것은 통감부가 한국 관리와 한국인들의 배일감정을 자극하지 않으려는 측면이 크게 작용하였다.

일제의 한국 침략과 서구 기독교 세력을 막는 첨병 역할을 일본 종파불교가 효율적으로 수행한 것인지는 차치하고라도 통감부 설치 이후 일제는 일본 종파불교의 무제한적인 포교활동에 대하여 법률적 규제를 가하고자 한 셈이다. 조선 강점의 수순을 밟고 있었던 일제의 처지에서 각 종파의 경거망동 혹은 통제되지 않는 포교활동에 대하여 일정한 제한을 할 필요가 있었다.

---

22) 「韓國官吏ノ不法行爲ニ關ル件」(1907. 7.24), CJA0004731 『宗敎ニ關スル雜件綴』, pp.90~97.

결국 종교선포규칙은 한국 불교계에 대하여 일본 各宗에 分屬하여 管理케 하자는 의견과 주장에서 일제의 직접적인 관리와 통제로 정책을 바꾸었음을 보여주는 것이다. 이는 결국 합방 이후 1911년 사찰령을 제정하는 징검다리 역할을 수행한 셈이다.

> 宗敎取締에 關해서는 明治39년 統監府令 第45號로 內地人의 宗敎宣布 手續節次를 定한 바 있다. 하지만 朝鮮人 및 外國人의 宗敎에 關한 것은 何等 法規도 없어서 그로 因해 布敎所가 함부로 設置되고 있어 그 弊害가 크다.[23]

따라서 「종교선포규칙」은 일본인의 한국 내 포교에 대한 규제였고, 조선불교에 대한 총독부의 직접관리를 위해 조선의 불교를 대상으로 「사찰령」을 반포하였던 것이다.

1911년 1월 말 현재 일본불교의 한국 내 사원 및 포교소는 97개였다. 즉 진종대곡파 23개, 진종본파 22개, 정토종 25개, 진언종 11개, 조동종 7개, 일련종 9개 등 6개 종파 97개소였다.[24] 이러한 상황에서 사찰령의 공포는 일본 각 종파의 조선 불교계와의 관계를 일변케 하는 조처였다. 따라서 사찰령에 따른 일본 각 종파의 독자적 포교에 제동이 걸리게 되면서 사찰령에 대한 불만을 표출하였다.

> 지방을 배회하며 종종 誣說을 유포함이 심함에 이르러서는 사찰령은 사

---

23) 朝鮮總督府, 『朝鮮總督府施政年報』, 1911, p.77.
24) 警高機發 제470호, 「朝鮮 於 內地人經營 宗敎情況(1911. 1)」, CJ0004741『社寺宗敎』, 1911, p.473.

찰의 권리를 빼앗아 승려를 박멸하려 한다면서 조선 승려로 하여금 의구심을 야기하여 그때를 타 內地의 사원과 本末관계를 체결하려고 기도하거나, 加末狀을 교부하거나, 혹은 재산관리를 위탁하는 계약서를 억지로 조인하거나, 주지 임명의 문서를 교부하는 자가 있으니[25]

사찰령이 조선 사찰의 권리를 빼앗아 조선 승려를 박멸하려는 것이라는 일본 승려들의 주장이 있었음을 알 수 있다. 즉 조선총독부에 의한 직접적인 불교 관리를 표방한 사찰령에 대하여 일본 불교계의 저항을 알 수 있다. 조선 승려들이 사찰령에 대한 문제를 인식하고 제기한 것이 아니라 일본 종파불교 측에서 조선포교에 심각한 장애를 야기하는 사찰령에 대하여 위기의식을 가지고 있었음을 보여준다.

따라서 사찰령은 일본 종파불교에 의한 조선불교의 관리를 철폐하고 총독부에 의한 직접적인 통제와 관리를 위한 법령이었던 것이다.

3) 불교계의 자주적 종단의 파괴

1904년 사사관리서가 혁파되면서 대법산 원흥사와 각 도의 중법산제도가 폐지되자 원흥사는 거대한 건물을 지닌 일개 사찰에 불과한 처지가 되었다. 이에 불교계는 원흥사에 연구회와 학교를 건립하고자 하였는데, 일본 淨土宗의 영향에 따른 것이다. 1906년 2월 19일 內部로부터 인가를 받아 佛敎硏究會가 조직되었고,[26] 明進學校를 운

---

[25] '사찰령시행의 취지 설명의 방법 건'「官通牒 제270호(1911. 9. 18)」, 『朝鮮總督府官報』 제318호(5권, p.139.).
[26] 「修行履歷書」, 『寺刹 住持就職認可申請 建物改築廢棄 其他ニ關スル 件』(1934), CJA0004810, pp.833~836. 李寶潭의 「수행이력서」에는 1906년 2월 19일 朝鮮佛敎硏究會를 창립하여 회장에 취임한 것으로 기록되어 있다.

영하였다. 그러나 불교연구회는 전국적 종단 조직상 한계를 가지고 있었고, 이에 불교계는 조직의 한계를 극복하기 위하여 宗務院 건설을 추진하였다. 이에 1908년 3월 6일 각도의 사찰대표 52명이 원흥사에서 총회를 열고 圓宗宗務院을 설립하여 李晦光을 大宗正, 金玄庵을 총무로 추대하였다.[27] 이후 각 사찰의 대표이거나 당시 불교계에 대한 발언권을 강화해 가고 있던 중진들을 대거 조직에 참여시킴으로써 원종종무원의 위상은 강화되어 갔다. 더욱이 원종종무원은 1910년 서울 북부 전동(지금의 수송동)에 覺皇寺를 건립함으로써 도성 내 포교의 근거지를 마련하였다.[28]

그러나 통감부는 불교계 내부의 독자적인 종단건설의 노력이었던 圓宗宗務院의 설립을 인가하지 않았다. 또한 원종의 일본 임제종 연합책동에 대한 반대를 시작으로 지리산 일대를 중심으로 불붙은 臨濟宗 설립 운동도 인가하지 않았다.

따라서 조선 불교계 내부의 독자적인 종단 건설의 노력 및 일본불교 각 종파들의 조선불교 지배를 부정하는 것이 사찰령의 공포였던 셈이다. 즉 조선총독부에 의한 불교계의 직접적인 통제와 관리를 뜻한다.

원종종무원은 1910년 5월 6일 圓宗宗務院長 겸 覺皇寺主 李晦光의 이름으로 「申告書」를 한성부를 통하여 통감부에 올렸다. 그러나 1910년 5월 당시 통감부는 신고서를 각하하기로 결정하였다. 중요하게 제기된 문제는 新寺 創立 허용 여부와 住職 任用에 관한 절차, 그

---

27) 李能和, 『朝鮮佛敎通史』 下, p.936.
28) 李能和, 『朝鮮佛敎通史』 上, p.620.
각황사에 대한 연구로는 김광식의 「각황사의 설립과 운영 — 근대불교 최초의 포교당 연구」, 『대각사상』 6집(2003)이 있다.

리고 결정적으로 宗務院의 명칭 사용에 대하여 문제를 제기하였다. 이에 통감부는 형법 제408조 '寺刹 또는 一切의 淫祠를 私創하는 자는 懲役 3년에 처한다'는 조항을 들어 거부하였다. 그러면서 覺皇寺가 공인된 사찰이 아님에도 망녕되이 寺號를 公稱하는 것은 잘못이라고 몰아갔다.

그러나 통감부는 곧바로 인가 불허를 통보하지 않은 채 1910년 8월 29일 소위 合邦 이후인 1910년 11월 16일에서야 원종종무원 각하 조치를 결정하였다. 이러한 조치의 이면에는 圓宗宗務院을 天道敎·侍天敎·大倧敎·大同敎·孔子敎·敬天敎·大聖宗敎 등과 더불어 순연한 종교단체가 아닌 정치적 목적이 있는 단체로 파악하고 있었다.[29]

결국 원종종무원은 일제 당국으로부터 종무원으로 인정받지 못하자 종정 李晦光은 일본 조동종과 맹약을 통해 문제를 해결하려고 하였다.[30] 이 와중에 조동종과의 맹약에 반대하는 임제종운동이 지리산 일대의 사찰과 승려들을 중심으로 일어나게 되었던 것이다.

일제 경찰당국은 한용운을 중심으로 하는 임제종운동을 임제종종무원 건립 운동으로 파악하고 있었다. 즉 강원도 금강산 백담사 승려 한용운이 전라남도의 중요한 승려들과 지난 1911년 3월 이래 임제종종무원 조직을 기도하여 그 사무소를 전남 순천군 松廣寺에 두고 현재 「趣旨書」, 「規則書」 등을 만들어 준비 중에 있으며, 그 목적이 각 도의 임제종 사원을 지배할 야심을 가지고 있는 것으로 보았다.[31]

---

29) 朝鮮總督府, 『朝鮮總督府施政年報』, 1911, p.77.
30) 김광식, 「1910년대 불교계의 조동종맹약과 임제종운동」, 『한국민족운동사연구』 12, 1995, pp.106~107.
31) 警高機發 第1119號, 『朝鮮人僧侶宗務所寺院等設立ノ件』(1911. 5. 16), 『寺社宗敎』(1911), pp.593~594.

불교계 내부에서 원종에 반대한 임제종운동은 南黨·北黨의 갈등으로 비화되어 갔고, 총독부는 이러한 갈등을 방치하면서 사찰령을 준비해갔다. 사찰령 공포 이후 1912년 6월 21일 京城府는 임제종운동을 이끌던 한용운과 원종종무원의 종정 이회광과 서무부장 강대련을 소환하여 각각의 종파의 문패를 철거하도록 지시함으로써 불교계 내부의 자주적 종단 건설을 저지하였다.

> 이(사찰령 발포)와 동시에 동대문 밖 원흥사 내의 원종종무원을 폐지하고 30본산회의소로 개칭하고, 또 임제종의 종명을 세우려는 자를 설득히여 禪敎兩宗으로 부르게 해서 조선불교를 一宗으로 긴주하는 주의를 관철시켰다.[32]

결국 사찰령의 공포는 불교계 내부의 자주적 종단 건설을 파괴함으로써 조선총독부를 정점으로 하는 불교 통제라는 목적을 관철시켰던 것이다.

III. 寺刹令 수용의 배경과 내용

1. 권력에 대한 의타성

사찰령의 핵심은 사찰과 승려에 대한 관리감독을 조선총독이 한다는 것으로 총독부에 의한 통교권의 장악을 뜻한다. 총독부의 관리

---

32) 高橋亨, 앞의 책, p.928.

감독을 거부하는 것이 현실적으로 어려울 수밖에 없는 상황에서 사찰령에 대한 격렬한 저항이 일어날 수 있는 조건이 아니었다. 이는 사찰령이 지닌 법률적 惡好나 일제의 식민통치에 대한 거부와 수용이라는 측면에서 고려되지 않았기 때문이다.

더욱이 조선시대 불교는 官의 감독을 어느 정도 용인하는 태도를 지녀왔다는 점이다.[33] 이는 조선시대 내내 승려의 임명은 禮曹·道·郡 등에서 하였다는 측면에서 그러하다. 조선 초기에는 승려가 되고자 할 경우는 예조의 度牒을 받았으나, 이러한 제도가 점차 해이해지면서 왕실의 願堂 등 특수한 사정과 관련이 있는 사찰에 한하여 예조로부터 주지 등을 임명받았으나 기타 나머지 사찰들은 관찰사 또는 군수 등 지방관이 임명하였던 것이다.

또 불교가 성행하였던 신라와 고려시대는 자유롭게 사찰을 창건하여 관의 허가를 받으면 되었다. 그러나 조선시대에 이르러 폐단을 지적하며 쓸모없는 사찰을 통폐합하는 한편 사사로이 새로운 사찰의 창건을 금지하였다. 따라서 옛터에 사찰을 重建하거나 수리하는 것에 불과하였는데, 이런 경우도 예조의 감독을 받아야 했다. 그러나 寺有財産에 대한 관리처분은 관에서 직접적으로 간섭을 하지는 않았지만 왕실의 願堂 등 특수한 사정이 있는 사찰의 修繕은 왕실과 관의 지원으로 修築되는 것이 많아서, 이러한 사찰의 殿閣과 佛像 등의 처분은 官廳의 감독을 받았다.

따라서 사찰령에 의해 주지의 임명과 사유재산의 관리처분에 대하여 조선총독의 감독을 받는 것은 자연스러운 현상으로 인식하였던 측면이 강하다. 조선총독부에 대한 민족적 저항과 자주적 불교발전에

---

33) 權相老,「朝鮮佛敎改革論」,『韓國佛敎月報』5(1912. 6), pp.42~43.

대한 인식이 철저하지 못한 상황에서 총독부라는 권력기관의 통제와 관리를 받는다는 틀 자체에 대하여는 격렬한 반대가 없었다.

조선시대 내내 억불로 인한 불교계 위상이 저하되었던 현실은 동시에 권력에 의해 추동되었던 사찰의 중건과 불사 등과 상관관계를 갖는다. 이에 따라 조선 불교계는 政敎分離 의식이 없었고, 따라서 총독부의 간섭과 관리를 거부감 없이 받아들일 수 있었던 것이다.

2. 主屬관계와 本末관계의 친연성

사찰령의 특징은 30본산제도와 本末制度의 채택에 있다. 이러한 30본산과 본말제도는 일본의 제도를 원용한 것으로 원래 본말제도는 일본 종파불교의 특징을 잘 보여주는 것으로 幕府時代의 산물이다. 本寺와 末寺의 관계를 제도적으로 확정함으로써 本山은 末寺로부터 여러 종류의 상납금을 취하는 동시에 인사권을 비롯해 강력한 권력을 가지고 말사를 지배하는 제도이다. 이는 에도시대 1632년(寬永 9)과 1692년(元祿 10)에 걸쳐 각 종파의 본산에 대하여 本末帳을 제출하도록 함으로써 각 종파 사원은 本山－本寺－中本寺－直末寺－孫末寺와 같이 계열화되었다. 이는 사원을 봉건체제에 편입시키려는 막부의 정치적 목적과 동시에 말사에 대한 강력한 권력을 행사할 수 있게 된 본산이 적극 협력함으로써 성립될 수 있었다. 이로써 막부정권은 사원의 수직적 지배계열을 강화시킴으로써 기존의 세속권력에 대항하던 불교계를 통제하고자 하였던 것이다.[34]

---

34) 末木文美士, 이시준 옮김, 『일본불교사－사상사로서의 접근』, 뿌리와 이파리, 2005, pp.228~229. 本末制度와 寺檀制度는 圭室文雄, 『江戶幕府の宗敎統制』(評

따라서 본말제도는 기본적으로 일본 종파불교의 특징적 현상을 조선불교에 이식한 형태라 할 수 있다. 그러나 조선불교의 전통에는 區域을 단위로 하는 主寺와 屬寺의 主屬관계가 존재하였다. 따라서 사찰령의 30본사와 본말의 구성방식에 대한 반대가 그리 격렬하지 않았던 이유는 조선시대 道 단위의 主屬관계가 존재했다는 점에서 의외의 친연성을 발견할 수 있었기 때문이었다. 조선불교는 전통적으로 區域本位로 통할하여 왔다고 할 수 있다.[35]

사찰령 이전 조선 사찰에서 本寺와 末寺라는 용어를 사용하는 예는 거의 없었다. 본사와 말사의 용어는 사찰령에 따른 寺法의 제정에서 本末제도가 확정되면서부터 일반적으로 사용되었다. 따라서 이러한 본사-말사의 용어는 일본불교의 절대적인 영향이라 할 수 있다.

본사와 말사의 本末관계가 없었던 조선 사찰에서는 主寺(首寺)와 屬寺라는 主屬관계가 일반적이었다. 따라서 1902년 管理署를 조직하면서 원흥사를 大法山으로 하고 전국 각도의 首寺를 中法山으로 명명한 것도 전통적인 용례는 아니었다. 애초 사사관리서는 반일적인 황제친위세력에 의해 주도되었지만 대법산-중법산 및 승직체계는 일본의 제도를 원용했을 개연성이 높다.

조선불교의 屬寺는 直屬寺와 其他屬寺로 나뉜다. 直屬寺는 主寺(首寺)에서 재산을 관리감독하고 직속사의 監院 또는 房主를 정하는 것이 상례였다.[36] 이는 마치 사찰령 체제의 山內末寺와 같은 존재가 되는 셈이다. 其他屬寺는 主寺-屬寺의 명칭이 있어도 실제 主寺와

論社, 1971); 大桑齋, 『寺檀の思想』(敎育社, 1979)을 참조할 수 있다.
35) 金暎遂, 「朝鮮佛敎統轄에 對하야」, 『佛敎』 91(1932. 1), p.15.
36) 朝鮮總督府中樞院, 『新調第106號, 寺刹ニ關スル調査事項-報恩郡 俗離山 法住寺』(1914. 3), pp.105~108.

의 관계에서 커다란 구속을 받지 않았다. 기타 속사는 사찰령 체제의 山外末寺와 같은 위상을 지니고 있었지만 方等地 말사가 아닌 首班地 말사처럼 대우와 관계에서 독립성을 유지했다고 할 수 있다.

따라서 조선의 主寺-屬寺 관계는 일본의 본사-말사 관계와 유사한 것처럼 보이지만 내용적으로 보면 차이가 있다. 즉 조선 사찰의 主屬관계는 일본의 本末관계보다 屬寺의 위상이 상대적으로 독립적이었다고 할 수 있다. 이는 일본의 본사가 말사에 대하여 갖는 종교적 권위와 경제적 권한에 비해 조선의 主寺가 屬寺에 대한 권한과 경제적 영향력이 약했기 때문일 것이다. 그럼에도 불구하고 主寺(首寺)는 강원과 선원이 있는 '큰절'로서 사승관계를 통해 '本寺' 의식을 지니고 있었던 것도 사실이다. 따라서 상대적으로 독립적으로 운영되는 屬寺일지라도 큰절에 대하여 갖는 本寺의식은 조선불교의 또 다른 심성과 전통으로 지속되어 왔다.

따라서 사찰령 체제에서 본산이 된 30개 본사는 전통적으로 조선을 대표하는 사격을 지닌 사찰들이었다. 이에 본산이 된 30본사에 대한 문제제기보다는 오히려 본산이 될 수 있는 자격과 사격이 있는 사찰들의 본산 누락에 대한 불만이 문제로 대두되었다. 이는 조선불교의 本寺전통을 교묘히 활용한 일제의 기만책이 효과를 발휘했음을 뜻한다.

3. 住持의 지속성

30본산제도는 사찰령에 의해 시작된 조선 초유의 일이었다. 1911년 6월 3일 사찰령이 발표되어 9월부터 본격적으로 시행되었음은 주지의 사실이다. 이에 1911년 11월 17일부터 1913년 4월 2일에 걸쳐

30본산 초대주지들이 모두 임명되었다. 사찰령 시행 이후 몇 개월 안에 거의 대부분의 주지들이 임명되었음을 알 수 있다.

그러나 주지의 임명에 대하여는 사찰령 이전의 기존 大刹 주지들이 사찰령에 의해 친일적인 승려 위주로 재편된 것은 아니었다. 寺刹令 시행에 관한 사무처리 방법은 山縣 政務總監이 各道 長官에게 보낸 通牒을 통해 보면 적어도 주지 선정 방법이 관례에 위배되는가를 조사하도록 되어 있다.

> (甲) 寺刹令 施行規則 第二條 第一項의 寺刹에 對ᄒᆞ야는 住持의 選定方法이 由來의 慣例에 違背치 안이ᄒᆞᆯ지 其與否, 當選者는 適任으로 認ᄒᆞ는지 其與否를 調査ᄒᆞ고 意見을 付ᄒᆞ야 朝鮮總督府에 進達ᄒᆞᆯ 事[37]

따라서 사찰령의 발포로 인해 조선 사찰의 주지가 바뀐 경우는 그리 많지 않았던 것으로 보인다. 일제의 의도를 반영한 교체라 할지라도 각 사찰 내 승려가 주지가 되었던 것으로 보인다. 이러한 점이 30본산 주지 및 일반 승려들로 하여금 커다란 저항 없이 사찰령을 받아들이게 한 또 다른 요인이었을 것이다.

일제의 표현에 따르면, 그동안 각 사찰 모두 현재까지 법적 절차를 밟은 適法한 주지가 없으므로 사찰령이 시행되는 9월 1일부터 이듬해 3월까지 일제히 주지를 정하고 사찰령 시행규칙 제2조에 의하여 주지 취직의 인가를 신청하여 총독부의 인가를 받음으로써 법적으로 공인받으라는 것이었다.

그러나 이는 조선 전래의 관례를 무시한 행위였고, 동시에 일제

---

37) 「寺刹令 施行方法」, 『每日申報』, 1911년 9월 10일.

식민통치상에 필요한 종교정책의 수용을 강제한 것이었다. 사찰령 수용의 관건은 기존 주지들의 履歷을 비롯한 주지 인가에 필요한 문건을 道 및 총독부에 제출하여 다시 인정받는 것이었다.

결국 사찰령으로 인한 본사 주지를 비롯한 주지들의 변동이 생각보다 적었고 이러한 상황은 사찰령을 커다란 문제로 받아들이지 않게 하는 기제로 작동하였을 것이다. 따라서 주지의 변동이 심하지 않은 상황에서 사찰령에 의한 불교계의 변화를 체감하기 힘들었던 것이 아닌가 한다.

4. 寺法에 대한 호의적 인식

일제강점기의 사찰령 체제는 사찰령과 시행규칙에 의해 작동된 것이지만 실제 불교계를 실질적이고 구체적으로 구속한 것은 각 본사의 寺法이었다. 즉 사찰령 체제를 작동하는 메커니즘에서 핵심적인 열쇠는 바로 사법의 시행이었다.

사법은 각 본사에서 제정하는 형식을 취하였지만 실제 총독부에서 그 틀을 제공한 것이다. 총독부의 와타나베는 이미 일본의 각 종파의 宗制寺法을 참조하여 만든 사법을 각 본사 주지들에게 제시하였다. 이는 일본 각종의 종제사법에 비하면 기초적이고 간략한 형태의 사법이었지만 조선 불교계의 처지에서 보면 본사가 각 말사를 실효적으로 지배할 수 있는 내용이었다.[38]

---

38) 일본 각 종파의 본산과 말사의 본말관계는 막부시대 이래로 다양한 형태로 발전되어 왔다. 이에 명치유신 이래 각종의 종제사법의 제정은 사법과 각종의 규칙 등으로 세분화되면서 법제화되었다.

따라서 각 사의 사법은 거의 대동소이한 동일한 사법이 되었다. 이를 위해 30본사 주지들은 서울에서 모여 각 본사의 사법을 통일하는 것을 안건으로 여러 번의 회의를 거쳤다.

그러나 일반 승려들의 처지에서 보면 寺法은 새로운 제도였고 불교의 발전으로 파악할 수 있는 소지가 충분하였다. 즉 본사와 말사의 규정과 주지 선정 등 100조 가량의 사법은 이전 조선 불교계에서는 보지 못했던 새로운 제도였다. 근대적 법체계가 새로운 시대적 흐름으로 인식되던 당시 상황에서 세련된 조문의 사법은 불교를 보다 선진적으로 발전시키는 것으로 인식할 수 있었다. 그러한 인식은 사찰령과 사찰령시행규칙을 좋은 법령으로 파악할 수 있도록 하는 동기로 작용할 수 있었다.

寺法 자체가 일본의 각 종파의 宗制寺法을 참조하여 만든 초보적이고 기계적인 형태의 것이었지만 당시 불교계는 사법의 제정과 시행을 불교의 발전으로 인식할 수 있었던 것이다.

5. 일제의 지속적인 선전활동

사찰령은 조선 사찰의 퇴락을 막아 그 유지 존속과 보호를 위해 제정한 것이라는 것이 조선총독부의 기본입장이었다.

> 사찰령을 제정하여 공포한 것은 조선 사찰의 퇴락을 막아 그 유지 존속을 보호하기 위해 해당 단속을 위한 취지를 발한 것[39]

---

39) 「사찰령시행의 취지 설명의 방법 건」, 「官通牒」 제270호(1911. 9. 18), 『朝鮮總督府官報』, 제318호.

이에 일제 당국은 조선 재래의 불교가 이 사찰령으로 인해 소생의 길을 걷게 되었다고 선전하였다. 사찰령 및 시행규칙의 근본적 취지를 ①寺刹의 保存에 필요한 규정을 마련하고, ②사찰 주관자인 住持의 職掌을 명확히 하고, ③사찰 내부의 規律을 肅正하여 僧尼의 行住座臥 등을 함부로 못하게 하는 寺法을 정하여 인가를 얻도록 하며, ④寺有財産의 散逸과 소모를 방지하는 방법을 만들었다는 것이다.

따라서 총독부 및 일제 관학자들은 사찰령에 대해 퇴락하고 쇠미하던 조선불교를 소생하게 만든 것이라고 파악하고 선전에 열을 올렸다.

당시 사찰령에 의해 강력한 본산 주지로서 권한과 임무를 위임받았던 대부분의 본산 주지들도 일제의 선전에 동의하였다.

> 元韓國시대에는 사찰이 있고 승려가 있었지만 여러 종류의 압박 아래 겨우 존재를 인식하는 정도였지만 1911년(명치 44) 사찰령이 실시되어 승려의 신분은 안정되고 寺有 재산 보호됨에 이르렀다. 이때에 죽음에 있던 승려는 소생되었음으로 커다란 성은에 감격되어 몸둘 바를 모르겠습니다.[40]

1915년 1월 13일 경기도청 내 宣化堂에서 관내 각 本寺 및 首班寺 주지 43명이 회동하여 경기도장관의 훈시를 들었다. 이는 일제 당국이 사찰령 이후 달라진 불교계의 위상과 일제 통치의 합리성을 선전하는 기회로 활용된 것이었다. 그러나 당시 불교계 대표라 할 수 있는 주지들은 이러한 정치적 행위 자체가 전시대에 없었던 상황이

---

40) 「京畿道管內各寺刹住持會同」, 『朝鮮彙報』, 1915. 6, pp.182~183.

라는 점에서 사찰령과 사법에 의한 불교계의 재편은 지극히 아름다운 조처로 인식되었다. 이러한 사찰령에 대한 호의적 평가는 당대 조선 불교계의 일반적인 시각이기도 했다.

> 李朝에 드러서서는 國家的으로 佛敎를 排斥하여 왓든 까닭에 日韓合倂 以前까지는 그 敎勢가 甚히 衰頹하엿다. 그러다가 1911年(明治44)에 傳法布敎 等 活動을 公認하는 寺利令이 公布되자 오랫동안 衰微하든 朝鮮의 佛敎는 漸次 積極的 布敎活動을 開始케되엿는대 1929年末 그 現勢를 보면 本寺(本山) 31, 末寺 1천327, 布敎所 104, 僧侶 5천870인, 尼僧 637인이며 信徒는 16만9천100여 인에 達하게 되고[41]

당시 진보적인 사회개혁운동을 펼치며 객관적 실증을 표방하던 李如星·金世鎔의 책자에서조차 사찰령으로 인해 쇠퇴했던 불교가 활성화되었다고 인식하고 있었던 현실이었다.

이는 다까하시를 비롯한 일제 관학자들이 조선불교에 대한 평가를 그대로 반영하고 있다. 조선시대 억불정책으로 인해 후대로 내려올수록 불교의 피폐가 극에 달하였다는 인식과 더불어 사찰령으로 인해 조선불교가 소생하게 되었다는 도식이다. 조선시대 불교가 시대가 내려오면서 명맥만 간신히 유지한 것으로 이해함으로써 이렇게 피폐한 불교를 사찰령을 통한 권력의 비호를 받아 보호되었다는 인식이었던 것이다.

결국 1910년대 30본산 주지들을 비롯한 불교계는 사찰령에 대한 수용을 불교의 발전으로 인식하였다. 이러한 인식은 1920년대 조선

---

41) 李如星·金世鎔, 『數字朝鮮硏究』 3, 1932, pp.107~108.

불교중앙교무원 등의 불교계 내부에 은연중 지속된 흐름으로 사찰령 제정의 근본취지가 조선사찰의 보호, 즉 사찰의 基地・가람・사유재산 및 승려의 보호를 목적으로 한 것이라는 일제의 선전에 동의하고 있었던 것이다.[42]

즉 1910년대 조선 불교계는 사찰령을 불교에 대한 법제적 공인과 불교발전과 호법의 계기로 인식함으로써 조선시대 내내 억불과 수난의 세월을 어렵게 견뎌낸 조선 불교계를 견인하고자 했던 총독부의 고도의 정치적 책략에 이끌리게 되었다. 동시에 조선 불교계 내부에서 이를 불교발전이라고 믿었던 현실인식은 조선 불교계의 제국주의에 대한 인식의 불철저함과 더불어 불교발전이라는 종교적 선택이 맞물리면서 진행되었던 1910년대의 현실이었다.

이러한 사찰령이 지극히 정치적이고 조선총독부의 자의적인 식민통치의 측면에서 안출되었음은 주지의 사실이다. 그럼에도 1910년대 사찰령에 대한 적극적이고 조직적인 반대운동이 제기되지 않았다는 것은 당시 불교계 지도자들이 사찰령의 문제점을 제대로 인식하지 못한 부분도 있었지만 동시에 사찰령을 불교발전을 위해 적극적으로 활용한 측면도 있었기 때문이다. 대개 사찰령에 대한 반발과 저항이 의식적이며 조직적으로 전개되는 것은 1919년 3・1운동 이후인 1920년대라 할 수 있다. 사찰령이 반포된 이후 1910년대 불교계는 기본적으로 사찰령에 대하여 긍정적이고 우호적인 분위기를 보였다.

오히려 사찰령으로 인하여 불교계의 기강이 확립되고 사찰재산이 보호되었다고 인식될 정도였다.[43] 즉 사법 제정 이전에는 온통 統紀

---

42) 朝鮮佛教中央教務院, 『寺刹例規』, 1925, p.1.
43) "寺法以前 漫無統紀 多有奸僧 擅賣土地 幷及古物", 李能和, 「財産保管提出目錄」,

가 없고 간교한 승려들이 많아 토지와 오래된 물건들을 마음대로 팔았다는 것이다. 이는 반대로 사법 제정으로 인해 사찰의 기강이 확립되고 寺有財産 보호의 틀이 만들어졌다는 인식에 다름 아니었다.

Ⅳ. 결론

　사찰령은 주지하다시피 일제가 조선불교를 장악하고자 입안한 법령이다. 「사찰령」의 7개 조문과 「사찰령시행규칙」 8개 법조문은 지극히 소략한 법령이었지만 조선 불교계를 새롭게 재편하는 계기였다. 실상 수탈과 통제를 위한 각종 식민지 법령들은 지극히 간단한 법조항으로 구성될 수밖에 없다. 법령의 시행과 개정의 권한을 갖고 있는 식민당국의 처지에서 보면 구체적이고 합리적인 법조문은 실제 필요가 없는 것이기도 하다. 주어진 조건과 상황의 변화에 따라 시행령과 부속규칙 등을 수시로 개정함으로써 해결할 수 있기 때문이다.
　사찰령은 일제가 우리나라를 식민지로 강점한 이후 제정한 각종 법령 가운데 하나였다. 즉 식민지 지배를 효과적으로 수행하기 위해 만들었던 여타의 법령처럼 불교계에 대한 통제를 목적으로 한 것이다. 이는 우리나라의 불교계에 대한 배려라기보다 식민통치의 효율성을 강조한 내용이었고, 이의 관철을 위해 행정편의적이고 관료적으로 운용될 수밖에 없었다. 사찰령의 제정 배경은 근대국가에서 확립된 종교에 관한 대원칙인 신앙의 자유와 정교분리원칙을 저버리고, 극단

『朝鮮佛敎通史』下, p.986.

적인 종교통제를 통한 식민지 지배의 도구적 입법이었다.

이는 불교계 내부의 자생적인 불교발전의 움직임과 일본 각종파 불교의 간섭을 배제하고 총독부의 직접적인 관리와 통제를 목적으로 한 것이다. 그러면서 조선불교의 퇴폐를 막고 사찰을 보호한다는 미명으로 사찰령을 선전함으로써 당시 불교계는 커다란 저항 없이 사찰령을 수용하게 되었다.

사찰령은 표면적으로는 조선불교가 갖고 있는 역사·문화적 유구함과 조선과 분리할 수 없는 종교로서 불교의 위상을 이용해 민심을 끌어들이려는 것이었다. 그리고 총독부는 조선불교를 보호하고자 한 조치라는 선전을 지속적으로 펼쳤다. 이에 사찰령 공포 당시 불교계는 사찰령에 대하여 우호적으로 받아들였다. 사찰령에 대한 인식의 부족과 더불어서 불교계 내부의 권력에 대한 의존성과 主屬관계와 本寺의 전통 등이 작동되었던 것임을 살펴보았다.

그러나 사찰령은 궁극적으로 조선불교를 보존하고자 하는 것이 아니라 조선 사찰을 보존하고자 한 조치였다는 점을 지적할 수 있다. 즉 "寺刹令은 朝鮮佛敎를 爲ᄒᆞ야 制定흔 것이 아니고 다만 寺刹을 爲ᄒᆞ야 規定흔 것"이라 할 수 있다. 사찰령은 조선불교의 발전과 관계없이 조선사찰과 寺有財産을 보호 관리하고자 하는 현상유지적인 법령에 불과하였다.

그럼에도 불구하고 결과적으로 본산제도를 비롯하여 조선 불교계를 재편하는 계기가 되었지만 불교계를 급격하게 재편했던 것은 아니었다. 그러나 사찰령 자체보다 사찰령시행규칙에서 정한 30개 사찰, 즉 30본산의 확정과 각 본산에서 제정 시행한 寺法이 장기적이고 지속적으로 작용하였다. 사찰령의 규정력 보다 30본산체제와 寺法을 통한 불교계의 통제와 재편이 보다 현실적이고 구체적으로 불교계의 변화를 초래한 것으로 볼 수 있다. 이러한 틀에서 사찰령·시행규칙에 부속된 寺法은 불교계에 대하여 구체적이고 단계적으로 식민통치에 유리하도록 개정, 운용되도록 강제되었다. 따라서 현상유지적이며 선언적인 사찰령에 비해 불교계에 대한 내밀한 통제는 사법을 통해 관철되었다.

그럼에도 불구하고 사찰령 체제의 성립은 불교계의 변화를 초래했고, 궁극적으로 총독부의 식민지배를 관철하는 기제였다. 따라서 사찰령의 폐해와 문제점에 대하여 사법의 시행과 지속적인 사법개정을 통하여 강력하고 은밀한 불교계에 대한 통제를 살펴보아야 한다. 이는 사찰령을 통한 불교계의 통제라는 측면에서 중요한 주제라 할 수 있다. 즉 사찰령의 제정이 현상유지적 성격을 지니고 입안되었지만 실제 불교계에 대한 통제와 운용은 사법을 통해 보다 구체적으로 이루어졌음은 향후 또 다른 논문으로 살펴볼 것이다.

권상로의 「朝鮮佛教革命論」
― 한국 근대기 불교의 정체성과 근대성 ―

김종인 | 고려대학교 BK21 한국어문학교육연구단 연구전임강사

1. 서론

2. 권상로 연구의 의의

3. 관념적 혁명론과 혁명의 희화화

4. 사회진화론의 영향과 교학의 중시

5. 불교의 정체성에 대한 인식 결여

6. 결론

1. 서론

　본 고찰은 한말에서 시작하여 일본 식민지 지배로부터의 해방에 이르는 시기 한국불교의 기본 과제가 자기정체성의 확인과 근대사회에의 적응이었다고 보고, 이 두 과제가 당시 불교인들에게 실제로 어떻게 인식되고 있었으며, 또 그들의 인식상의 한계는 무엇인가를 살펴보기 위한 것이다.

　자기정체성의 확립과 근대사회에의 적응이라는 이 두 과제는 동시에 성취되어야 할 당시 한국불교의 기본 과제이지만, 현실적으로는 상호 모순하기 쉬운 과제였으며, 또 실제로 많은 사람들에게 상호 모순적으로 인식되었다. 불교의 중흥과 개혁을 부르짖은 근대기 한국불교의 주요 인물들이 이 두 과제를 상호 모순적으로 인식하였을 뿐 아니라, 그들을 평가하는 현대 학자들 역시 상호 모순적으로 인식하고 있다. 두 과제가 모순임을 선언하지는 않았을지언정 두 과제가 동시에 추구되어야 한다는 것을 알지 못했다.

　자기정체성의 확립과 근대사회에의 적응이라는 이 두 과제는 여전히 지속되는 한국불교의 기본 과제다. 한국근현대사의 통상적인 시대구분과 상관없이 한국불교의 시대적 과제라는 측면에서 근대기의 한국사회와 현재의 한국사회는 동일한 성격의 것이며, 한국의 불교인들은 의식적으로든 무의식적으로든 여전히 자기정체성의 확인과 근대사회에의 적응을 위해 안간힘을 쓰고 있다.

5백년간 불교를 억압한 조선조가 몰락의 시점에서 침몰 직전의 노예선이 노예의 쇠사슬을 끊어주듯이 불교인들의 신분적 속박을 풀어준 그 시점부터 한국 불교인들은 자유인이 되었으나, 결코 행복한 자유인은 아니었으며 진정한 자유인도 아니었다. 그들은 자신이 누구인지, 어디로 가야할 지 모른 채 떠도는 유랑객에 불과하였다. 그들은 자신들의 위대한 전통의 계승자라는 사실을 알지 못했으며, 위대한 진리의 왕국을 재건할 수 있다는 확신을 갖지 못했다. 그들은 자신의 정체성을 확인하기에는 너무도 오랜 세월 동안 노예적 삶을 살았던 것이다.

노예가 주인이 되기 위해서는 먼저 자신의 정체성을 확인해야 한다. 자신이 누군가에 대한 인식 없이, 자신의 삶에 대한 자부심이 없이 주인이 될 수는 없다. 자신이 누군가에 대한 인식이 없고, 자신의 삶에 대한 자부심 없이 사는 사람들은 언제나 세상 사람들의 뒤를 좇을 수밖에 없다. 그런 사람들은 노예적 삶은 면했을지라도 주인이 될 수는 없다.

노예의 신분에서 해방된 한국 불교인들의 우선적 과제는 자신이 누군가에 대한 확인, 즉 불교가 무엇인가에 대한 확인을 하는 것이고, 자신의 삶에 대한 자부심, 즉 불교적 진리의 수승함에 대한 자부심을 갖는 것이었다. 그리고 나서 세상 사람들의 삶의 방식을 보고 그들을 따라가는 것이 아니라 그들을 이끌어야 했다. 그러나 불행히도 그들은 불교가 무엇인가를 확인하고 불교적 진리의 수승함에 대한 자부심을 되찾기보다는 세상 사람들의 뒤를 좇는 데 급급하였다. 그들은 불교가 무엇인가에 대한 확인의 과정을 생략하거나 오인한 채 모두 개혁을 부르짖었는데, 그러한 개혁의 추구는 결국 세상 사람들의 뒤를 좇자는 논리에 다름 아니었다.

　개혁에는 언제나 반대 세력이 있기 마련임에도 불구하고 개혁이라는 대전제를 부인하는 근대기의 불교인들은 드물었다. 이른바 진보주의자건 보수주의자건 불교인들은 모두 불교의 개혁을 부르짖었다. 그만큼 한국불교의 개혁은 당시의 모든 불교인들에게 당연한 사실로 받아들여졌다.

　이러한 분위기 속에서 權相老(1879~1965)는 자신이 발행하던 『朝鮮佛教月報』에 1912년 4월부터 1913년 7월까지 「朝鮮佛教革命論」을 연재하여 최초로 불교의 개혁을 공론화하였으며,[1] 朴漢永(1870~1948) 1912년 10월 같은 잡지에 「불교강사와 頂門金針」을 발표하였다. 韓龍雲은 1913년에 『朝鮮佛教維新論』을 발간하여 격렬한 어조로 혁명적인 불교의 개혁을 역설하였다. 李英宰(1900~1927)는 한용운의 사상을 계승하여 1922년 조선일보에 「朝鮮佛教革新論」을 기고하여 불교의 제도적 개혁을 추구하였다. 또 朴重彬(1891~1943)은 「朝鮮佛教革新論」을 써서 "외방의 불교를 조선의 불교로, 과거의 불교를 현재와 미래의 불교로, 산중 승려 몇 사람의 불교를 일반 대중의 불교로"라는 기치를 내걸었다.

　한편 한용운과 함께 3·1운동에도 참가했던 白龍城(1864~1940)은 위의 권상로, 박한영, 한용운, 이영제, 박중빈 등과는 명백히 다른

---

1) 「朝鮮佛教革命論」이란 글의 제목에 대해 한 가지 의문이 있다. 『朝鮮佛教月報』에는 「朝鮮佛教改革論」으로 되어 있는데, 1990년 '退耕堂權相老博士全書刊行委員會'에서 간행한 『退耕堂全書』 8권에는 「朝鮮佛教革命論」이란 제목으로 되어 있다. 『退耕堂全書』 편집자의 단순한 오류인지, 원래 친필원고가 「朝鮮佛教革命論」이란 명칭으로 소개하는 것이 부담스러워 「朝鮮佛教改革論」으로 되어 있는지 밝혀낼 필요가 있을 것 같다. 본고에서는 글의 전체 내용에 보다 잘 어울리는 『退耕堂全書』에서의 명칭을 따랐다.

방면에서 당시 한국불교를 진단하고 이에 대한 해결책을 내었다. 그는 大覺敎 운동을 통하여 불교의 대중화 및 혁신을 위해 노력하면서도 다른 한편으로는 한국불교의 전통을 지키기 위해 노력하였다. 그의 그러한 노력은 1926년에 식민지 당국에 제출한「建白書」에 잘 나타나 있다. 한국불교의 전통을 계승하려 한 이는 용성만이 아니었다. 권상로, 박한영, 한용운, 이영재, 박중빈 등이 개혁론을 들고 나오기 이전에 전통불교의 회복을 위해 몸부림쳤던 鏡虛(1849~1912)가 있으며, 보다 체계적으로 전통 계승의 목소리를 담은 글을 낸 이도 있다. 白鶴鳴 (1867~1929)은『불교』71호(1930.5.)에「獨살림 法侶에게 勸함」이란 글을 써서 불조의 本面目을 되찾는 것이 승려의 본분사임을 말하고 있다.

본고는 근대기의 한국불교의 방향성을 놓고 서로 다른 노선을 취한 이 두 그룹의 입장 속에 "자기정체성의 확인과 근대사회에의 적응"이라는 근대기 한국불교의 두 가지 기본 과제가 어떻게 반영되어 있으며, 각각의 한계가 무엇이었나를 살펴보기 위한 것이다. 이에「朝鮮佛敎革命論」[2]을 통해 최초로 불교계에서의 개혁 논의를 공론화한 권상로에 대한 연구에서부터 출발할 것이다.

---

[2] 이 글은『朝鮮佛敎月報』에 실린 것인데, 필자가 참고한 자료는『退耕堂全書』권1 (退耕堂權相老博士全書刊行委員會, 1990)에 실린 것을 토대로 하였다. 그런데 이『退耕堂全書』는 권상로가 남긴 글들을 두루 모으기는 했으나, 그의 친일사상이 드러난 글들은 모두 빠져 있으며,「朝鮮佛敎革命論」에 들어 있는 친일적 내용도 삭제된 것으로 보인다.

2. 권상로 연구의 의의

　　권상로는 근대기의 대표적인 학승이다. 1879년 경북 문경에서 태어난 그는 어려서 漢學을 수학하였으며, 1896년 18세 때 문경 金龍寺에서 출가했다. 그가 출가한 배경에는 과거제도의 폐지로 공부의 보람이 수포로 돌아간 것이 한 요인이라 한다.[3] 그는 金龍寺 강원에서 1896년부터 1905년까지 10년 동안 四集・四敎・大敎 과정을 마쳤다. 이렇게 漢學의 기반을 가지고 출가하여 불교의 기본 교학을 이수한 권상로는 당시로서는 불교계의 엘리트 지식인이었다. 때문에 그는 과정을 이수한 바로 다음 해인 1906년 4월부터 1909년 11월까지 金龍寺에서 운영하던 경흥학교와 성의학교에서 강사를 역임하였으며, 31세가 되는 1909년에는 圓宗종무원의 纂輯部長을 지냈으며, 大乘寺의 주지도 맡았다. 원종은 1910년 10월 6일 일본의 曹洞宗과의 협약 체결로 친일적 성격을 노골화하자 이에 반대하여 설립되는 臨濟宗과 대립되게 된다. 권상로는 1912년 2월부터 1917년 12월까지 원종종무원에서 발간한 『朝鮮佛敎月報』의 편집인 겸 발행인으로 일했다. 또 1923년 4월부터 1931년 4월까지 월간지인 『불교』의 사장을 역임하였다. 1931년부터는 中央佛敎專門學校의 교수로 10년 이상 근무했으며, 1946년에는 동국대 교수로 취임하여 1953년에는 동국대학교 초대 총장을 지냈다.[4] 1962년에는 문화훈장을 받았다.

---

3) 이병주, 「퇴경당 권상로」, 『대원』 36호, 1985.
4) 권상로의 자세한 전기는 『退耕堂全書』 권1(退耕堂權相老博士全書刊行委員會, 1990) 「自敍年譜」에 나와 있다.

권상로는 최초로 근대기 한국불교의 개혁을 공론화한 승려일 뿐 아니라, 그 후의 불교 개혁론들의 기본 방향을 예시하는 인물이지만, 지금까지 그의 개혁론에 대해 깊이 있는 연구는 진행되지 않았다. 다수의 학자들에 의해 그의 개혁론이 언급되기는 하였으나, 주로 이 시기의 여러 개혁론들 속에 그의 개혁론이 언급되는 정도였다.[5] 권상로만을 연구 주제로 삼은 경우도 있으나 그의 개혁론 자체에 대한 내재적 분석에는 이르지 못하고, 주로 그의 개혁론의 시대적 배경에 초점을 맞추고 있다.[6]

권상로가 근대기 한국불교의 개혁을 최초로 공론화한 이임에도 불구하고 그에 대한 연구가 이렇게 미미한 것에 대해 세 가지 연유를 추측할 수 있다. 첫째, 그간 근대기 한국불교 자체가 연구자들의 큰 관심을 끌지 못했다. 그간 한국불교 연구의 중심축은 해방 이후부터 70년대 말까지는 주로 민족주의적 시각에서 한국불교의 대표주자의 업적을 찾는 데 있었다. 그 결과 원효, 의상, 승랑, 원측, 지눌 등에 관한 연구가 주종을 이루었다. 80년대부터 성철의 『禪門正路』 출간 이후 頓漸論을 중심으로 한 선불교 연구가 주종을 이루었다. 최근까지 근대불교에 대해 관심을 가지고 집중적인 연구를 해 온 사람은 김광식뿐이라고 할 수 있을 정도다. 둘째, 권상로의 친일 행적이다. 한국 근대사의 인물에 대한 연구는 친일·항일의 문제를 피해갈 수 없는데, 권상로는 근대기 한국불교의 대표적 학승이며, 일제시기와 해

---

5) 그의 개혁론을 단편적으로 다룬 글로는 다음이 있다. 이봉춘, 「근대 佛敎改革論의 이념과 실제」, 『釋林』 26집, 1992; 김광식 「근대 불교개혁론의 배경과 성격」, 『종교교육학연구』 7권, 1998; 이재헌, 「근대 한국 불교개혁 패러다임의 성격과 한계」, 『종교연구』, 18집, 1999.
6) 김경집, 「權相老의 改革論 硏究」, 『韓國佛敎學』 25집, 1999.

방 이후의 불교문화 영역에서의 다양한 활동으로 인하여 1962년 대한민국 문화훈장을 받기도 하였으나, 실상 그는 불교계의 대표적인 친일분자였다. 그는 한국불교가 1910년대 초에 친일파인 이회광의 圓宗과 민족주의자 한용운의 臨濟宗으로 나뉘어 대립할 때 원종에 속해 있었으며, 일본이 중국 침략을 일으킨 1937년 이후에는 총독부 시국강연 연사가 되어 일본의 침략행위를 정당화하고 한국인의 협력을 호소하는 수많은 글들을 남겼다. 셋째, 그의 개혁론의 추상성이다. 권상로는 불교 개혁을 공론화하기는 하였으나, 개혁의 필요성과 당위성을 역설하였을 뿐 어떻게 개혁할 것인가에 대해서는 구체적인 방안을 제시하지 않았다. 때문에 그의 구체적인 개혁 방안은 풍부한 논의의 주제가 되지 못하였다. 결국 그의 개혁론은 역사학자들인 근대 불교 연구자들이 크게 관심을 기울일 만한 내용이 못 된 것이다.

그러나 사상적인 관점에서 볼 때 권상로의 불교 개혁론은 논의할 만한 주제다. 그의 불교 개혁론의 사상적 입각점은 근대기 한국불교 개혁론 일반의 사상적 입각점과 궤를 같이하며, 이들 개혁론들이 안고 있는 사상적 한계를 가장 선명하게 보여주고 있다.

.

3. 관념적 혁명론과 혁명의 희화화

권상로 불교개혁론의 가장 큰 특징은 관념성이다. 학승으로 출발하여 일제시기에는 일제에 적극 협력하였고, 그러고도 해방 후에 건국문화훈장을 받은 이라면 매우 현실적이고 온건한 자로 여겨질 수도 있을 것이다. 하지만 권상로의 불교 개혁론은 매우 급진적인 측면을 가지고 있다. 그 급진성은 무엇보다도 그의 불교개혁론 제목인 「朝鮮佛敎革命論」에 상징적으로 나타나 있다. 근대기에 한국불교의 변화를 주장하는 이들은 각기 서로 조금씩 다른 용어를 사용하여 자신이 생각하는 변화의 속도 및 강도를 표시하였는데, 그 용어들 가운데 권상로가 사용한 이 '혁명'이란 단어가 가장 급진성을 띠는 용어다. 권상로 다음으로 한국불교의 개혁을 주장한 한용운은 '維新'이란 단어를 사용하였으며, 李英宰와 朴重彬은 '革新'이란 용어를 사용하였다. 그러면 권상로 스스로는 혁명이란 말이 표현할 수 있는 변화의 폭과 심도 등을 어떻게 이해하고 있는가?

> 근래 우리 불자들 가운데서 진리를 위해서 헌신하고, 진리를 위해서 행동하는 이들은 지난날의 폐습을 일소하고 참신한 상황을 연출하기 위하여 여러 가지 말들을 번갈아 주창하는데, 개량, 발달, 확장, 유신이 그것이다. … 개량이란 어떤 물건의 나쁜 점을 차츰차츰 좋게 하는 것이다. 발달이란 물건의 개량한 쪽을 다시 연마하여 內明이 盡粹한 것이고, 확장이란 물건을 개량 여부를 불문하고 세상에 내보여서 그 실상을 공개하여 내다 팔고 자랑하고 떠벌려서 이 물건도 다른 물건들 가운데서 엄연히 하나의 지위를 차지하는 것이다. 유신이란 물건 전체를 통틀어서 좋지 못한 것은 한꺼번에 제거하고, 훌륭하고 좋은 것을 눈에 확 띄게 하는 것이다. 말하자면 중흥이라 할 수 있고 쇄신이라 할 수 있다. 그러므로 이 넷 가운데서 앞의 것은 뒤의 것만 못하고 뒤의 것은 앞의 것보다 나으며, 앞의 것이 뒤의 것의 원인이 되고 뒤의 것은 앞의 것의 결과가 되어, 앞의 것을 힘쓰면 뒤의 것이 도래하고, 뒤의 것을 희망하면 앞의 것에 먼저 도달하여서 서로 연결되어서 분리되지 않는다. 그렇지만 개량은 유신의 일부분에 불과하고, 발달은 확장하기 전의 방편에 불과

하다. 오늘날 우리들이 응용할 문제는 과연 어디에 있는가? 그 급한 것과 그렇지 않은 것을 알아야 하는데 개량과 발달에 채찍을 가할 것인가, 유신과 확장에 칼날을 댈 것인가? 발달은 개량한 연후의 일이며 확장은 유신하면 그 속에 있다 하므로, 내 생각에는 유신이 가장 급한데, 유신을 이행하자면 그 순서를 어떻게 해야 할 것인가? … 유신 가운데서 가장 강력하고 효과가 뛰어난 것은 혁명일 따름이다. 혁명이 아니면 유신을 이룰 수 없고, 설사 유신을 이루더라도 혁명 가운데서 나온 것이 아니면 그 정도가 유치하고 역량이 유약하여 유신된 그 다음날부터 구태를 연출하여 도리어 유신하기 전만 못할 것이다.[7]

위 인용문은 우선 권상로가 「朝鮮佛敎革命論」을 쓰기 이전에 이미 많은 사람들의 입에서 조선불교에 변화가 필요하다는 말이 나오고 있었다는 사실을 말해주고 있다. 조선불교의 개혁을 공론화한 것은 그의 글이 처음이지만 김광식의 말처럼 "조선 후기 이래 낙후되었던 불교를 발전·개혁·유신시키려는 노력이 교단 내외에서 꾸준히 제기되면서 다양한 의견이 개진되었던 것"이다.[8] 권상로는 기존에 제시된 이러한 다양한 개혁 논의가 조선불교의 현실을 극복하기에는 한계가 있다고 보고 「朝鮮佛敎革命論」을 쓰게 된 것이다.

개량·발달·확장·유신 등 조선불교의 현실 변화를 위해서 당시에 제시된 용어들 각각과 상호관련성에 대한 권상로의 위 인용문에서의 정의와 해석은 진지성과 엄밀성보다는 글재주 부리기에 치우친 점이 있으나, 그 의미는 분명하다. 그가 볼 때 기존의 논의들은 조

---

7) 『退耕堂全書』 권8, pp.51~52.
8) 김광식, 「근대 불교개혁론의 배경과 성격」, 『종교교육학연구』 7권, 1998. p.51.

선불교를 변화시킬 "강력하고 효과가 뛰어난" 방법을 제시하지 못하고 있었다. 조선불교를 '개량'하거나 '발달'시키자는 것은 부분적인 변화나 임시방편적인 수단에 불과해서 근본적인 변화가 필요한 조선불교의 현실에 대한 대응책으로 불충분하고, '유신'은 중흥과 쇄신을 위한 것이기는 하나 '혁명'을 통한 유신이 아니면 유치하고 역량이 미약할 뿐 아니라 구태를 연출하기 십상이라는 것이 그의 판단이다. 흔히 한용운의 「朝鮮佛敎維新論」이 근대 한국불교 개혁론 가운데서 가장 급진적인 성격을 띤 것으로 알려져 있으나, 적어도 사용하는 용어를 놓고 보았을 때는 권상로의 「朝鮮佛敎革命論」이 제일 급진적임을 알 수 있다. 권상로는 '維新'이라는 말로서 총체적이고 긴급한 변화가 필요한 조선불교의 현실 개선의 의사를 표시하기에 부족하기 때문에 '혁명'이라는 최상급의 용어를 사용하고자 한다는 것을 스스로 말하고 있는 것이다.

그러면 권상로가 말하는 혁명, 즉 중흥과 쇄신을 뜻하는 유신 가운데서도 가장 강력하고 효과적인 변화로서의 혁명이란 어느 정도의 변화를 말하는가? 그가 기대하는 혁명을 통한 조선불교의 변화의 폭은 第二編 第七章「論革命之時代」편에 잘 나타나 있다.

조선불교는 혁명이 시급하다 한다. 맹자는 "오백 년마다 새로운 왕이 나온다"고 하였고, 또 옛 사람은 "황하의 물은 천 년마다 맑아지는데 그때마다 성인이 태어난다"고 하였고, 세존은 "우담바라가 삼천 년 만에 한 번 피면 성인이 출현한다"고 하였다. 그런데 지금은 세존이 탄생하신 지 삼천 년이 지난 때이며, 우리들이 억압적인 정치에 구속을 당한지 오백 년이 넘은 때이다. 성인의 말씀이 거짓이 아니라면 황하의 물이 맑게 되고, 우담바라 꽃이 피리니.[9]

우담바라가 피고 성인이 출현하는 것은 중생계의 변화일 수는 있으나 불교 자체의 변화와는 상관이 없는 일이다. 그러나 권상로는 이를 오백 년마다 성인이 새로 나고 세상이 바뀔 것이라는 맹자의 논리와 같은 맥락으로 해석하고, 다시 조선조 5백 년 간의 억불정책의 종식과 연결시켜서 불교에 혁명이 필요하다는 논리를 설정한다. 논리적으로 따져 본다면 우담바라의 전설과 맹자의 5백 년 성인출현설, 그리고 조선조 5백 년 간의 억불 정책의 종식은 서로 다른 차원의 문제들이지만 그는 일종의 유비추리식 논리로 이들 간에 논리적 연관성이 있는 것처럼 해석하여 당시에 필요한 조선불교의 변화는 과거 불교역사상의 그 어떤 변화보다도 더 큰 변화, 즉 석가모니 이후의 최대의 변화가 되어야 한다고 말하고 있다. 그 변화는 부파불교에서 대승불교로의 변화, 또 인도불교에서 중국불교에로의 변화보다도 더 큰 변화여야 하는 것이다.

권상로는 이처럼 혁명이라는 단어를 통해서 급진적이고 총체적인 조선불교의 개혁을 피력했지만, 그가 과연 절실하게 조선불교의 혁명을 생각했는지는 의심스럽다. 조선불교의 개혁에 관한 그의 이러한 급진적 경해의 피력은 조선불교의 현실에 대한 자신의 체험적 인식과 실천적 극복의지에서 비롯되었다기보다는 당대 현실과 그 극복에 대한 관념적 사고에서 비롯된 것으로 보인다. 권상로는 비록 열여덟에 출가하여 「朝鮮佛敎革命論」을 쓸 당시 서른네 살로 18년 동안 승려 생활을 했지만, 「朝鮮佛敎革命論」에는 조선불교의 혁명적 현실에 대한 구체적 분석과 혁명의 구체적 과정에 대한 방안을 찾아볼 수 없다. 그의 글은 조선불교의 혁명적 현실에 대한 구체적 분석 대신 "혁

---

9) 『退耕堂全書』, p.69.

명"이란 단어에 대한 개념적 유희로 채워져 있다. 결코 짧지 않은 이 글의 상당 부분을 그는 불필요한 상투적인 어귀와 고사들로 주로 채우고 있다. 그는 다만 혁명이라는 단어를 말할 뿐 혁명 자체를 말하지는 않고 있는 것이다. 그가 유일하게 구체적으로 혁명적 현실에 대해 말하고 있는 것은 단체와 교육에 관해서인데, 이는 그가 엘리트 학승으로서 불교단체의 기구 활동에 참여하고, 학교 교육에 참가한 경험이 있기 때문인 것으로 보인다. 결국 그는 단체와 교육 외에는 총체적인 변화로서의 혁명을 필요로 한다고 그가 믿는 조선불교의 현실에 대한 총체적인 경험이나 인식이 결여되어 있었던 것이다. 그의 「朝鮮佛敎革命論」에는 한용운의 「조선불교유신론」에서 발견되는 현실에 대한 절실한 인식과 변화에 대한 열정을 찾을 수 없다.

권상로는 「朝鮮佛敎革命論」을 썼지만, 조선불교의 혁명을 이야기하고 있는 것이 아니라 혁명이란 단어를 이야기하고 있다. 그는 「朝鮮佛敎革命論」의 태반을 '혁명의 필요성' '혁명의 성질' '혁명의 관계' '혁명의 이해득실' '혁명의 공용' '혁명의 주역' 등에 대한 논의로 채우고 있는데, 이들 제목 속의 내용은 조선불교의 현실과는 아무런 상관도 없는 것들이다. 모두가 혁명이란 단어에 대한 권상로 자신의 사변적 사고의 표현일 따름이다. 그는 '개량' '발달' '확장' '유신'이라는 단어들의 함의와 '혁명'이란 단어의 함의의 차이에 대한 분석, 그리고 '자연적 혁명'과 '인위적 혁명' '소극적 혁명'과 '적극적 혁명' 등의 개념 창출과 이에 대한 해석 등에 지면을 소모한다. 그는 또 '혁명의 이해득실'을 말하는데, 여기서도 조선불교의 이해득실이 아니라 혁명 일반의 이해득실에 대한 상식적 판단들과의 논박을 주고받는다.

권상로는 조선불교에 '혁명'이 필요하다고 말하고 있지만, 이처럼 그는 조선불교의 현실에 대한 체험적 반성을 통해 '혁명'의 필요성을 인식한 것으로 보기 어렵다. 그렇다면 그는 어떻게 해서 혁명이란 말을 하게 되었는가? 그가 어떤 연유로 불교의 성격과는 매우 이질적으로 보이는 이 단어를 사용하게 되었는지는 알려지지 않았으나, 그가 『朝鮮佛敎月報』에 「朝鮮佛敎革命論」을 발표하기 시작한 1912년 4월은 1905년 러시아 혁명이 일어난 지 7년이 되는 해이고, 중국에서 辛亥革命이 일어난 바로 다음 해이다. 권상로는 이러한 혁명에 영향을 받았을 것이다. 그는 第二編 第六章 「論革命之人物」에서 다음과 같이 말한다. "加富爾가 십여 년을 농사를 배울 때에 그가 이탈리아의 수상이 될 줄을 누가 알았으며, 聖彼得이 육대주를 여행할 때에 러시아의 혁명 제왕이 될 줄을 누가 알았으리요."[10] 이는 그가 정치적 혁명에서 영감을 얻어 정치적 혁명이 가져오는 급격하고 총체적인 변화가 한국불교에도 일어나면 좋겠다고 생각했을 것이라는 추측을 가능하게 한다. 그가 당시 세계사에서 벌어지고 있던 정치적 혁명에서 '혁명'에 대한 매력을 느끼고 조선불교의 혁명을 논설한 것으로 볼 수 있는 또 다른 증거들도 있다. 그는 조선불교의 혁명의 내용까지도 정치적 혁명의 내용과 일치시키고 있다. 그는 第三編 「論革命之前例」편에서 "세존은 세계 혁명가들 가운데서도 제일 위대한 대혁명가라고 할 만하다"[11]고 하였다. 그런데 그 이유가 바로 세존이 힌두교의 사성계급을 타파했기 때문이라고 했다.

총괄적으로 말하면 처음 수태되어 마지막으로 열반에 이르기까지 施設示現하심과 온몸을 바쳐 애쓰신 것이 모두 '평등' 두 글자로 포괄하여

---

10) 『退耕堂全書』, pp.67~68.
11) 『退耕堂全書』, p.72.

혁명하신 것이므로 바라문의 계급주의가 여지없이 파쇄되어 자유평등의 인류행복을 원만히 지시하셨으니 세계 혁명가 중 누가 우리 세존의 이와 같으신 것보다 낫겠는가? 그러므로 여래는 혁명을 위하여 세상에 나신 것이라고 할 수 있다.[12]

세존이 승단의 구성원이 되고자 하는 자들에 대해 사성계급에 대한 차별 없이 받아들인 것은 분명 인간의 정신적 자유에 대한 보편적 신뢰를 보여주는 위대한 정신의 발로다. 그러나 이것을 피비린내 나는 계급투쟁의 산물인 20세기의 정치적 혁명의 원인이자 결과물로서의 자유와 평등과 같은 것으로 보는 것은 일종의 말장난에 불과하다. 권상로가 이 양자를 결부시킬 수 있었던 것은 그 자신이 불교의 현실에 대해서나 정치적 혁명에 대해서나 체험적으로 접근하기 보다는 관념의 대상으로 바라보기 때문에 가능한 것이다. '혁명'이라는 용어에 대한 권상로의 이러한 관념적 접근은 혁명 개념의 무한한 확대에 이르며, 또 그런 확대의 과정은 혁명 개념의 희화화를 낳기도 한다. "훌륭하도다 혁명이여. 초가을 쓸쓸하게 노래하는 매미는 굼벵이가 혁명한 것이요, 봄날 아름답게 우는 꾀꼬리는 구관조가 혁명한 것이고, 북쪽 바다에 날아오르는 붕새는 鯤이 혁명한 것이고, 저녁 들판을 날아다니는 개똥벌레는 두엄이 혁명한 것이다."[13] 이러한 발상에서 혁명이란 단어에 대한 진지한 접근 태도를 찾을 수 없다.

이처럼 권상로가 말하는 조선불교의 혁명은 실천적 혁명이 아니라 혁명이란 단어의 관념적 희롱이다. 그가 혁명이라는 단어에 어울

---

12) 『退耕堂全書』, p.74.
13) 『退耕堂全書』, p.65.

리는 어떠한 실질적인 조선불교의 현실극복을 위한 대안을 제시하지 못하는 것은 너무도 당연한 일이다. 혁명의 실천 과업으로 기껏 그가 제시하는 것은 第四編 「論現前之當革命者」의 第二章 〈論團體之革命〉에서 단체를 결성할 때에 도덕성이 뒷받침되어야 한다는 사실이나, 같은 편의 第四章 〈論敎育之當革命〉에서 훌륭한 교사의 필요성을 역설하는 것이다. 머릿속으로만 거대한 혁명, 3천 년 만의 혁명을 희롱할 뿐 현실적 실천 계획에서는 아무런 특별한 의미도 없는, 누구나 말할 수 있는 진부한 상식만을 말한 셈이다. 그의 혁명론은 매우 희화화된 혁명론인 것이다.

4. 사회진화론의 영향과 교학의 중시

권상로가 조선불교의 개혁논의에 '혁명'이란 단어를 가져오게 된 계기가 앞서 말한 것처럼 1910년 전후에 러시아와 중국에서 일어난 정치적 혁명일 수 있다면, 그 사상적 연원은 당시 유행한 사회진화론이다. Herbert Spencer(1820~1903)와 Thomas Huxley(1825~1895)의 사회진화론은 1880년대부터 이미 한국에 소개되기 시작하였다. 그러다가 1900년도 초반에 본격적으로 한국 지식인들 사이에 받아들여져, 세계사적으로는 제국주의가 팽배해 있고 국가적으로는 열강의 먹잇감으로 전락한 조선 사회의 지식인들이 현실을 보는 해석의 틀이 되었다.[14] 이러한 사회진화론의 수용은 쇠락한 조선불교의 현실을

---

14) 한국에서의 진화론의 수용에 대해서는 다음 글을 참조. 李光麟. 「舊韓末 進化論

보는 데도 그대로 적용되었다. 사회진화론은 말 그대로 인간사회의 '진화'를 그 핵심 개념으로 하고 있기 때문에, 변화와 개혁을 추구하는 이들의 입론을 정당화하기에 매우 적합한 것이었으므로 자연히 불교계의 개혁론자들이 인용하게 되어 있었다. 이들 가운데서 특히 권상로와 한용운은 특히 많은 영향을 받고 있다.

「朝鮮佛敎革命論」의 부제를 '朝鮮佛敎進化資料'라고 하고 있는 데서도 권상로가 사회진화론의 영향을 많이 받고 있었다는 사실을 알 수 있다. 사회진화론은 생존경쟁의 개념과 이를 통한 진화와 발전이라는 개념을 두 축으로 하고 있는데, 사회진화론이 동아시아에 소개되었을 때는 주로 진자, 즉 생존경쟁의 개념이 부각되있다. 때문에 진화론은 物競天擇, 優勝劣敗, 適者生存, 生存競爭 등의 개념 등으로 상징화되어 알려졌다. 한용운이 「조선불교유신론」에서 진화론을 수용하는 것 역시 주로 생존경쟁의 측면이다. 그는 불교가 당시 적극적인 포교활동을 하고 있는 기독교와 생존경쟁을 벌여야 한다는 사실을 민감하게 느꼈던 것이다. 권상로 역시 진화론의 생존경쟁 개념의 수용에서 출발하고 있다. "세계는 날로 밝아지고 풍조는 날로 변화여 사회는 날로 복잡해지고 종교의 경쟁도 날로 심해진다. 이러한 때에 세상을 피해 입산하여 문을 잠그고 깊은 잠을 자던 우리 조선불교는 헐떡이는 숨통이 끊어져 그 이름도 보존하기 어려운 지경에 이르렀다."[15] 생존경쟁의 관점에서 당시 불교를 둘러싸고 있는 현실을 보고 있다는 것을 알 수 있다. 물론 그 주요 경쟁상대는 기독교다. 그는 "금일 우리들의 입으로 말하기를 기독교 세력은 세계를 선동하여 그 교

　의 受容과 그 影響」, 『韓國開化思想硏究』, 일조각, 1979.
15) 『退耕堂全書』, p.50.

도는 수억이고, 그 교당은 양옥이고, 재산이 풍족한데"[16]라 하였다.

권상로는 단지 현실 사회 속에서의 개인간 혹은 세력간의 경쟁을 바라보는 해석의 틀로서 진화론을 받아들이는 데 머물지 않는다. 그는 현실분석보다는 개념의 유희에 더 관심이 많은 그는 진화론을 자신의 사변적 틀에 넣어 혁명 개념과 연결시킨다. 그는 혁명을 天爲, 즉 자연적 혁명과 인위적 혁명으로 나누고, 이들 각각을 다시 적극적 혁명과 소극적 혁명으로 나누어 모두 네 가지의 혁명을 설정한다. 그리고는 세계의 모든 존재방식을 이 네 가지 혁명 유형에 배속한다. 말하자면 세계의 모든 존재자가 항시 혁명의 와중에 있는 것이다.

적극적 天爲革命은 동물과 식물이 가을과 겨울을 맞이하여 움츠러들었다가 봄이 되면 다시 확대 번식하는 것을 말한다. 즉 동물과 식물이 외부 환경에 능동적으로 반응하여 자신의 생명력을 발전시키는 것을 말한다. 소극적 天爲革命은 시간의 경과에 따라 일어나는 세계의 생성과 붕괴와 사람과 물질의 탄생과 소멸을 말한다. 적극적 인위혁명은 경쟁력과 희망심, 그리고 다른 동물에 없는 인간이 매우 빠른 속도로 문명을 적극적으로 진보시키는 것을 말한다. 소극적 인위혁명은 게으른 자가 아무것도 하지 않고 가산을 탕진하고 사회를 좀먹는 행위를 말한다.

권상로가 네 가지로 분류하고 있는 이러한 혁명론은 사실은 체계적인 사고의 산물이라고 볼 수 없다. 끊임없이 변화하는 모든 존재, 즉 세계 자체, 물질, 식물, 동물, 인간의 움직임을 네 가지 유형으로 적당히 분류한 다음 여기에 혁명이란 단어를 결부시킨 것일 뿐이다. 사실 그가 제시하고 있는 이 네 가지 혁명 가운데 어느 것 하나도 혁

---

16) 『退耕堂全書』, p.61.

명이란 말이 가지고 있는 원래 의미와 부합한다고 보기 어렵다. 이 네 가지 혁명 개념은 존재에 대한 치밀한 관찰을 반영하고 있는 것도 아니고 혁명에 대한 진지한 성찰을 반영하고 있는 것도 아니다. 비체계적이고 다분히 즉흥적인 사변을 통해서 도출된 엉성한 개념 틀이다. 그 스스로 밝히고 있듯이 쇠락해 있는 조선불교에 획기적인 변화가 있었으면 하는 생각을 하던 중에 불쑥 혁명이란 말을 떠올리고 여기에 잡다한 지식을 덧붙인 것에 불과하다.

"그러므로 잠을 이루지 못하고 뒤척거리며 몸과 마음을 다하여 이것저것 생각히디기 불쑥 이 '혁명'이라는 두 글자를 띠올린 깃이다. … 오늘날 내가 나도 모르는 사이에 혁명이란 단어를 제기하였으나"[17]

이처럼 엉성한 네 가지 혁명 개념 가운데서 조선불교가 취해야 할 것은 적극적 인위혁명이라는 것이 권상로의 결론이다.

우리 불교가 삼백 년 전에만 인위혁명을 하였던들 오늘날에는 육대주에 웅비했을 것이고, 삼십 년 전에만 인위혁명을 실시하였던들 오늘날에는 다른 종교와 어깨를 견줄 것이고, 삼년 전에만 인위혁명을 하였던들 오늘날에는 그 소리가 한반도에 가득 찼을 것이다.[18]

인위혁명 중에도 적극적인 것과 소극적인 것 두 종류가 있는데 우리는 둘 다 택할 것인가? 아니다 소극적인 것엔 악착같은 화가 따르고, 적극

---

17) 『退耕堂全書』, p.63.
18) 『退耕堂全書』, p.60.

적인 것엔 원만한 복이 따른다. ··· 원만한 미래의 복이 되는 적극적 인위혁명을 이용하면 삼천리가 모두 상응하여 우리 불법의 신작로로 일제히 향할 것이다. 이것을 法供養이라 하노라.[19]

그런데 적극적 인위혁명이란 앞서 보았듯이 인간의 문명을 진보시키는 적극적 노력 일반이다. 결국 권상로가 조선불교의 혁명이란 말을 통해서 이야기하고자 하는 것은 조선 불교인들의 현실 개선을 위한 적극적 노력 이상도 이하도 아니다. 그것은 굳이 혁명이란 말을 동원하여 장광설을 늘어 놓지 않고도 말할 수 있는 것이다.

권상로의 개혁론의 사상적 특징 가운데 하나는 敎學 우선주의다. 이것은 앞서 본 그의 경력에서 이미 예상된 바다. 그는 출가하기 전에 한학을 공부하였을 뿐 아니라, 출가하여서도 줄곧 강원 주위를 맴돌았으며, 당대의 학승으로 명망을 날렸다. 그가 「朝鮮佛敎革命論」을 쓰기 전까지 어떤 참선 수행 과정을 거쳤는지는 알려진 바 없다. 그의 교학 우선주의는 다음의 인용문에서 명백하게 나타난다.

> 우리 敎는 오늘날 안으로는 看經과 參禪을 이수하고 밖으로는 전도와 포교를 해야 하는데, 이 둘을 버리고 달리 할 일은 없다. 그러나 敎理에 밝지 못하면 參禪도 맹인이 마구잡이로 몽둥이를 휘두르고, 어리석은 자가 마구 고함을 질러대는 것에 불과하고, 전도와 포교도 헛소리와 잠꼬대에 불과하다. 교리를 공부하는 것이 필수적이고, 교리에 밝게 하려면 학인을 양성하는 것이 필수적이고, 학인을 양성하려면 교육기관을 개량하는 것이 필수적이다.[20]

---

19) 『退耕堂全書』, p.63.

그의 「朝鮮佛敎革命論」은 미완의 글인 탓도 있겠으나, 그는 어디에서도 參禪을 어떻게 할 것인가에 대해서는 언급이 없다. 그는 敎와 禪이 모두 필요함은 인정하고 있으나, 禪은 敎가 제대로 되면 저절로 이루어지는 것으로 본 듯하다. 교육기관은 곧 교학을 공부하는 곳이라고 연결짓는 것에서 이러한 시각이 단적으로 드러난다. 그의 이러한 교학우선주의는 조선불교의 전통과 명백히 다른 것이다. 이는 禪과 敎를 아우르면서도 기본적으로는 禪이 중심이었던 조선불교의 전통과는 다른 것이다. 그는 敎 중심으로 이행하는 근대 한국불교의 특색을 띠고 있는 것이다.

5. 불교의 정체성에 대한 인식 결여

권상로의 「朝鮮佛敎革命論」은 위에서 보았듯이 정치한 논리를 바탕으로 한 혁명 혹은 개혁 이론도 아니고, 조선불교의 현실에 대한 체험적 인식과 실천적 극복 의지가 담긴 실천방안도 아니다. 다만 그의 이 글이 근대기에 최초로 조선불교의 개혁에 대한 공식적인 논의였다는 사실만 제외하면 별 가치가 없는 글이다. 그의 개혁론이 현실적이고 원융적이라는 평가가 있는데,[21] 이는 그가 도덕심에 바탕 한

---

20) 『退耕堂全書』, p.83.
21) 다음 글들에서 이러한 평가를 볼 수 있다. 高宰錫, 『韓國近代文學知性史』(깊은샘, 1991), p. 134. 이봉춘, 「근대 佛敎改革論의 이념과 실제」, p.27. 이재헌, 「근대 한국 불교개혁 패러다임의 성격과 한계」, p.75.

단체의 결성이나, 교육자의 양성같은 지극히 상식적인 방안을 제시한 것에 대한 우호적인 평가라 할 수 있을 것이다.

우리가 권상로의 「朝鮮佛敎革命論」에 관한 연구를 통해서 해야 할 것은 억지로 그 가운데서 긍정적인 측면을 찾아내는 일이 아니다. 그것을 있는 그대로 살펴보고서 그 한계를 살펴보는 것이 올바른 태도다. 「朝鮮佛敎革命論」에 나타난 권상로의 불교개혁론은 당대의 최고의 불교개혁론으로 꼽히는 한용운의 「조선불교유신론」에 나타날 뿐 아니라, 오늘날의 불교개혁론에서도 나타나는 근본적인 문제를 안고 있다. 그것은 바로 이들 불교개혁론이 불교의 정체성이 무엇인가에 대한 인식을 결여한 채 전개되고 있다는 점이다.

개혁이란 말은 무엇을 바꾼다는 것인데, 거기에는 언제나 정체성을 어떻게 유지할 것인가 하는 문제가 따른다. 무엇을 개혁한다는 것이 그 무엇의 본질까지 바꾸어버린다면 그것은 개혁이 아니라 부정이 되어버리기 때문이다. 특히 절대 진리를 주장하는 불교의 경우에는 자기정체성의 확인이 무엇보다도 중요하다. 그런 의미에서 권상로가 사용하는 혁명이란 단어 자체가 불교의 개혁과는 어울릴 수 없는 말이다. 혁명이란 말에는 말 자체에 이미 정체성의 부정이 함의되어 있기 때문이다. 때로 한 사회는 혁명을 통해 다른 사회로 이행되어야 하지만, 불교가 혁명을 통해서 다른 진리체계로 이행되어서는 안 된다. 불교가 완전한 해탈로서의 열반의 증득이나 깨달음의 성취를 부정하면 더 이상 불교가 아닌 것이 되어 버린다. 그것은 세존의 깨달음이 절대적 깨달음이 아니었다는 것이 되기 때문이며 불교의 존재 의의를 부정해 버리는 것이 되기 때문이다.

불교의 개혁은 불교의 외형에 대한 개혁일 수는 있어도 불교 자체의 개혁일 수는 없다. 불교교리상 진리는 완성되어 있는 것이기 때문에 불교의 개혁은 그 완성되어 있는 원래 가르침을 회복하는 것이어야 하며, 그런 의미에서 정체성을 확인하는 개혁이어야 한다. 그런데 권상로의 불교개혁 논의에는 이 점에 대한 확인이 없다.

권상로의 「朝鮮佛敎革命論」은 제목에 혁명이라는 단어가 붙었음에도 불구하고 구체적으로 제시된 개혁 방안의 상식적 성격으로 인하여 현실적이라는 평가를 받지만, 적어도 논리적으로는 불교 자체의 부정에까지 이를 수 있는 것이다. 그는 '論革命之功用'에서 다음과 같이 말한다. "우리의 사상이 낡아서 혁명을 통해서만이 쇄신할 수 있으며, 지식이 고루해서 혁명을 통해서만 개발할 수 있다."[22] 그가 여기서 말하는 낡은 사상과 고루한 지식은 어디까지를 가리키는 것일까? 권상로는 모든 존재는 변화하며, 그 변화에는 진리 자체도 포함된다고 보는 것 같다.

권상로는 불교개혁이 정체성을 확인하는 개혁이어야 하는 것을 몰랐다. 그는 세존을 진리의 완성자로 보지 않고, 위대한 혁명가로 보았다. 그는 "세존은 세계 혁명가 가운데서 가장 위대하신 대혁명가"[23]라고 말할 따름이었다. 그리고 그가 위대한 까닭은 그가 생사를 초월하는 절대 진리의 설파가 아니라 근대적 정치이념인 평등주의를 선언했기 때문이다. 그에게서 불교에서 말하는 깨달음은 절대 진리가 아니었던 것이다.

이렇듯 그는 불교는 절대 진리라는 믿음이 없기 때문에 모든 것이 시간의 흐름에 따라 변하며 불교인들이 취해야 할 것은 과거가 아니라 미래의 것이라는 사고를 하게 된다.

---

22) 『退耕堂全書』, p.65.
23) 『退耕堂全書』, p.72.

더욱이 오늘날의 우리 불교는 평안했던 과거와 다르다. 오직 옛 법도만 지키려 한다면 과거의 토끼도 내 것이 될 수 없을 것이다.[24]

우리 불자는 깊은 산 속에 살면서 삼매 가운데 들어 있어서 시대의 변천과 풍조가 얼마나 급변하는지 알지 못하기 때문에, 세 자짜리 목침을 괴고 태연히 일생을 헛되게 꿈꾸면서 보내려고 한다.[25]

시대에 따라 불교가 변할 수는 없다. 적어도 불교 내적으로는 그렇다. 性徹의 말대로 "불교에는 만고에 일관된 진리가 있을 뿐 시대적이거나 지역적인 것은 있을 수 없다. … 천겁을 지나도 과거 아니요, 만세에 걸쳐 항상 지금"[26]이다. 권상로는 이 점에 대해서는 아무런 생각이 없었던 것 같다. 그는 다만 쇠망한 조선불교는 모든 면에서 시대에 뒤떨어진 것이며, 앞서가는 시대를 좇아가야 한다는 생각만 있었지, 법에는 옛 법과 새 법의 구분이 있을 수 없다는 것을 이해하지 못했던 것이다.

6. 결론

이상으로 권상로의 「朝鮮佛敎革命論」에 나타난 불교개혁 사상을 살펴보았다. 이 글은 거창한 제목과는 달리 치밀한 개혁이론도 아니

---

24) 『退耕堂全書』, p.80.
25) 『退耕堂全書』, p.82.
26) 성철, 『자기를 바로 봅시다』, pp.254~255.

요, 체험에서 우러나오는 절절한 실천 이론도 아니다. 당시 조선 불교계의 화두로 떠오른 개혁의 혁명이란 단어와 연결시킨 관념성이 강한 입론이다.

「朝鮮佛敎革命論」은 이 글 자체의 내용적 가치보다는 이것이 근대기 최초의 한국불교 개혁론을 공론화한 글이라는 데 그 의의가 있다. 또 이 글은 당시 개혁론의 일반적인 한계를 예고하고 있다는 점에서도 살펴볼 필요가 있다. 근대 이후 한국 불교인들의 불교개혁 논의는 불교에서의 개혁은 시대의 사조나 유행, 혹은 문화를 좇아가는 것이 아니라, 변화된 시대 환경 속에서 불교의 근본정신을 확인하고 생활양식을 회복하는 것이어야 함을 망각하고 있는데, 권상로의 「朝鮮佛敎革命論」은 그 전형이자 선구이다.

「朝鮮佛敎革命論」은 사상적으로는 당시에 유행하던 사회진화론에 직접적인 영향을 받고 있으며, 여기에 저자의 사변을 보태고 있다. 구체적인 개혁방안은 제시되지 않고 있으나, 교육개혁에 초점을 두고 있으며, 교육 개혁의 내용은 저자가 禪佛敎보다는 敎學佛敎를 더 중시함을 보여주고 있다.

권상로는 이미 잘 알려진 대로 1937년 중일전쟁을 기점으로 반민족적인 친일행위에 앞장선다. 그의 친일행위는 도를 지나쳐서 때로는 광적인 친일논설을 썼는데, 그는 이들 논설에서 불교의 가치관을 침략전쟁의 논리에 종속시켜 시녀로 만들고 있다. 그의 이러한 비불교적인 사고와 행태는 「朝鮮佛敎革命論」에서 그가 불교의 근본정신에 대한 확인 없이 전통을 총체적으로 부정하고 사회의 변화를 좇아야 한다는 논리를 내세운 것과 무관할 수 없을 것 같다.

조선불교 禪宗과 首座大會

김광식 | 부천대 초빙교수

1. 서언
2. 수좌대회의 개최 배경
3. 수좌대회의 개최 및 경과
4. 수좌대회에서 결정된 각종 규칙
   1) 조선불교 선종 종규
   2) 종정회 규칙
   3) 선의원회 규칙
   4) 선회 법
   5) 종무원 원칙
   6) 선원 규칙
5. 조선불교 선종과 수좌대회의 성격
6. 결어

1. 서언

　일제 하 한국불교의 거시적인 흐름을 유의하여 살필 경우 선학원의 존재를 제외할 수 없다. 이렇게 선학원을 근대 한국불교의 중심에 설정하는 것은 식민지 불교에 대한 저항성, 근대 선풍의 중심처, 수좌들의 중심 기관, 전국 선원의 중앙 기관 등 다양한 측면에서 기인한다. 때문에 선학원의 위와 같은 성격을 비롯한 성립과 전개, 변천 등은 관련 연구자들의 연구에 의해 그 대강은 드러났다고 하겠다.[1] 그러나 선학원의 정체성 및 역사성에 대한 검토는 이제 초보 단계라고 할 정도로 연구할 대상이 적지 않다.
　이러한 배경 하에서 필자는 선학원의 설립, 전개과정, 성격에 관한 논문을 지상에 발표하였다. 그런데 당시에는 그 관련 자료가 부족

---

1) 정광호,「선학원 반세기」,『대한불교』1972년 5～9월(11회).
　정광호,「한국 전통선맥의 계승운동」,『근대한일불교관계사 연구』, 인하대출판부, 1994.
　김광식,「일제하 선학원의 운영과 성격」,『한국근대불교사연구』, 민족사, 1996.
　김광식,「조선불교 선종 종헌과 수좌의 현실인식」,『한국근대불교의 현실인식』, 민족사, 1998.
　김순석,「일제하 선학원의 선맥 계승운동과 성격」,『한국근현대사연구』20, 2002.
　김광식,「선학원의 설립과 전개」,『선문화연구』창간호, 2006.
　김순석,「중일전쟁 이후 선학원의 성격 변화」,『선문화연구』창간호, 2006.
　김경집,「근대 선학원 활동의 사적 의의」,『불교학연구』15, 2006.

하여 필자의 주장이 선명치 못한 경우도 있었다. 그 대표적인 실례가 1935년 초반 선학원을 기반으로 등장하였다는 조선불교 선종의 실체이다. 1934년 12월, 선학원이 재단법인 조선불교 선리참구원으로 전환한 직후 한국불교의 정통승려라는 인식을 가졌던 일단의 승려들이 朝鮮佛敎 禪宗을 표방한 것은 관련 기록을 종합하여 이해하면 분명한 역사적 사실이었다. 이에 조선불교 선종의 종정이 추대되고, 전국 선원의 중앙기관인 종무원이 성립되면서 종무원의 간부진도 선출되었다. 요컨대 선학원은 당시 선원, 수좌의 중앙 기관의 위상을 부여받고 본격적인 활동에 들어갔던 것이다.

그러나 조선불교 선종의 성립 과정에 대한 기록이 부재하여 필자는 이를 세부적으로 정리하지 못하였다. 요컨대 선종을 등장시킨 首座大會가 열렸다는 보도기사가 있지만, 그 수좌대회를 객관적으로 입증시킬 문건이나 회의록이 부재하였다. 이에 필자는 그 관련 기록을 찾기 위해 다양한 검토, 탐구를 하였지만 소기의 목적을 달성치 못하였다. 그러던 중 최근 필자는 당시 수좌대회의 전모를 알려주는 『朝鮮佛敎禪宗首座大會錄』을[2] 입수하였다. 이 대회록에는 당시의 회의 진행의 상황, 회의에서 결정된 선서문, 종규, 규칙 등이 자세히 전하고 있다.

이 같은 전제와 배경 하에서 본 고찰에서는 조선불교 선종을 등장시킨 1935년 3월 7~8일, 선학원에서 개최된 수좌대회의 전모를 소개하고자 한다. 이로써 우리는 1935년 이후 선학원의 활동 및 역사, 성격에 대한 새로운 관점을 갖기에 이르렀다. 이 대회가 갖는 역사성,

---

[2] 수좌대회록은 58면의 활판 인쇄물로, 1935년 4월 13일 김적음의 저작 겸 발행자로, 선종 중앙종무원(경성부 안국동 40번지)을 발행소로 하여 출간되었다.

필자가 이전 고찰에서 주장한 선종의 종헌과의 상관성 등은 별고로 다루고자 한다.

2. 수좌대회의 개최 배경

1921년 12월, 창건된 선학원에서는 수좌들의 자생적인 조직인 선우공제회가 등장하면서 자립자애를 통한 선풍 진작을 전개하였다. 그러나 경제적 기반의 미약, 조직상의 한계 등이 노정되면서 1925년 경에는 침체의 길로 나갔다. 그러다가 1930년 초반 수좌인 김적음의 헌신적인 노력에 의해 재건되었다. 재건된 선학원에서 김적음은 1931년 3월 14일 수좌대회 소집문을 발송하고, 3월 23일 선학원에서 수좌대회를 개최하였다. 이 대회에서 몇 명의 수좌가 모였는지는 알 수 없지만 수좌들의 의견을 집약한 건의안을 당시 불교기관인 교무원 종회에 제출하였다. 그 건의 내용은 선학원에 중앙선원을 설립하자는 것이었는데, 교단에서는 그 기획은 찬동하였으나 예산 부족을 이유로 부결하였다.[3] 두 번째의 수좌대회는 1933년 3월 20일, 선학원에서 열렸다. 당시 송만공을 비롯한 9인의 수좌들은 모임을 갖고 선우공제회를 재단법인 선리참구원으로 전환하기 위한 발기인 대회를 가졌다.[4] 이렇게 수좌들이 선학원을 재단법인으로 전환시키려는 노력, 중앙선

---

3) 그 구체적인 건의는 보조비 100원의 지원이었다.
4) 발기인 대회는 기록에 나오지만, 그 수좌대회의 전모는 관련 기록이 부재하여 알 수 없다.

원을 설립하려는 것은 선풍의 진작, 수좌의 보호 및 우대를 기하려는 의도와 무관한 것은 아니었다.

이 같은 수좌들의 노력에 의거 1934년 12월 5일부로 선학원은 재단법인 선리참구원으로 전환되었던 것이다. 총독부로부터 인가를 받은 수좌들은 즉시 이사회를 열고 이사진을 구성하였으니 그는 이사장에 송만공, 부이사장에 방한암, 상무이사에 오성월, 김남천, 김적음 등이었다.[5] 그런데 이사진을 구성한 날짜는 확인할 수 없으나 1935년 3월 12일에는 다음의 보도기사에 나오듯이 조선불교 선종의 수좌대회를 열고, 각종 규약을 통과시켰다는 내용을 접할 수 있다. 우선 그 보도기사의 전모를 제시하겠다.

전조선 선종 수좌대회 열고 六種의 規約 通過

조선에 佛敎가 드러온 이후 처음이라고 하야도 과언이 안인 전선의 禪院에서 修道하는 禪僧들의 首座大會가 지난 七, 八 량일간에 긍하야 시내 安國洞 四〇번지에 잇는 朝鮮佛敎禪理參究院 大法堂에서 열리엇섯다. 이 모임의 중요한 의의는 차츰 쇠퇴의 도정에 잇는 朝鮮佛敎禪宗의 부흥운동과 다못 단결운동의 처거름으로서 修道僧의 禪糧과 禪衣의 긔초를 흔들리지 안토록 하기 위하야 조직된 재단법인 조선불교선리참구원의 확장과 禪宗宗規의 제정, 기타 각종 규약을 제정키 위함이다고 한다. 당일은 전선 수도원으로부터 속속 상경 회집한 三百여 회중을 비롯하야 다수의 방청객으로 장내는 실로 립추의 여지가 업는 대성황을 이루엇섯다는바 정각이 되자 宋滿空씨의 사회로 의사가 진행되니 議長으로서 寄昔湖씨가 피선되어 의안 作成委員의 제출한 모든 의안을 追條

---

5) 『불교시보』 1호(1935. 8. 3.), 〈휘보〉, 「재단법인 인가」.

討議한 후 모든 금후의 진행 방침을 결정하고 조선불교 선종 宗務院 院規를 비롯하야 六종의 규약을 통과한 후 아래와 가티 任員을 선거하고 성황리에 무사 폐회하얏다고 한다.
宗正 申慧月 宋滿空 方漢岩 院長 吳寂月 副院長 薛石友 理事 金寂音 鄭重峰 李兀然
禪議員 寄昔湖 河龍峰 黃龍吟 외 十二人[6)]

이렇게 1935년 3월 7~8일, 선학원에서 수좌대회를 열었는데 그 목적은 조선불교 선종의 부흥과 수좌들의 수행의 기초를 굳건히 하는 것이었다. 대회에서는 300여 대중이[7)] 모였다고 하는데 선리참구원 확장을 기하면서 선종 종규, 종무원 원규 등 6종의 규약을 통과시키고 종정, 종무원장, 선의원 등을 선출하였다. 그런데 이 수좌대회의 전모를 알려주는 회의록이 부재하여 그간 그 구체적인 내용, 진행상황 등은 전혀 알 수 없었다. 특히 선종 종규가 가장 핵심적인 대상이었지만 종규의 내용을 전혀 알 수 없었기에 조선불교 선종의 성격 및 실체에는 접근하지 못하였다. 그리고 이와 같은 대회가 언제부터 준비되었으며, 누구에 의해 발의되었는가에 대한 대회 이전의 상황도 알 수 없었다. 그리고 선리참구원의 인가와 수좌대회와의 상관관계도 역시 그러하다. 달리 말하자면 1934년 12월 5일부터 1935년 3월 7일까지의 기간에 선학원에서 어떤 일이 있었는가에 대한 궁금증이 적지 않았다.

---

6) 『매일신보』 1935. 3. 12, 「조선불교 선종 부흥책 대회」. 이 내용은 『동아일보』 1935. 3.13. 「불교수좌대회」에도 나오지만 『매일신보』의 보도기사가 자세하다.
7) 그 대중은 수좌, 신도, 기타 참관자를 포괄하여 말한 것으로 보인다.

그러나 위와 같은 의문을 적지 않게 해소시킬 수 있는 관련 자료인 수좌대회록을 필자가 입수하였기에 이 자료에 근거하여 당시 상황을 재구성하겠다. 우선 수좌대회의 발단은 어디에 있었는가? 이에 대해서 대회록에는 다음과 같이 전한다.

> 佛紀 二九六一年(昭和九年) 12月 23일 上午 十時에 제5회 이사회를 법인 사무소 내에서 개최하고 法人 定款 施行細則 基礎委員 及 首座大會 準備委員會를 겸임으로 추천하야 법인 시행세칙을 기초케 하는 동시에 禪宗 復興의 機運濃熟에 鑑하야 수좌대회를 開하고 선종의 근본적 독립 발전과 宗規 기타 諸 規制를 企圖 제정케 하자고 超急 결의되야[8)]

즉 1934년 12월 23일의 제5회 이사회에서 법인정관 시행세칙 위원과 수좌대회 준비위원회를 겸임으로 할 대상자를 추천하였다는 것이다. 그런데 이렇게 시행세칙 위원과 수좌대회 준비위원회를 겸임으로 선출한 것은 법인(선리참구원)의 기초를 정비하고, 동시에 법인이 등장하면서 가시화된 선종 부흥의 기운을 이용하여 수좌대회를 열고, 그를 계기로 선종의 독자적인 발전을 도모하려는 의도에서 나온 것이다. 그리하여 그러한 의도를 제도적인 차원에서 구체화하는 선종의 규칙인 종규 등의 규칙을 제정하려는 차원까지 이르렀던 것으로 보인다.

그러나 당초에는 법인 시행세칙과 선원의 법규를 제정하는 시행세칙 기초위원회만을 구성하려고 하였으나, 그 위원회에서 수좌대회의 발기까지 하였던 것이다. 이 내용은 수좌대회의 준비위원으로 개

---

8) 대회록, p.13.

회사를 하였던 송만공의 발언에서 찾을 수 있다.

> 작년에 재단법인 조선불교 중앙선리참구원을 완성하고 재단의 확장과 시행세칙 급 선원 법규를 제정하기 위하야 首座界의 중심 인물 十人을 초청하야 시행세칙 기초위원회를 조직하엿는 것입니다. 然中 該會 위원 諸氏가 모다 爲法忘軀하는 殉敎的 정신에 불타는 스님들인만큼 一步 전진하야 全鮮首座大會를 소집하고 선종의 근본적 자립 발전책을 의결하자는 발의로 준비위원회를 該會 席上에서 更히 조직하고 금번 수좌대회를 急作케 되어 만반 준비가 불완하게 되엿습니다만은[9]

즉 시행세칙 기초위원회를 조직하였는데, 즉 奇昔湖·鄭雲峰·黃龍吟·朴大治·朴古峯·金寂音·河龍峯·金一翁·李炭翁·金翊坤 등 10인의 수좌가 시행세칙, 선원 법규만을 제정하려는 차원에서 벗어나 수좌대회의 개최를 통하여 선종의 근본적 자립 발전책을 강구하자는 발의를 하였다는 것이다. 이에 수좌 10인이 수좌대회 준비위원회를 시행세칙 기초위원회의 그 자리에서 조직하였다. 이에 자연적으로 시행세칙 기초위원회가 수좌대회 준비위원회를 겸임하였던 것이다. 이런 사정 하에서 대회록에서는 제5회 이사회(1934.12.23)에서 시행세칙 위원회와 수좌대회 준비위원회를 겸임으로 추천하였다고 기록, 보고하였던 것이다.[10]

그러면, 이러한 결정을 한 시행세칙 위원회, 수좌대회의 발기를

---

9) 대회록, p.6.
10) 이는 수좌대회에서 행한 준비위원회의 보고로, 김적음이 보고한 발언을 요약한 것이다.

한 날짜는 언제인가. 대회록에는 1935년 3월 24일, 선학원에서 기초위원회를 개최하고 시행세칙을 기초한 것으로 나온다.[11] 그러나 이 기록은 신뢰할 수 없다. 수좌대회가 3월 7~8일이었는데 어떻게 대회 이후에 열릴 수 있는가? 이는 오류이거나 인쇄상 실수로 보인다. 그렇다면 수좌대회를 발의한 일자를 언제로 보아야 하는가? 필자는 이에 대하여 1935년 1월 14일과 2월 24일 중 하나를 선택해야 한다고 본다.[12] 그런데 1월 24일은 동안거 수행 기간이기에 수좌 10명을 초청하기에는 무리가 따를 것으로 보이기에, 안거 수행을 마친 2월 24일이 자연스럽게 택일이 되는 것이다. 2월 24일에서야 수좌대회를 발기하고, 그 이후 수좌대회 준비위원회를 갖고, 그 연후에야 대회를 개최하였다고 볼 수 있다. 이런 배경하에서 송만공의 발언에서 대회를 '急作하게' 되었다는 것도 이해가 되는 것이다.

요컨대, 법인 정관 시행세칙 기초위원회가 1935년 2월 24일에 개최되었다. 그러나 이 회의에서 수좌대회 개최를 통한 선종의 자립이라는 보다 근원적인 문제를 제기하면서 결과적으로 수좌대회 준비위원회가 조직되었다.[13] 그리하여 1935년 3월 3일 오후 1시, 중앙선원(선학원)에서 제1회 수좌대회 준비위원회가 개최되었다. 여기에서는 준비위원장 선거와 대회 준비에 대한 사무를 분장하였다.[14] 그 결과는 다음과 같다.

---

11) 대회록, p.13.
12) 인쇄상 실수라 하여도 연월일의 전체가 틀리기는 희소하다. 수좌대회 제1회 준비위원회가 3월 3일이기에 자연 月에서 오류가 나왔을 것으로 보고자 한다.
13) 그러하기에 대회록에서도 시행세칙을 기초하였다는 것만 기록, 보고되었다. 즉 여기에서 선원의 법규도 검토할 예정이었으나 수좌대회가 발기되자 선원 법규는 검토조차 하지 않았다고 보는 것이 순리일 것이다.
14) 대회록, pp.13~14.

위원장 : 기석호
서 기 : 김준극
대회순서작성위원 : 이올연 하용봉[15]
종규, 종정회 규칙, 종무원 규칙
선회 규칙, 선의원 규칙 기초위원 : 하용봉 기석호 이올연
회원 심사위원 : 황용음 이춘성
대회 장리위원 : 현원오 송우전 노석준 김종협

이와 같이 역할 분담을 한 준비위원들은 3월 4일 오전 11시, 중앙선원에서 제2회 준비위원회를 개최하였다. 이에 각 준비위원들이 초안으로 마련한 대회 순서, 종규, 기타 규약 등을 보고하고, 그에 대하여 토의하였다.

이렇게 대회에 제출하여 결정할 제반 안건이 마련되었고, 대회 진행상의 제문제는 준비위원회에서 철저히 준비되었을 것이다. 그리고 그 즈음에 대회에 참가할 전국 선원의 수좌들에게도 통보되었을 것이다. 그런데 현재로서는 각 선원에서 참가하는 수좌들의 선정, 대표성, 기준에 대한 것은 알 수 없다. 또한 통보한 방법도 전하지 않는다.

---

15) 이올연은 이청담이고, 하용봉은 하동산이다.

3. 수좌대회의 개최 및 경과

수좌대회는 1935년 3월 7일 오전 10시, 중앙선원 법당에서 개최되었다. 우선 대회 준비위원을 대표하여 송만공이 등단하여 개회사를 하였다. 송만공은 적자가 얼자로 바뀌면서, 정법이 질식되는 차제에 선종 수좌대회를 개최함은 의의가 깊다고 발언하였다. 이어서 그는 신라, 고려시대와 같이 동양문화의 중심이었던 조선불교가 위미부진한 상태로 전락된 근본 원인은 불법의 진수인 禪法이 극히 침체됨에 시 기인하였다고 진단하고, 진실한 의미에서 불교의 부흥을 의도하려면 형해만 남은 선종을 흥성케 해야 한다고 소신을 피력하였다. 이에 노덕 스님 몇 사람이 수년간 노심초사 노력한 결과 재단법인으로서 조선불교 선리참구원을 완성하였기에 재단 확충과 시행세칙 및 선원 법규를 제정하기 위해 수좌계 중심인물을 초청하여 그 기초위원회를 조직하였으나, 그 위원회의 위원들이 전선수좌대회를 소집하여 선종의 근본적 자립 발전책을 토의, 의결하자는 발의를 수용한 결과로 대회가 열린 경과를 개진하였다. 그리고 대회에 참석한 수좌들에게 성실, 진실의 마음으로 허심탄회하게 대회에 임하여 종규를 비롯한 기타 법규를 충분히 토의하여 대회의 목적을 달성케 해 달라고 부탁하였던 것이다.

송만공의 개회사가 끝나자, 서기인 김만혜가 참가한 회원을 점고하였다. 그러면 당시에 참석한 수좌 명단을 제시하겠다.

宋滿空(수덕사) 黃龍吟(수덕사) 鞠是一(수덕사) 宋雨電(수덕사)
吳性月(범어사) 金擎山(범어사) 金寂音(범어사) 金一翁(범어사)

奇昔湖(범어사)　金萬慧(범어사)　趙萬乎(범어사)　金一光(범어사)
文鏡潭(범어사)　薛石友(장안사)　朴可喜(장안사)　李愚鳳(장안사)
崔奇出(장안사)　申寶海(장안사)　河龍峰(해인사)　李仙坡(호국사)
金鏡峰(통도사)　金道洪(통도사)　鄭流水(통도사)　鄭雲峰(도리사)
朴大冶(용화사)　李春城(오세암)　洪華峯(직지사)　丁普性(직지사)
閔江月(월정사)　盧碩俊(월정사)　崔喜宗(월정사)　金玄牛(월정사)
崔慧庵(마하연)　李東元(마하연)　金　輪(마하연)　李兀然(옥천사)
崔圓虛(표훈사)　辛能人(표훈사)　李雛鳳(표훈사)　李圓惺(봉국사)
崔豊下(화엄사)　朴普安(화엄사)　宋吉煥(봉은사)　玄祥白(용주사)
趙樂遠(금산사)　申順權(법주사)　金悳山(법주사)　金宗協(파계사)
金悳潤(파계사)　具寒松(파계사)　洪映眞(유점사)　李白牛(유점사)
韓鍾秀(팔성암)　李東谷(태고사)　白寅榮(망월사)　金靑眼(대승사)
金是庵(대승사)　鄭道煥(대승사)　金正璘(약사암)　鄭大訶(천은사)
李石牛(심광사)　全雪山(석왕사)　鄭時鏡(석왕사)　禹鐵牛(석왕사)
金弘經(석왕사)　金鍾遠(개운사)　南性觀(동학사)　嚴碧波(안양암)
洪圓牛(봉선사)　洪祥根(청룡사, 尼)　薛妙禎(장안사, 尼)　鄭國典(유점사, 尼)
金荷葉(표훈사, 尼)　朴了然(원통사, 尼)　李慈雲(수덕사, 尼)

대회에 참가한 대상자는 수좌 69명, 비구니 수좌 6명 등 총 75명이었다.[16] 그 다음에는 전형위원을 선거하여 임시집행부를 정하였다. 이는 정운봉의 동의와 박대야의 재청으로 가결된 것인데, 박대야·정운봉·기석호가 전형위원이 되어 임시 집행부를 다음과 같이 정하였다.

---

16) 그런데 이 참가자가 어떤 기준과 대표성을 갖고 대회에 참석한 것인지 알 수 없다.

의장 ; 기석호
서기 ; 김만혜
사찰 ; 노석준 김도홍

임시 집행부 선거를 마친 다음에는 의장인 기석호가 대회의 선서문을 봉독하였다. 이 선서문은 당시 수좌들의 의식, 현실인식, 대회의 성격 등을 가늠하는 중요한 잣대이기에 그 전문을 제시하고자 한다.

宣誓文
「우러러 告하옵나이다.」
「本師 釋迦世尊 및 十方 三寶慈尊이시여」
世尊께옵서 靈山會上에서 拈花하시오니 迦葉존자ー微笑하심으로 붙어 以心傳心하신 祖祖相承의 正法이 일로붙어 비롯하와 卅三祖師로 乃至 歷代傳燈이 서로서로 繼承하와 今日의 法會를 일우웠나이다.
竊念하오니 世尊이 아니시면 拈花가 拈花 아니시며 迦葉이 아니시면 微笑가 微笑아니심니다. 拈花와 微笑가 아니면 正法이 아니외다.
正法이 없는 世上은 末世라 일넛나이다.
世尊이시여 邪魔는 날이 熾盛하며 正法은 時時로 破壞하는
이ー末世를 當하와 弟子 等이 어찌 悲憤의 血淚를 뿌리지 아니 하오며 어찌 勇猛의 本志를 反省치 아니 하오리까 오직 願하옵나이다.
大慈大悲의 三寶께옵서는 慈鑑을 曲照하시와 弟子 等의 微微한 精誠을 살피시옵소서 世尊의 弘願을 效則하와 稽首發願하오니 聖力의 加被를 나리시와 拈花와 微笑의 正法眼藏이 天下叢林에 다시 떨치게 하시오며 如來의 慧日이 四海禪天에 거듭 빗나게 하시옵소서
世尊이시여 獅子는 뭇 짐생에 王이외다. 그를 當適할 者ー그

무엇이리까 그러나 제털 속에서 생긴 벌네가 비록 적으나 사자의
온몸을 다 먹어도 제 어찌 하지 못하나이다.
天下無適의 大力도 用處가 없나이다. 그와 같이 이제 如來 正法이 그
목숨이 실끝 같은 今日의 危機를 當한 것도 그 누에 허물이겟슴니까.
업디려 비나이다. 正法을 獅子라면 弟子 等이 벌네가 아니리까.
이제 天下 正法이 今日의 危機에 陷한 것이 오로지 弟子 等이
如來의 軌則을 奉行치 아니한 不肖의 罪狀은 뼈를 뿌시고
골수를 내여 밧쳐 올니여도 오히려 다 하지 못할줄 깊이 늣기와 이제
懺悔大會를 못삽고 弟子 等이 前愆을 懺悔하오며 後過를 다시 짓지
아니코저 깊이 맹세하오며 發願하오니 이로붙어 本誓願을 등지며
三寶를 欺瞞하야 上으로 四重大恩을 저바리며 下으로 三途極苦를
더하는 者 잇삽거든 金剛鐵 槌椎로 이 몸을 부시여 微塵을 作할지라도
敢히 엇지 怨망을 품싸오리까. 차라리 身命을 바리와도 맛침내 正法에
退轉치 아니하겠사오니 오직 원하옵나이다.

「大慈大悲의 本師 釋迦牟尼佛과 및 十方 三寶慈尊께옵서는
慈鑑證明하시옵소서」

갓이 업는 衆生을 맹세코 濟度하기를 願하옵나이다. 다함이 업는
煩惱를 맹세코 除斷 하기를 願하옵나이다. 한량이 업는 法門을 맹세코
배우기를 願하옵나이다. 우가 업는 佛道를 맹세코 成就하기를
원하옵나이다. 이 因緣功德으로 널니 法界衆生과 더부러 한가지
아욕다라삼약삼보리를 일우워지이다.

昭和 十年 三月 七日
朝鮮佛敎禪宗首座大會 告白

이 선서문에서는 정법과 전등이 계승되어야 함에도 불구하고, 邪魔가 극성하고 정법이 파괴되는 말세를 당하여 참회와 반성을 하겠다는 수좌들의 현실인식이 우선 개진되어 있다. 수좌들은 정법이 위기에 처한 현실에 처하여 정법과 여래의 궤칙을 받들어 그 위기를 타개하겠다는 원력을 세웠다. 나아가서는 참회하는 정신으로 삼보를 기만하는 삿된 무리들을 제거하겠다는 굳은 서원을 다짐하였다. 이에 수좌들은 정법을 받들지 못하였던 자신들의 허물을 자인하면서 신명을 바쳐 정법에서 물러서지 않겠다는 맹서를 하였다. 추후에는 중생제도, 번뇌 단절, 불법의 수행, 불도의 성취를 하겠다는 다짐을 하였다.

　선서문을 봉독한 직후에는 축사가 있었고, 축전 및 축문의 낭독이 있었다.[17] 다음에는 준비위원회의 김적음이 등장하여 선리참구원이 등장하였던 과정,[18] 수좌대회 경과,[19] 지방선원 상황을[20] 내용별로 자

---

17) 우봉운, 정시경, 최풍하, 최원허, 송일제의 축사가 있었으며, 내장선원의 축전이 있었고, 외금강 여여선원 및 통도사 백련선원의 축문이 있었다.
18) 그 내용을 요약, 정리하면 다음과 같다.
　- 선학원 창립 ; 1921년 송만공, 김남천, 백용성, 오성월, 강도봉의 발기로 창립
　- 선우공제회 창립 ; 1922년 3월, 선원을 부흥시키기 위해 송만공, 김남천, 백용성, 오성월, 강도봉, 한용운 등의 발기로 창립.
　1923년, 공제회를 사단법인으로 만들려고 추진하다가 중단, 이후 4~5년간 근근히 가람만 수호.
　- 수좌대회 : 1928년 12월 3일, 김적음 선학원 인계하여 禪界 중흥 노력(시점은 재고, 필자 주)
　1929년 1월 20일, 전선수좌대회 개최하려다 좌절(새로운 사실, 필자 주)
　- 중앙교무원에 건의 ; 1929년 2월, 중앙교무원에 선원 경영을 확장하자는 건의안 제출, 미승인(시점은 재고, 필자 주)
　- 재단법인 발기 ; 1933년 3월 20일 선우공제회를 조선불교 중앙선리참구원으로 개칭하고 재단법인으로 전환키 위해 임시 발기회 조직(참가 위원 ; 송만공, 김남천, 김현경, 黃龍釦, 기석호, 윤서호, 변유심)

세히 보고하였다.

다음에는 의안 사정위원의 선거가 있었다. 이는 정운봉이 대회 준비위원회에서 기초한 토의안을 심사, 제정하여 대회에서 통과시키자는 의견을 제출한 것에 대하여 현상백, 이우봉의 동의 및 재청으로 가결된 결과다. 이에 의안 사정위원을 선출하였거니와 이올연, 정운봉, 박대야, 하용봉, 김적음이 선출되었다. 그 직후에는 오후 2시에 회의를 속개하기로 하고 의장인 기석호가 휴회를 선언하니 오후 1시였다.

속개된 오후 회의에서는 김적음이 준비위원회에서 기초한 宗規, 여러 規約을 축조 토의하여 통과시키자는 동의를 내었다. 이에 대하여 황용음의 재청으로 가결되고, 그 낭독위원으로 하용봉이 선출되었다. 낭독위원 하용봉은 준비위원회에서 연구하여 준비한 禪宗 宗規, 宗正會 법칙, 宗務院 회칙, 禪議員會 법칙, 禪會 법칙, 禪院 규칙을 낭독하였고, 그를 수좌들이 토의하여 통과시켰다. 그리고 승려법규, 포교법규, 신도법규만은 중요한 실제법안이기에 선의원회에 위임하여 제정하기로 하였다. 이러한 결정을 하였더니 오후 5시가 되어 휴회를 하고, 오후 7시에 속회하였다.

속회된 회의에서는 낭독위원 하용봉이 선리참구원 정관 수정 및 시행세칙안을 낭독하여 통과시켰다. 그러나 이 안건은 일제 당국의 주무관청 인가를 받아야 함을 결의하고, 오후 8시 반에 의장 기석호

- 재단법인 인가 ; 1934년 12월 5일, 총독부로터 재단법인 성립 인가됨. 그 신입 재산 총액은 약 9만원이고, 실제 禪糧은 正租 600여 석(정혜사 선원 170석, 직지사 선원 30석, 범어사 선원 200석, 대승사 선원 100석, 선학원 130석)
19) 그 내용은 전술한 내용에 있는 것이다. 그는 법인 정관 시행세칙 기초위원 및 수좌대회 준비위원 추천, 시행세칙 기초위원회, 제1회 준비회(수좌대회), 제2회 준비회 등이다.
20) 지방선원 45개소, 수좌는 200여 명이다.

가 휴회를 선언하여 수좌대회 제1일의 회의는 종료되었다.

3월 8일 오전 10시, 수좌대회 제2일의 회의가 속회되었다. 참석회원을 점명하니, 3월 7일의 회의에 참석한 수좌 중 1인의 결석도 없이 전원 출석하였다. 이에 바로 의안 토의에 들어갔다. 우선 김경봉이 전형위원 6인을 구두로 호선하여 재단기성회 조직위원을 선거하자는 동의를 내었더니, 현원오의 재청으로 가결되었다. 그 결과로 정운봉, 김적음, 이올연, 오성월, 김경산, 이백우, 이춘성이 선출되었다. 이렇게 조직위원을 선출하였더니 시간이 오전 11시 30분이 되어 휴회하였다.

오후 1시 30분에 속회된 회의에서는 이올연이 경성은 조선문화의 중심지인 만큼 중앙선원의 내용을 충실히 하기 위한 淸規를 특정하여 더욱 엄숙한 수행풍토를 조성하자는 의견을 제출하였다. 이 같은 이올연의 의견은 만장일치로 통과되었으며, 중앙선원의 청규를 정하였다.[21] 그리고 김경봉은 의제는 중앙간부회에 위임 제정하자는 의견을 내었는데, 이 안도 만장일치로 가결되었다. 그 후 김시암은 의식은 선의원회에 위임하여 제정하자는 의견을 내었는데, 이 안에 대하여

---

21) 그 청규는 다음과 같다.
　　제1조 본원 衲子는 무상출입을 엄금하고 매월 3, 8일에 목욕하며 교외에 산보함을 득함
　　　　단 개인산보는 불허함
　　제2조 본 선원은 閑人 출입을 엄금함
　　제3조 본 선원 坐禪衲子는 7인으로 함
　　제4조 본 선원은 賓客의 숙식은 別處로 함
　　제5조 본 선원은 음주, 식육, 흡연, 가요 등 일체 雜亂을 금지함
　　제6조 본 선원은 佛殿 作法시에 남녀좌석을 구별하고 混雜함을 不得함
　　제7조 본 선원은 坐禪 及 供養 應供시에 法服을 일제히 被着함
　　제8조 본 선원은 做工上 필요없는 喧嘩와 戲談을 不得함

박대야가 재청하여 역시 가결되었다. 이어서 김적음이 기관지 창간에 대한 의견을 제출하였다. 즉 祖師禪을 선포하고 수좌를 훈도함에는 기관지를 발행하는 것이 긴급하다는 의견에 대하여 이올연의 재청으로 가결되었는데, 그 재원 및 발간 시기는 중앙에 일임하되 가급적이면 조속히 발간하도록 하였다.

이상과 같이 종규, 규칙과 아울러 다양한 의견에 대한 토의, 가결을 한 이후 임원 선거에 들어갔다. 그것은 선종의 종규를 통과시킨 것에 대한 후속조치인 것이었다. 이에 대해서는 황용음이 전형위원 7인을 구두로 호선하고, 그 위원들이 전 임원을 선거하여 통과시키자는 의견을 내었다. 이에 대하여 참가 수좌들은 만장일치로 가결을 하여 김적음, 황용음, 정운봉, 이올연, 박대야, 하용봉, 이백우가 전형위원으로 선출되었다. 이 7인의 전형위원이 전 임원을 선출하였으니 그 결과는 다음과 같았다.

종정 : 신혜월 송만공 방한암
원장 : 오성월　　　　　　**부원장** : 설석우
서무부 이사 : 이올연　　　**재무부 이사** : 정운봉
교화부 이사 : 김적음　　　**보결이사** : 박대야 윤서호
심사위원 : 김일옹 이백우　**보결 심사위원** : 현원오
선의원 : 기석호 하용봉 황용음 이석우 김경봉 이춘성 김홍경 최원허
　　　　　유종묵 김덕산 김대우 최송파 이선파 김시암 전설산
순회포교사 : 기석호 하용봉 이운봉

이상과 같은 선종의 임원을 선출한 후에는 기타사항을 결정하였다. 그는 우선 김적음이 제안한 것으로, 비구니와 부인은 女禪室이 별

도로 설치된 선원에 한하여 방부를 허용하기로 하자는 긴급동의가 있었다. 이는 만장일치로 가결되었다. 다음은 김덕산의 의견 제출이 있었다. 그는 구참 노덕을 경시하는 경향이 있어 십수년을 修禪한 노덕 스님들을 특별대우하기는커녕 방부까지 불허하는 일이 발생하고 있으니 별도로 養老禪院을 창설하여 법납이 10년 이상이면서 속납이 60세 이상의 노덕 스님을 別居케 하자는 안이었다. 이 안에 대하여 김홍경의 동의, 이올연의 재청으로 가결되었다.[22] 마지막으로 이올연은 예전의 靈山會上과 같은 大叢林 건설을 이상으로 하는 模範禪院 신설에 노력하자는 제안을 하였는데 이 안도 만장일치로 가결되었다. 이러한 모든 토의를 마치고, 3월 8일 오후 4시에 의장인 기식호가 폐회를 선언하여 역사적인 수좌대회는 종료되었다.

4. 수좌대회에서 결정된 각종 규칙[23]

1) 조선불교 선종 종규

조선불교 선종 宗規는 수좌대회에서 결정된 내용 중 가장 중요한 의미를 담고 있다. 즉 이 종규에는 당시 수좌들의 현실의식, 수좌들의

---

[22] 단, 양로선원이 설치될 때까지는 각 선원에서 반드시 방부를 받아 입선, 방선 시간에도 자유롭게 하여 특별대우할 것을 정하였다.
[23] 대회에서는 「재단법인 조선불교 선리참구원 기부행위 定款(26조)」과 「재단법인 조선불교 중앙선리참구원 기부행위 정관 시행세칙(30조)」도 제정, 통과되었다. 이 두 개의 정관과 시행세칙은 대회록 48~59면에 전한다. 그런데 이를 살펴보면 기부행위 정관이라기보다는 선리참구원의 정관과 그 시행세칙의 내용이 드러난다. 필자는 이에 대한 분석과 성격(선종, 종무원의 관계 등)은 별고에서 다루고자 한다.

활동의 근거, 수좌 조직체에 대한 근간이 나오기 때문이다. 이 종규(29조)는 선종의 개요, 수좌의 현실인식, 선학원 및 선리참구원의 역사에서 중요한 대상이기에 그 전문을 제시한다.[24]

제1장 宗名
제1조   本宗은 禪宗이라 칭함

제2장 宗旨
제2조   本宗은 佛祖正傳의 心法을 宗旨로 함

제3장 本尊
제3조   本宗은 釋迦牟尼佛을 本尊으로 하고 太古(普愚)國師를 宗祖로 함
       但 各 寺院에 奉安하는 本尊佛은 從來의 慣例에 依함

제4장 儀式
제4조   本宗의 儀式은 佛祖의 示訓과 宗旨에 依함

제5장 禪院
제5조   本宗은 宗旨를 闡揚하며 上報下化의 任務를 達하기 爲하여 禪院을 設置함
제6조   本宗 禪院은 所定 法規에 依함
제7조   本宗의 각 禪院은 改宗함을 不得함

제6장 僧侶 및 信徒
제8조   本宗의 僧尼 及 信徒되는 要件은 寺法의 定한 바에 依함
제9조   本宗의 僧侶 及 信徒는 法規에 定한 바 資格에 應하여 分限에

---

24) 일부분은 현대어로 수정하여 제시한다.

相當한 職務나 其他의 法務에 就함을 得함

제10조　本宗의 僧尼 及 信徒는 損財弘法의 義務를 負함

제7장 禪會

제11조　本宗은 宗門의 萬機를 公決하기 爲하여 禪會를 設함

제12조　禪會의 組織은 所定 法規에 依함

제13조　禪會는 宗正이 每年 三月中 又는 必要로 認할 時 此를 召集함

제14조　禪會員은 五分之三 以上으로부터 宗正會에 대하여 禪會를 召集함을 要求함을 得함

제8장 宗務院

제15조　本宗은 宗務와 諸般 事業을 統理하기 爲하여 全鮮禪院의 單一 機關으로 中央宗務院을 設置함

제16조　宗務院의 組織은 所定 法規에 依함

제9장 宗正

제17조　本宗은 正法을 宣揚 宗門 重要 事項을 裁正하며 宗務를 統管하기 爲하여 宗正을 推戴함

제18조　宗正은 本宗 僧侶로서 宗眼이 明徹하며 行解와 德望이 有하고 法臘 二十歲 以上 年令 五十歲 以上된 大禪師로 함

제19조　宗正은 人數와 任期를 定치 아니하고 宗務院 任員(理事 及 院長 副院長) 及 此와 同數의 禪會 銓衡員으로부터 此를 銓選하여 禪會의 協贊을 要함

제20조　宗正은 法規에 依하여 宗正會를 組織함

제21조　宗正會는 禪會로부터 本宗에 危害를 及할만한 議案을 議決할 處가 있다고 認할 時는 本宗을 代表하여 禪會를 停會 又는 해산케 함을 得함

제10장 禪議員會

제22조 本宗은 諸般 法規를 制定하며 禪會의 特別 權限에 屬하지 않는 宗門의 一切 事項을 議決하기 爲하여 禪議員會를 置함

제23조 諸般 法規는 宗正會에서 頒布하되 但 重要한 法規는 禪會의 協贊을 經함

제24조 前條의 重要로 認하는 法規는 別로 定한 바에 依함

제25조 禪議員會는 所定의 法規에 依함

제11장 財政

제26조 各 禪院의 所有인 一切 財産을 朝鮮佛敎禪宗 所有財産이라 함

제12장 補則

제27조 本 宗規는 宗正會 及 禪議員會의 提案에 依하여 禪會에 通過를 經하여 此를 改正함을 得함

제28조 設立에 際하는 宗正 及 禪議員과 宗務院 任員은 朝鮮佛敎禪宗 首座大會에서 此를 銓衡함

제29조 本 宗規는 頒布일로부터 此를 施行함

이렇게 종규는 제12장, 29조로 구성되어 있다. 그 근간은 제1장은 종명, 제2장은 종지, 제3장은 본존, 제4장은 의식, 제5장은 선원, 제6장은 승려 및 신도, 제7장은 禪會, 제8장은 종무원, 제9장은 종정, 제10장은 禪議員會, 제11장은 재정, 제12장은 補則이었다. 이에 그 주요 내용을 제시한다. 종명은 '禪宗'이라 칭하였으며, 종지는 佛祖正傳의 心法을 내세웠다. 본존은 석가모니불로 하면서[25] 태고국사를 종조

---

25) 그러나 각 사원에 있는 본존불은 관례에 따른다고 하였다.

로 하였다. 의식에서는 불조의 示訓과 종래의 관례에 의한다고 하였다. 선원에서는 종지를 천양하며 '上報下化'의[26] 임무를 달성키 위해 설치한다고 하였다. 승려 및 신도는 寺法이 정한 바에 의하며, 법규에서 정한 자격에 따라 분한에 상당한 직무를 맡는다고 하였다.[27] 禪會는 宗門의 萬機를 공결하기 위하여 설치한다고 하였는데, 일종의 대의기구로 보인다. 宗務院은 종무와 사무를 통리하기 위하여 전 조선 선원의 단일기관의 성격을 갖는다고 하였다. 그리고 정법을 선양, 종문의 중요 사항을 裁正하며 종무를 총관하기 위해 宗正을 둔다고 하였다. 종정은 종안이 명철하고 행해와 덕망이 있는 大禪師를[28] 추대한다고 하였다. 또한 송정은 人數와 임기를 정하지 않고, 종무원 임원과[29] 선회 전형원들이 추대한다고 하였다. 禪議員會는 종문 내의 제반 법규를 제정하며, 선회의 특별권한에 속하지 않는 종문의 일체 사무를 의결하기 위하여 설치한다고 하였다. 재정에서는 각 선원의 소유인 일체 재산을 선종 소유재산이라고 규정하였다.[30] 보칙에서는 종규의 개정,[31] 그리고 설립(출범)에 즈음하여 종정, 선의원, 종무원 임원은 수좌대회에서 전형한다는 내용과 본 종규는 반포일로부터 시행

---

26) 이는 상구보리, 하화중생의 의미를 담고 있는 별칭이다. 근대불교에서 상구보리, 하화중생이라는 개념이 이렇게 명료하게 등장한 것은 중요한 단서이다.
27) 여기에 나온 사법은 각 본산별의 사법을 의미하는 것으로 보인다. 대회에서는 승려법은 중요하여 별도로 취급한다고 하였다. 요컨대 대처승 문제가 포함되어 있는 것이다.
28) 법랍은 20세 이상, 속납은 50세 이상으로 하였다.
29) 이사, 원장, 부원장을 말한다.
30) 재정, 재산은 기존 종단 및 사찰령과 대응되는 부분이었다. 이에 수좌들도 그를 고려하여 "단 법인에 편입된 재산을 云謂함"이라는 단서로 표현하였다.
31) 이는 종정회, 선의원회의 제안에 의하여 선회의 통과를 경유하여 개정할 수 있다는 것이다.

한다는 내용이 담겨 있다.

2) 종정회 규칙

종정회 규칙은 총 9조로 구성되어 있다. 이 규칙은 宗規 17조, 20조의 근거에 의하여 성립된 것이다. 종정회 규칙은 선종의 대표자로 피선된 종정회의 종무 활동의 근거, 지원 등을 담고 있다. 우선 종정회에서는 문서를 취급하기 위한 비서 1인을 두도록 하였는데(2조), 그는 종무원의 서무부 이사로 한다고 하였다(3조). 종정회는 매년 3월의 정기회와 禪界의 중요한 문제가 있어 종무원의 요구가 있거나 혹은 임시 선회 소집의 요구가 있을 시에 개최하는 임시회로 대별하였다(4조). 각 선원의 祖室은 종정회에서 추천하도록 하였다(5조).[32] 그리고 종정회는 종정 과반수 이상의 출석이 아니면 의사의 결정을 얻지 못하게 하였다(6조). 종정회의 개회는 종정 과반수 이상의 연사로 소집하고, 선회 및 선의원회의 소집과 법규의 반포 등은 종정 전원의 연서로서 행한다고 정하였다. 마지막으로 부칙(8,9조)에서는 종정회의 개정과 시행에 대하여 정하였다.[33]

3) 선의원회 규칙

선의원회 규칙은 5장, 12조로 구성되어 있다. 구체적으로 보면 1

---

32) 단, 추천인 중에서 지명 請狀이 있는 선원에 대해서는 그 청에 응한다고 하였다.
33) 개정은 선의원회의 발의로 선회의 협찬을 거쳐 하도록 하였다. 그리고 이 규약은 반포일로부터 시행한다고 정하였다.

장은 조직, 2장은 선의원의 선거와 임기, 제3장은 회의, 제4장은 직무, 제5장은 보칙이다. 이 규칙은 종규 22조, 25조에 의거하여 나온 것인데, 선의원회는 종무원 내에 두도록 하였다(2조). 선의원의 수는 15인 이상으로 정하되, 조선불교 선교양종 재적 승려 중 宗眼이 명철한 자나 行解가 구족하고 덕망이 있는 자 중에서 선거하되[34] 법납 10세 이상, 연령 35세 이상자로 한다고 하였다(3조). 선의원의 임기는 3년으로 하되, 재임도 가능하게 하였다(4조). 선의원회는 매년 3월의 정기회, 또는 필요가 인정될 시는 임시회를 열 수 있다(5조). 그러나, 선의원의 과반수 이상이 출석치 아니하면 개회가 인정될 수 없다(6조). 선의원회의 소집은 집회기일 20일 전에 각 선의원에게 통지하되 종정회에서 발송하도록 정하였다(7조). 이러한 선의원회의 직무는 선종에 관한 제반 법규와 선회의 특별권한에 속하지 않는 일체의 사항을 제정, 의결하는 것이었다(8조). 그러나 그 세부 내용을 보면, 종규 24조에 의거한 중요 법안(종규, 종정회 규칙, 종무원 원칙, 선원 법규, 선의원회 규칙, 선회 법규, 승니 및 신도법규)은 선회의 협찬을 얻어 종정회로부터 반포하도록 하였다(9조). 위에서 제시한 중요 법안이 아닌 법규는 선의원회에서 제정하여 종정회에서 반포하도록 정하였다(10조). 따라서 선의원회의 주요 직무는 법규 제정이라고 볼 수 있다.[35]

---

34) 7인은 종정회에서 선거하고, 8인은 선회에서 무기명 투표로 선거한다고 정하였다.
35) 규칙에서는 이를 각 법규의 제정 및 제안, 각 법규의 해석, 법규 운용상에서 일어난 일체 분쟁의 裁決, 예결산의 決議 등이다.

4) 선회 법

선회 법은 종규 11조, 12조에 의거하여 조직되었는데 11장, 37조 구성되어 있다. 선회는 선종의 광의적인 대의원회로 보이는데 선회의 소집은 종정회에서 집회의 기일을 정하여 1개월 전에 발표하도록 하였으며(2조), 선회의 개회는 종정회에서 선언하게 정하였다(3조). 선회가 열렸을 시에는 임시의장 1인, 부의장 1인을 두되 선회 회원 중에서 무기명투표로 선거한다고 하였다(4조).[36] 의장은 선회의 의사 진행을, 부의장은 의장을 보좌하고 의장이 유고시에 의장 직무를 대리한다(5, 6조). 선회에서는 서기 및 사찰을 두되,[37] 의장의 명령을 받아 종사하도록 하였다(7, 8조). 선회원의 수는 선종 승려의 1/10로 하였다(9조).[38] 선회원은 각 선원에서 그 선원에 안거하는 수좌 중 자격이 있는 대상에서[39] 선거하여 원주로부터 중앙에 届出한 자로 정하였다.

그리고 선회원을 선출하는 선거구는 전국 각 선원을 대상을 거의 망라하였으며,[40] 임기는 3년으로, 각 선원의 조실 및 선의원은 선회

---

36) 단 투표가 동점일시에는 추첨으로 결정한다.
37) 그 약간인은 의장이 정하게 하였다.
38) 단, 5인 이상의 人數는 1/10로 간주하였다. 그런데 필자는 이 내용의 뜻을 정확하게 파악치 못하였다.
39) 그 자격은 연령이 25세 이상, 3夏 이상의 안거자, 중등과 이상의 학력이었다. 그러나 종문에 督特한 발심이 유한 자는 이 기준(3항)에 해당치 않는다고 하였다.
40) 그 선원은 다음과 같다. 중앙선원, 망월사 선원, 승가사 선원, 경성 간동의 불교포교당, 복천선원(법주사), 정혜사 선원, 수덕사 선원, 견성암 선원, 백양사 선원, 내장사 선원, 월명암(내소사) 선원, 삼일암(송광사) 선원, 선암사 선원, 해인사 선원, 백련암 선원, 퇴설당 선원, 삼선암(해인사) 선원, 범어사 선원, 금어(범어사) 선원, 내원(범어사)선원, 사자암(동래) 선원, 마하(동래)선원, 내원(통도사)선원,

에 대하여 선회원과 동등한 권한을 갖고 있다고 정하였다.[41] 선회의 권한(14조)은 중요법규의 협찬, 중요 의안의 의결로 정하였다.[42] 그리고 선회는 중요 의안을 심의하기 위하여 분과위원회(16~19조)를 설치할 수 있도록 하였다.[43] 선회는 중앙종무원을 사무를 심사할 수 있는 권한이 있어, 2인의 심사위원(21, 22조)을[44] 둘 수 있게 하였다. 심사위원은 무기명 투표로 선회에서 선거를 하되, 그 대상자는 선종의 승려중에서 뽑는다고 하였다.[45]

선회의 운영 절차, 진행 등이 자세히 제시되었다. 우선 선회의 일체 의안은 선회 개최 10일 전에 중앙종무원에 제출하도록 하였으며, 회의 일징은 의장이 정하여 선회에서 동의를 받게 하였다. 제출 의안은 제안자의 축조설명을 1독회로, 위원회에서 심의하여 위원장이 선회에 보고하는 것을 2독회로, 본회에서 토의 의결하는 것을 3독회로 하였다. 위원회에서 부결된 의안은 위원장이 그 이유를 설명하고, 부결된 의안의 보류, 폐기에 대한 위원장의 의견을 본회에서 개진케 하였다. 본회에서의 의결은 다수결에 의하여 결정하도록 하였다. 본회

보광전(통도사) 선원, 칠불선원(하동), 票殿선원(쌍계사), 표충사 선원, 금당(동화사) 선원, 은부암(은해사) 선원, 성전암(파계사) 선원, 대승사 선원, 도리사 선원, 천불선원(직지사), 서전(직지사) 선원, 상원사(월정사) 선원, 불영사 선원, 유점사 선원, 미륵암(신계사) 선원, 법기암(신계사) 선원, 보운암(신계사) 선원, 여여선원(신계사), 마하연 선원, 장안사 선원, 표훈사 선원, 내원(석왕사) 선원, 보현사 선원, 양화사(평북, 태천) 선원 등 47개 처이다.

41) 단, 수좌로서 개인으로 출석을 요청할 경우에는 발원권만 부여하였다.
42) 선회원은 선회에 대하여 일체 의안의 제출권과 의결권을 갖는다.
43) 그 위원은 선회원인데, 그 정원은 안건에 의해 임시로 정하고, 위원장은 위원 중에서 선거로 정하고, 위원장은 심의 결과를 선회에 보고하도록 하였다.
44) 임기는 3년이다.
45) 심사위원이 결원이 될 경우를 대비하여 보결 심사위원도 선출하도록 하였는데, 이 경우에는 전임자의 잔여 임기만 근무토록 하였다.

의 휴회, 폐회, 정회, 해산 등(31~33조)에 관해서도 그 내용을 정하였다. 다음 선회원 중에서 근무를 태만히 할 경우에는 본회의 의결에 의해서 징계(34, 35조)를 하도록 하였다.[46]

5) 종무원 원칙

종무원은 종규 15조, 16조의 근거에 의해 조직할 수 있게 하였다. 종무원의 전모를 담고 있는 원칙은 6장, 16조로 구성되어 있다. 직제(2~6조)에서는 종무원 내의 종무별의 구분을 하였다. 즉 종무원을 대표하며 제반 사무를 통괄하는 원장 및 원장을 보좌하는 부원장으로 각 1인을 두게 하였으며, 그 내부조직으로는 서무부, 재무부, 교화부를 두어 종무를 통리하게 하였다. 이 각 부에는 이사 1인과 약간명의 부원을 두게 정하였다. 직무(7~9조)에서는 서무부, 교화부, 재무부의 직무를 자세히 제시하였다.[47]

---

46) 그 사유는 정당한 이유 없이 회장에 출석치 않는 자, 회장의 질서를 문란케 하여 의사를 방해하는 자, 본회 회법을 준수치 않는 자 등이었다. 그리고 징계의 내용은 참회, 발언권 정지, 퇴장 명령이다.
47) 각 부서별 세부 업무 분장은 다음과 같다.
　서무부 : 일반 외교문에 관한 건
　　원내 부원의 임면, 기타 인사에 관한 건
　　종정, 선의원, 원장, 이사, 선회원의 선거 사무에 관한 건
　　선회 소집에 관한 건
　　승니 및 사찰, 선원에 관한 건
　　院議 개최에 관한 건
　　승적에 관한 건
　　의제에 관한 건
　　선의원회에 관한 건
　　문서 왕복에 관한 건

직원 선거 및 임기(10, 11조)에서는 원장, 부원장, 이사의 선거와 임기를 제시하였다. 우선 원장, 부원장, 이사는 선회에서 무기명 투표로 선출하되, 그 대상자는 참선 수좌에서 선정케 하였다. 원장 및 이사의 임기는 3년으로 하되 재임도 가능케 하였다.[48] 종무원의 사무를 통리하기 위하여 원장, 각 이사는 '院議'를 조직하고 종무원 내부의 중요한 일을[49] 처리케 정하였다(12, 13조). 보칙(14~16조)에서는 宗

    기밀에 관한 건
    인장 보관에 관한 건
    院報에 관한 건
    사회 사업에 관한 건
교화부 : 포교 및 교육에 관한 건
    일체 의식에 관한 건
    포교사의 양성 및 기타 임면에 관한 건
    신도에 관한 건
    도제양성에 관한 건
    고시 및 법계에 관한 건
    선전에 관한 건
    징계 및 포상에 관한 건
    편집에 관한 건
    학회 및 도서관에 관한 건
    고적 및 보물에 관한 건
    위의 각호에 속한 통계의 조제 및 문서보관에 관한 건
재무부 : 院費 및 각 선원의 예산, 결산 및 지출에 관한 건
    회계 장부 및 재산, 물품 등의 보관에 관한 건
    재단에 관한 건
    선원 및 승니 재산에 관한 건
    산림 및 토지에 관한 건
    營繕에 관한 건
    신도의 의무금 및 特志 捐金에 관한 건
    소작에 관한 건
    이상의 각호에 속한 통계의 조제 및 문서 보관에 관한 건

48) 이사의 결원을 대비하기 위해 보결 이사를 2명을 선정하되, 그 임기는 전임자의 잔여로 하였다. 선정방법은 이사와 동일케 하였다.

務院의 성격, 종무원칙의 개정 및 시행의 문제를 규정하였다. 宗務院은 "조선불교 선교양종 재적 승려로서 조선불교 선종 종규의 精神을 闡揚함에 足한 줄로 認證하는 會合은 此를 扶助함"이라고 하였다. 이 단서는 선종과 기존 종단인 선교양종과의 공존을 의미하는 단서로 볼수 있는 대목이다. 단순히 보면, 선종 정신을 천양하는 회합은 종무원에서 지원하겠다는 뜻으로 볼 수 있다. 그리고 종무원칙은 선의원회의 제안으로써 선회의 협찬을 경유치 않으면 개정치 못하며, 반포일로부터 시행됨을 개진하였다.

6) 선원 규칙

선원 규칙은 종규 5, 6조에 의거하여 나왔다. 선종 차원에서 선원 규칙을 만든 것은 선종이 선원을 기반으로 자생되었음과 선원에서 정체성을 찾으려 한 것을 엿볼 수 있는 것이다. 선원 규칙은 8장, 24조로 구성되어 있다. 선원의 목적(2조)에서는 교외별전의 정법안장을 悟得코저 하는 참선납자를 교양함에 있다고 전제하였다.[50]

각 선원의 임원(3조)으로는 조실 1인, 입승 1인, 원주 1인, 典座 1인, 서기 1인을 두게 하였다. 그리고 기타의 임원은 隨機增減하되 종래의 龍象榜 規例에 따르게 하였다. 이상과 같은 임원의 직무(4~10조)에 대해서는 상세히 제시하였다. 우선 조실은 종지를 선양하여서 일반 납자를 훈도하며 선원 내 일체 사무를 지휘 감독하는 것으

---

49) 그 내용은 직원 및 선의원회에 제출할 일체의 의안, 직원의 진퇴, 임시로 발생한 일체 사항 등이었다.
50) 단, 신도로서 안거 수행에 참예코저 하는 경우는 당해 선원 대중의 결의에 의하여 허락을 받도록 하였다.

로 정하였다.[51] 입승은 조실을 보좌하여 선원 질서를 유지하며 상벌을 명백케 하여 衆心을 悅可케 한다고 하였다. 원주는 조실의 지휘를 받아 선원 일체의 外務를 장리하고, 그 상황을 院會에 보고케 하였다. 전좌는 원주를 보좌하며, 원주의 지휘를 받아 선원의 외부 일에 종사하고, 원주의 유고시는 그 직무를 대리하는 것으로 하였다. 서기는 선원의 일체 문서를 담당하는 것이다. 이와 같은 임원은 해당 선원의 院會에서 선거하여 중앙에 보고케 하였다. 선원의 방부, 즉 掛塔에 대해서는 승적이 있는 자 중에서 한하되, 정원 이외에는 불허케 하였다.[52] 이러한 직무 외에도 선원에 들어온 납자의 지도에 관한 내용과 원칙을 제시하였다. 즉 초빌심납자는 1~3개월 간 외호 및 焚修作法에 종사케 하여 그 발심의 진위를 확인한 후, 선실에서 좌선하는 것을 허락하였다. 일반 납자도 조실의 지도를 받아 성실히 공안을 참구해야 함을 강조하였다. 납자 중 처분권이 있는 유산자는 의식 등을 自費로 한다고 정하였다.[53] 모든 선원은 1년 2회,[54] 그 경과를 중앙에 보고하되 입승과 원주 2인의 연서로써 보고케 하였다.

선원의 수행인 안거(11~18조)에 관해서도 세부적인 방침을 정하였다. 우선 안거 기간은 관행에 의거하여 정하고,[55] 납자는 안거 중

---

51) 단, 조실이 부재한 선원에서는 입승이 그를 대신케 하였다.
52) 단, 부득이한 사정으로 초과 할 경우에는 결제 후 1주일 내에 초과 인원 수와 그 상세 사항을 중앙에 보고하도록 하였다.
53) 그런데 왜 이런 내용이 등장하였을까 하는 의아심이 든다. 선원의 경제적인 궁핍에서 나온 것으로 볼 수도 있다. 재가 신도가 선원에서 참선할 경우에는 이처럼 자비를 부담하게 하였다.
54) 그 보고의 제1기는 음 정월 20일 이내, 제2기는 음력 7월 20일 이내로 하였다.
55) 하안거 ; 4월 15일부터 7월 14일까지(음력)
동안거 ; 10월 15일부터 정월 14일까지(음력)

掛塔과 行脚함을 인정치 않았다. 修禪의 기준으로 把定은 매일 10시간, 施行은[56] 6시간, 노동은 2시간, 수면은 6시간으로 정하였다. 그리고 매월 보름과 그믐에는 조실의 정기적인 상당 설법을 듣도록 정하고, 위생일도 정하였다.[57] 원내 普請은 放行 시간으로 하였으며, 납자는 제복(승려복) 외에는 입지 못하게 하였다. 안거를 성취한 자는 당해 선원에서 안거증을 수여받는다고 정하였다.[58]

선원의 사무를 판결하기 위한 '院會'(19, 20조)를 두었다. 이는 당해 선원 괘탑 대중으로 조직하되, 중요 사항이 있을 경우에는 조실, 입승이 이를 수시로 소집하고, 그 원장이 되어 의사를 진행, 판결하도록 하였다. 그리고 납자로 禪規를 준수치 않고 행동을 문란케 하는 대상자는 징계할(21, 22조) 수 있게 하였다. 이에 그 납자는 3차의 說諭를 하여도 회개치 않으면 黜院케 하고, 그 상세한 이유를 중앙 및 각 선원에 보고하도록 정하였다. 출원 조치를 당한 수좌는 회원증을 遞奪하고, 선원 괘탑은 인정할 수 없게 하였다.[59] 선원 원칙에 미비한 내용이 있으면 그는 종래 선원 관례에 따르게 하였다.

---

56) 이 施行은 휴식, 방선 등을 지칭한 것으로 보인다.
57) 목욕일 ; 매월 3, 8일
 세탁일 ; 매월 3, 6일
 삭발일 ; 매월 14, 29일
58) 단, 안거증 용지는 중앙에서 배부하되, 당해 선원 조실 및 당사 주지의 인증을 받아야 한다고 하였다.
59) 단, 출원을 처분한 선원의 참회 승인장이 있을 경우에는 괘탑을 얻을 수 있게 하였다.

5. 조선불교 선종과 수좌대회의 성격

지금껏, 1935년 3월 7~8일 선학원에서 개최된 수좌대회의 배경, 경과, 결정된 내용 등을 정리하여 보았다. 본장에서는 수좌대회와 수좌대회를 통하여 등장한 조선불교 선종의 성격을 가늠하고자 한다. 이와 관련해서는 우선 대회가 끝난 6개월 후 선리참구원 및 조선불교 선종 종무원의 기관지인 『선원』에 기고된 선종 중앙종무원을 소개하는 글을 제시한다.

> 지난 삼월의 전선수좌대회에서 선종의 자립과 전선 선원의 통일기관으로 중앙에 종무원을 설치키로 결의되어 동 사무소를 경성부 안국동 중앙선원에 두고 원장 吳惺月 화상이 취임하야 우으로 세 분의 종정을 모시고 아래로 삼리사를 거느리여 선종의 확립과 선원 수 증가와 각 선원의 내용 충실을 도모한바 불과 반년에 선원수가 십여 개소이고 전문으로 공부하는 수좌 수효가 삼백 명을 초과하게 되었습니다. 창립 당시 사무실 건축비로 희사금을 재경 신도 여러분이 연출한바 불과 일일에 천여 원을 초과하야 수년 내에 사무실 건축을 보일 길한 전조를 보이다. 아직은 창설 기임으로 완전한 활동에 들지 못하였으나 현재 주로 하는 사업은 지방 각 선원의 연락과 통제 본 기관지를 통하여 선리를 참구하는 건전한 신앙의 확립, 법의 포양, 각 본산을 권면하여 선방 증설 및 수좌 대우 개선, 행방 포교사를 각 지방에 보내어 설법과 포교를 하는 등 선종의 독립 발전을 적극적으로 확장하고 있습니다. 직원은 오성월 화상, 부원장에 설석우화상, 서무리사에 이올연화상, 재무리사 정운봉 화상, 교화부 리사에 김적음화상 以上[60]

이상과 같은 종무원의 활동 내용을 보면, 수좌대회를 통하여 출범한 선종과 종무원은 정상 가동되었음을 알 수 있다. 종정 및 종무원의 임원이 근무하고, 종무원에서는 선원과의 연락, 선 포교, 선원 증설 및 수좌 대우 개선 등을 통한 선종의 독립 발전을 추진하였다. 그러면 이렇게 등장한 선종, 종무원을 어떻게 바라보아야 하는가? 이에 대하여 필자는 다음과 같이 그 성격을 대별하여 이해하고자 한다.

첫째, 1935년 경 선학원 수좌들의 식민지 하 불교의 현실을 극복하려는 치열한 현실의식을 찾을 수 있다. 당시 수좌들은 식민지 불교 현실에 대한 강한 불만과 비판 의식에 머물지 않고 그를 극복할 대안을 제시하려고 노력하였다. 수좌들의 그 현실인식은 수좌대회 선서문에 단적으로 나오는데, 즉 당시 불교계는 邪魔가 극성하고 정법이 계승·구현되지 못하는 말세로 이해하였다. 그러면서 수좌들은 그 현상이 나온 것을 스스로 참회하고, 추후에는 그런 현상이 나오지 않게 노력하겠다는 굳은 서원을 하면서 정법수호에 매진할 것을 맹세하였던 것이다.

둘째, 수좌대회 및 선종에서 수좌 중심의 불교관을 분명하게 보여 주었다. 이는 당연한 이해이겠지만 수좌들이 검토하여 제정한 종규에는 그 성격이 명쾌하게 드러난다. 종정은 大禪師이어야 한다는 것, 종무원 운영의 근간으로 설정한 선의원회의 의원을 宗眼이 투철한 대상자로 설정한 것, 선종의 대의기관으로 설정한 선회의 회원을 선원에서 안거 중인 首座로 제한한 것 등은 그 실례이다. 이러한 구도에서 교, 교학에 대한 고려나 배려는 찾을 수 없다.

셋째, 수좌대회의 개최 및 진행에서 共議 정신을 찾을 수 있다. 수

---

60) 『선원』 4호(1935.10), 「우리 각 기관의 활동 상황」

좌대회 개최 배경으로 등장한 선리참구원 정관 시행 세칙위원회를 해당 분야 전문가를 초빙하여 자문을 받으려고 하였고, 그 자문위원이 전체 수좌대회를 통하여 검증을 받음과 동시에 차제에 선종의 자립까지 시도하려고 의견을 내고 그를 수용한 점, 수좌대회의 원만한 진행 등에서 공의 정신을 찾을 수 있다. 산중에서 수행만 하는 수좌들이었지만 서구적인 민주주의 제도와 흡사한 진행, 의사 결정 방식은 공의 정신의 다름이 아니었다고 보인다.

넷째, 수좌 및 선종의 정체성 구현 차원에서 선원의 중요성이 강조되었다. 선원은 불교의 정법을 수좌들에게 교양시키는 곳으로 정의히였다. 그리고 선원 내의 소임자의 임무 원칙을 수립한 것, 납사 시도에 대한 철저한 강조, 안거 수행의 기준 등을 구체적으로 제시하였는바 이는 선원을 선종의 정신적인 기반으로 삼으려는 인식에서 나온 것으로 볼 수 있는 대목이다. 나아가서는 선종 종무원과 전국 각처 선원과의 유대성을 갖으려는 측면도 나온다. 요컨대 선종의 기반, 사상의 배태로서 선원을 유의하였음을 엿볼 수 있다.

다섯째, 수좌대회, 선종에서는 기존 교단(종단) 및 불교계의 행태, 정황에 대해서는 강렬한 비판을 하면서도 공존하려는 의식이 드러난다. 즉 사찰령 체제, 식민지 불교 체제를 완전 부정치는 않았다는 것이다. 예컨대 선의원의 대상자를 '선교양종 승려'에서 찾을 수 있다고 하였으며, 종무원을 설명하면서 '선교양종 재적 승려'로서 云云한 것, 승려 및 신도의 요건은 '사법'에서 정한 바에 따른다는 종규의 내용, 선원의 일체 재산을 선종의 소유재산으로 한다고 정하면서도 그 범위를 법인에 편입된 재산만으로 제한한 것 등은 당시 현실을[61] 완전

---

61) 여기에서 말하는 현실은 조심스럽게 접근할 필요가 있다.

부정치 않았던 인식에서 나온 것이다.

여섯째, 수좌 및 선종의 정체성을 철저히 강조하려는 의식이 뚜렷이 나오고 있다. 수좌대회 개최 및 선종의 출범을 주도한 당사 수좌들은 불교정법을 구현하는 주체는 수좌임을 자임하였다. 요컨대 수좌, 선, 한국불교의 전통을 동일하게 인식하려는 정체성 확립의 결과로 조선불교 선종종무원이 출범하였던 것이다. 그런데 선종의 핵심으로 설정한 선원을 설명하는 대목에서 그 목적이 '上報下化'라고 천명함은 의미 깊은 단서라 하겠다. 일반적으로 상구보리, 하화중생이라는 대승불교의 이념 및 실천 강령이 여기에서 분명하게 드러났던 것이었으니 이러한 표방을 수좌들의 이념적 확립으로 보려는 것이 필자의 판단이다. 그러므로 이러한 수좌들의 이념적 자기 정비를 통해 나타난 수좌의 修行 및 중생의 濟度를 민족불교의 구도에서 볼 수 있는 단서로 보고자 한다.

6. 결어

결어에서는 앞서 살핀 본 고찰의 내용을 주요 대목별로 정리하고, 추후 유의하여 살필 초점을 제시하는 것으로 대하고자 한다.

첫째, 1935년 3월의 수좌대회는 1934년 12월 선학원이 재단법인 선리참구원으로 전환된 직후 수좌들의 현실인식을 극명하게 보여준 대회였다. 주지하는 바와 같이 선학원은 1921년에 창건되고, 수좌들의 조직체인 선우공제회는 1922년에 창립하였지만 그 이후 10여 년간은 고뇌, 좌절의 연속이었다. 그러한 과정을 거쳐 1935년 경에 와서는 자기 정체성을 정비하고, 물적 토대를 구축하면서 수좌들이 나가야 할 노선, 방향을 구체화하였다는 지표로서 분명한 역사적 성과를 담보하였다고 볼 수 있는 증거인 것이다.

둘째, 수좌대회를 통하여 수좌, 선원, 선리참구원이 일체가 되어 조선불교 선종을 설립하고, 선원 및 수좌들의 조직체인 종무원을 출범시킨 것에서 기존 교단과의 차별성을 분명하게 보여주었다. 이로써 수좌들은 불교의 정법을 수호, 계승하면서 한국불교의 전통을 구현하려는 행보를 가게 되었다. 이는 식민지 불교에 대한 저항의 성격을 담보하는 것이다.

셋째, 이 같은 전제 하에서 종규, 종정회직, 종무원 회칙, 선의원회 법칙, 선회 법칙, 선원 규칙 등을 마련한 것은 종단 조직화에 있어서도 기념비적인 성과를 마련한 것이었다. 1929년 승려대회에서 나온 종헌체제에서도 종단의 조직화를 구현하였지만 다방면에서 미흡한 상황이었다. 그런데 수좌대회에서 나온 여러 규약, 특히 선원 부문은 이전의 한계를 극복한 대안이었다. 이에 수좌들이 제정하여 실천에 옮긴 조직화의 경험, 대안은 근대불교에서의 일정한 평가를 받을 만한 것이었다.

넷째, 수좌대회에서 결정한 여러 방안이 대회 이후 어떻게 전개되었는가를 살핌으로써 식민지 불교 후반의 역사를 새롭게 볼 수 있는 하나의 안목을 갖게 되었다. 현재 그 관련 자료가 대부분 산실되었던 정황으로 인해 전개 과정, 성격, 의의를 말하기는 어렵지만 추후 이에 대한 제반 상황을 정리해야 할 과제를 갖게 되었다.

다섯째, 수좌대회에서 결정한 사항, 수좌들이 추구한 행보가 1941년 4월 조선불교 조계종 창종에 미친 영향과 상호관계에 대한 검토를 기해야 한다. 조계종 창종 직후의 간부진에는 수좌들도 일부 참여하였는바 이에 대한 해석을 어떻게 할 것인가의 문제를 우리에게 던져 주고 있는 것이다.

지금껏 1935년 3월의 수좌대회와 선종, 종무원, 선리참구원 등에 관련된 제반 문제를 조망해 보았다. 추후에는 근대불교선상에서의 선학원, 선종, 수좌대회가 갖고 있는 성격, 사상적인 의의, 해방 이후 정화운동과의 상관성 등에 대한 다각도의 접근이 필요하다고 본다.

中央佛敎專門學校의 開校와 學風

황인규 | 동국대 역사교육학과 교수

1. 들어가는 말

2. 전문학교의 승격운동과 개교

3. 중앙불교전문학교의 학풍

4. 나오는 말

1. 들어가는 말

불교는 우리나라에 유입된 이래 우리의 문화사상계와 사회전반에 걸쳐 정신적 지주가 되어 왔다. 372년(소수림왕) 국가로부터 공인받은 직후 사찰은 명실공히 국가와 지역의 문화 교육의 중심센터로서 그 역할과 기능을 해왔다. 예컨대 신라 최고의 지성인 崔致遠의 海印寺와 斷俗寺의 讀書堂의 존재와 우리나라 私學의 始原인 私學 12公徒의 창시자 海東孔子 崔冲이 그의 生徒들로 하여금 여름 한 철 사찰에서 夏課를 실시케 하였던 것이 그 사실을 설명해준다.[1] 뿐만 아니라 유생들도 사찰에 가서 독서를 하고 詩·賦·琴·酒를 하면서 교유를 하는 등 사찰은 교육과 문화의 살롱이었다.[2] 사찰은 이러한 비형식적인 교육뿐만 아니라 형식적인 교육이라 할 사원교육제도도 정치하게 마련, 운영되고 있었다.[3]

그러나 고려 후기 성리학이 수용 정착됨에 따라 불교의 교세는 침체에 빠져 불교와 사찰이 담당하였던 교육은 書院과 鄕校 등이 대신

---

[1] 이에 대한 자세한 사실은 다음 논고를 참조 바람. 황인규, 「고려 유생의 하과와 사찰」, 『종교교육학연구』 22, 2006.
[2] 황인규, 「고려 후기 유생의 사찰독서」, 『한국불교학』 45, 2006.
[3] 이에 대해서는 다음의 논고가 참조된다. 남도영, 「개화기의 사원교육제도」, 『동사교육』 1, 동국대 국사교육과; 『남계 조좌호 박사 화갑기념 현대사학의 제문제』, 일조각, 1997.

하게 되었다. 다행스럽게도 조선 후기 사찰에는 교육제도라고 할 講院履歷制度가 정착되어 갔지만⁴⁾ 유교교육제도에 비할 바가 못 되었다. 개항을 맞이하면서 西歐漸勢의 물결 속에서 불교계는 소위 '도성출입금지 해제'라는 호기(?)를 맞아 개방과 근대화의 계기로 삼았다. 그러나 승려의 도성출입은 우리의 불교계의 힘으로 이루어진 것이 아니라 일본 불교계에 의하여 이루어졌다. 이는 향후 반제국주의적·반봉건적 역사의 전개와 맥락을 같이 한다. 당시 불교계의 인사들이 불교의 근대화를 위하여 가장 중요하게 생각한 것은 興學·布敎·敎育이며, 이를 바탕으로 근대적인 불교교육기관의 설립을 추진하였다. 이것이 東國人의 前史라고 할 近代佛敎專門學校이다.

그동안 동국대의 초기학교인 근대불교학교에 대해서는 校史 3책을 비롯해 몇 편의 논고가 진척되어 있으나 아직 체계적이고 종합적인 연구에는 이르지 못하였다. 즉 지금까지의 동국대 전신에 대한 학술논문을 살펴보면 학교전반, 명진학교, 중앙학림 등에 대해서는 연구가 되었으나⁵⁾ 본고에서 살펴보고자 하는 중앙불교전문학교(이하 중앙불전)에 대한 연구는 동문회 논고 1편이 전부다.⁶⁾ 근내불교전문

---

4) 근대강원 이력제도에 대해서는 다음의 논고를 참조하기 바람. 채인환,「근대 불교 강원의 履歷制度」,『숭산 박길진 박사 고희기념 한국근대종교사상사』, 원광대학교 출판국, 1984.; 김경집,「근대 강원의 역사와 교육과정」,『월운스님 고희기념 불교학논총 대장경의 세계』, 동국역경원, 1998.
5) 그동안 동국대에 관련한 논고를 소개하면 다음과 같다. 남도영,「근대불교의 교육활동」,『숭산 박길진 박사 고희기념 한국근대종교사상사』, 1984.;『근대한국불교사론』, 민족사, 1988.; 남도영,「개화기의 사원교육제도」,『동사교육』1, 동국대 국사교육과, 1980.;『남계 조좌호 박사 화갑기념 현대사학의 제문제』, 일조각, 1997.; 남도영,「구한말의 명진학교」,『역사학보』90, 1981.; 김순석,「통감부시기 불교계의 명진학교 설립과 운영」,『한국독립운동사연구』21, 2003.; 김광식,「중앙학림과 식민지불교의 근대성」,『사학연구』71, 2003.

학교에서 가장 비중이 있다고 할 혜화전문학교에 대한 논고는 한 편도 없는 실정이고 그 존립 기간이 짧았던 불교사범학교와 불교고등학교, 불교전수학교에 대한 논고도 마찬가지다.[7] 이에 본고는 동국대 전신 가운데 진정한 의미의 전문학교라고 할 중앙불전의 개교와 그 학풍을 정리하고자 한다.

2. 전문학교의 승격운동과 開校

동국대는 1700년 역사를 지닌 불교계 최대의 종단인 대한불교조계종이 세운 종립학교다. 동국대 외에도 30여 년의 역사를 지닌 중앙승가대, 진각종의 위덕대와 천태종의 금강대 등이 있으나 역사나 그

---

6) 김광식, 「二九五八攷」, 『한국민족운동사연구』 간송 조동걸 선생 정년논총간행위원회, 1997.; 『한국근대불교의 현실인식』, 민족사, 1998.
7) 최근에 교사의 핵심이라고 할 건학정신을 다룬 학술연구가 시도되었다. 즉 건학 100주년기념학술대회 '동국의 건학정신과 불교교육의 근대화'(2006. 4. 21)에서 발표된 논제를 소개하면 다음과 같다.

　기조강연 : 고난과 영광의 창학과 전통, 오국근
　　1. 명진학교의 건학정신과 근대민족불교관의 형성, 김광식
　　2. 불교교육의 근대화와 승가교육체계, 박희승
　　3. 근대교육제도의 도입과 동국건학의 의의, 김혜련
　　4. 동국교육 100년과 불교연구, 고영섭

위의 주제는 명진학교, 중앙불전과 불교연구전통과 불교교육이라는 내용으로, 문·사·철 전공자를 중심으로 동국대의 100년 역사와 건학이념을 조명하였다. 이러한 연구들을 포함하더라도 교사에 대한 연구는 명진학교·중앙학림·중앙불전만이 다루어졌고 혜화전문학교 등에 대해서는 아직 연구되지 않고 있다. 위에서 언급한 표면적인 연구실적에서 무엇보다도 중요한 것은 동국의 정신 내지 학풍이 무엇인가다.

규모에 있어서 단연 동국대가 불교계의 종립학교로서 최고의 자리에 있다고 할 것이다. 나아가 동국대의 지나온 100년 역사는 한국근현대 불교사의 중심에 있었을 뿐만 아니라 한국문화의 발전에 있어서 적지 않은 기여를 해왔다.

동국대 전신인 각급 학교의 발전단계를 고려하여 볼 때 크게 광복을 전후하여 근대불교전문학교시대 40여 년(1906.5.~1946.9.)과 대학시대 60여 년(1946.9.~2006.)으로 나누어 이해할 수 있다. 이를 다시 근대불교학교시대, 불교전문대학시대, 대학시대, 종합대학시대, 경주분교시대 등으로 세분해 볼 수 있다.

1. 근대불교전문학교시대 (1906. 5.~1946. 9.)

1) 근대불교학교시대

　　명진학교(明進學校, 1906. 5.~1910. 4.)

　　불교사범학교(佛敎師範學校, 1910. 4.~1914. 4.)

　　불교고등강숙(佛敎高等講塾, 1914. 4.~1915. 11.)

　　중앙학림(中央學林, 1915. 11.~1922. 5.)

　　※ 불교학원(佛敎學院)

　　불교전수학교(佛敎專修學校, 1928. 4. 30.~1930. 4.)

2) 불교전문대학시대

　　중앙불교전문학교(1930. 4.~1940. 6.)

　　혜화전문학교(1940. 6.~1946. 9.)

2. 대학시대(1946. 9.~2006.)

3) 대학시대

　　동국대학(1946. 9.~1953. 2.)

4) 종합대학시대

　동국대학교(1953. 2.~1978. 6.)

5) 분교 개원시대

　경주대학(1978. 6.~　) 설립

　동국대 전신 가운데 근대불교전문학교(1906.5.~1946.9.)의 역사는 근대불교의 전개의 중심에 있었다고 생각된다. 그런데 여기서 한 가지 짚고 넘어 갈 사실은 中央學林(1915. 11.~1922. 5.)이 전문학교로의 승격운동을 전개하다가 5년간 휴교에 들어갔고 그 후 佛敎專修學校(1928. 4. 30.~1930. 4.)로 개교되었는데, 그 사이의 시기를 불교계에서는 佛敎學院의 시대라고 불렀다는 것이다. 金映潭은 중앙불전의 시기까지 각급 학교의 설립 시기와 기관을 다음과 같이 소개하고 있다.

각급 학교	개교시기	설립주체
佛敎師範學校	1910. 4. ~ ,	종무원
佛敎高等學院	1912. 7. ~ ,	종무원
佛敎中央學林	1915. 11. ~ ,	30본산
佛敎學院	1922. 9. ~ ,	총무원
佛敎專修學校	1928. 3. ~ ,	재단법인 교무원
中央佛敎專門學校	1930. 4. ~ ,	재단법인 교무원

　위의 표에 의하면 불교중앙학림과 불교전수학교 사이에 佛敎學院 (1922.9.~ 1928.3.)의 시기가 있었다는 것이다.[8] 또한 김영담보다 앞

---

8) 영담산인은 이러한 사실을 언급하면서 바로 그 뒤의 글에서는 다음과 같이 서술하고 있다. 즉 "이 中專의 직접전신은 불교전수학교요, 불교전수학교의 전신은 불

서 豊岩散人은 중앙불전으로의 승격시기까지 동국대의 前史에 대하여 다음과 같이 언급한 사실에서도 알 수 있다.

> 光武 十年에 佛敎硏究會 경영으로 明進學校를 設立하야 全鮮寺刹의 승려학도을 교육하얏고 그담에는 隆熙四年때 圓宗宗務院에서는 佛敎師範學校를 설립하얏고 隆熙三年에는 測量講習所를 설립하얏고 明治四十年에는 能仁學校와 佛敎高等講院을 설립하얏고 大正四年에는 壺洞學校와 能仁學會를 설립하얏고 大正四年에는 三十本山住持聯合會의 경영으로 佛敎中央學林을 설립하얏고 大正十一年에는 總務院의 경영으로 佛敎學院을 설립하얏고 大正十三年에는 財團法人敎務院경영으로 普成高等普通學校를 天道敎로 붙어 引受하얏고 昭和三年에는 佛敎專修學校와 佛敎硏究院과 大慈幼稚園을 경여하얏고 昭和五年에는 佛敎專修學校를 中央佛敎專門學校로 昇格하고 당국에 신청을 제출하고 敎務院幹部諸氏들이 활동과 노력을 다하는 중 四月 八日에 認可을 得하얏다.[9]

그러면서 불교학원의 설립자는 총무원의 李萬愚이고 학교는 諫洞布敎堂에 있었다고 좀더 구체적으로 밝히고 있다.[10] 따라서 불교학원은 휴교기간에 임시로 운영하였던 학교였고, 이를 동국대 前史 가운

교중앙학림이다. 中專의 직계는 소화 3년에 설치한 불교전수학교인데 불과 2년에 전문학교로 승격하였으니 여타 전문에 비하여 초속도 발전이라 아니할 수 없으며…"(金映潭,「조선불교생명의 상징인 중앙불교전문학교」,『일광』 4, 1933.12.) 이러한 글에서 보듯이 바로 뒤의 서술내용에는 佛敎學院시대를 언급하지 않았으나 앞 서술내용에서는 분명 불교학원에 대하여 언급하였다.
9) 豊岩散人,「朝鮮佛敎 敎育沿革의 大槪」,『불교』 73, 1930.7.
10) 위와 같음.

데 한 학교로 간주해야 할 것이다.[11]

여하튼 근대불교전문학교의 설립 목적은 근대불교계의 주체성과 정체성을 확립하는 것이며, 그 일환으로 명진학교를 개교하였으나 실질적인 근대불교전문학교의 출발은 중앙불전에서 시작된다. 이러한 사실에 대해서 좀더 구체적으로 살펴보기로 한다. 중앙불전의 개교는 최초의 근대불교학교인 명진학교 설립 당시부터 興學·布敎·敎育을 위해 논의되어 왔던 전문학교의 출발이었다. 즉 1906년 1월 불교연구회는 여러 차례의 모임을 가진 후 각 사찰의 대표자들을 모아 중앙에 전문학교 수준의 불교학교를 설립하기로 의견을 모았었다.[12] 같은 해 2월 9일 학교 설립 및 불교연구회의 창설을 정식으로 인가받아 3월 1일 명진학교가 개교되었다. 그러나 명진학교는 보통학교 정도에 불과했음을 김영수의 회고담을 통해서 알 수 있듯이 교육 내용적 측면에서 보면 국민학교 정도의 교과내용을 가진 학교였으나 오늘날 교육의 과정에서 보면 이는 전문학교 정도였다.[13] 때문에 당시 불교청년의 지도자이자 명진학교 부설 명진측량소를 개설하였던 만해 한용운은 朝鮮佛敎維新論 가운데 각 사찰에 한 개의 보통학교와 중학교를 설치하고 중앙에 전문학교를 세울 것을 주장하였으며, 승려의 교육과정을 보다 체계화하기 위해서는 사범학교가 필요하다는 점을 역설하였던 것이다.[14]

---

11) 이에 대해서는 실증적 차원에서 검토가 이루어져야 할 것이다.
12) 『동대칠십년사』, p.2.
13) 이는 李鍾郁의 回想記에 의하면 "당시 학생의 학력이나 연령 수준이 고등교육기관에 못지 않았다(〈동대신문〉 325호.)"고 한 사실에서도 알 수 있다(「김영수 박사회고담」, 『동대60년사』, p.499.; 『동대칠십년사』, pp.14~15).
14) 한용운, 이원섭 역, 「論僧侶之敎育」, 『조선불교유신론』, 만해사상연구회, 1983. 고등강숙을 전문학교로 개편하기 위해 교계가 획기적인 조처를 취한 것은 한용운

그리하여 1906년 불교계의 중앙기관으로 발족한 원종종무원은 1908년 명진학교의 개편에 대한 논의를 거쳐 일본의 고등전문학교 정도의 학교로 승격시키기로 결의하였다. 그러나 1910년 4월 고등학교 정도의 불교사범학교로 인가받는 것으로 그쳤다.[15]

한국불교를 대표할 명실상부한 신교육의 출현을 전제로 한[16] 불교계의 노력에도 불구하고 불교사범학교로 개교되었으나[17] 개교한 지 불과 반년도 못되어 폐교의 위기에 처해졌다.[18]

그 후 이러한 일련의 과정을 거쳐 1915년 '사립 불교중앙학림'이 개교되었다.[19] 이는 1906년 5월 첫 중앙기관으로서 명진학교를 탄생시킨 이래 만 9년 6개월 만에 근대적인 모습의 학교로 발전된 것이다.[20] 그렇지만 중앙학림은 교수내용이나 시설면에서 전문학교에 비하여 손색이 없었으나 전문학교로 승격되지는 못하였다.[21] 이에 중앙

의 유신론이 발표된 지 5년째 된 일이었다(『동대칠십년사』, pp.279~280).
15) 『동대칠십년사』, p.17.
16) 『동대칠십년사』, p.23.
17) 일제의 사찰령이 공포된 이듬해인 1912년 봄 30본산 주지회의원이 설치되어 1914년 4월 불교고등강숙이 개교되었다(『동대칠십년사』, p.21). 불교고등강숙은 불교고등학원이나 불교고등학교라고도 불리웠다(『동대60년사』, p.417. ; 『해동불교』 4, 1915.; 『동대칠십년사』, p.286).
18) 이는 당시 한국 불교계의 기성 대 신진, 보수 대 진보의 대립 가운데 기성 보수층이 부린 횡포였기 때문이었다. 이에 청년승려들이 조선불교회를 조직하자 보수파 불교계 인사들은 불교운동의 근원지인 불교고등강숙을 폐교시켰으나 이는 중앙학림의 탄생으로 이어졌다(『동대칠십년사』, p.19).
19) 1914년 불교계는 기존의 30본산 주지회의원이 해체시키고 30본산연합사무소를 새로 발족시켰다. 동년 2월 聯合制規가 제정되었으며 연합사찰과 말사 승려에 종교와 기타 필요한 학문을 가르치기 위하여 서울에 중앙학림을 설치하였다(제 12조)(『동대칠십년사』, p.26).
20) 『동대칠십년사』, p.28.
21) 『동대칠십년사』, p.32.

학림 학생들의 끈질긴 전문학교 승격운동에도 불구하고 5년간 휴교조처가 내려지고 말았다.[22] 당시 불교계에서는 중앙학림을 중학교 과정 정도로 보고 있었다.[23] 불교계는 이 휴교기간에 임시로 불교학원을 운영할 수밖에 없었다.[24]

이러한 가운데 재단법인 교무원은 전문학교로의 승격운동을 꾸준히 전개하였다.[25] 예컨대 1920년대 후반 이래 불교계가 활성화되기 시작하였고 1927년 전국포교사대회, 1928년 조선불교학인대회를 거쳐 1929년 1월 조선불교선교양종 승려대회에 이르러서는 불교 활성화의 정점에 달하였다.[26] 이러한 분위기의 전개 속에 중앙학림의 승격을 위해 노력을 하였으며, 1928년 1월 말 총독부에 불교전문학교 설립인가를 신청하였다. 그러나 그해 3월 31일에 불교전수학교로 인가가 나는 것으로 그치고 말았다.

이에 불교계는 전문학교 설립인가의 요건을 갖추기 위해 재단의 출자액을 증액하는 등 전문학교로 승격시키기 위한 노력을 계속하였고[27] 불교전수학교 학생들도 전문학교로의 승격운동에 적극적으로

---

22) 『동대칠십년사』, p.35. 金大鎔·申尙玩·金法麟 등 중앙학림 학생대표들은 수차례 모임을 갖고 중앙학림을 정식 전문학교로 승격시키는 문제 등 6개 사항을 학교 당국에 건의하였다. 즉 1·2학년 학생 전원은 9월 21일에 모임을 갖고 중앙학림의 승격에 대한 결의안을 채택하여 학교당국과 연합사무소에 제출하였다. 학생들은 이를 관철시키기 위해 10월 1일부터 한 달 정도 장기 동맹휴업에 들어갔다(『동아일보』1921년 10월 5일자).
23) 당시 불교계에서는 중앙학림을 中學 정도 이상을 標準한다고 인식하고 있었다 (石顚沙門,「古木春 續」,『일광』2, 1929).
24) 다시 말해 불교학원은 불교중앙학림이 휴교에 들어가자 총무원에서 운영했던 일종의 임시 학교였던 셈이다.
25) 『동대칠십년사』, pp.32~33.
26) 이에 대해서는 다음의 논고를 참조하기 바람(김광식,「이구오팔회고」,『한국민족운동사연구』, 간송 조동걸 선생 정년기념논총간행위원회, 1997).

나섰다.[28] 1930년 2월 학생들은 등교는 하였으나 일체의 수업을 거부하였고 학교당국과 중앙교무원은 2월 17일에 학교에서 회합을 갖고 전문학교로의 승격을 거듭 촉구하였다. 학교당국과 불교계의 중심기구인 중앙교무원은 1930년 1월 8일 전문학교 승격신청서를 총독부에 제출하여 그해 4월 7일부로 전문학교 승격을 인가받는 데 성공하였다. 중앙불전은 조선불교의 生命 또는 半島敎界의 選佛場이라 불렸다.[29] 한국 불교계의 오랜 숙원이었던 고등전문교육기관의 설립이 이루어지게 되었던 것이다. 이로써 중앙불전은 연희전문학교 및 보성전문학교와 더불어 한국의 3대 고등교육기관이 되었다.

그런데 여기서 한 가지 짚고 넘어갈 것은 교명 문제다. 학교측에서는 전문학교의 승격을 주장하면서 1930년 제정된 校歌의 맨 첫머리 가사처럼[30] 교명을 혜화전문학교로 해줄 것을 건의하였으나 거부당하였다.[31] 즉 교명을 혜화전문학교로 하기를 원하였으나 일제가 '佛敎'字를 넣으라고 요구하여 佛敎專門學校로 하였다. 그런데 이번에는 京都佛敎專門學校와 혼동된다고 해서 '中央'字를 첨가하여 중앙불교전문학교가 되었다.[32] 공식적으로 '사립중앙불교전문학교'로 인가가 나고 학칙을 비롯한 학교의 공식적인 문서에 이러한 교명이

---

27) 石顚沙門, 「古木春 續」, 『일광』 2, 1929.
28) 『동대칠십년사』, p.33. 당시 학생들의 전문학교 승격운동은 일간지에 대서특필되기도 하였다(『동아일보』 1921년 9월 29일자, 『동아일보』 1921년 10월 25일자 등).
29) 「조선불교의 신광영」, 『불교』 82. 1931. 3.
30) 중앙불전의 교가는 강사 崔南善의 작사로 1930년 가을에 제정되었는데, 그 첫머리에 "혜화의 짙은 숲과 쌍계 맑은 샘…"이라 시작되고 있는 점으로 보아 혜화라는 이름은 당시 학교를 대표하는 교명이 될 만한 것이었다고 생각되며, 중앙불전의 다음 학교의 교명에서 혜화라는 이름을 쓰게 되는 것이다.
31) 『동대칠십년사』, pp.293~294.
32) 「三年」, 『일광』 3, 1931.

사용되었다. 일반적으로 '중앙불교전문학교'라는 교명으로 통용되었고 학생 모자의 교표 등에서는 축약하여 '中專'이라는 이름이 사용되었다.[33]

다음은 중앙불전을 이끌었던 교장에 대해서 살펴보기로 한다. 우선 역대 교장은 校史 등에서는 송종헌·김영수·박한영을 언급하고 있을 뿐이다.[34] 그러나 새로운 자료에 의하면 이들 외에 교장사무취급 등이 더 있었고 학감도 알려진 것과 달리 수 명이 더 있었다.[35] 역대 교장 및 학감에 대한 사항을 열거하면 다음과 같다.

1930. 4. ~   송종헌 교장 취임(~1931. 4. 22.)(『제3회 종회회록』[36])
                학감 김영수(~1931. 5. 2.) (『제3회 종회회록』)

---

33) 중앙불교전문학교에 대한 이름은 당시부터 불교전수학교의 축약어인 佛專이라는 이름도 간혹 사용되기도 하였으나 '中專'이나 '中央佛專'이라는 이름을 사용하는 것이 맞다. 본고에서는 중앙불전이라는 이름을 사용하기로 한다.
34) 『동대칠십년사』, pp.245~246.
35) 중앙불전의 역대 이사장도 기존에 알려진 것과는 달리 이혼성(1927)·김상호(1932)·유재환(1937)·이종욱(1940) 4인이 아니라 다음의 표에서 보듯이 그 숫자는 매우 많았다.(이 내용은 지난 '東國百年展' 팀이 자료들의 검토하여 작성한 것임을 밝혀둔다.)

    이종욱 1930. 3. 20. ~ ,   이종욱 1931. 3. 28. ~
    이종욱 1932. 3. 20. ~ ,   김상호 1932. ~
    임석진 1933. 3. 13. ~ ,   오리산 1933. 10. 15. ~
    이고경 1934. 3. 6. ~ ,   송종헌 1934. 11. 30. ~
    임석진 1935. 3. 4. ~ ,   이종욱 1936. 3. 10. ~
    차상명 1937. 3. 2. ~ ,   유재환 1937. ~
    이종욱 1938. 3. 13. ~ ,   박운제 1939. 3. 16. ~

이러한 사실들에 대하여 본고에서는 정밀하게 실증을 할 여유가 없지만 앞으로 반드시 검토되어야 할 과제 가운데 하나다.
36) 『종희회의록』은 동국대 도서관에 소장되어 있고 지난 '東國百年展' 전시회에서 전시한 바 있다.

1930. 1. 8.		승격신청, 1930.4.7. 인가
1931. 4. 22.		교장 송종헌 사면, 학감 金海隱 사면
		전 학감 김영수를 임시교장 사무취급으로 정함(『일광』 4,「북한봉대」)
		학생들이 白性郁을 교장으로 추대(『매일신보』 1931년 5월 12일)
1931. 5. 6.		김영수 교장 임명(5월 29일 인가)
	5. 9.	교장문제로 학생들 동맹휴학(『일광』 4,「북한봉대」)
	6. 1.	김경주 학감 취임(『일광』 4,「북한봉대」)
1931. 5. 29.		김영수 임시교장 사무취급(~1932년 8월 30일)『제4회 종회회록』
	6. 1.	김경주 학감 임명, 1931년 6월 1일(교학부 보)
1932. 4. 17.		김경주 학감 사임(『일광』 4,「북한봉대」)
	4. 19.	박동일 교수, 교장 사무취급 취임(『일광』 4,「북한봉대」)
	5. 12.	한용운을 신임교장 채용신청서 제출(『일광』 4,「북한봉대」)
	9. 10.	허영호 학감 취임(『일광』 4,「북한봉대」)
	11. 1	박한영 교장 인가(『일광』 4,「북한봉대」)
1932. 11. 14.		박한영 교장 임명(『제 5회 종회회록』)
1933. 5. 19.		교수회에서 허영호 학감 사임건 토의(『일광』 4,「북한봉대」)
	5. 4.	학감겸 교수 허윤 사면(『일광』 4,「북한봉대」)
	5. 5.	강사 김경주 서무주임 및 학감사무취급 겸임(『일광』 4,「북한봉대」)
1933. 11. 6.		교무원 임시평의회 이사 7명 교체(『일광』 4,「북한봉대」)
1934. 4. 10.		김경주 학감 취임(『일광』 5,「북한봉대」)

1938. 6. 8.　　　김경주 학감 사임(『일광』 9, 「북한봉대」)
　　　11. 24.　　 박한영 교장 사임, 김경주 교장 사무취급 인가(『일광』 9, 「북한봉대」)
　　　12. 21.　　 김경주 교장 사무취급 취임식, 박한영 명예교수 추대 (『일광』 9, 「북한봉대」)
1939. 11. 24.~ 김경주, 교장사무취급 취임(1940년 1월 12일 이사회)

위의 사실을 토대로 역대 교장 및 학감을 알기 쉽게 다시 정리하면 다음과 같다.

교장	학감
송종헌(1930. 4.~ 4. 22.)	김영수(~1931. 5. 2.)
김영수(1931. 4 .22.~, 5. 6. ~) 사무취급 및 교장	김해은(~1931. 4. 22.)
※ 학생들이 백성욱을 교장으로 추대 시도(동맹휴학)	김경주(1931. 6. 1.~)
박동일(1932. 4. 19. ~) 교장 사무취급	허영호(1932. 9. 10.~)
※ 한용운을 교장으로 추천하는 신청서를 제출	허윤(~1933. 5. 4.)
박한영(1932. 11. 1.~1938. 11. 24.)	김경주(1933. 5. 5.~1938. 6. 8.)
김경주(1938. 11. 24.~) 교장 사무취급	학감 사무취급

위의 표에서 보듯이 중앙불전의 교장(사무취급 포함)은 송종헌·김영수·박동일·박한영·김경주였다. 이 가운데 김영수와 박동일은 교장 사무취급이었고 학생들에 의하여 백성욱과 한용운이 교장으로 추대되었다. 학감(사무취급 포함)은 김영수·김해은·김경주·허영호·허윤·김경주였다는 것이 새롭게 밝혀진 사실이다. 그리고 학감의 경우 1931년에서 1933년까지 5명이 교체되었다. 이러한 사실을 좀 더 구체적으로 살펴보기로 한다.

김영수는 교장으로만 알려졌으나 위의 표에서 보는 바와 같이 임시교장인 사무취급으로 임명되었다가 보름 후 교장으로 정식 임명되었고, 박동일이 1932년 4월 19일에 교장 사무취급에 취임하였다.[37]

그리고 기존에 알려진 것과는 달리 학생들이 백성욱을 교장으로 추대하였다. 당시 1931년 4월 22일 교장 송종헌과 학감 金海隱이 학생들에 의해 사면되었고 교무당국은 전 학감 김영수를 임시교장 사무취급으로 정하였다가 5월 6일 정식으로 교장에 인가하였다.[38] 그러나 이 과정에서 학생들은 白性郁(1897~1981)을 교장으로 추대하고자 하였다. 이에 대해서 주요 일간신문에서는 다음과 같이 보도하였다.

시내 숭일동에 잇는 중앙불교전문학교에는 얼마 전부터 교장이 결원되여 잇든바 백성욱씨를 교장으로 취임케 하여 달라고 리사회에 요구하엿스나 이를 거절함으로 동교 六十여 명 학생들은 이에 불평을 품고 九일에 이로대 드듸여 동맹휴학을 단행하엿다. 장차 이 맹휴사건이 엇더케 해결될지 주목 중이다.[39]

장차 엇더케 해결을 지을지 學校職員會 開催
긔보 府內 숭일동 2번지 중앙불교전문학교 학생 六十명이 지난 9일부터 동맹휴학을 선언하고 동교 경영자인 壽松洞 中央佛敎敎務院과 同敎務當局에다 백성욱씨를 교장으로 추대치 아니하면 절대로 맹휴를 지지하겟다는 陳情書를 제출하였는데 동 교무당국에서는 금 十一일 오전

---

37) 김영수가 교장 사무취급으로 임명된 것은 그가 교장 다음의 직책인 학감으로 있었고 박동일은 중앙불전의 교수이면서 교우회 종교부장으로 활동하였기 때문일 것이다.
38) 『일광』 4, 『북한봉대』, 1931.
39) 『매일신보』 1931년 5월 10일자. 「교장문제로 佛專生 盟休」

十一시부터 긴급 직원회를 개최하고 그 대책을 협의 중인 바 장차 이 문제는 여하히 해결될는지 일반이 자못 주목 중이다.[40]

학생들은 백성욱씨를 교장으로 추대하고자 교무당국에 진정서를 제출하고 동맹휴학까지 단행하였지만 김영수씨를 교장으로 임명하고 말았다.[41] 이러한 사실에 대하여 좀 더 살펴보기로 한다. 학생들이 백성욱을 추천한 것은 그만큼 학생들의 지지를 받았기 때문이다. 백성욱은 1919년 佛敎中央學林을 졸업하고, 3・1운동이 시작되자 불교계의 지도자이자 중앙학림의 강사였던 한용운의 지시에 따라 불교계에 배당된 1만 매의 독립운동서를 배포하는 데 참여하였다. 그리고 1918년 창립된 동창회인 일심회에서 초대 회장 한용운, 신상완에 이어 회장을 역임하였다. 그는 1928년 중앙불교전문학교 교수로서, 1930년 교우회 종교부를 중심으로 개최한 불교강연회를 여는 등 불교활동에도 활발하게 참여하였다.[42] 때문에 백성욱은 학생들에 의하여 교장으로 추대되었을 것이라 생각된다. 학생들은 백성욱을 교장으로 추대하고자 하였으나 무산되었다. 즉 학생들의 요구와는 달리 재단측은 김영수・김경주・박동일을 교장 내지 사무취급으로 내정하고 말았다.[43]

학생들은 같은 해 5월 12일 한용운의 신임교장 채용신청서를 제

---

40) 『매일신보』 1931년 5월 12일자, 「佛專紛糾와 敎務院側 態度」.
41) 『매일신보』 1931년 5월 23일자. 「불전의 분규는 아즉 미해결」; 『매일신보』 1931년 5월 30일자. 「불전분규해결 處分生 復校」.
42) 『동대칠십년사』, p.30, p.86.
43) 1931년 5월 29일 김영수가 임시교장 사무취급에 취임하였다(『제 4회 종회회록 서무부 5월 2일』). 그로부터 며칠 후인 6월 1일 김경주가 학감에 취임하였다가 그 이듬해 4월 17일 사임하였다. 2일후 4월 19일 朴東一 교수가 교장 사무취급에 취임하였던 것이다(『일광』4, 「북한봉대」, 1931).

출하였으나 뜻을 이루지 못하고 9월 10일 허영호가, 두 달 후 박한영이 교장으로 임명되었다. 이번에도 학생들은 한용운의 교장 추대운동을 전개하였던 것이다. 여기서 당시 교장과 학감의 임명 부분만 다시 보기로 한다.

1932. 4. 17.	김경주 학감 사임(『일광』 4, 「북한봉대」)
4. 19.	박동일 교수, 교장 사무취급에 취임(『일광』 4, 「북한봉대」)
5. 12.	한용운을 신임교장 채용신청서 제출(『일광』 4, 「북한봉대」)
9. 10.	학감 허영호 취임(『일광』 4, 「북한봉대」)
11. 1.	박한영 교장 인가(『일광』 4, 「북한봉대」)
1932. 11. 14.	박한영 교장 임명(『제5회 종회회록』)
1938. 6. 8.	김경주 학감 사임(『일광』 9, 「북한봉대」)
11. 24.	박한영 교장 사임, 김경주 교장 사무취급 인가(『일광』 9, 「북한봉대」)

1932년 4월 17일부터 같은 해 11월 박한영이 교장으로 임명될 때까지 번복을 거듭하였다. 이는 기본적으로 당시 학교를 둘러싼 불교계의 문제에서 비롯된 것이지만 학생을 비롯한 청년불자들의 전문학교로의 승격운동에서 연유한다고 할 수 있다. 그 대표적인 사례가 바로 학생들이 한용운을 교장으로 추대하고자 하였던 사실이다.[44]

알려진 바와 같이 한용운은 당시 청년불자운동의 중심에 서 있었

---

44) 이러한 상황이 계속되자 재단측의 불전 폐지론이 불거져 나오고 이에 대한 학생 교수를 비롯한 불교계의 투쟁은 중앙불전의 서술의 대부분을 이루고 있다 (『동대칠십년사』, 「3. 중앙불전 폐지론의 전말」, pp.44~48). 그보다는 본고에서 다루고자 하는 중앙불전의 학풍 등을 기본적으로 다루어져야 할 것이다.

다. 그는 서울 청진동에 3개월 과정의 명진학교 부설 '경성명진측량강습소'를 개설하였는데, 불교계에서는 불교전문학교로 인식되고 있었다. 그러면서 조선불교유신론 가운데 「論僧侶之敎育」을 발표하고 이에 영향을 받아 명진학교의 승격운동이 전개되었던 것이다. 1911년 이회광의 원종에 반대하여 임제종의 관장으로 활동한 바 있고 1914년 불교고등강숙 학생들을 중심으로 조선불교회(후에 불교동맹회로 개칭)를 조직하여 불교계의 개혁에 앞장섰다. 한용운은 불교계뿐만 아니라 1918년 창립된 동창회인 일심회 초대 회장을 맡고 있었다. 1919년 3·1운동 당시 중앙학림의 강사였던 한용운은 불교계의 전면에 나섰다. 한용운은 1930년 항일비밀결사조직인 卍黨을 결성하였으며, 김법린·김상호·이용조 등이 중심이 되어 사찰령 폐지운동을 벌였고 중앙불전 1회 졸업생도 2958회를 조직하고 불교계 혁신운동을 전개하였다. 만당이 지하비밀결사운동이라 한다면 2958회는 지상의 결사운동이었다.[45] 이러한 분위기 속에 1932년 5월 12일 학생들은 한용운의 신임교장 채용신청서를 제출하였던 것이다.[46]

3. 중앙불교전문학교의 학풍

그러면 중앙불전의 학풍은 무엇이라 해야 할까? 중앙불전의 지도

---

45) 김광식, 앞의 논문. ; 김광식, 「조선불교청년총동맹과 만당」, 『한국근대불교사연구』, 민족사, 1996.
46) 『일광』 4, 「북한봉대」.

정신(교훈) 및 교가, 학제, 교·강사와 학생들의 연구경향, 학습 및 전통, 졸업 후 이들의 전통이 어떻게 전개되어 갔는가를 중심으로 학풍에 대하여 알아보기로 한다.

1934년 12월 3일 정오에 열린 임시 비공식 교수회에서 중앙불전의 지도정신이 논의되었다. 박한영은 安心立命·遵敎力學·樂易慈和·超凡向上을, 권상로는 信仰·善行·慈悲·節儉·力學을, 김영택은 誠信·力學·超脫·慈悲를, 김영수는 信實·慈愛·攝心·度世를, 그리고 일본인 교수 江田俊雄은 신념·성실·근검·자애를 지도정신으로 할 것을 주장하였다.[47] 그 가운데 김영수의 안이 채택되어 학교의 지도정신인 교훈으로 결정되었다. 그리고 교기는 이보다 앞선 1930년 강사 崔南善의 작사로 제정되었다.

그리고 중앙불전의 학제는 불교전수학교의 그것을 계승하였다. 1930년 4월 7일 재단법인 설립과 더불어 '중앙불교전문학교'로 개칭함과 동시에 제정되었다. 여기에는 초대 교장이었던 송종헌과 박한영·김영수가 크게 공헌하였다.[48]

학교기구는 교무과·감독과·도서과·서무과로 편제되었고, 직제는 학교장·학감·교수·강사·사무원·교의로 구성되었다. 다만 사무분담에 있어 각과의 주임과 계원의 직위를 구분하였고 그 가운데 감독과는 학생들의 생활과 품행을 감독하는 기능을 담당하였고 1933년에 생도과로 이름이 바뀌었다.[49]

중앙불전은 文科 중심의 單科 교수체제를 지향하였다.[50] 다시 말

---

47) 「중앙불교전문학교 지도정신 決擇」, 『일광』 5, 1935.1.
48) 『동대칠십년사』, p.297.
49) 『동대칠십년사』, p.201. 중앙불전의 학제는 『동대칠십년사』, pp.297~306에 비교적 간략하게 소개하고 있다.

해서 우리의 정신과 생활문화의 토대가 되었던 불교를 중심으로 철학과 인문학 등을 주요 교과로 편제하였고 나아가 사회 분야까지 그 관심을 넓히는 것을 목표로 하였기 때문이다.

중앙불전의 학제의 제1장 총칙 제1조에 의하면 "본교 조선교육령에 의하여 불교학 及 동양문학에 관한 전문교육을 실시함을 목적으로 함"으로 되어 있다.[51] 여기서 동양문학은 동양의 인문학을 말하며, 명진학교 때부터 교육목표가 불교학을 기반으로 하는 동양인문학을 학습시키는 데 있었던 것이다.

학제도 불교학 및 인문학에 대한 전문교육을 실시하기 위하여 本科·特科·選科를 두고, 수업연한은 각 3년으로 하였다. 그 가운데 특과는 입학지원 자격을 갖추지 못했다 하더라도 학교에서 검정시험을 실시하여 수학능력이 있다고 판단될 경우 입학을 허용하였고 선과는 승려로서 학교의 학과과정 중 불교과목의 이수를 원하는 자를 그 대상으로 하였다. 따라서 중앙불전의 학과편성 가운데 승려를 대상으로 하였던 선과의 설치는 바로 불교학을 특성화하기 위한 것이었다.

> 필자는 조선불교의 新曙光의 一數로 보려 하거니와 다시 諸氏에게 빌고저 하는 바는 조선에서 민간 대학이 생기는 날에는 우리 중앙불교전문학교가 솔선하여 제일착으로 승격되어 동양문화를 대표하는 종합대학이 되도록 노력하여 주기를 갈망해 마지 아니한다.[52]

---

50) 『동대칠십년사』, p.201.
51) 『동대칠십년사』, p.297.
52) 金泰洽, 「조선불교의 新曙光」, 『佛敎』 71, 1930. 5.

최초의 일본 유학생으로 박사학위 취득자였던 중앙불전의 강사 김태흡이 갈망하였던 것처럼 중앙불전은 동양문화를 대표하는 종합대학을 지향하였고, 1935년에는 불교과와 문과로 나누어 전문교육을 실시하고자 하였다.

> 금년에야 비로소 24명의 제1회 졸업생을 낼 터이다. 금년 졸업생을 합하여 재학생이 69명, 전임강사를 합하여 교수가 25명, 1년 경비 2만 3,015원을 써가며 백만 원 재단법인 중앙교무원의 지도를 받아 경영하는 중이다.
> 학감 金暎遂씨를 찾아 그의 방에 인도되어 들어갔다. 기자의 묻는 말에 "학생 중에 승려가 몇 할이나 되냐고요? 약 2분의 1쯤 됩니다. 불교신자로 결혼하는 것은 아무 관계 없습니다. 혹 참선을 하는 이가 결혼을 아니 하지만 그야 별문제입니다."[53]

위의 글에서 보듯이 전체 학생 중 승려의 비율은 약 절반이었고 학생들 대부분이 불교신자였음을 알 수 있다. 따라서 무엇보다도 불교학을 중심으로 인문학 분야의 교수 및 강사진의 학술활동이 활발하게 전개되었다. 중앙불전의 교직원은 학교장 휘하 학감·교수·강사로 구성되었는데, 불전의 체제를 그대로 계승한 것이었다. 교·강사에 대해서는 校史 등에서 알려진 바와 같이 다음과 같이 서술되어 있을 뿐이다.

1930년 중앙불전 승격 당시 정식 교직원은 교장, 전임교수 4명, 촉탁강사 17명, 직원 3명, 재학생 63명이었다.[54] 1934년 감사에 의해

---

53) 『매일신보』 1931년 3월 5일자.

적절치 못한 학교운영 사례가 밝혀지자 재단에서는 무질서한 경리업무를 바로잡고 교원의 자질을 높이기 위해 대대적인 인사조치를 단행하였다. 이에 따라 李丙燾(조선유학사)·崔南善(조선문학사)·李能和(조선종교사)·金泰洽(사회사업)·金賢準(사회학개론) 등이 교수진에 보강되었다.[55] 또한 1935년에 이르러 중앙불전은 학교장 박한영을 비롯하여 교수 6명, 전임강사 4명, 강사 8명과 학생 87명의 체제를 갖추었다. 그리고 1938년 교과목과 교·강사에 대한 표를 제시하고 있다.[56]

그러나 중앙불전시대에 교수로 부임 또는 승진한 기록을 찾아보게 되면, 1934년 4월 16일에 권상로·김잉석·정준모가 교수로 취임하였고 1938년 12월 27일에 전임강사 박윤진과 이유복이 교수로 승진하였다.[57] 그리고 1931년 교수가 25명이었고,[58] 1933년 22명, 1934년 24명, 1938년 25명이었다. 더욱이 교지인『일광』에 실린 기록을 보면 당시 교·강사에 대해서 다음과 같이 좀 더 자세히 알 수 있다.

1933년 현직원(22명)

金映遂 金斗憲 金敬注 金芿石 金文卿 金賢準 金泰洽 江田俊雄 權相老 鄭駿謨 趙明基 李熙祥 李能和 李鍾泰 李丙燾 文緣善 朴漢永 朴東一

---

54) 『동대칠십년사』(p.245, p.305)에는 1930년 전문학교 승격당시 교과목과 교직원을 표로 소개하고 있다.
55) 『동대칠십년사』, p.246.
56) 『동대 90년지』, 약사편 p.51.
57) 1929년 4월 27일 변영석 교수가 부임하였으므로 중앙불전 교수로 재임하였다고 생각된다. 그 외에『일광』의 소식지에는 강사의 보임과 사면에 관련된 사실이 상세히 기록되어 있으므로, 이에 대한 검토도 필요하다.
58) 『매일신보』1931년 3월 5일자.

朴勝彬 市村秀志 崔南善 咸秉業

1934년 현직원(24명)

朴漢永 金敬注 金映遂 權相老 江田俊雄 金斗憲 金芿石 鄭駿謨 崔應觀 李熙祥 金泰洽 咸秉業 李鍾泰 崔南善 朴勝彬 李丙燾 金覽準 朴允進 松月秀雄 三田訓治 安倍能成 安浩相 韓英錫 金斗榮

1938년 현직원(25명)

金敬注 朴漢永 江田俊雄 金映遂 金斗憲 鄭駿謨 權相老 金芿石 朴允進 李有福 姜裕文 李東華 崔應觀 秋葉隆 金泰洽 許允 李鍾泰 李丙燾 松月秀雄 三田訓治 朴聖權 柳應浩 趙明基 金海潤 任明宰

이들 가운데 주목되는 교·강사는 1934년 12월 3일 중앙불전의 지도정신의 기안인 金映遂·朴漢永·權相老·江田俊雄, 그리고 교가를 작성한 崔南善, 학제를 제정한 교장 宋宗憲·朴漢永·金映遂 등이라고 할 수 있다.

중앙불전에서 10년 정도 교강사로 재직한 인물은 金映遂(조계종지·구사학)·金斗憲(철학 윤리)·金敬注(조계종지 등)·金泰洽(인도철학사)·江田俊雄(일본불교·인도철학)·權相老(조선종교사·조선문학사)·鄭駿謨(영어)·朴漢永(조계종지·계율학)·李丙燾(조선유교사)·崔南善(조선문학사) 등 10여 명에 이르고 있다. 그리고 趙明基(불전개론)·李能和(조선종교사)·崔應觀(법제·경제)·李熙祥(체육)·李鍾泰(음악) 등이 비교적 오랜 기간 동안 재임하였다.

이들의 학문분과를 보게 되면 김영수·김경주·김태흡·강전준웅 등이 불교학이고 권상로·조명기·이능화 등이 불교문화 내지 불교사를 담당하였다.

이능화·박한영·권상로·김영수·최남선·강유문 등은 당시 불교학의 최고 권위자들이었다. 이들은 명진학교 설립 당시부터 강의를 맡아왔거나 명진학교를 졸업한 후 중앙불전에서 강의를 맡은 경우가 많았다. 중앙불전의 교수들이 주목한 분야는 한국의 불교학 내지 불교사였다.

불교계에서는 한국불교의 전통을 새롭게 자각하고 그것을 학구적으로 탐구하고 고양하려는 운동이 일어나기 시작했고, 이는 불교 잡지들의 창간으로 표출되었다. 근대 불교잡지들을 편집 간행하는 데 있어서 가장 큰 역할을 하고 한국불교사를 통사적으로 다룬 저술을 낸 인물은 權相老와 李能和였다.[59]

명진학교 출신이자 중앙불전 교수였던 退耕堂 權相老(1879~1965)는 한국불교사에 관한 최초의 저서라고 할 수 있는 『朝鮮佛教略史』(1917, 300쪽. 국한문 혼용)를 간행하였다. 사실에 대한 해석이 없이 사건 중심으로 서술되어 있어서 정통 역사서에는 미치지 못하지만 당시 사원이나 지방학림에 한국불교전통의 역사인식을 심어주기 위한 것이었다. 그후 현대문으로 된 『新撰朝鮮佛教史』(연대 미상)[60]와 『조선불교사고』(일문, 1936), 『朝鮮佛教史槪說』(불교시보사, 1939)을 저술했다.[61] 그리고 오늘날 사찰사전의 대명사가 된 『한국사찰전서』 상·하

---

[59] 초창기의 불교전문지에 실린 불교사는 매우 간략하거나 부분적인 역사물이 대부분이지만 우리 불교계의 역사의식을 고취시키는 데 적지 않은 역할을 하였다고 한다(김희성, 「한국불교사 연구의 어제와 오늘」, 『종교연구』1, 서강대 종교연구소, 1999. ; 서강대 한국종교연구소편, 『한국종교문화연구 100년』, 청년사, 2000). 한국불교사학의 연구 성과는 김희성이 잘 정리하였고 본고도 이러한 성과를 참조하여 정리하였음을 밝혀둔다.
[60] 『신찬조선불교사』는 『조선불교사개설』 보다 내용이 더 풍부하지만 고려시대까지 서술되었다.
[61] 그는 그 외에 다음과 같은 논문을 발표하였다.(권상로, 「조선불교에 대한 자립종파에 대하여」, 『조선학보』 1~1, 조선학회, 1920; 권상로, 「한국선종약사」, 『백성

(동국대학교 출판부, 1979.)를 출간하였고 지명사전의 원조를 이루고 있는 『한국지명연혁고』(동국문화사, 1961.) 그리고 『조선문학사』(이반프린트사, 1947.) 등의 저술을 내놓았다. 그도 역시 불교학을 기반으로 문·사·철 등의 (동양) 인문학을 개척한 동국대의 충실한 계승자이자 창조자였다.

명진학교를 거쳐 중앙불전 강사였던 無能居士 侃亭 李能和 (1869~1943)는 한국의 종교와 문화에 폭넓은 관심을 갖고 다양한 저술류를 남겼다. 그는 개신교 신자였던 아버지와는 달리 불교신자로서 불교연구에 몰두하여 많은 사료의 수집과 실증에 기초하여 『조선불교통사』(1918)를 저술하였다.[62] 이 책은 지금까지 한국불교사를 연구

욱 박사 송수기념 불교학논문집』1959. ; 권상로, 「빠고다 공원탑 소고」, 『향토서울』5호. 서울시사편찬위원회, 1959.; 권상로, 「한국고대신앙의 일련-미리(용)신앙과 미륵신앙에 대하여-」, 「불교학보」1, 동국대학교 불교문화연구소, 1963) 그리고 그에 관련된 후학의 연구로는 다음과 같은 논고들이 참조된다(양은용, 「권상로 불교개혁사상의 연구」, 『진산 한기두 박사 화갑기념 한국종교사상의 재조명』상, 1993. ; 이동영, 「권상로 '조선문학사'의 일고찰」, 『벽사 이우성 선생 정년퇴직기념 국어국문학논총』, 1990. ; 이재헌, 「근대 한국 불교학의 성립과 종교인식-이능화와 권상로를 중심으로」, 한국정신문화연구원, 1998).

62) 그는 한국 종교와 문화연구에 심혈을 기울이게 되었으며 그 첫 큰 결실이 곧 3권으로 된 『朝鮮佛敎通史』(1918)이다. 그 후 이능화는 『朝鮮基督敎及外交史』, 『朝鮮解語花史』, 『朝鮮巫俗攷』, 『朝鮮女俗攷』, 『朝鮮道敎史』 등 불교학을 기반으로 하여 인문학에 관련된 연구들을 남겼는데, 권상로와 같이 불교학을 기반으로 인문학을 개척한 동국대 출신의 불교와 인문학의 개척자로 평가를 받을 만하다. 그에 대한 논고로는 다음과 같은 것들이 있다.(김수태, 「이능화와 그의 사학-특히 "조선기독교급외교사"를 중심으로-」, 『동아연구』4, 서강대학교 동아연구원, 1984.; 장효현, 「이능화의 국학」, 『어문논집』24·25, 고려대학교 국어국문학연구회, 1985. ; 이종은, 여영대, 양은용, 송철준, 최준식, 김수태, 김탁, 신광철, 『우리 문화의 뿌리를 찾는 이능화연구-한국종교사학을 중심으로-』, 집문당, 1994.; 신광철, 「이능화의 종교사학과 한국기독교사 연구」, 『한국기독교와 역사』4., 한국기독교역사연구소, 1995.; 김헌선, 「이능화 학문의 방법론적 의의와 한계-조선무속고를 예증삼아」, 『한국민속학』28, 민속학회, 1996.; 이재헌, 「이능화의 불교학과

하는 데 기본적인 자료가 되고 있다. 그는 1935년 2월 에다도시오(江田俊雄) 교수와 함께『조선왕조실록』중에서 불교관련 내용만을 가려 뽑아『李朝實錄佛敎鈔存』등 사본(19권)을 간행하였는데, 이것이 조선불교연구의 기본적인 지침서가 되고 있다. 1976년 활자본(보련각 간행)이 출판되었고 최근에 동국대 불교문화연구원에서 이를 바탕으로 번역본(『조선왕조실록 불교사료집』 23책, 1997~2003)을 출간하게 되었다.[63]

그 후 중앙불전의 교장을 역임하였던 包光 金映遂(1884~1967)는 우리 글로 쉽게 풀어 쓴『朝鮮佛敎史稿』(프린트 본)를 간행하였는데, 이는 최초의 한국불교 전반의 개설서라고 평가되고 있다. 1928년 중앙불전의 교수가 된 후 교재용으로 만든 것으로 추정된다. 그는 한국불교 종파사의 맥과 조계종의 전통을 바로잡고 나아가 불교와 우리 고유의 문화와의 관계를 정립하고자 하였다.[64]

근대적 종교 인식」,『한국종교사연구』10, 한국종교사학회, 2002.; 이재헌,「근대 한국 불교학의 성립과 종교인식 - 이능화와 권상로를 중심으로」, 한국정신문화연구원, 1998)

[63] 한편 江田俊雄(에다 토시오)는 혜화전문학교장을 지낸 高橋亨(타카하시 토루)의『이조불교』나 중앙불전시대의 강연사로 활동하기도 한 忽滑快谷天(누카리야 카이텐)의『조선선교사』와 더불어 한국불교 연구에 큰 업적을 남겼다. 그는 高橋亨이나 忽滑快谷天과 같이 하나의 통사적 저술을 내놓지는 않았으나「조선판 법화경 이판고」,(『청구학총』22, 청구학회, 1935.),「불서간행을 통해 본 이조시대 불교」,(『인도학불교학연구』4~1, 1956) 등 많은 논고를 써서 한국불교사에 큰 기여를 하였다(길희성, 앞의 논문).

[64] 김영수의 연구 가운데 무엇보다도 중요한 것은『震檀學報』에 실린 그의 2편의 논문이다.「오교양종에 대하여」,(『진단학보』8, 1937)는 한국불교 종파사의 맥락을 잡아주는 결정적 역할을 한 논문이다. 그리고「조계선종에 대하여」,(『진단학보』9, 1938)는 다른 종파들과는 달리 현대 한국불교에까지 이어져 오고 있는 선종을 고찰한 논고다. 그의「朝鮮佛敎宗旨에 대하여」,(『新佛敎』9, 1937),「曹溪宗과 傳燈通規」,(『新佛敎』43·44·45, 1942~1943)에서도 같은 견해를 피력하고 있다.

그리고 小藏居士 六堂 崔南善(1890~1957)은 한국불교의 특징을 원효의 通佛敎 내지 綜合佛敎에서 찾았다.[65] 이는 항몽기 우리의 문화와 역사를 불교적 입장에서 정리한 보각국사 일연의 『삼국유사』를 교감한 것에서 단적으로 드러난다. 일연의 문화의식을 계승하여 불교학을 기반으로 한 우리문화를 주창한 것이라고 생각된다.

한편 鼎鎬 朴漢永(1870~1948)은 불교사 교재인 『佛敎史覽要』와 계율개설서 『戒學約詮』을 간행하였다. 그는 중앙교무원의 창립에 참여하고 중앙불전 교장을 역임하면서 불교혁신사상을 주창하면서 교육과 포교를 주도하였다.[66] 그리고 중앙불전 1회 졸업생이자 전임강사이기도 했던 姜裕文도 『佛敎精要』와 『포교법개설』 등을 간행하는

또한 그는 불교와 우리의 고유문화의 관계를 정립하고 한 논고다(김영수, 「지리산 성모사에 취하여」, 진단학보』 11, 1939.; 김영수, 「처용무와 처용가」, 『불교학보』 2, 동국대학교 불교문화연구소, 1964). 그에 대한 후학의 연구는 양은용의 「포광 김영수의 불교사학 연구」,(『한국종교사연구』 13, 한국종교사학회, 2005)를 참조하기 바람.

65) 그가 한국불교의 특성을 밝히려고 히셨는데 대표적인 것이 「朝鮮佛敎: 東方文化史上에 있는 그 地位」(佛敎』 74, 1930. 8)이다. 그리고 그는 『해동역사 속』(조선광문회, 1913.), 『아시아조선』(동양서원, 1927), 『조선불교』(조선불교청년회, 1930.) 등의 불교학·사학·문학 등 동양의 인문학에 대한 포괄적인 연구를 통해 불함문화론을 제창하기도 하였다.
그에 대한 후학의 연구를 소개하면 다음과 같다. 임선묵, 「육당의 사상과 문학일반-고전으로부터의 계승적 역할-」, 『동양학』 3, 단국대학교 동양학연구소, 1973. ; 임돈희·로저L.자넬리, 「최남선의 1920년대의 민속연구」, 『민속학연구』 2, 1995. ; 이영화, 『최남선의 역사학』, 경인문화사, 2003. ; 이병욱, 「최남선의 불교관」, 『한국종교사연구』 13, 한국종교사학회, 2005. ; 길희성, 「한국불교사 연구의 어제와 오늘」, 『종교연구』 1, 서강대 종교연구소, 1999

66) 박한영에 대한 연구는 다음과 같은 논고가 참조된다. 한종만, 「박한영과 한용운의 한국불교 근대사상」, 『논문집』 5, 원광대학교, 1970. ; 김창숙, 「석전 박한영의 『계학약전』과 역사적 성격」, 『한국사연구』 107, 한국사연구회, 1999.; 김상현, 「특집 2-불교개혁운동 탐구 : 1910년대 한국 불교계의 유신론」, 『불교평론』 4, 2000년 가을호.

등 불교학의 정립에 앞장섰다.[67]

광복 후 불교학 내지 불교사학연구는 불교학의 鄭斗石(중앙불전 1회)·張元圭(중앙불전 7회)·고익진 등,[68] 인문학의 鄭璇(중앙불전 8회) 등, 불교사학의 趙明基(중앙불전 1회)·안계현·김영태 등 동국대 출신의 학자를 중심으로 계승 전개되고 있다. 특히 조명기는 광복 후 『新羅佛敎의 理念과 歷史』(1962), 『高麗 大覺國師와 天台思想』(1964) 등을 저술 발간하여 한국불교사에 큰 획을 그었다고 평가된다. 또한 그의 스승 江田俊雄(에다 토시오)의 논문들을 모아 『朝鮮佛敎史의 硏究』(1977)를 간행하였다. 이와 같이 중앙불전의 교강사들이 힘을 기울여 교육을 시킨 분야는 불교학을 토대로 한 한국불교사학으로의 정립이었다.

학생들도 이러한 가르침에 따라 학습하고 졸업 후 제 분야에서 활동하였다. 이에 대해서 구체적으로 살펴보기로 한다.

근대불교학교의 학생회는 졸업생과 함께 한 경우가 많았다. 개교 이래 학생활동의 중심은 廣學會였다. 사원의 寶인 廣學寶에서 연유하는 것으로,[69] 우리 불교문화의 전통을 계승한 노력이 엿보이는 부

---

67) 중앙불전 졸업생 朴奉石의 도서관 학계에 있어서 공적은 매우 주목된다. 그는 중앙불교전문학교 1회 출신으로, 1939년에 사서자격을 취득하여 1940년 사서로 임명되어 활동하였다. 그 직후인 1940년 5월에 「조선공공도서관 분류표사안」을 발표하였고, 그 후 사서 양성교육, 조선십진분류법편찬, 동서목록규칙, 조선도서관협회 조직 등 한국 도서관학에 크나큰 업적을 남겼다(『동대칠십년사』).
68) 동국대 불교학의 전통에 대해서는 동국 출신의 불교학 전공의 이봉춘과 고영섭에 의해 강조된 바 있다(이봉춘, 「불교학과 100년사의 재조명」, 동국대학교 불교학과 동문회 주관, 『동국대학교 불교학과 100년과 한국불교』, 동국대 문화관 그릴, 2006.4.7. ; 고영섭, 「동국교육 100년과 불교연구」, 건학100주년기념학술대회 '동국의 건학정신과 불교교육의 근대화' 2006. 4. 21).
69) 한국의 문화에서 寺院寶와 契는 香徒 등의 結社精神에서 비롯된 것으로, 불교의

분이다.

　1930년 불교전문학교로 승격되자 학생회는 그해 5월 28일 교우회에서 따로 분리되어 순수 학생자치단체로 재출발하였다. 이는 당시 학생들의 노력의 결과였다. 즉 박윤진을 비롯한 학생대표가 재학생들만으로 구성된 학생회의 설립을 학교당국에 여러 차례 건의하여 성사되었다. 1931년 4월 17일 교직원회에서 교우회와 학생회의 분리건이 정식으로 의결되고 같은 해 6월 18일에 교우회 청산위원회가 개최되었다. 한 달 후인 7월 4일에는 교우회 창립총회를 개최하여 회칙과 실행세칙을 통과시켰던 것이다.[70] 학생회는 서무부·종교부·학예부·음악부·체육부 등 5개 부서를 설치하였다. 또한 학생들은 불교학을 기반으로 한 인문학 분야를 중심으로 사회 여러 분야에서 학술연구 및 사회활동을 전개하였다. 예컨대 불교철학에서는 文奇錫(1회)·金龍鶴(1회)·朴允進(1회)·金海潤(1회)·丁孝鎭(3회) 등이, 학예분야에서는 姜裕文(1회)·韓性勳(1회)·黃性敏(1회) 등이 활동하였고 사회분야에서는 崔文錫(1회)·鄭載琪(1회)·朴奉石(1회)·李甲得(2회)·金永斗(3회) 등이 뛰어난 활동을 하였다. 특히 이들은 불교전수학교 시절에 간행되어 중앙불전시대에 속간되었던 『일광』과 1939년에 창간된 『룸비니』를 통해서도 맹활약을 하였다.

　학생회의 활동 가운데 가장 활발하고 주목되는 것은 학술강연회 및 지방순회강연이었다.[71]

　　우리의 문화의 전개라고 할 수 있을 정도로 상징적인 것이라고 생각한다. 寶에
　　대해서는 다음의 논고를 참고하기 바람. 한기문, 「고려시대 사원보의 설치와 운영」,
　　『서연 김영하 교수 정년퇴임기념 사학논총 역사교육논집』 13.14, 1990.
70) 『동대칠십년사』, pp.486~491.
71) 『동대칠십년사』, 「제6장 학생활동」, pp.497~453.

1932. 11. 24.	철학강연회(변론부 주최, 기독교청년회관)	
1930. 12. 16.	전조선 전문학교 학생웅변대회(천도교기념회관)(매년 정례화)	
1932. 9. 24.	'中秋 음악대연주회' (음악부 주최, 천도교당)	
1935. 6. 9.	'전 조선중등학교 연식정구대회' (체육부 주최)	
1929 ~ 1938.	지방순회강연 (각 지방 및 사찰)	
1939. 4. 8.	佛誕경축행사기념 희곡 '흰 젖' 공연(중앙교무원과 조선일보사의 후원)	

　위와 같은 활동은 본교 설립 목적인 興學과 布敎 그리고 敎育의 정신을 따른 것이었고 전국 규모의 학생웅변대회나 음악 연극 체육 활동을 통해 학교의 위상을 높였다. 아울러 중앙불전 말기부터 교우회지인 『일광』에 작품을 발표하는 등 활동을 활발히 전개하였다.

　동국문단은 명진학교 출신의 한용운과 권상로에 의해 그 터전이 닦여진 후 중앙불전 시대에 이르러 본격적인 개화기를 맞이하였고 특히 8회에 이르러 더욱 빛을 발하였다. 즉 崔琴桐과 李台雨가 시나리오와 평론으로, 咸亨洙 등이 문단에 두각을 나타내기 시작하였고 김달진과 徐廷柱에 이르러 만개하였다고 한다.[72] 예컨대 10회의 白萬基·孫商鉉·吳化龍·吳河東·張祥鳳 등이 맹렬히 활동하면서 당시 문학계의 주축을 이루었다.[73]

---

[72] 이 문학부분은 교사부분을 요약하였음을 밝혀 둔다(『동대칠십년사』「제3절 예술활동 1. 문학활동, pp.527~537).
[73] 이에 대한 자세한 사실은 『동국대학교 국어국문학과 50년 1946~1996』(동국대학교 국어국문학과, 1996)을 참조하기 바람.

문학 뿐 아니라 1938년 무렵에 동국의 연극예술이 태동하였다. 예컨대 학생연극인 '한낮에 꿈꾸는 사람들'(이무영 작)에 오하룡(서정주의 동기생)과 조지훈, 손상현이 출연하였고 10회의 손남현·백만기 등도 연극활동을 주도하였다.[74]

1939년 4월 8일 석가탄신 경축기념행사의 하나로 희곡 '흰 젖'(전 6막 17장)을 공연하였다. 중앙교무원과 조선일보사의 후원으로 태고사에서 공연하였는데 홍노작 연출, 홍계명과 김윤심이 주역인 가운데 박원서·우정상·김철준·조지훈·김삼윤·황천호 등 중앙불전 학생들이 대거 참여하였다.

졸업생들도 1931년 중앙불전이 제1회 졸업생을 배출하면서부터 졸업생으로만 이루어진 교우회에서 활동하기 시작하였다.[75] 교우회는 『일광』을 발간하고 신입생 환영회 등 행사를 벌이면서 단결과 화합을 도모하였는데, 그 가운데 대표적인 것이 1회 졸업생 모임인 2958회이다.[76] 이 회는 동국대 초대 동창회장인 한용운이 주도하는 지하비밀결사운동인 卍黨과 비견되어 지상비밀결사운동으로 평가받고 있을 정도로 불교계·학교·사회 제분야에서 주도적인 활동을 전개하였다.[77]

중앙불전은 1931년 3월에 24명의 첫 졸업생을 배출하였으며,

---

74) 위와 같음.
75) 교사에 의하면 창립총회에서는 교우회 회장에 김영수, 총무에 김경주를 각각 선출하고, 간사에 조학유와 김해윤을 선출하였다. 1932년 3월에는 제1회 졸업생을 맞이하여 제2회 정기총회를 열고 회원 증가에 따른 업무 보강을 위해 간사를 3명으로 증원하였다. 이에 따라 간사에 제1회 졸업생인 조명기를 비롯하여 이갑득(2회)과 조학유가 새로 선임되었다(『동대칠십년사』, pp.624~625).
76) 2958회는 1931년 1월 24일 조직되었다(북한봉대,『일광』3, 1931).
77) 이에 대해서는 김광식의 앞의 논고(二九五八攷」)를 참고하기 바람.

1932년에 2회 졸업생 13명, 1933년에 3회 졸업생 14명, 1934년에 4회 졸업생 16명, 1935년에 5회 졸업생 18명, 1936년에 6회 졸업생 21명, 1937년에 7회 졸업생 15명, 1938년에 8회 졸업생 20명, 1939년에 9회 졸업생 40명, 1940년에 10회 졸업생 36명을 배출하였다.[78]

이 가운데 1회부터 10회 졸업생의 사회진출 현황을 보게 되면 다음과 같다.[79]

회	불교계	학교	관리	회사및 상업	언론기자	학계	문학
1	9	2	2	1		4	
2	3	4	1	4			
3	2	3		2		1	
4	1	1	1	2	1		
5	3	1	4	2			
6	5	2	2	2	2		
7	5		6			2	
8	8	1	1		2	2	
9	17	4	5	1		3	
10	23	8	1	1			7

이들 졸업생 가운데 유학생은 7명으로 鄭斗石(1)·金上奉(7)·張元圭(7)·鄭琮(8)·金尙祚(9)·鄭雲韶(9)·朱炳寶(9)이다. 그리고 학계로 진출한 인물은 9명으로, 姜裕文(1)·朴成熙(1)·鄭斗石(1)·趙

---

78) 『동대칠십년사』 pp.628~629에서는 1회부터 6회 졸업생 명단을 소개하고 있다.
79) 중앙불전 1회부터 9회까지는 『일광』 자료를 참고했고, 제 10회 졸업생 명단은 『동국인명록』(동국대동창회, 1995.)을 참조했다. 그리고 제 10회 졸업생들의 불교계 관련 사실은 다음의 전거에 의했다(혜화전문학교, 『혜화전문학교일람 소화 16년도』).

明基(1)·李有福(3)·張元圭(7)·鄭琮(8)·金治均(10)·洪庭植(10) 등이다. 그 가운데 강유문·박성희·조명기는 당시 중앙불전의 교·강사로 활동하였고 장원규(동국대 불교학과)·홍정식(동국대 불교학과)·정종(동국대 철학과)은 대학에서 불교학을 연구하여 지대한 공적을 쌓았다. 특히 정두석과 조명기는 동국대의 총장까지 역임하였다.[80]

그리고 언론·기자 분야에 4명이 진출하였다. 李台雨(4회, 滿洲國 新京滿蒙時報社 기자)·徐舜源(6회, 平壤 제 2방송국 아나운서)·洪元植(6회, 대전부 中鮮日報社 편집국 사회부기자)·崔金童(8회, 매일신보사 기자) 등이 언론 분야에서 활동하였는데, 그 가운데 이태우와 최금동은 문학 분야에서도 두각을 나타냈다.[81]

이와 같이 중앙불전은 불교학을 중심으로 불교사학 등 인문학분야에서 뛰어난 활동을 하였고 중앙불전 말기 무렵부터 문예 분야에도 유명 인재를 배출하였다. 따라서 중앙불전의 학풍은 불교학을 중심으로 불교사학과 문예 분야를 포함한 인문학적 전통의 명성을 지니게 되었으니, 이는 개교정신을 잇는 새로운 동국문화의 계승이자 창조였던 것이다.

---

80) 중앙불전 학생들과 1회 졸업생의 모임인 2958회의 항일 불교활동은 불교계뿐만 아니라 민족운동 차원에서도 매우 주목할 만한 것이었다. 이에 대해서는 김광식의 앞의 논고를 참조하기 바람.
81) 앞 서 언급한 바와 같이 10회의 손남현·백만기·손상현·오화룡·오하동·장상봉과 중퇴자 서정주 등이 문예 분야에 큰 업적을 남겼다. 그리고 혜화전문학교 1회의 조지훈·홍영의·장성진·김용태·김해진·김석준·김달진 등이 문예 분야에 큰 업적을 남겼다.

4. 나오는 말

이상으로 동국대 前史로서 첫 근대불교전문학교였던 중앙불전의 개교와 그 학풍에 대하여 살펴보았는데, 이를 정리하는 것으로 결론을 대신하고자 한다. 동국대 100년의 역사와 전통은 근대불교와 함께 시작되었고 1800년 역사의 불교가 근대화로 가는 중심이자 선구자였다.

때문에 근대불교학교시대의 교사는 일반 학교사일 뿐만 아니라 근대불교사의 전개였고 국내의 3대 명문사학의 하나로 한국의 근현대문화를 주도하였다고 할 수 있다. 그 가운데 중앙불전은 1906년 명진학교 설립시부터 근대불교전문학교의 설립을 추진하였으나 불교사범학교·불교고등강숙·중앙학림·불교전수학교를 거쳐 근대불교전문학교의 승격과 설립이 이루어졌으니, 그것이 중앙불교전문학교의 탄생이었다. 이는 학교당국과 학생들을 비롯한 청년불자 등 불교계의 끈질긴 노력의 결과이며, 몇 차례의 동맹휴학과 특히 5년간의 장기휴교사태에도 불구하고 佛敎學院(1922~1928)을 운영하였다. 이러한 동국정신 내지 학풍은 명진학교 때부터 유지해 온 佛敎學을 기반으로 하여 東洋文化를 선도하고자 하였던 정신의 소산이라고 하겠다.

그런데 과연 오늘날도 이러한 개교 이념을 계승 발전시켜 새로운 동국문화를 일구고 있는가를 '부텨(佛)님' 앞에서 엄숙히 되돌아보아야 할 것이다. 그런 의미에서 진정한 의미의 근대불교전문학교의 시작이자 3대 명문사학이었던 중앙불전과 그 학풍에 대하여 좀 더 구체적으로 정리하여 보면 다음과 같다.

우선 전문학교로 승격운동을 벌이면서 학교명을 '혜화'로 하고자 였으나 일제에 의하여 '사립중앙불교전문학교'로 인가가 나서 교명은

'중앙불교전문학교'가 되었고, 축약하여 '중앙불전' 내지 '中專'이라 불렸다. 그 다음 전문학교시대에 혜화라는 교명을 되찾았다.

그리고 역대 교장만이 알려져 있었지만 자료를 검토한 결과 박동일과 김경주가 교장 사무취급으로 있었고 백성욱과 한용운을 교장으로 추대하고자 하였던 사실을 알 수 있었다. 그 재임기간도 차이가 있어 역대 학감 수와 재임기간을 나름대로 추가 정리하였다.

또한 교·강사 가운데 10여 년간 재임하였던 교·강사는 김영수·김두헌·김경주·김태흡·강전준웅·권상로·정준모·박한영·이병도·최남선 등 10여 명에 이르고 조명기·이능화·최응관·이희상·이종태 5명 정도가 비교적 오래 재직하였다. 이들 가운데 지도정신을 제안하였던 김영수와 박한영·권상로·강전준웅 등은 중앙불전을 대표하는 교강사였고, 김영수의 案이 채택되어 오늘날의 교훈으로 자리 잡고 있다.

또한 김영수·김경주·김태흡·강전준웅 등이 불교학을 담당하고 권상로·이능화·조명기 등이 불교문화 내지 사학을 담당하였다. 그들은 본교의 설립정신인 불교학을 기반으로 동양의 인문학을 흥성시키고자 하였다. 그후 동국대를 중심으로 정두석·장원규·홍정식·고익진 등의 불교학 연구와 정종 등의 인문학 연구 그리고 조명기·안계현·김영태 등의 불교사학이 전통의 정맥을 형성하여 왔다.

이러한 가르침을 받은 학생들도 불교학을 중심으로 인문학 분야에서 활발한 활동을 전개하였다. 대표적인 것이 바로 학교 기관지인 『일광』과 『룸비니』를 통한 학술활동과 철학강연회와 지방순회강연회 등이었다.

졸업생들은 학계, 언론계를 비롯한 인문학 분야에 진출한 경우가 많았다. 예컨대 강유문, 정두석, 박성희, 조명기, 홍정식은 대표적인 사례인데 이들은 모교인 중앙불전의 교수 및 강사를 역임하였다. 그리고 이태우, 서순원, 홍원식, 최금동 등은 언론계에서 활약하였다. 또한 손남현, 백만기, 서정주 등은 문예 분야에서 적지 않은 업적을 남겼다.

 이와 같이 중앙불전은 불교학을 중심으로 불교사학 등 인문학 분야에서 뛰어난 활동을 하였고 중앙불전 말기인 1939년 무렵부터 문예 분야에도 유명 인재를 배출하였다. 따라서 중앙불전의 학풍은 불교학을 중심으로 불교사학과 문예 분야를 포함한 인문학적 전통의 명성을 지니게 되었다. 이는 앞서 언급한 바와 같이 개교 이래 불교학을 기반으로 한 문·사·철 중심의 인문학을 연마하여 동양문화를 선도하자는 정신을 계승·발전시켜 나간 것이라 하겠다.

일제강점기 불교계의 宗名 변화와 宗祖·法統 인식

김상영 | 중앙승가대 불교학과 교수

Ⅰ. 머리말

Ⅱ. 臨濟宗과 朝鮮佛教禪教兩宗
   1. 圓宗과 임제종
   2. 조선불교선교양종과 宗祖 普愚

Ⅲ. 朝鮮佛教禪宗과 朝鮮佛教曹溪宗의 성립

Ⅳ. 조선불교조계종의 종조·법통 논의

Ⅴ. 맺음말

I. 머리말

　조선 세종 6년(1424)에 시행된 불교 탄압책은 크게 두 가지 방향에서 진행되었다. 하나는 앞선 태종대에 7개로 축소되었던 종파를 다시 선종·교종 두 개의 종파로 통폐합시키는 조치였으며, 또 다른 하나는 242개였던 공인 사찰을 36개로 축소시키는 조치였다. 이때의 탄압책으로 인해 조선불교는 크게 위축될 수밖에 없었으며, 이후 연산군~중종대에 이르러 그 상황은 더욱 악화되었다. 특히 이 시기 왕실은 그나마 남아 있던 선·교 두 개의 종파마저 인정치 않음으로써 불교는 그 존립 자체가 불가능한 상황에까지 이른다.
　동북아지역의 불교는 불교의 최고 융성기에 종파불교가 성행하였다는 특성을 지닌다. 불교의 다양화, 전문화 현상이 자연스럽게 종파불교의 성행으로 이어졌던 것이다. 조선 중기 이후 이른바 '無宗山僧時代'로[1] 표현되는 약 400여 년의 역사는 이러한 종파불교와는 전혀

---

1) 조선 중기 이후의 불교를 '無宗山僧時代'로 규정하는 데에는 적지 않은 문제점이 있다. 아직까지 이 시기 승려들의 종파의식과 관련한 연구는 전혀 이루어지지 못하고 있으며, 산승시대라는 표현도 이 시기 불교의 특성을 대변하는 용어로 부적절해 보이기 때문이다. '무종산승시대'는 조선시대 불교를 '숭유억불기'나 '불교쇠퇴기'라는 표현으로 단순화 하였던 과거의 학문 틀에서 크게 벗어나지 못하는 표현이다. 17세기 중반 이후 서산 문도들을 중심으로 전개되었던 불교계의 새로운 움직임을 고려해 본다면, 오히려 이 시기는 '법통복원시대'라는 차원에서 접근하는

무관한 것으로 평가되기도 한다. 하지만 西山 休靜 이후 禪家 법통을 복원하기 위해 노력했던 승려들을 통해 그들이 다분히 선종(조계종)에 대한 종파의식을 지니고 있었음을 살필 수 있다. 비록 집권세력이 공인하지는 않았다고 하더라도, 이 시기 승려들은 나름대로의 종파의식을 지니고 있었으며 이러한 점은 종파인식의 지속성이라는 측면에서 더욱 주목할 필요가 있지 않을까 한다.[2]

근대 이후 한국불교는 종파의 재건을 위해 다양한 노력을 전개하였다. 이 시기의 종파 재건 노력을 일본불교 침투 영향으로 파악하는 경우도 있지만, 이에 대해서는 재고의 필요를 느낀다.[3] 즉 권력에 의해 상실되었던 종파불교의 전통을 회복하기 위한 일제강점기 불교인들의 자생적 노력이 더욱 중시될 필요가 있다는 것이다. 일제강점기 불교계의 종파 재건 노력은 1941년 조선불교조계종 성립으로 귀결되지만, 이에 이르기까지 불교계는 적지 않은 어려움을 겪어야 했다. 이

것이 보다 바람직하지 않을까 한다.
2) 조선 중기 이후의 승려 碑銘에서 '禪敎兩宗' '華嚴宗主'라는 표현을 다수 발견할 수 있다. 특히 映虛 善影(1792~1880)의 비제에는 '朝鮮曹溪宗師華嚴講伯映虛堂大禪師塔碑銘'이라는 내용이 있고, 이 비의 본문에도 '尊爲曹溪宗師'라는 표현이 있어 주목된다. 비록 조선 왕실에서 불교 종파를 공인하지 않고 있던 시대라고 하더라도 이 시기 승려들의 의식 속에는 나름대로의 종파의식이 살아있었음을 살필 수 있는 부분이 아닐까 한다.
3) 조계종 총본산 건설이 진행될 때에도 "(일본의) 각종 불교가 도래한 이후에 이르러서는 우리 조선불교 태고법손들도 타종 불교를 대하여 자기 존재를 표시할 무슨 종명 하나가 필요하다"라는 식의 견해가 있었던 것같다. 朴奉石은 이를 비판하면서, "그 이유를 대외적으로 구할 것이 아니라 대내적으로 구하면 어떠할까 한다. 조선불교의 특이성으로 보아 또는 그 종지종풍으로 보아 훌륭한 일가를 성립할 수 있으니 종명을 새로 제정할 필요를 느꼈다든지 또는 재래에 사용하는 종명을 다시 추심하였다 하든지 하는 것이 정도가 아닐까 한다"고 지적한 바 있다(「조계종의 근본이념」, 『불교』新 58, 1944. 3).

시기 불교계는 조선불교를 장악하기 위한 일제의 간섭과 통제에 맞서는 한편, 조선불교를 대표할 수 있는 종명과 종조·법통 등을 정립하기 위해 매우 의미 있는 노력들을 전개해 나갔다. 본 논문은 이러한 노력들을 정리해 보고자 하는 목적에서 작성되었다. 이를 통해 오랜 기간 단절되었던 종파불교의 전통을 회복하기 위한 이 시기 불교인들의 노력이 어느 정도 밝혀질 수 있을 것이다.

II. 臨濟宗과 朝鮮佛敎禪敎兩宗

1. 圓宗과 임제종

근대 이후 한국 불교계에서 가장 이른 시기 종파 형성을 보인 것은 李晦光의 원종이었다. 이회광은 1906년 설립한 불교연구회를 토대로 원종을 창립하였다. 원종은 1908년 3월 6일 각도 사찰 대표 52인이 참가한 元興寺 총회에서 이회광을 大宗正으로 추대하면서 공식 출범하였다. 이회광은 일본 조동종 승려 武田範之를 원종 종무원 고문으로 추대하였을 뿐 아니라, 일진회 회장 李容九·내부대신 宋秉畯 등 친일파 인사들과 관계하면서 노골적인 친일 행각을 펼쳐나갔다. 특히 1910년 10월 6일 체결된 이른바 일본 조동종과의 盟約 사건이 알려지면서 당시 불교계로부터 거센 반발을 받았는데, 노골적 친일행각에도 불구하고 이회광의 원종은 일제 당국으로부터 인가를 받지 못하였다. 이러한 원종의 종명과 종지 등에 대해서는 『조선불교통사』의 다음 기록이 주목된다.

원종으로써 이름을 삼은 것은 대개 여러 사찰의 대표 승려들의 회의에서 함께 세웠기 때문이며 원융무애의 뜻을 취한 것이다. 아울러 『종경록』의 원종을 취한 것은 아니며 또한 화엄의 원종을 취한 것도 아니다. 당시 이미 원종의 이름을 세운 후 승려들 가운데 혹 어떤 식견이 있는 사람들이 개인적으로 의논해서 말하기를, "만일 어떤 사람이 원종의 출처를 묻는다면 어떻게 대답합니까?"라고 하였다. 어떤 사람은 말하기를, "고려 대각국사의 원종을 들어서 대답할 수 있을 것이다"는 등으로 말하였다. (그들은) 자못 대각의 원종은 문류(『원종문류』)의 책 이름과 관계된 것으로 화엄을 홍통시킨 것이라는 사실을 알지 못하였다. 이로써 원종이 세워진 처음엔, 의기할 것이 없었음을 알 수 있다.[4]

한국불교사에서 원종이라는 종파가 형성되었던 적은 없다. 위 인용문에서 보이는 것처럼 원종이라는 종명은 역사적 근거를 찾기 어려우며, 불교계 대중의 공의를 거쳐 탄생된 종파로 보기도 어렵다. 결국 원종은 근대 이후 불교계에서 최초로 탄생된 종파라는 나름대로의 의의를 지니고 있음에도 불구하고, 그 농후한 친일성과 뚜렷하지 못한 종지 등으로 인해 부정적 평가를 받고 있다.

이회광이 일본 조동종과 굴욕적인 조약을 체결하였다는 소식이 알려지자 당시 불교계는 강한 반발을 하였다. 臨濟宗運動, 保宗運動 등으로 표현되는 이 시기 불교계의 움직임은 이후 식민지시대 불교

---

[4] "以圓宗爲號者 盖以諸寺代表僧侶 會議共立故 取其圓融無碍之義也 並非取宗鏡之圓宗 亦非取華嚴之圓宗者也 當時 旣立圓宗之後 僧侶之中 或有識者 私相議曰 若有人問圓宗之出處 將何以對之 或者曰 可擧高麗大覺國師之圓宗 以對之云云 殊不知大覺圓宗 係是文類之書名 而弘通華嚴者也. 於此 可知圓宗之立 初無所依據者也"
이능화, 『조선불교통사』 하, p.937.

의 방향성을 제시하였다는 점에서 특히 주목된다. 임제종운동의 주역이었던 朴漢永은 당시 운동에 대해 "韓龍雲과 나와 두 사람이 경상도 전라도에 있는 각 사찰에 통문을 돌리어 반대운동을 하는데, 물론 우리의 주의는 역사적 생명을 가진 우리 불교를 일본에 부속케 하는 것이 좋지 못하여 그리하는 것이었으나 그때 형편으로는 도저히 그러한 사상을 발표할 수 없으므로 조선불교의 연원이 임제종에서 발하였은즉 조동종과 연합할 수 없다는 취지로 반대하였었소"라고 회고한 바 있다.[5] 한용운 역시 이때의 임제종운동에 대해 다음과 같이 회고하였다.

> 박한영 陳震應 한용운 金鍾來 등은 此 위기일발의 機를 乘하여 奮然蹶起 먼저 호남일대에 반항의 旗를 세우고 조선불교의 부흥을 圖할새 원종의 締盟을 파괴하기 위하여는 他宗을 別立하야 원종을 自滅케 함이 첩경이라는 견지에서 조선 고유의 임제종을 창립하여[6]

박한영, 한용운 등의 회고처럼 당시 불교계의 뜻있는 인사들은 이회광의 원종에 대항하기 위해 임제종운동을 시작하였다. 하지만 임제종운동은 단순히 이회광의 매종행위를 비판하는 것에 머무르지 않고 이회광이 주도하는 원종종무원에 대응되는 기관을 조직하는 등 당시 불교계를 주도하겠다는 의지를 적극 발휘한 것으로 평가되고[7] 있다.

---

5) 「불교개종문제(5)」, 『동아일보』 1920년 6월 28일자
   본 논문에서 인용한 일제강점기 자료는 원문의 뜻을 변형시키지 않는 범위 내에서 일부 표기법을 현대 문법에 맞게 변형하였음을 밝혀둔다.
6) 한용운, 「불교청년총동맹에 대하야」, 『불교』 86, 1931. 8.
7) 김광식, 「1910년대 불교계의 조동종 맹약과 임제종운동」, 『한국민족운동사연구』

임제종운동은 1912년 5월 26일 조선임제종중앙포교당을 개교하면서 운동의 탄력을 받는 듯하였지만, 얼마 지나지 않아 일제에 의해 강압적으로 문패가 철거되면서 중단되고 말았다. 이 시기 전개된 임제종운동은 한국불교의 고유성, 정체성을 의식한 종파 재건 노력이라는 점에서 중요한 의의를 찾을 수 있다. 이들이 내세운 임제종은 한국불교사에서 처음 제기되었던 종명이지만, 그 속에는 태고법통의 계승의식이 강하게 자리잡고 있었기 때문이다.[8]

한용운 등이 추진한 임제종운동이 좌절된 이후 불교계는 1920년 경 또 다른 임제종 건립과 관련한 소동을 한 차례 겪었다.[9] 원종 창립에 실패했던 이회광이 이번에는 임제종으로의 개종 문제를 들고 나왔기 때문인데, 이 문제는 일본 『中外日報』(1920년 6월 4일자, 제6,215호)에 수록된 「妙心派와 조선사찰」이라는 기사가 국내에 알려

10, 1995(『한국근대불교사연구』, 민족사, 1996, p.74).
8) 한용운은 1932년 30본 말사법의 문제점을 지적하면서, "조선의 불교는 태고보우화상 이후로 종파의 통일을 보게 되어 그 후로 지금까지 종파의 別이 없고 승려는 다 태고화상의 법윤이 되어 있다. 그리하여 사찰과 사찰에 타종이 없고 승려와 승려에 파별이 없으므로 사찰과 승려 간에 행하는 교정 의식 풍속 습관 모든 것이 별로 다른 것이 없다. 그러면 사법에 있어서도 조금도 다를 것이 있을 필요가 없는데 각 본사의 사법이 대개 다르게 되어서 통일을 缺하게 된 것이 잘못된 것이요"라고 한 적이 있다(「사법개정에 대하야」, 『불교』 91, 1932. 1). 태고법통을 중시하는 한용운의 이러한 법통인식은 임제종운동을 전개하던 당시부터 그대로 유지되어 온 것으로 보인다.
9) 이 사건과 관련하여 『동아일보』는 「불교의 개종문제」라는 제목으로 무려 10회에 걸친 연재기사를 실었다(1920년 6월 24일~7월 6일). 이 가운데 "조선 전도 30본산의 7천여 명의 승려가 염주를 붙들고 장래의 조선불교의 운명을 생각하며 장차에 돌아올 자기들의 비참한 말로를 생각하여 눈물을 흘리어 탄식하며 한편으로 불꽃같은 분노의 감정이 일어나 그들은 마음을 잃고 정신의 동요를 걷잡지 못하여."라는 기사 내용에서 볼 수 있듯이, 『동아일보』의 당시 논조는 이회광에 대해 매우 비판적이었다.

지면서 본격적으로 불거지기 시작하였다. 당시 불교계는 이회광이 1919년부터 일본 임제종 묘심사 승려 後藤瑞岩과 결탁하여 조선불교를 일본 임제종에 부속시키려 한다면서 거센 비판을 가하였다.[10] 물론 이회광은 자신의 의도를 "내가 물론 조선불교를 개혁한다고 하는 것은 일본 임제종에 부속케 하자는 것이 아니라 따로히 조선의 임제종 太古派를 세울 터이며, 어디까든지 일본불교의 특장을 취하여 우리의 포교사업에 공헌할 계획"이라고 밝혔지만, 앞선 원종과 조동종의 맹약 사건을 기억하고 있던 불교계는 이회광의 의도를 용인하지 않았다.[11] 결국 이 파동은 처음 이회광에 동조했던 경상남북도 8개 본산 주지들이 개종 문제를 부결시킴으로써 일단락되었다. 하지만 이 일로 인해 불교계는 '조선불교선교양종'의 문제점을 알고 있으면서도 정작 종명 개정과 관련한 일을 적극적으로 추진하지 못하는 모순적 상황에 처하고 말았다.[12]

---

10) 특히 당시 30본산연합사무소 위원장으로 있던 姜大蓮이 단호한 입장을 취하였다. 강대련과 이회광은 대표적 친일승려로 서로 협력 관계를 유지해 오다가, 조선불교진흥회의 회장 선출 문제를 놓고 사이가 벌어지게 되었다.『동아일보』는「조선불교운동상 二大潮流의 충돌-강대련 대 이회광」이라는 제목으로 기사를 쓰면서 이 사건과 두 인물의 갈등 관계를 주목하기도 하였다.
11)『동아일보』의 당시 연재기사에는 강대련 외에 불교청년회원 都鎭鎬, 재일 유학생 불교청년 등의 분노와 관련한 내용이 실려 있다. 박한영 역시 이 문제에 대해 "그때는 조동종에 병합하기 원하여 임제종을 반대하였고, 지금은 또 임제종과 연락하기 위하여 임제종을 주장하니 우리는 원래 이회광의 주장에 찬성치 못하겠소. 지금의 무슨 종으로든지 상당한 法海를 이룰 수가 있는데 무슨 이유로 개종할 필요가 있을까요"라는 견해를 밝힌 바 있다(『동아일보』1920년 6월 28일자).
12) 각주 11)에서 소개한 박한영의 이야기 가운데 "지금의 무슨 종으로든지 상당한 法海를 이룰 수가 있는데 무슨 이유로 개종할 필요가 있을까요"라는 표현이 주목된다. 강대련 역시 "불교의 사업을 하려면 선교양종으로도 무슨 포교사업 교육사업 자선사업이든지 자유로 할 수가 있는데 불가불 지금 임제종 태고파라고 고칠 필요가 있을까요"라고 말한 바 있다(『동아일보』1920년 6월 26일자). 이러한 표

2. 조선불교선교양종과 宗祖 普愚

일제는 1911년 6월 사찰령을 반포하면서 한국불교에 '조선불교선교양종'이라는 종명을 사용하였다. 이 종명은 1941년 조선불교조계종으로 종명 개정이 이루어질 때까지 일제가 인정하는 공식 종명으로 통용되었다. 일제가 이 종명을 채택하게 된 구체적 이유는 밝혀져 있지 않지만, 원종 이회광의 끈질긴 노력을 외면할 정도로 일제는 '조선불교선교양종'을 고수하였다. 종파불교의 특성상 '선교양종'이라는 종명은 상당한 문제점을 지니고 있다.[13] 비록 조선 세종 때 시행된 불교탄압의 과정에서 이같은 종명이 생겨났지만, 이때의 신교양종은 별도 종파로서의 기능을 각기 유지하고 있던 '선종'과 '교종'의 통칭에 불과한 것이었다. 하지만 일제 사찰령 체제 하에서의 선교양종은 그러한 독자성조차 보장되지 않았던 매우 기형적인 단일 종명이었다. 일제가 내세운 '조선불교선교양종'은 종파불교가 성행하던, 즉 한국불교가 발

현은 물론 이회광의 개종 시도에 대한 비판을 하는 과정에서 부연된 것이지만, 실제로 불교계의 공식적 개종 시도는 이후 조선불교조계종 성립 시기에 이르러서야 이루어질 수 있었다. 1920년대 김영수, 권상로 등에 의해 조계종을 강조하는 글이 발표되기는 하였지만, 이들의 주장이 종명 개정으로 이어지지는 않았다. 김영수와 권상로의 글 내용에 대해서는 뒤에서 다시 검토할 예정이다.

13) 1912년 6월 17일 개최된 30본사 주지회의에서 이와 관련한 논의가 있었는데, "吳惺月씨가 사법을 齊一히 하자면 종지를 先定하여야 한다는 議를 제출함에 金慧翁씨가 現今 쌍방에 대립한 원종이나 임제종에 何를 廢하고 何를 存하자면 시비만 紛紛而已요 且선교양종은 朝鮮國典에 故有한 종지임으로 승려법계를 선종교종으로 분간함이니 금일에 종지를 선교양종으로 함이 가하다는 動議로 만장이 일치되야 조선선교양종으로 결정하다"는 내용이 그것이다(「會議院會議顚末」, 『조선불교월보』 6, 「雜報」, 1912. 7). 임제종운동에 동참하고 있던 오성월의 문제 제기는 종명에 집중되었을 가능성이 커 보이지만, 회의에 참석했던 30본사 주지 대부분은 일제가 내놓은 안을 그대로 받아들이고 말았다.

전해 있던 시점의 불교와는 거리가 먼 종명이다. 일제는 조선왕실의 통폐합 과정을 거치면서 단 두 개만 남게 된 시점의 종명을, 그것도 단일 종단의 이름으로 내세우는 조치를 취했던 것이다. 한국불교를 경시하고자 했던 일제의 고의성을 엿볼 수 있는 대목이 아닐까 한다.

일제에 의해 채택된 선교양종의 문제점은 그대로 남겨둔 상태에서 불교계는 1929년 1월 3~5일 조선불교선교양종 승려대회를 개최하였다. 앞선 발기대회(1928년 11월 30일, 각황사)에서 白性郁이 "금번 조선불교승려대회 발기회 개최로 말하면 종헌의 제정, 중앙교무원 헌장 및 승니법규의 제정이 근본 목적이라 하겠습니다"라고 연설한 것처럼, 이 대회는 종헌 제정 등의 외형적 목적을 지니고 있었지만, 그 본질은 불교계의 통일을 통한 불교발전을 기하는 데 있었다. 총 107명의 승려가 참석한 이 대회는 31본산의 대표가 다수 참석하였다는 측면에서 일단 불교계의 동의를 받은 의미 있는 대회였던 것으로 평가된다.[14] 이 대회의 참석 대중은 종헌을 통과시킨 후 불전 선서식을 거행하였는데, 그 선서문이 '仰惟我本師 석가모니 세존과 종조 태고국사 爲首하사'로 시작하고 있어 주목된다. 즉 비록 일제에 의해 채택된 종명이긴 하지만, 1929년 1월 시점의 불교계는 조선불교선교양종을 통한 불교계의 통일을 시도하였으며 태고보우를 종조로 천명하고 있음을 확인할 수 있는 것이다. 이러한 종조 인식은 이 대회에서 반포된 「조선불교선교양종종헌」에도 그대로 반영되고 있다.

---

14) 김광식, 「조선불교선교양종 승려대회의 개최와 성격」, 『한국근현대사연구』 3(『한국근대불교사연구』, 민족사, 1996, pp.326~327).

제1장 宗名

제1조 조선불교는 선교양종이라 함

제2장 宗旨

제2조 본 양종은 佛祖正傳의 心法(선)과 敎理(교)로써 종지라 함

제3장 本尊

제3조 본 양종은 석가모니를 본존으로 하고 태고보우국사를 종조라 함
단 각 사원에 봉안하는 본존불은 종래의 관례에 의함[15]

일제가 채택한 조선불교선교양종과 관련한 공식 법령인 사찰령과 30본말사법 등에는 종조와 관련한 내용이 명시되어 있지 않았다.[16] 따라서 「조선불교선교양종 종헌」, 제3장 3조의 '본 양종은 석가모니를 본존으로 하고 태고보우국사를 종조라 함'이라는 내용은, 근대 이후 불교계에서 최초로 태고보우를 공식적 종조로 채택하였다는 의의를 지니고 있다.[17] 하지만 종조 태고보우국사에 대해서, 또는 '태고법

---

15) 이 대회의 선서문과 종헌 전체 내용은 『불교』 56호(1929. 2)에 수록되어 있다.
16) 일제가 시행한 본말사법 제3조는 何何寺 本末 一般의 法脈은 太古普愚禪師의 嫡派 芙蓉靈觀禪師의 二大神足 (1)淸虛休靜 (2)浮休善修 兩禪師의 法孫中 行解兼備者를 推하야 主職으로 爲하야 法燈을 傳持하야 此를 寺門相續의 通規로 함이라는 내용으로 이루어져 있다(이능화, 『조선불교통사』, 하, p.1137). 당시 불교계 전반에 퍼져있던 한국불교의 법통인식을 그대로 반영한 것이지만, 종조에 대한 언급은 생략되어 있다.
17) 1914년 3월 16일(음), 북한산 태고사에서는 불교계 주요 인사가 참석한 가운데 태고보우의 부도 茶禮가 봉행되었고, 1915년 1월 30본산주지회의소에서는 매월 5원씩을 태고사 유지를 위한 경비로 제공하자는 결의를 하였다. 이처럼 1910년대 불교계는 '자기 정비' 차원에서 태고 계승의식을 정리해 가고 있었다(김광식, 「근대불교와 중흥사-태고의 근대적 계승의식」, 『새불교운동의 전개』, 도피안사, 2002, pp.132~133 내용 참조). 하지만 1929년 「종헌」이 반포되는 시점까지 불교

통설'에 대해서 당시 불교계에는 다소간의 이견이 있었던 것 같다. 다음의 자료를 검토해 보자.

A ~ ① 조선불교의 傳燈을 말하면 누구나 물론하고 금일까지 臨濟 17세 법손되는 元朝 고승 石屋 淸珙禪師의 법맥이라 전하여 왔다. 이것은 현금 조선불교의 종조되는 태고 보우화상이 석옥 청공선사에게 사법제자가 되는 까닭이다. 그러나 근래에 와서는 一方에서 이조 중엽의 文士 許端甫의 撰한 바 松雲大師碑銘과 淸虛集序에 依憑하여 조선 승려가 원래 懶翁의 법손으로서 보조의 전통을 분명히 계승하였거늘 海眼 등의 중간 異論으로 인하여 태고의 법손으로 誤入된 것이라고 주장하는 의문도 起하였었다.[18]

② 우리 半島梵衆은 事大의 主義를 捨하고 大勇敢力으로서 衰頹한 佛敎를 改革重興코저 할라면 먼즘 朝鮮佛敎의 中心點되는 宗祖 嗣法系統을 證正하여 놓지 아니하면 안되겠다. … 太古와 懶翁과 그 人格이던지 學文이던지 道德이던지 戒律이던지 人氣이던지 勢力이던지 佛智見이던지 禪定이던지 活動이던지 그 무엇을 가지고 서로 比較對照하여 본대도 懶翁이 太古에게 그 한 가지라도 劣乏할 것은 全無하다. 오히려 懶翁이 太古보담 무엇이던지 殊勝할 것은 史實에 發見할 수 있다.[19]

③ 그런데 近來文學上에 太古普愚國師로 海東初祖를 定함이 班班이 現露되니 이는 自違함이 넘어 甚한 듯하다. 太古가 中興祖라 함은 或 그럴는지 모르나 어떻게 初祖가 되리요. 太古의 道德이 비록 廣大高明하나 初

계 주요 인사들의 보우에 대한 표현은 '종조' '중흥조' '중흥원조' 등으로 다양했다.
18) 김포광, 「조선불교의 전등과 교리」, 『일광』 2, p. 3, 1929. 2.
19) 瀾海(鄭晃震), 「조선불교의 사법계통」, 『불교』 新 5, 1937. 7.

祖라는 初字에는 大端이 不適當하지 아니한가. 新羅 諸國師의 首入祖門하여 得法東歸하신 것이 今日 太古가 初祖라는 問題下에 歸於虛地가 되었으니 어찌 可惜지 아니하리오. 또 淵源系統을 正直하게 辨明할것 같으면 今日 我等 兄弟가 太古淵源이 아니라고 斷言하고 싶다.[20]

A~①은 김영수의 글이며, 글의 발표 시점은 조선불교선교양종 종헌이 반포된 직후로 보인다. 그는 이 글에서 조선 승려는 나옹의 법손이라는 일부의 주장이 있다면서 이를 비판하였다. 그가 지칭한 '一方'이 누구인지는 구체적으로 확인할 수 없으나, ②의 글을 쓴 濶海(鄭晁震)를 지칭한 것이 아닐까 한다.[21] 활해는 조선 중기 이후 작성된 법통 관련 자료의 진실성을 문제 삼아 태고법통을 사대주의적 발상이라고 비판하였다. 그러면서 여러 가지 측면에서 나옹 혜근이 보우보다 우위에 있음을 입증하고자 하였다.[22] ③은 당시 종단의 敎正 자리에 있던 한암의 글이다. 그는 보우를 초조로 정하고 있는 당시 불교계를 비판하면서 我等 兄弟의 연원계통, 즉 법통도 정직하게 보면 태고의 연원이 아니라고 단언하고 있다. '중흥조는 모르나 초조는 될 수 없다'는 한암의 입장은 조선불교선교양종 종헌이 반포된 이후에 발표된 것이어서 당시 불교계에 적지 않은 영향을 주었을 것으로 보인다.

---

20) 방한암, 「海東初祖에 對하야」, 『불교』 70, 1930. 4.
21) 여기서 소개한 활해의 글은 1937년에 발표된 것이다. 일제강점기 이른바 나옹법통설을 주장한 대표적 인물로 분명 활해를 들 수 있지만, 그가 1929년 이전에 이 같은 주장을 발표하였는지는 아직 확인하지 못했다. 김영수가 지칭한 '일방'에 대해서는 좀 더 구체적인 확인 작업이 뒤따라야 할 것이다.
22) 현대 학문에서는 허흥식 교수가 기본적으로 활해의 설을 따르고 있다.

1929년의 조선불교선교양종 승려대회는 종헌을 제정하고, 종회를 구성하는 등의 큰 성과를 거두고 종료되었다. 하지만 이 대회에 대한 높은 기대와 이 대회를 통해 이룩된 많은 성과에도 불구하고 이후 불교계의 통일운동은 원만히 진행되지 못하였다. 무엇보다 이 대회를 통해 채택된 종헌의 실행이 부진을 면치 못하였는데,[23] 이로써 태고를 종조로 하는 법통인식 역시 당시 불교계의 통일된 의식으로 정착되지 못한 채 오히려 이와 관련한 주장들이 더욱 다양하게 제기되는 현상이 초래되기도 하였다.

III. 朝鮮佛敎禪宗과 朝鮮佛敎曹溪宗의 성립

1921년 창립된 선학원은 金寂音의 선학원 인수를(1931. 1. 21) 계기로 일대 전환기를 맞이한다. 김적음은 男女禪友會를 조직하고 『禪苑』 잡지를 창간하는 등의 노력을 통해 침체에 빠져 있던 선학원을 재건해 나갔다. 특히 1931년 3월 23일 선학원 대방에서 全鮮首座大會를 개최함으로써 선학원은 전국 수좌승들의 구심점으로, 선원의 중앙기관으로서의 위상을 새롭게 다져나갈 수 있었다. 이러한 흐름을 바탕으로 선학원은 재단법인 조선불교선리참구원으로의 전환을 시도하였고, 조선총독부로부터 그와 관련한 인가를 얻기에 이른다 (1934. 12. 5).

---

23) 김광식, 「1930년대 불교계의 종헌 실행문제」, 『한국근대불교사연구』, 민족사, 1996.

선리참구원의 인가 이후 선학원은 조선불교 선종이라는 새로운 종파를 탄생시켰다. 조선불교 선종이 성립되기까지의 과정에 대해서는 좀 더 구체적인 연구가 진행될 필요가 있겠지만, 1935년 3월 7~8일 개최된 조선불교수좌대회에서 조선불교 선종 종무원 원규를 비롯한 6종의 규약을 통과시켰다는 기록을[24] 감안할 때, 조선불교 선종의 성립과 활동은 매우 빠른 속도로 진행되었음을 알 수 있다. 최근 공개된 「朝鮮佛教禪宗宗憲」에는[25] 이 종헌이 1934년 12월 30일 제정·통과되었고, 같은 날 종정의 재가를 받았으며 이듬해인 1935년 1월 5일 공포 시행되었다는 절차가 명시되어 있다. 선리참구원으로 전환한 후 단 한 달만에 선학원은 조선불교 선종의 성립을 성사시켰던 것이다. 그런데 「朝鮮佛教禪宗宗憲」의 다음 내용은 이 시기 종조 및 법통 인식과 관련하여 매우 중요한 시사점을 던져주고 있다.

제1장 종명 및 종지

제1조 조선불교는 선종이라 칭함

　　　　　본종은 신라 도의국사가 創樹한 가지산문에서 起源되어 고려 보조국사의 重闡을 거쳐서 태고보우국사의 諸宗包攝으로서 선종이라 공칭하여 이후 그 종맥이 綿綿不絶하여 왔음

제6조 본종은 신라 선덕왕 5년에 조계혜능조사의 증법손 서당지장선사에게서 심인을 받은 도의국사를 종조로 하고 고려의 태고보우국사를 중흥조로 하였고 이하 청허와 부휴의 양 법맥을 계계승승함

---

24) 『동아일보』 1935년 3월 13일자.
25) 『한국근현대불교자료전집』(민족사, 1996)에 전문이 수록되어 있다. 이 자료의 성격에 대해서는 김광식, 「조선불교 선종 종헌과 수좌의 현실인식」, 『건대사학』 9, 1997(『한국 근대불교의 현실인식』, 민족사, 1998)을 참조하기 바란다.

위에서 소개한 조선불교 선종의 종헌 제1, 제6조의 내용은 현행 대한불교조계종 종헌 제1, 제6조의 내용과 거의 일치한다. 제1조의 선종~조계종 표현과 제6조의 선덕왕-헌덕왕 표현만이 다를 뿐이다. 이것은 현 대한불교조계종의 종조와 법통 인식, 즉 도의를 종조로 하고 보우를 중흥조로 하는 인식이 선학원 조선불교 선종의 그것을 그대로 계승하고 있다는 점에서 크게 주목되는 일이다. 이 종헌에 대해 "1963년 12월 26일 대한불교조계종 총무원 총무과장 金圭烈에게서 입수하였는데 此는 단기 4288년(1955년) 8월 12일 전국승려대회에서 대한불교조계종 종헌을 제정 공포한 이후에 위작한 것이니 제1조 제2항, 제2조 및 제6조 중 특히 제2조는 그 明證이다"는 李在烈의 주장이 있다.[26] 비구 대처 분쟁 과정에서 비구측이 조선불교종헌의 내용을 위작하였다는 주장인데, 「朝鮮佛敎禪宗宗憲」의 진위여부에 대한 필자의 판단은 일단 유보하도록 하겠다.[27]

조선불교 선종은 선교양종이 지니고 있는 종명의 문제점을 극복하는 한편, 선 중심의 조선불교전통을 대표할 만한 종단을 건설하였

---

26) 각주 25)에서 소개한 자료의 표지면에 이러한 내용이 적혀 있으며, 김광식 선생은 이것을 이재열의 필적으로 보았다. 이재열은 1954년 9월 조계종 헌장을 제정 공포하는 과정에 주도적 역할을 하였는데, 이때 그의 지론인 이른바 '보조종조설'을 채택하므로써 종단 분열이 가속화되고 만암 스님이 종정직을 사퇴하는 일이 발생하기도 하였다. 이재열이 「朝鮮佛敎禪宗宗憲」의 위작 시기로 제시한 1955년은 이러한 분규가 한창 진행되던 때였다. 따라서 종헌이 위작되었다는 이재열의 주장은 당시 불교계의 복잡다단한 상황을 함께 고려한 상태에서 면밀하게 검토해 보아야 할 과제로 생각된다(이재열의 활동에 대해서는 이철교, 「불화 이재열」, 『세속에 핀 연꽃』, 대한불교진흥원, 2003의 글이 참조된다).
27) 필자는 앞서 소개했던 한암의 종조관, 즉 태고보우는 중흥조는 될 수 있으나 초조가 될 수 없다는 그의 인식을 고려할 때, 도의를 종조로 하는 부분에 대해서는 종헌 반포 당시에도 그렇게 성립되었을 가능성이 충분한 것으로 보고 싶다. 한암은 조선불교 선종의 종정 4인 가운데 한 분이었다.

다는 의의가 있다. 하지만 조선불교 선종은 선학원을 태생으로 출발한 종파라는 한계로 인하여 당시 불교계 전체의 참여를 유도해 내지 못하였다. 아울러 선학원에 대한 일제의 간섭과 감시도 이 종단의 확산을 저해하는 요인으로 작용하였을 것이다.

선학원이 조선불교 선종을 탄생시킨 1935년 불교계는 대표기관인 총본산 건설 운동을 시작하였다. 이때의 대표기관 설치 움직임에 대해서는 "내적으로는 1929년 승려대회 정신을 계승하고, 외적으로는 일제의 심전개발운동의 영향 즉, 종교단체 상호 연락과 제휴의 실시를 통한 심전개발운동의 촉구에 부응하는 계기에 의하여 나타났다. 또 일면으로는 당시 일본불교도들의 한국불교 침탈 상황을 극복하려는 의식이 대표기관 설립을 촉진하였을 것"이라는 연구결과가 발표된 바 있다.[28] 처음 얼마 동안 별다른 성과를 내지 못하고 있던 총본산 건설 운동은 1937년부터 본격적으로 추진되기 시작하였으며, 총본산 건축(각황사의 이전 건축)과 사법 초안의 완성, 총본산 대웅전 준공 등을 거쳐 총본산 寺名을 태고사로 결정하고 일제 당국에 신청서를 제출하는(1939. 5. 22.) 일이 지속되었다. 총본산 명칭을 태고사로 결정한 것은 당시 불교계가 태고 보우법통의 계승의식을 다시 한번 천명한 결과로 보이며, 결국 북한산 태고사를 이전하는 형식으로 추진된 이 일은 1940년 7월 15일부로 일제의 허가를 얻을 수 있었다.[29]

총본산 태고사 사명이 인가되자 불교계에서는 그동안 계속 문제

---

28) 김광식, 「일제하 불교계의 총본산 건설 운동과 조계종」, 『한국민족운동사연구』 10, 1994(『한국근대불교사연구』, 민족사, 1996. p.419)
29) 북한산 중흥사와 태고사(태고암)에 관계된 내용은 김광식의 「근대불교와 중흥사 － 태고의 근대적 계승의식」(『새불교운동의 전개』, 도피안사, 2002)에 잘 정리되어 있다.

가 되어 왔던 宗名 개정 문제를 본격적으로 제기하기 시작하였다. 총본산건설 운동 과정에서 불교계가 내세운 종명은 조계종이었는데, 조계종이 조선불교를 대표하는 종명이 되어야 한다는 주장은 이미 김영수, 권상로에 의해 1920년대부터 개진되어 오고 있었다. 다음의 자료를 살펴보도록 하겠다.

> B~① 그러므로 여하한 명칭으로써 조선불교의 종명을 作하는 것이 相當할런지 아직 진정한 단안이 無하므로 혹자는 말하되 조선불교는 선교를 兼崇하므로 선교양종이라든지 원종이라든지 칭할 것이라 하며, 혹자는 말하되 조선불교는 순일한 임제의 법손이므로 임제종이라든지 선종이라든지 칭한 것이라 하며, 혹자는 말하되 조선불교는 태고의 개종에 係한 것이므로 임제종 태고파라 할 것이라 하여 이론이 분분함을 免키 不能하였도다. … 然이나 전에도 述함과 같이 종명이라 하는 것은 항상 타종과 혼동치 아니하기를 爲主함은 금일에 在하여 만일 선종이라 종명을 立하면 일본의 선종3파(임제 조동 황벽)라는 선종과 구별이 無한 우려가 有하므로 제일 적당한 종명을 取코져 할진대 반드시 조계종이라 하는 외에 更無하다 단언하노라.[30]
> ② 최근에 열반한 선사들 영정에도 십분지팔구는 모두 '조계종' 三字를 기입하였은즉 오직 법령으로써 合宗시킴에 의하여 조계종의 종명을 유지하지는 못하였지마는 조계종파, 조계종 행사는 언제든지 여전하여 왔었다. 최후로 간단하게 一言을 하는 것은 지금에 우리들은 신라 때에

---

30) 김영수, 「조선불교종명에 대하야(1)」, 『매일신보』 1922년 4월 1일.
김영수는 1933년에도 조계종으로의 '종명 복구' 필요성을 강조한 글을 발표하였다(「조선불교종지에 대하야」, 『불교』 105, 1933, 3).

자립한 조계종이 오늘까지 相續不斷하여 왔으므로 이조의 법령에 의하여 선교양종으로 간판을 붙였을지언정 우리의 조파상, 법계상으로는 오로지 조계종파인 것만을 힘있게 부르짖어둔다.[31]

김영수는 실상사, 법주사 주지 등을 역임한 뒤 1918년부터 불교중앙학교 교수로 부임하였다. 여기에서 그는 불교사 교과목을 강의하게 되었는데, 그의 본격적 불교사 연구는 이 무렵부터 시작된 것으로 보인다. 이미 선문 9산에 대한 체계적이고 종합적인 연구를 발표하였던[32] 그는 B~①의 내용처럼 조계종 종명으로의 개정에 대한 강한 견해를 피력하고 나섰다. 그는 근대 이후 불교계에서 시도되었던 원종, 임제종, 선교양종, 선종 등 다양한 종명의 특성과 문제점을 조목조목 지적한 후 조계종명이 지니고 있는 정당성을 이렇게 역설하였던 것이다. 김영수에 이어 권상로도 ②의 내용처럼 조계종을 강조하였다. 조파상, 법계상으로 오직 조계종파라는 그의 표현은 태고보우~서산휴정으로 이어지는 조선 중기 이후의 법통 현실을 감안한 설득력 있는 주장이었다. 1920년대부터 제기된 이들의 조계종 관련 주장은 불교계 내부에서 많은 공감을 얻어 나갔으며,[33] 결국 총본산 건설 운동과 조선불교조계종이 성립되는 과정에서 이들은 조계종 역사와 종지 종풍 등을 정리하는 일에 매우 중요한 역할을 담당하기도 하였다.[34]

---

31) 퇴경(권상로), 「조계종(조선에서 자립한 종파의 其四)」, 『불교』 58, 1929. 4.
32) 「선종구산의 내력(1)~(6)」, 『매일신보』 1921년 10월 31일~11월 6일.
33) 김영수, 권상로가 주장한 종조·법통 문제에 대한 이의 제기는 적지 않았다. 하지만 조계종 종명과 관련한 이들의 주장에 대해 이의를 제기한 경우는 보이지 않는다. 조계종으로의 종명 개종 문제는 당시 불교계 구성원들로부터 많은 공감을 얻고 있었던 듯하다.
34) 김영수와 권상로는 총본산 건설 운동이 구체화되던 1937년 2월 경 총본산 기초위

총본산 건설 운동과 조계종으로의 종명 개정은 거의 동시에 진행된 일이었다. 그것은 당시 불교계에서 종명 개정에 대한 의지가 매우 높았음을 의미한다. 다음 자료를 통해 이 시기 종명 개정에 대한 불교계의 의지를 잘 살필 수 있다.

C~① 그러나 금석문의 사료를 통하여 문헌상으로 보아서 현재 조선불교의 종파는 오직 조계종 하나가 綿綿繼紹하여온 것이라고 歸趣되고 말았다. 그런즉 吾人은 지금이라도 재래에 행하여 내려오던 선교양종이니 선종 혹은 교종의 단일종으로 何宗何派에 속한 것도 알지 못하고 시행하던 것을 證正하여서 조계선종 하나로 통일시켜서 뚜렷하게 내세울 것이 어떠할까 하고 생각한다. 그래서 종명이 통일되면 敎政도 따라서 통일되어 조선불교의 종정이 원활하게 운전될 것이니 그러므로 종명통일은 교정통일의 전제로서 속히 단행하지 않으면 아니될 것이다.[35]
② 일찍이 半島諸山의 法侶는 조선불교의 통일을 도모키 위하여 삼십일본산을 통제할 만한 총본산이 없어서는 아니될 것을 깨닫고 萬難을 배제하며 총본산의 실현을 위하여 부단히 실천하고 노력하며 운동을 계

원으로 활약하였다(「교계소식」,『불교』新 2집, 1937, 4, p.59.). 특히 조선불교조계종의 정신을 담은 태고사사법은 김영수의 평소 주장을 대부분 반영하고 있다. 이에 대해서는 김광식, 「조선불교조계종의 성립과 역사적 의의」,『새불교운동의 전개』, 도피안사, 2002. pp.86~88 내용 참조.
35) 「종명통일과 교정통일(사설)」,『불교시보』29, 1937년 12월 1일.
이 사설에서 제시한 종명은 '조계선종'이었다. 이보다 앞서 김영수는 '선종'은 일본 선종과 혼동될 소지가 있고, '조계종'은 다른 곳에 있는 산명이나 사명에 혼동될 우려가 있기 때문에 '조계선종'으로 하는 것이 좋겠다는 글을 발표하였는데(「조선불교종지에 취하야」,『불교』新 7, 1937. 10), 이 사설은 김영수의 주장을 반영한 것이 아닐까 한다. 하지만 김영수는 이후 '조계선종'의 종명을 고집하지 않으면서 다시 조계종의 종명을 내세웠다.

속하여 왔다. 그런데 此際에 있어서 吾人이 희망하는 바는 총본산이 실현되는 동시에 宗名統一까지 시켜서 종래에 시행하여 오든 朝鮮佛敎曹溪宗으로 확정하여 단일한 조계종을 세우고 종지 선양을 일치케 하는 동시에 일반 신자의 신앙이 歸一케 하기를 바라는 바이다.[36]

③ 明治 四十四年 九月 一日부터 사찰령이 시행되고 三十一本寺 주지가 각기 寺法認可를 신청할 때에 渡邊暢氏의 안으로 종명을 세우되 조선불교는 羅麗時代에 十一宗이 있었고 이조시대에 들어와서 七宗이 되고 최후에 선교양종이 남아 있었다는데 基하여 종래에 조선불교선교양종으로써 정하여 稱名하여 왔었는데 이에 대하여 識者間에 비난이 많았던 것이다. 그럼으로 半島佛敎 新體制 조직에 있어서 총본사기 실현되는 금일에는 어느 점으로 보든지 선교양종이라는 말이 합당치 안타고 하여 去年 十一月 二十八日 三十一本寺 주지회의 시에 종래에 稱名하여오든 선교양종을 조계종으로 개정하야 총본사태고사사법 인가 신청서를 제출케 되었다.[37]

위에 든 세 종류의 인용문은 총본산건설 운동이 본격화되던 1937년부터 태고사사법 인가신청서를 제출하는 1941년까지의 상황을 알 수 있게 하는 자료다. 우선 C~①에서는 교정통일에 앞서 종명부터 통일하자는 강력한 주장이 주목된다. 앞서 설명한 것처럼 이 무렵까지 조계종으로의 종명 개정을 주장한 경우는 김영수, 권상로 등에 불과하다. 하지만 1937년 총본산 건설 운동이 본격화되면서 불교계에는 종명 개정의 여론이 확산되어간 듯하며, 그 결과 이렇게 강한 주

---

36) 「총본산의 실현과 종명통일」(사설), 『불교시보』 59, 1940. 6. 12.
37) 「조선불교선교양종의 종명개정」, 『불교시보』 66, 1941. 8. 3.

장을 담은 사설 형식의 글이 작성되기에 이른다. 종명 통일을 위한 노력은 ②의 글이 작성되는 1940년 6월 무렵까지 별다른 성과를 거두지 못하고 있었다. 그러다가 ③의 자료에 나타나듯이 1940년 11월 28일 31본사 주지회의를 통해 조계종으로의 종명 개정을 확정하였다. 불교계는 이어서 종명 개정을 포함한 총본사태고사사법 인가신청서를 조선총독부에 제출하였고, 일제는 1941년 4월 23일 총독부령 제125호로 조선불교조계종과 태고사사법을 인가하게 되었다.

Ⅳ. 조선불교조계종의 종조·법통 논의

조계종은 1424년(세종 6) 선종이라는 이름으로 통폐합 조치된 이후 우리 역사에서 사라지게 된다. 조선시대 선승들 사이에 조계종에 대한 계승의식이 일부 남아 있었다고 하더라도, 공식적인 의미의 조계종 역사는 500년 이상 단절되어 있는 상태였다. 따라서 1941년에 탄생된 조선불교조계종은 성립 자체만으로도 매우 중요한 의의를 지니는 일이었다. 특히 조계종은 고려시대 이후 가장 대표적인 불교종파로서의 위상을 지니고 있으므로, 조계종명의 회복은 곧 한국불교 전통과 정체성의 회복을 의미하는 것이기도 하였다.

하지만 조선불교조계종은 출범과 동시에 종조·법통문제를 둘러싼 뜨거운 논쟁시대를 맞이하게 된다. 종단 구성원들이 조계종 종명의 회복에는 별다른 갈등 요인을 보이지 않다가, 정작 종단 출범을 계기로 종조·법통과 관련한 격한 논쟁을 펼쳐갔던 것이다. 이 시기 논쟁에 대해 朴奉石은 다음과 같은 심경을 나타내었다.

그런데 조선불교조계종이 성립된 이래 불과 수삼년에 지나지 못하나 종조, 종명, 종지 등에 이설이 많은 것은 참으로 유감이다. 더욱이 총본산의 기관지인『불교』지상에 종조의 이설을 창도하는 것은 우리 7천 법도는 말할 것도 없거니와 敎外 인사들까지 본종의 내막을 窺伺케 함은 어찌 부끄럽지 아니하리요.[38]

박봉석이 부끄럽다고까지 표현한 이 시기 논쟁의 중심에는 김영수가 있었다. 앞서 설명하였듯이 그는 일제강점기 불교계에서 조계종명의 회복을 가장 먼저 주장하였을 뿐 아니라, 가장 지속적으로 주장한 인물이기도 하였다. 그런데 그의 조계종사관은 철저하게 태고보우를 종조로 추앙하는 '태고종조론'의 입장이었다. 태고사사법 제 4조의 "본종은 태고보우국사를 종조로 한다"는 내용은 바로 이러한 김영수의 사관이 반영된 결과였다. 보우를 종조로 추앙하는 것은 이미 한암에 의해서도 그 문제점이 지적된 바 있지만, 조선불교조계종 성립 이후에는 한동안 그와 유사한 종사관을 지녔던 권상로까지 문제점을 지적하고 나섰다.

D~① 소화 16년(1941)으로써 조선불교의 新紀元이 될 만한 것은 곧 선교양종이라는 간판을 집어치우고 정정당당한 역사적 계통적인 本有의 종명을 다시 회복하여 조계종이라는 칭호 하에 총본산이 성립되고 따라서 사법이 인가되고 주지가 인가되어서 태고국사로 종조를 모시고 태고사를 이건하게 된 것이다. 그러나 조계종의 종조가 당연히 도의국사임은 주저할 바 아니건마는 태고국사를 종조로 崇戴하지 아니치 못하게

---

38) 박봉석,「조계종의 근본이념」,『불교』新 58, 1944. 3.

된 理由가 한 가지 있었으니 그것은 별것이 아니라, 卽 是 도의국사로부터 太古師에 이르기까지의 전법계통이 역시 失傳하는 주비에 들어가고 없는 까닭이었다.[39]

② 이렇게 조선불교도 육천 승려는 태고의 법손이요 태고화상은 조선 육천 승려의 종조라는 것이 수백년 이래로 정해져서 있기 때문에 이것이 근본기초가 되어가지고 비로소 태고사라는 총본산도 설립이 되고 조계종이란 종명도 추심 결정이 되고 至於 본존과 종지도 따라서 결정이 된 것이다. 이리된 이상 만일 종조에다가 이설을 한다면 이것은 '宗義에 悖한 설을 唱하야 轉宗을 企한다는' 犯則이 되는 것이다. 그러므로 금일에 在하야는 '진즉 祖派를 발견하였더라면 도의선사를 종조로 정할 것을'하는 말이라던지 또는 '환암화상이 나옹의 법사다' '구곡과 벽계의 사이가 의심난다' '구곡이 보조의 법손이다' 하는 등 이런 말은 학설 發布로라도 하지 말아야 可할 것이다. 왜 그러냐하면 이런 것은 '본종은 태고보우국사를 종조로 한다'는 종의에 저촉되는 까닭이다. 사법 중에 종명이라던지 하는 것은 오히려 수속을 거치면 개정할 수도 있는 것이지만은 本尊과 宗祖와 宗旨와의 三種 宗義는 여하히 하더라도 개정할 수도 없는 不遷之條件이다. 만일 이것을 개정한다면 즉 금 태고사의 교단은 파괴가 되는 까닭이다.[40]

권상로는 D~①의 내용처럼 '도의종조론'의 입장을 견지하고 있었다. 특히 그는 도의-보우에 이르는 전법 계통이 담겨 있는 자료를

---

39) 권상로, 「古祖派의 신발견」, 『불교』 新 31, 1941. 12.
40) 김영수, 「조계종과 전등통규(3)」, 『불교』 新 45, 1943. 2, p.12.

소개하면서, 조계종 종조는 도의가 되어야 한다는 입장을 더욱 강력하게 주장하고 나섰다. 하지만 그가 『불교』에 소개한 「□古祖派」라는 자료는 실물을 제시하지 못한 채 자신이 필사한 내용을 근거로 했기 때문에 이에 대한 불교계의 비판이 적지 않았다. 여하튼 권상로는 도의에서 보우에 이르는 전법관계가 뚜렷하게 확인되었으므로 조계종의 종조는 태고보우가 아니라 도의가 되어야 한다는 견해를 피력하였다. 이후 그는 자신의 주장을 새롭게 정리하여 「조계종지」라는 글을 발표하였다. 여기에서 권상로는 "1) 도의국사의 得法이 가장 먼저다. 2) 도의국사 당시부터 종조로 추대하였다. 3) 태고국사가 도의국사의 19세손이요, 헌금 우리들은 태고의 문손이다"라는 세 가시 이유를 들어[41] 도의종조론을 공고히 하였다. 권상로뿐만 아니라 이 시기를 전후하여 종조 문제에 이의를 제기하는 경우가 많아지자, 김영수는 ②의 내용과 같이 다소 격한 어조의 반론을 펼쳐 나갔다. 특히 그는 종조와 관련된 문제는 '不遷之條件'이라면서 언론이든 학술행위든 종조와 관련된 논의는 금지시켜야 한다고 하였다. 그리고 위 인용문에서 보이는 것처럼 종조 개정은 태고사 교단의 파괴로까지 이어질 것이라는 경고성 발언을 하기도 하였다.

이 시기에 제기된 조계종 종조 관련 이설은 권상로의 도의종조설과 함께 이재열의 보조종조설이 있다. 보조종조설은 이미 이능화의 『조선불교통사』에서 그 단초를 찾을 수 있지만,[42] 본격적 주장은 이재열에 의해 이루어졌다. 그의 보조종조설은 일본 유학[43]과 송광사에서의 사

---

41) 권상로, 「조계종지」, 『불교』 新 49, 1943. 6.
42) 이능화는 『조선불교통사』 하권 「二百品題」 속에 '普照後始設曹溪宗'이라는 항목을 설정하고 지눌과 그의 문도, 송광사 등과 관련한 다양한 내용을 수록하였다.
43) 이재열은 1939년 도쿄 일본대학 전문부 종교과에 입학하였는데, 1941년 본과 3학

료 수집 과정을 거치면서 구체화된 것으로 보이는데, 특히 1942년 「祖道復古에 관한 성명서 및 그 이유서」를 발표함으로써 당시 불교계에 적지 않은 파문을 불러 일으켰다.[44] 이재열은 『曹溪宗源流及傳燈史之根本的硏究』, 『曹溪宗傳燈譜竝開宗敎旨』 등의 방대한 연구를 진행해 나갔지만,[45] 이러한 이재열의 주장과 연구에 대해 김영수와 권상로는 다음과 같은 비판을 하였다.

E~① "사대주의가 중관선사는 대담하게도 조계태조불일보조국사의 구세손 龜谷覺雲선사를 麗末 入元 傳法의 태고의 법손이라 법계를 날조하여 환조역부를 공연히 하였다" 운운하였지마는 기실은 … 後生인 우리가 의아는 하고 논란은 할지라도 '대담운운' 등 문자를 그야말로 대담스럽게 고인에게 더하는 것은 칭찬할 수 없다. 설사 자기의 자신하는 것 같이 「종폐혁정사업」이라는 正大한 운동일지라도 용어부터 함부로 쓰는 것은 悖子逆孫의 허물을 自取하는 것이 아닌가. … 殺佛殺祖까지도

년을 졸업하면서 제출한 논문이 「조계종원류 및 전등사의 연구」였다.
44) 김영수는 1933년 "혹 심한 이는 조선불교가 본래는 보조의 법통에 속한 것을 청허대사의 高弟되는 中觀海眼 등이 공연한 이론을 起倡하여 換父易祖의 행위를 감행한 결과로 태고의 법손이 되고만 것이라고 한다. 그러나 중관의 이의를 환부역조의 행위라 하고 따라서 우리 조선불교의 종조가 태고화상인 것을 중관 등이 위조한 것이라고 하는 것은 법손된 우리로서는 너무나 불경한 말이다"는 글을 발표하였다(「조선불교종지에 대하야」, 『불교』 105, 1933. 3). 김영수가 여기에서 지적한 '혹 심한 이', 즉 보조법통설을 주장한 인물이 누구인지는 확실하지 않다. 보조법통설과 나옹법통설은 유사한 성격을 지니고 있으므로, 앞서 소개한 澔海나 이재열, 또는 그 외의 인물이었을 가능성도 있다. 이에 대해서는 좀 더 자세한 연구가 필요할 것 같다.
45) 이재열은 1946년 『朝鮮佛敎史之硏究(第一)』(東溪文化硏揚社)를 간행하였는데, 이 책의 自序에서 "이 소책자는 거금 오년전에 치안방해(1942년 9월 3일)란 이유하에 출판허가를 취소하였던 『曹溪宗源流及傳燈史之根本的硏究』, 『曹溪宗傳燈譜竝開宗敎旨』 2부를 개편한 것이다"는 사실을 밝혔다.

우리 선종에서는 허락하는 바이다. 선배의 立說이라도 파괴 못 할 것은 아니다. 그러나 청량국사가 아니고는 정원법공을 쓰러넘기지 못한다. 좀더 정밀, 확실한 연구가 있기를 권한다. 성명이 급하지 아니하고 발표가 급한 것이 아니다.[46]

② 이와 같이 조계종의 내력이 분명 소상하거늘 근일에 와서 '조계태조 보조'라고 떠든다 하니 부득이 此에 대하여 한 말 거들 수밖에 없다. 이것이 조계종태조라는 말인지 조계산태조라는 말인지 그 意許는 알 수 없으나, 논제를 「曹溪宗源流及傳燈史之根本的硏究」라 하여 曹溪宗之源을 말하면서 조계태조라고 하는 것을 본다면, 君의 의사에는 조계종이 불일보조의 창실이라고 보는 듯싶나. 만일 그렇다고 하면 신라 헌덕왕 이래로 相傳하여 오던 구산선문은 그 종명이 무엇인가. 만일 구산선문의 종명은 禪寂이나, 다른 무엇이라고 한다면 이것은 年前에 이능화 선생의 불교통사에서 말하던 견해와 같은 것이다.[47]

김영수와 권상로는 조계종 종조 문제를 놓고 서로 다른 주장을 하면서도 이재열의 주장에 대해서는 공동으로 비판을 가하였다. 그들은 태고법통을 정통으로 인식하는 부분에 대해서 이미 충분한 공감대를 형성하고 있었기 때문이다. 반면 이재열은 종조 문제뿐만 아니라 법통에 있어서도 태고법통설을 부정하고 나섰다. 김영수나 권상로의 지적처럼 이재열의 보조종조론은 여러 가지 측면에서 문제점을 지니고 있었다. 그는 특히 각종 사료를 지나치게 자의적으로 해석하는 취약점을 보였다. 하지만 이재열은 자신의 주장을 굽히지 않고 오히려 연

---

46) 권상로, 「元曉院에 寄함」, 『불교』新 39, 1942. 9.
47) 김영수, 「조계종과 전등통규(1)」, 『불교』新 43, 1942. 12.

구를 더욱 확대해 갔으며,[48] 이로 인해 당시 종단 내에서 징계 문제가 거론되기도 하였다. 보조종조론을 둘러싼 갈등 양상은 해방 이후 불교정화운동이 진행되는 과정에서 상호 감정적인 방향으로 확대되어 갔으며, 이것은 일제강점기 종조 법통 논쟁의 학문적 의의를 실추시키는 결과로 이어지고 말았다.

1940년대의 논쟁 과정을 거치면서 김영수의 태고종조론은 점차 타당성을 상실해간 것으로 보인다.[49] 그의 종조·법통론은 다분히 현실적인 인식에서 출발한 것이라고 평가할 수 있다. "현 조선 6천 승려의 법맥을 推究하면 태고화상의 법손이 아니될 수 없다"는 표현이나, "조계 9산 중에서 가지산을 除置한 이외 8개 산문은 멸망되어 버리고 가지산파 중에서도 태고법손을 제치한 餘外의 가지산파 승려는 절손되고 말았다"는 표현은 모두 그같은 인식에서 출발한 결과이다. 서산휴정 이후 조선불교는 태고-서산의 법통을 정통으로 하고 있었다. 이로 인해 일제강점기 승단의 법통 현실은 김영수의 표현대로 모두 태고의 법손이며, 가지산파의 후손이라는 설명이 가능했던 것이다.[50] 하지만 한국선불교 전통에 대한 학문 연구가 이어지면서 조선

---

48) 이철교 선생은 "이때에 조계종 종정 방한암과 송광사 삼일선원 조실 이효봉, 조계강원 주실 임운양 등은 그의 연구를 격려하고 지지하여 주었으며, 안진호와 이능화는 직접 교열까지 보아주었다"고 하였다(이철교, 「불화 이재열」, 『세속에 핀 연꽃』, 앞의 책, p.328). 이재열의 보조종조론은 성격상 송광사 대중의 지지를 받았을 가능성이 있다. 이재열과 보조종조론, 그리고 송광사와의 상호 관계에 대해서는 별도의 연구를 필요로 하는 과제가 아닐까 한다.
49) 박봉석은 "현 조계종이 종명을 麗朝에 올라가서 추심하고 종지종풍을 羅麗에 소급하여 계승한다면 종조도 羅麗時代로 올라가서 물색함이 당연하다는 이념에서 나온 듯하다"는 견해를 밝히면서 도의종조설을 지지하고 있다(「조계종의 근본이념」, 『불교』 新 58, 1944. 3). 이에 대해 김영수는 「종조종명의 질의에 대하야」(『불교』 新 61, 1944. 6)라는 글을 통해 박봉석이 제기한 의문을 조목조목 해명한 바 있다.

중기 이후 새롭게 정비된 법통에 문제가 있다는 인식이 확산되어 갔다. 특히 조계종의 종명을 확정지은 이후, 이제는 조계종이라는 종명에 명실상부한 종조는 누가 되어야 할 것인가 하는 문제의식이 본격적으로 제기되기 시작하였다. 이로 인해 현실에 기반한 김영수의 주장과 역사적 전개 과정에 무게중심을 두고자 했던 여타 종조, 법통론자들과의 괴리감이 더욱 커져 가게 되었던 것이다.

김영수는 무엇보다 보우 이전에 조계종이 엄존하고 있었다는 역사적 사실을 부인하기 어려웠다. 또한 그가 중시했던 가지산문의 전통을 고려할 때 보우보다는 도의가 오히려 종조 위상에 걸맞지 않느냐는 논리를 근본석으로 부정할 수 없었다. 이로 인해 그는 결국 '후조계종'이라는 궁색한 논리까지 제시하고 나섰지만,[51] 얼마 지나지

---

50) 조선 중기 이후의 선가 법통은 西山系와 浮休系로 대표된다. 1764년 부휴계 문손인 碧潭幸仁이 전주 송광사 板所에서 『해동불조원류』 목판을 불살라버린 적이 있다고 한다. 이 사건은 해동불조원류의 내용이 지나치게 서산파에 편중되어 있는 데 내한 불만에서 비롯된 것으로 알려져 있다. 부휴계는 송광사를 주요 근거 도량으로 삼고 있었으며, 이 때문에 부휴계와 보조법통(종조)설의 상관성을 유추해볼 수도 있다. 하지만 부휴계 선승들은 보조의 선사상을 중시하면서도 법통만큼은 태고법통을 그대로 유지해 왔음이 확인된다. 결국 조선 후기에서 근대에 이르기까지 태고법통은 불교계 전반에 확산되어 있던 유일한 법통이었다고 해도 과언이 아니다. 조선시대 불교 법통과 관련하여 다음의 연구를 참조하기 바란다.
김영태, 「조선 선가의 법통고」, 『불교학보』 22, 1985.
최병헌, 「조선시대 불교법통설의 문제」, 『한국사론』 19, 1988.
──, 「조선후기 부휴선수계와 송광사 - 보조법통설과 태고법통설 갈등의 한 사례」, 『同大史學』 1, 1995.
종 범, 「조선시대 선문법통설에 대한 고찰」, 『논문집』 1, 중앙승가대, 1992.
이봉춘, 「조선후기 선문의 법통고 - 경허의 법맥계보를 중심으로 - 」, 『한국불교학』 22, 1997.
허흥식, 「중세 조계종의 기원과 법통」, 『한국중세불교사연구』, 일조각, 1994.
51) 「종조종명의 질의에 대하야」(『불교』新 61, 1944. 6)에서 이같은 견해를 밝혔다. "今 태고사법에서 태고화상을 종조로 한다는 것은 현 조선불교태고법손인 칠천

않아 조계종의 종조는 도의로 확정되는 변화를 보이게 된다.

이상에서 살펴본 바와 같이 1941년 조선불교조계종 성립을 전후하여 불교계는 치열한 종조, 법통 논의를 전개해 나갔다. 이같은 논쟁이 발생하게 된 근본 원인으로 역시 조계종사 관련 자료가 지극히 한정되어 있다는 사실을 들지 않을 수 없다. 조계종은 고려시대 가장 유력했던 종파였고, 한국 선불교 전통을 대변할 만한 역사성을 지닌 종파였다. 그럼에도 불구하고 우리는 아직까지 조계종의 기원, 즉 조계종의 정확한 성립 시기를 밝혀줄 만한 자료조차 찾아내지 못하고 있다. 이처럼 자료가 빈곤한 상태에서 진행된 이 시기 논쟁은 어쩔 수 없이 연구자 개인의 주관적 관점이 강하게 작용될 수밖에 없었을 것이다. 하지만 필자는 일제강점기 전반에 걸쳐 진행된 종조, 법통 관련 논쟁에 대해 매우 긍정적인 평가를 하고 싶다. 이 시기에 진행된 연구는 한국불교의 고유성 정체성을 회복해 가는 작업이었을 뿐 아니라, 이들의 노력을 통해 한국선불교의 다양한 역사가 비로소 새롭게 조명될 수 있었기 때문이다. 특히 이 시기 연구자들의 노력을 바탕으로 조계종 종명이 회복되었다는 점은 무엇보다 중요한 의의를 지니고 있는 일이라 하겠다.

승려로 조직된 조계종의 종조라는 것이다. … 태고 이전의 조계종은 조계혜능조사 법손인 구산선파문도로 조직된 교단의 명칭이요, 태고 이후 금일의 조계종은 태고법손 칠천승려로 조직된 교단의 명칭이다. 이것을 구별하기 위하여 태고사법 중에서 똑똑하고 분명하게 大字特書하기를 '조선불교조계종'이라고 하지 아니 하였는가. 이 조선불교조계종이란 것은 역사상에 흔히 볼 수 있는 후백제 후고구려라는 것과 같은 '후조계종'이란 의미다. … '조선불교조계종'이란 것은 竪로는 태고 이전 구산법손으로 조합된 고려불교조계종이 아니라, 현 태고법손 칠천문도로 조직된 조선불교조계종이요. 橫으로는 조계혜능대사의 법손인 임제 · 조동 등 內地佛敎가 아니라 태고법손의 조선불교조계종이라고 對他簡別으로 표시하는 종명이다."

V. 맺음말

　일제는 식민통치 초기부터 사찰령과 30본말사법 등을 통해 조선불교계를 장악해 갔다. 그들이 내세운 조선불교선교양종은 기형적 宗名이라는 문제점을 지닌 채 1941년까지 불교계를 대표하는 종명으로 지속되었다. 일제의 인가 여부와 관계없이 불교인들은 나름대로 원종, 임제종, 조선불교 선종 등의 종단을 세워 나갔으나 불교계 전체를 대표할 만한 단일종단으로 성장하지 못했다.
　일세강점기 후반에 해낭하는 1937년경부터 불교계는 총본산 건설 운동을 본격적으로 추진하였다. 이러한 과정에서 불교계는 종명의 개정과 총본산 태고사 건립을 성취할 수 있었는데, 이때 불교계 공의에 의하여 결정된 종명이 조선불교조계종이었다. 조계종은 한국불교 역사를 대표할 만한 의의를 지니고 있는 종파였다. 따라서 1941년 조계종명을 회복하였다는 사실은 한국불교 정체성을 회복하기 위한 붉교인들의 노력이 어느 정도 결실을 보게 되었다는 것을 의미하기도 한다.
　조계종으로의 종명을 회복한 이후 불교계는 종조와 법통 문제를 둘러싼 논쟁에 빠져든다. 나옹법통이나 보조법통을 강조하는 주장은 조선불교조계종 성립 이전 시기에 이미 제시되었지만, 조계종이 공식 출범하면서 종조로 태고보우를 천명하자 이에 대한 이견이 적극적으로 개진되기 시작하였던 것이다. 이 시기 종조론은 태고종조론, 도의종조론, 보조종조론 등 세 가지로 나눌 수 있다. 이 가운데 태고종조론과 도의종조론은 태고보우의 법통을 중시하는 것으로, 거의 유사한 조계종 사관을 형성하고 있었다. 반면 보조종조론은 종조와 법통 모두를 보조지눌 중심으로 보고자 하는 주장이었다. 김영수, 권상로, 이재열 등이 적극 나섰던 이 시기 종조·법통 논쟁은 나름대로 소중한 의의를 지니고 있다. 특히 이들의 논쟁을 통해 한국불교사, 한국선종사를 연구하는 풍토가 본격적으로 조성되기 시작하였다는 점은 높게 평가할 필요가 있다. 일제강점기 불교계가 한국불교의 고유성과 정체성을 회복해가는 데 있어 이들의 연구는 결코 적지 않은 기여를 하였던 것이다.

근대 한국불교의 타종교 인식

이재헌 | 경원대학교 강사

1. 시작하는 말

2. 護佛論的 會通論 : 불교의 정체성과 자신감 회복

3. 기독교에 대한 대응 : 불교개혁 패러다임의 형성

4. 사회진화론과 종교학 이해 : 근대불교학의 태동

5. 끝맺는 말

1. 시작하는 말

성리학적 국가 체제 아래에서 극심한 탄압을 받아왔던 한국불교는 일제의 종교 침략 전술에 의해 1895년 승려의 都城出入禁止가 해제되면서 과거에 경험해 보지 못했던 다소 생소한 종교 지형에 직면하게 된다. 즉 1887년 소위 韓佛修好通商條約으로 인한 信敎의 自由는 종교다원주의적인 환경을 조성하였고, 西勢東漸의 물결을 타고 급속하게 세력을 팽창해 나가는 기독교라는 새로운 종교를 만나게 되었으며, 1905년 러·일 전쟁 전후에 우리나라 지성계를 강타했던 사회진화론의 生存競爭 원리는 종교 경쟁 속에서 어떻게든 살아남아야 한다는 강박관념을 갖게 했던 것이다.

이에 불교는 타종교에 대한 새로운 인식과 그들과의 경쟁에서 살아남기 위해 전통 불교를 시대에 알맞게 改革해야 한다는 時代 思潮를 형성하게 되었다. 그것은 또한 한국불교의 '정체성 찾기'라고도 볼 수 있는 것인데, 물론 불교의 생존과 발전을 담보하려는 시급하고도 불가피한 과제였지만, 오랫동안 無宗·無脈의 질곡 속에서 탄압받았던 한국불교의 입장에서는 지난한 과제가 아닐 수 없었다. 특히 國敎가 인정되지 않고, 宗敎와 政治는 분리된다고 하는 것은 전통 불교의 입장에서 볼 때 일찍이 경험해 보지 못했던 새로운 상황이며, 이러한 상황에 적응하느냐 못 하느냐가 불교의 정체성 확립에 있어서 가장 중요한 과제였던 것이다.

그런데 바로 전시대의 혹독한 탄압으로 인해서 이러한 시대적 상황을 충분히 관조하고 적절하게 대응할 만한 준비를 갖추지 못했던 불교가 새로운 자기 정체성의 확립에 어려움을 겪는 것은 어떻게 보면 당연한 일이었는지도 모른다. 다만 불교로서는 기독교의 급속한 발전을 목도하면서 어떻게든 자기 개혁을 단행하여 경쟁력을 회복하는 것이 최대의 급선무였으며, 불교의 종교적 정체성에 대한 기독교 및 타종교의 도전에 대해 대응하면서 스스로 종교적 정체성을 형성해 갈 수밖에 없었던 것이다.

그리하여 불교의 종교적 정체성 확립은 바로 불교개혁론의 성격을 띨 수밖에 없었으며, 이것은 하나의 패러다임으로서 일제강점의 1930년대 중반까지 약 40여 년 동안 하나의 도도한 흐름을 형성했던 것이다. 어떤 면에서는 이러한 흐름이 해방 이후 오늘날까지 이어지고 있다고 볼 때, 당시 불교 개혁의 패러다임이 형성되고 변질되는 과정은 오늘날 반드시 조명되어야 할 문제라고 생각된다.

따라서 이 논문에서는 한국불교의 근대화를 결정적으로 촉발한 1895년의 入城解禁 이후 한국불교가 당시의 종교 지형과 타종교를 어떻게 해석하고 인식하였는가 하는 점을 살펴봄으로써, 불교가 종교적 정체성을 확립해 나가는 과정과 개혁의 패러다임이 형성되어 가는 일련의 과정을 살펴보려고 한다.[1]

---

1) 근대 한국불교의 종교적 정체성에 대한 논문으로는 송현주의 「근대 한국불교의 종교정체성 인식-1910~1930년대 불교잡지를 중심으로」(『불교학연구』제7호, 2003. pp.327~357.)이 있다. 이 논문에서는 불교에 대해 '미신과 우상숭배', '무신론', '철학'이라는 기독교 측의 비판에 대해 종교정체성을 지키려는 불교측의 대응양상을 기술하고 있다.

2. 護佛論的 會通論 : 불교의 정체성과 자신감 회복

근대 한국불교의 선각자들이 한국불교를 연구함에 있어서 제일 먼저 착수했던 것은 無宗·無脈의 산중불교시대를 거치면서 자신감을 잃고 방황하고 있는 한국불교의 정체성을 확립하는 작업이었다. 그런 점에서 타종교와의 비교를 통해서 불교의 正體性을 확립하고 自信感을 회복시키는 작업은 중요한 의미를 갖는 것이다. 이것은 전통적인 불교 회통론의 형식을 통해 이루어졌는데, 타교의 공격에 대해 방어적 논리에 급급했던 전통적 회통론과는 달리 이때의 회통론은 새로운 시대에 타종교와의 경쟁에서 우월성을 확보하기 위한 능동적이고 자신감에 찬 작업이었다는 점에서 또 다른 의미가 있는 것이라고 하겠다.

당시 불교계의 이러한 입장을 가장 잘 대변해주고 있는 것이 바로 이능화(1869~1943)의 최초의 저서인 『百敎會通』(1912)이다. 이 책은 우리나라 최초로 세계 종교들을 比較的 觀點에서 본격적으로 다루었다는 점에서 한국종교학에 있어서도 중요한 업적으로 꼽히고 있는 책이다. 이 책에서는 11개의 종교를 각각 불교와 비교해 보고 있는데, 여기서 대조된 종교로는 道敎, 鬼神術數의 敎, 神仙敎, 儒敎, 基督敎, 이슬람교, 바라문교, 太極敎, 大倧敎, 大宗敎, 天道敎가 있다.

그는 모든 종교를 總合하여 불교와 대조해 보고 있는데, 여기서 대조의 기준으로 삼고 있는 것은 '天'에 대한 믿음이다. 이능화는 보통 옛부터 하늘이란 4종으로 구분되어 왔다고 하면서,[2] 유교에서 말

---

[2] 여기서 第一種天이란 형체로서의 하늘을 말하는 것이니, 蒼天, 天覆 등을 말한다.

하는 天은 4가지가 다 있고, 基督教, 이슬람교, 바라문교, 大倧教, 大宗教, 天道教 등에서 말하는 하늘은 주로 제2종천이라고 본다. 그는 불교에도 이 4가지 하늘이 다 있으나, 부처님은 이 4가지를 뛰어넘은 까닭으로 하늘 중의 하늘〔天中天〕이라고 한다. 그리고 제1종의 하늘, 즉 蒼天같은 것은 부처님께서는 다만 허공을 가리킬 뿐 하늘로 치지도 않는다고 하였다.[3] 특히 그는 '佛教要領'에서 불교의 교설을 20가지로 나누어 요약, 설명하였고, '對辨'에서는 그가 이 책의 서문에서 "끝 부분의 對辨에 대해서는, 나는 佛者인 고로 불교를 비방하는 자에 대하여 辨明할 따름이오, 다른 것이 있는 것은 아니다"[4]라고 분명히 밝혔듯이, 世人의 불교 비판에 대한 辨證을 11개항에 걸쳐 시도하고 있어서 불교인으로서의 그의 기본적인 입장을 분명하게 하고 있다.

한편 이능화는 『백교회통』 이외에도 教理的인 비교를 통해 불교의 우수성을 확인하려고 하는 작업을 다양하게 시도하였다. 그는 유교와 기독교, 불교를 교리적으로 비교해서 말하기를,

예컨대 孔教는 或云言性與天道는 不可得而聞이라 하며 或云天命之謂性이라 하나 天이 如何命之함은 無明言者로되 天賦靈魂한 始終條理는 耶敎가 孔教에 비하여 一層明瞭하며, 善則天堂惡則地獄의 因果法律은

第二種天이란 主宰하는 것으로서의 하늘을 말하는 것이니, 天帝, 皇天 등이 그것이다. 第三種天이란 命運으로서의 하늘을 말하는 것이니, 곧 '하늘이지 인간이 능히 하는 바가 아니다.'하는 등이다. 第四種天이란 義理로서의 하늘을 말하는 것이니 天理, 天道 등이다.
3) 李能和, 『百教會通』, 佛教書館, 1912, pp.56~57.
4) "至若末章對辨諸文하야는 余는 佛者故로 對謗佛者하여 辨明而已오 非有他耳라." 李能和, 같은 책, 序文.

> 불교가 耶敎에 比하여 百倍明晳하며 一心의 諦理와 萬法의 根源의 說明은 佛敎가 耶敎와 孔敎에 비하여 百倍了然하니 此等은 宗敎上 無形的競爭을 因하여 哲理를 調和하며[5]

라고 하여 敎理的 우수성에 있어서 불교를 가장 높게 보고, 그 다음 기독교, 유교 순으로 낮게 평가하고 있음을 알 수 있다. 이것은 다음의 말을 통해서도 확인되는 것이니,

> 今世의 허다한 종교에 어느 종교가 좋지 않은 것은 아니다. 戒銘, 福音을 信從하야 장래 천당의 복락을 希覬하는 기독교도 좋고, 도덕 윤리를 창명하야 현재 人世의 안락을 도모하는 孔子敎도 좋다. 그러나 能和는 萬事萬理를 自心自性에 求하는 佛法을 제일 좋은 것으로 看取하였다.[6]

라고 하여, 기독교의 목표는 천당의 福樂이요, 유교는 현세의 安樂을 도모하는 등 나름대로의 長處를 가지고 있지만, 自心自性의 깨침을 구하는 불교가 가장 좋은 것이라고 판단하고 있음을 알 수 있다.

이능화는 '민족 근대화의 가능성 모색'이라는 자신의 일관된 문제의식이 있었는데, 이에 따라 한국의 종교들을 각각 비교·평가하였으니, 그가 가장 높게 평가하는 것은 佛敎였으며, 가장 비판적으로 보았던 것은 儒敎였다. 그리고 基督敎에 대해서는 한국 개화에 공헌하고 있는 점을 들어 상당히 긍정적으로 평가하였다. 그는 근대 한국의

---

5) 李能和,「佛敎와 他敎의 競爭」,『朝鮮佛敎界』제3호, 1916. 6, p.10.
6) 李能和,「萬事萬理를 自心自性에 求하기 爲하야」,『佛敎』제50·51호, 1928. 9, p.60.

낙후와 관련하여 모든 罪過를 완고한 유교에 돌리고 있다. 그는 유교를 이렇게 固滯化 시킨 것은 조선 주자학의 전횡에 말미암은 것으로 보았다.

> 우리 동방에 유학이 있어온 이래로 程朱學說이 먼저 나라에 들어와, 학자의 뇌 속에는 다만 程朱가 있는 것만 알았지, 다른 학설은 알지 못해 번번히 배척을 가하였다. 李退溪선생이 程朱學說 保守派의 우두머리가 되니, 뒤의 학자가 다 부화뇌동하여 감히 異說을 창시할 수가 없었다.[7]

라고 하여 특히 李退溪를 중심으로 하는 조선 주자학파의 학문적 전횡을 비판하였다. 이러한 朱子學의 專橫은 학문과 사상의 자유를 억압함으로써 학문과 예술·문화를 쇠퇴시켰다고 하였다. 이러한 편벽된 유교는 崇正學·闢異端과 尊中華攘夷狄을 국시로 삼게 하여 西教를 배척하고 外人을 거절하는 등 외교상으로 事大主義와 鎖國 政策을 가져오게 되었으며, 그 결과 조선 민족으로 하여금 세계의 낙오자요 시대에 뒤떨어진 민족이 되고 말았으니, 그 허물은 완고한 유교에 돌려야 한다는 것이다.[8]

한편 권상로(1879~1965)는 제종교의 장·단점을 看取한 바탕 위에 불교가 그 중에 가장 우수한 종교라는 점을 내세우려 한다.

---

7) 李能和,「朝鮮儒界之陽明學派」,『이능화전집(속집)』, 한국학연구소, 1978, p.693.
 "吾東自有儒學以來 程朱學說 先入國來 學者腦中 只知有程朱 而不知其他說 輒加排斥 李退溪先生 爲程朱學說保守派之第一首領 後之學者 皆隨聲附和 未敢創異說焉"
8) 李能和,『朝鮮基督教及外交史』, 緖言.

원래에 불교는 유교나 예수교처럼 다만 인격적인 天神이나 혹은 성현만을 숭배하는 것과도 같지 않고, 또는 道敎처럼 다만 영구적인 자연법칙으로 의지를 삼는 것과도 같지 않아서, 삼보에 귀의하는 것은 곧 사람과 법, 두 가지를 하나로 통일하여서 신앙을 내는 이상을 삼는 것이다. … 유교는 사람으로서 처세하여 立功, 立德하는 데는 독특한 좋은 점이 있지만 찬란미묘한 광명이 없으므로 능히 일반사람의 마음을 고무하여 광명한 앞길로 향하여 매진하도록 하지 못하며 다른 종교들은 일종의 攝引하는 힘은 있으나 사람으로 하여금 向上, 向善에 노력하게는 못 한다.[9]

라고 하여 불교는 人格神을 믿는 종교와 非人格的 법칙을 의지하는 종교를 포괄하여 人格神과 法 두 가지를 모두 신앙하는 종교라는 것이다. 이는 불교가 自力 및 他力 신앙을 兼行함을 장점으로 내세우고 있는 것이며, 또한 불교는 타종교의 신비스러운 면과 윤리적 가르침을 동시에 가지고 있는 종교임을 드러내고 있다고 할 수 있다.

한편 그는 각 종교의 救援觀을 비교하여 설명하되,

神術로 중생을 가르치면 중생이 그 希夷함은 느낄지언정 人人이 皆神은 되지 못할지며, 天道로 중생을 가르치면 중생이 그 渺茫함은 느낄지언정 人人이 皆天은 되지 못할지며, 仙學으로 중생을 가르치면 중생이 그 恬靜함은 느낄지언정 人人이 皆仙은 되지 못할지며, 孔子의 書로 중생을 가르치면 중생이 그 規矩는 느낄지언정 人人이 皆孔子는 되지 못할지며, 耶蘇의 敎로 중생을 가르치면 중생이 그 博愛함은 느낄지언정

---

9) 權相老,「光明의 길」,『退耕堂全書』제8권, 1990, p.541.

人人이 皆耶蘇는 되지 못할지니, 然則 吾儕衆生은 何의 歸依하던지 但 古聖의 糟粕만 啜하며 咳唾만 拾할 따름이요 一聖人으로 同化함은 得치 못할까 寧有是哉리오.[10]

라 하여 대개의 종교들이 절대자를 높이고 인간을 낮추어 인간 스스로 절대적 지위에는 가지 못하도록 제한을 가하고 있음을 비판하고 있다. 이에 비하여 불교는 인간 자체의 초월성을 인정하는 종교이니,

唯佛은 天中天이며 聖中聖이라. 諸天의 범위를 초탈하며 諸聖의 規矩에 탁월히야 衆生의 自心中에 本具한 佛性을 開示하시니, 佛은 즉 그 性을 先覺한 者이오 중생은 즉 그 性을 方覺할 者이라. 覺의 後先은 有할지언정 覺할 當體는 別立한 地位로써 凡夫의 難行할 處가 아니오. 즉 個人自己의 고유한 불성을 反語함이니 此性이 旣聖凡에 在하야 增減異同이 無한지라. 그 究竟도 平等無二하야 一切衆生이 皆可成佛이니 卽 所謂 感化力은 唯佛敎爲大로다.[11]

라 하여 부처와 중생이 깨달음의 선후는 있을지언정 平等無二하여 모든 중생이 成佛할 수 있는 것이니, 그 감화력에 있어서 불교가 가장 위대한 종교라는 것이다.

한편 「天과 淨土의 界說」이라는 논문[12]에서는 불교의 淨土와 타종교의 天堂을 비교하여 불교의 우수성을 논하고 있다. 그는 天堂은

---

10) 權相老, 「佛敎의 感化力」, 『朝鮮佛敎月報』제4호, 1912. 5, p.8.
11) 권상로, 같은 글, p.8.
12) 權相老, 「天과 淨土의 界說」, 『佛敎振興會月報』제9호(1915. 11.), 『韓國佛敎雜誌叢書』제16권, pp.739~742.

다른 종교들이 많이 말하는 것이지만, 淨土는 불교만의 說로써 다른 종교들이 미치지 못하는 것이라고 하면서, 天이 至高無上, 至大無外인 줄만 알지 그 밖에 다시 淨土가 있는 줄은 알지 못하고 있다고 주장한다. 그는 각 종교의 경전에 나오는 天에 관한 언급을 인용한 뒤에, 諸敎는 法天行道하여 감히 天을 어기지 못하지만, 오직 불교는 오히려 諸天이 奉行하여 감히 佛을 어기지 못하는 것이라고 하면서 佛이 天보다 상위의 존재임을 논급하고 있다. 요컨대 그는 불교와 타 종교와의 교리적 비교를 통해서 불교의 우수성을 드러내고자 하였던 것이다.

한편 白龍城(1864~1940)은 大覺敎라는 새로운 교명으로서 타종교에 대해 불교의 종교적 정체성을 찾으려 하였는데, 유교·도교·기독교 등 타 종교에 대해 불교의 우수성을 이론적으로 논구하고 있다. 그는 『歸源正宗』의 「辨偏圓章」에서 "공자의 가르침은 修身·齊家·治政을 설하는 학문으로는 대단히 적절하나 출세간의 뜻에는 어두운 까닭에 원만하다고 할 수 없다"[13]라 하고 노자에 대해서는 "노자는 정치에는 的實함이 없고 출세간의 도에는 반밖에 이르지 못했다"[14]는 것이다. 기독교에 대해서는 "기독교는 불교에서 설하는 天敎(착한 일을 많이 하면 하늘에 태어난다는 가르침)와 대단히 흡사하다. 그 교설이 적실하지 못하고, 또 자기의 심성에는 전혀 밝지 못하다"[15]라고 평하였다. 이에 대해 불교는 만법을 통괄하여 한 마음을 밝히는 〔統萬法明一心〕 법이라는 것이다.

---

13) 孔氏 切近於修身齊家治政之學 昧於出世之旨故非圓也
14) 老氏 於政治之門 未的而出世之道半了
15) 西天敎會 似近於釋氏之天敎然其說未的 又全昧於自家之心性

3. 기독교에 대한 대응 : 개혁 패러다임의 형성

　근대 한국불교의 전개에 있어서 기독교의 활발한 전도는 그 자체가 하나의 문화적 충격이었고, 어떤 형태로든 커다란 영향을 끼쳤음은 부인할 수 없는 사실이라고 하겠다. 근대불교계에 있어서 기독교에 대한 대응은 크게 두 가지 형태로 이루어졌다고 보는데, 우선은 기독교에 대한 불교 측의 위기감, 내지는 반감의 표출이고, 두 번째는 이 보다 한걸음 더 나아가 기독교의 현대식 포교에 영향을 받아 불교를 어떻게든 현대식 종교로 개조해 보려는 사고방식, 즉 불교개혁의 패러다임을 형성하는 계기가 되었다는 점이다.

　권상로는 기독교에 대해서 비판적인 시각을 여러 가지로 표현하였으며, 기독교의 급속한 침투에 대하여 동양 종교의 단결을 호소하고 있다. 그는 "인류는 道德에서 살고, 도덕은 宗敎라야 붙든다"라고 하여 종교의 본질을 信心修鍊, 道德培養, 氣質變化로 보고 있는데, 檀君, 釋迦, 老子, 孔子가 각기 다른 표어를 내걸기는 하였으나 그 歸趣는 모두 인생의 本分 價値를 잃지 않게 하려는 면에서 동일하다는 것이다. 그런데 오늘날 外來 宗敎에 침투되고 新式 文明에 현혹되어 종교의 本色이 거의 없어지고 있다는 것이 그의 지적이다. 그는 동양 종교의 침체를 우려하여 말하되,

　二千年도 다 못되는 最近 文明에 마취되어서 自家의 전통적인 世業을 草芥같이 버리고 魔界와 邪道로만 탈선하고 있으니 종교 신앙상 또는 인류 도의상 극도의 叛逆이 아니랄 수 없다. 이대로만 간다면 동양의 여러 종교는 너나 할 것 없이 한가지로 멸망밖에는 아무 것도 없을 것이

다. 자기들이 자기의 敎를 멸망케 하는 것은 자기들의 業果를 받으려니 와 모든 사람들의 改過遷善·離苦得樂·革凡成聖 등등의 課業은 누가 맡어 할 것인가.[16]

라고 하여, 이른바 종교 경쟁 시대를 맞이하여 서양 종교와 문명의 활발한 침투에 대하여 전통 종교들이 얼마만한 위기감을 느끼고 있는가를 대변해 주고 있다. 그리하여 무엇보다도 해이해진 倫理, 道德을 고취하기 위해서는 동양종교의 신앙과 단결이 절대적으로 필요하다고 그는 주장하고 있는 것이다.

한편 그는 나름대로의 類型論을 세워서 서양 및 중국의 종교문화와 불교문화를 비교 고찰하기도 하였다. 그는 서양 종교의 인생관을 奴主的 문화의 체계라고 본다. 이에 비해 중국식 문화체계는 父子式 문화체계로서, 서양의 奴主的 문화보다 합리적인 면이 많다는 것이다. 그런데 불교는 師弟的인 문화라고 하였다. 즉 먼저 깨달은 이는 스승이오, 뒤에 깨달은 이는 제자이기 때문이다. 奴主관계에서는 義가 중하고, 父子관계에서는 情이 중하지만, 師弟관계에서는 情과 義가 다 중요하다. 그리하여 공동적으로 同事하는 완전히 평등한 지위에 있으니, 이것이야말로 민주주의 자유정신에 꼭 적합한 것이라는 것이다.[17]

여기서 두드러지는 점은 그가 서양 문명의 급속한 확장에 대해 상당한 견제 심리를 가지고 있으며 따라서 전통 동양 문명의 분발을 촉구하고 있다는 것이다. 그리하여 儒佛道 등 전통 종교의 공통된 특성

---

16) 權相老, 「大韓宗教聯盟趣旨書」, 『退耕堂全書』제8권, pp.107～109.
17) 權相老, 「光明의 길」, pp.707～718.

을 '도덕성'에서 찾고, 크리스트교는 이에 반한다고 보아 비판을 가하고 있는 것이다. 기독교에 대한 이러한 경계심과 위기감은 당시 불교계의 일반적인 정서였다고 볼 수 있다. 예컨대 이능화도

> 미래에 일반의 신자는 그 교리를 信服하기 보다 세력을 더 의뢰하는 경향이 있을 것이다. 저 西敎의 선교사들은 이러한 기미를 이용하여 예수교 만능주의를 고취하니라. 방관적 위치에 있는 사람으로서 냉정한 눈으로 이를 간파하기가 용이하였느니라.[18]

라고 하여 서양제국주의 세력과 함께 하는 기독교의 포교 방법에 대해 경고를 던지고 있다.

또한 백용성은 기독교의 세력 확장에 위기감을 느끼고 이를 교리적 논설과 새로운 불교운동을 통해서 극복하여 불교개혁운동을 전개해 나갔던 대표적인 개혁승이다. 그는 "다른 종교의 교당에서는 종소리가 쟁쟁하며 교중이 만당하였으나, 우리 불교 사찰은 적막하기만 하고 사람이 없으니, 이것이 누구의 허물인가?"[19]라고 탄식하며 불교가 일반대중에게 호소력이 없음을 절감하였다. 특히 그는 기독교의 적극적인 포교에 자극을 느꼈을 뿐만 아니라 불교를 비방하는 데 격분하여 1910년 『歸源正宗』을 저술하여 교리적인 논박을 하였으니, 이것이 우리나라에서의 기독교에 대한 불교의 교리적 논박서로서는 최초의 저술일 것이다.[20]

---

18) 李能和, 「宗敎와 時勢」, 『惟心』제1호(1918, 9), p.35.
19) 外道敎堂 鐘聲錚錚 然如林吾道 寂寞無人 是誰之過也. 『龍城禪師語錄』 부록, p.24.
20) 한보광, 「龍城禪師」, 『한국불교인물사상사』, 불교신문사, 1997, p.421.

당시 그는 지리산의 칠불선원에서 宗主로 있었는데, 호은 장로가 청하여 말하되, "옛날에 우리 교를 배척한 자로서 정자와 주자에 지나는 자가 없었으나 현재에 더욱 심하게 배척하는 것은 예수교라. 우리가 먼저 남을 배척할 것까지는 없지마는, 한번 변론할 필요는 있으니 원컨대 선사는 변론하는 책 하나를 저술하여 종교의 깊고 얕은 것을 알게 하소서"라고 청함에 이에 마지못해 응하여 『귀원정종』을 저술했다고 한다.[21] 그는 기독교에 대해 도가 자기의 심성에 있는 것을 알지 못하고, 천당 지옥의 禍福을 논하는 망령된 학설로 세상 사람을 속이고 현혹시킨다고 보았다. 그리고 태초에 상제와 道가 있어 만물을 생했다는 것을 비판하며, 신이 만물을 창조했다는 것과 현실적 부조리의 논리적 모순을 지적하고 있다.[22]

그러나 기독교에 대한 이러한 비판적인 입장과는 달리, 이를 긍정적 입장에서 보려고 하는 시각도 있었던 것이니, 이러한 시각을 대표하는 인물이 바로 이능화였던 것이다. 그는 유창한 외국어 실력으로 선교사 및 외교관들과 교유하면서 기독교에 대한 지식을 자연스럽게 키워나갈 수 있었다고 생각된다. 또한 아버지 李源兢의 적극적인 기독교 신앙 활동도 그에게 깊은 영향을 주었을 것이다.[23]

그는 기독교가 한국에 수용됨으로써 나타난 긍정적인 측면에 대해서 논하고 있는데, "西敎에 들어가게 되면 계급 차별이 이로써 없어지고"[24]라 하여 기독교는 유교와 같이 극소수의 양반만을 위한 종

---

21) 白龍城,「大覺敎 運動과 그 理念」,『韓國近代民衆佛敎의 理念과 展開』, p.132.
22) 한종만,「불교유신사상」,『韓國近代民衆佛敎의 理念과 展開』, 한길사, 1988, p.180.
23) 여기에 대해서는 李能和의『朝鮮基督敎及外交史』下編(pp.203~204.)과 李光麟의「舊韓末 獄中에서의 基督敎 信仰」,(『韓國開化史의 諸問題』, 一潮閣, 1986, pp.217~238)을 참조할 것.

교가 아니라, 일반 백성과도 관계되는 모든 사람의 종교임을 강조하고 있다. 즉 이능화는 기독교가 우리나라에 들어오게 되면서 신분이나 지역의 차별이 해소되어 平等하게 됨으로써, 피지배 세력이 역사의 담당자로서 보다 많이 참여하게 되었다는 사실을 강조하고자 했던 것이다.[25]

그는 더 나아가 기독교가 한국 사회의 開化를 위해 커다란 역할을 하고 있음을 높게 평가하고 있다. 예를 들어

> 현재로써 보면 西敎 諸派의 신도 수는 적어도 수십만이 되는데, 우리 사회와 직접적으로 큰 관계가 있고 간접적으로도 영향이 있으니, 즉 풍속과 습관을 바꾸고, 민족의 정신을 개조하는 데 있는 것이다.[26]

라 했고, 당시 개신교의 포교 방법을 들어서

> 이 派의 傳敎 방법은 天堂의 복음을 廣布하는 동시에 학교, 병원 등의 공익사업을 병행하여 신문명의 공기를 조선인의 머리에 불어넣으니, 일반의 사회는 이를 환영하여 교회의 발전은 舊派보다 일층 속도를 보이니라.[27]

---

24) 이능화, 같은 책, p.164.
25) 김수태, 「李能和와 그의 史學」, 『東亞硏究』제4집, 서강대 동아문화연구소, 1984, 9, p.119.
26) 李能和, 『朝鮮基督敎及外交史』下編, p.201. "到今觀之하면 西敎諸派信徒之數는 不下數十萬 而與我社會로 大有直接關係 間接影響者하니 卽在移易風俗習慣하고 改造民族之精神이라."
27) 李能和, 「宗敎와 時勢」, p.35.

라고 하여 그들의 포교 활동이 당시의 한국 사람들을 開化시키는 데 커다란 역할을 하였다는 점을 높이 평가하고 있다.

이렇듯 비교적 긍정적 시각을 가지고 있던 이능화의 기독교관을 더욱 잘 알게 해주는 것이 바로 우리나라 사람에 의한 최초의 한국기독교사 저술이라는 『朝鮮基督敎及外交史』(1928)다. 그 자신 기독교인이 아니요 불교인으로서 이러한 책을 썼다는 것이 주목되는 것인데, 당시까지의 한국천주교회사서로는 달레(C. H. Dallet)의 저작이 있었지만, 달레의 교회사는 종교적이며 순교적 사실에 치우쳐 한국교회의 全面을 역사적으로 보여주지 못했고, 한국의 현실에 정통하지 못한 외국선교사들의 原資料에 전적으로 의존함으로써 편견과 오류가 어느 정도 있는 것이 사실이다.[28] 이 밖에도 조선측 자료를 충분히 참고하지 못한 것과, 더욱이 官邊史料가 거의 도외시되었다는 결정적인 결함을 가지고 있었다.

이능화의 『朝鮮基督敎及外交史』는 달레의 그러한 불충분한 자료를 관변측 사료로 보충했다는 점에서 의의를 가진다.[29] 또한 이 책은 한국의 기독교사를 그 당시의 政治現實이나 사회적인 제 문제와 연결시켜서 연구한 최초의 저서라고 할 수 있다. 예를 들면 천주교 박해의 원인을 黨爭이나 勢道 政治 등과 결부시켜 살펴보고자 했던 것이 바로 그것이라 할 수 있다. 그리하여 오늘날 한국 기독교사를 당시의 정치·사회적인 배경과 관련하여 살펴보고자 할진대는 이 책이 독보적인 참고서가 되고 있다.[30]

---

28) 李元淳, 「韓國天主敎會史硏究小史」, 『崔奭祐紀念敎會史論叢』, 1982, p.661.
29) 최석우, 「한국 교회사는 어떻게 서술되어 왔는가?」, 『한국교회사의 탐구』, 한국교회사연구소 출판부, 1982, p.231.
30) 이능화는 이 책을 기독교 신자였던 그의 아버지 이원긍을 추모하기 위해서 썼다

이상의 논고를 종합해 볼 때 근대 한국 불교계에서는 일면 기독교의 급속한 교세 확장에 대해 위기의식과 경계심을 갖으면서도, 일면 기독교의 장점을 인정하고 그것을 본받아 불교를 변화시켜 보자는 흐름이 대세였던 것으로 보인다. 이러한 흐름은 결국 불교개혁의 사조를 형성하였고, 그것은 불교의 종교적 정체성을 성찰하게 하였던 계기가 되었던 것이다. 이리하여 1895년 이른바 入城解禁 이후 1930년대 중반까지 근 40여 년 동안 한국불교는 '改革' '革命' 또는 '維新'의 도도한 물결에 휘말리게 되는데, 그것이 전적으로 기독교 때문 만이라고 할 수는 없겠지만, 적어도 그러한 흐름을 촉발시킨 유력한 원인의 하나라고 볼 수는 있을 것이다.

당시에는 승려들은 물론이고 한국불교에 관심이 있는 모든 지식인들은 한결같이 한국불교의 개혁을 부르짖었으며, 마치 한국불교의 사활이 개혁의 성패 여부에 달려 있는 것처럼 거기에 모든 역량을 쏟았다고 할 수 있다. 심지어 보수 기득권층에 속하는 인사들까지도 언필칭 '개혁'이요 '유신'이었으니, 바야흐로 당시 한국 불교계에서는 '개혁'이 하나의 패러다임을 형성하고 있었다고 할 수 있다. 權相老와 韓龍雲(1879~1944), 李英宰(1900~1927) 같은 불교학자들은 불교개혁의 이론을 정립함으로써 개혁의 이념을 제공하였고, 그것을 불교계의 현실에 구현하려는 다양한 시도들이 또한 여러 가지 형태로 분출됨으로써 상당한 업적과 성과를 남기기도 했다. 이러한 실천 운동의 흐름을 대별해 보면, 첫째 李能和・權相老・朴漢永(1870~194

고 한다. 즉 『朝鮮基督敎及外交史』의 저술을 통해서 그 아버지를 추모하는 한편, 기독교 신자인 아버지와 불교신자인 그가 서로 종교적으로도 모순이 되지 않고 만날 수 있다는 것을 보여주었다는 것이다. 그리하여 이능화는 기독교인이었던 그 아버지의 忌日에는 冥福을 빌기 위해 佛經을 외우기까지 했다고 한다.

8)·金映遂(1884~1965) 등으로 대표되는 敎育 制度 및 불교학의 近代化 운동, 둘째 韓龍雲과 白龍城 등으로 대표되는 抗日 民族 운동, 셋째 1921년 禪學院 설립으로 구체화된 禪宗 진흥 운동, 넷째 白龍城의 大覺敎와 朴重彬(1891~1943)의 佛法硏究會(圓佛敎의 전신)로 대표되는 新佛敎 운동의 대두 등으로 요약할 수 있다.[31]

최근 불교학자들 사이에서는 다시 한국 근대 불교사에 대한 관심이 높아지고 있는데, 특히 이 시대를 佛敎改革의 시대로 조명하여 그 이론과 실천의 모습을 규명해 보려는 시도들이 늘어나고 있다. 梁銀容은 당시의 불교개혁이 몇 사람 선각자들의 이론이나 행적에 한정된다기 보다는 한 時代를 풍미한 佛敎思潮로 파악되어야 한다고 규정하면서, 불교개혁은 불교 교단의 전통적인 모습에 대한 반성과 함께 새로운 存在態를 추구하는 강한 실천 이념을 제시하는 두 가지 성격을 지니고 있는데, 전자인 반성의 모습은 상실한 사회적 敎化力을 회복하기 위한 노력이며 후자인 새로운 실천 이념은 변화된 사회상에 알맞은 제도 이념의 실천적 전개를 뜻한다고 보았다.[32] 金光植은, 근대 불교개혁론은 개화기부터 1940년대까지 지속적으로 제기된 당시 불교계의 '화두'였으며, 근·현대 불교의 핵심적인 담론이었다고 규정하면서 조선 후기 이래의 낙후되었던 불교를 발전·개혁·유신시키려는 노력이 교단 내외에서 꾸준히 제기되면서 다양한 의견이 개진되었던 것이니, 불교개혁론은 당시 불교계의 현실과 모순을 단적으로 보여주고 있다고 하였다.[33]

---

31) 졸고, 「근대 한국 불교개혁 패러다임의 성격과 한계」, 『종교연구』제18집, 1999, p.81.
32) 梁銀容, 「近代 佛敎改革運動」, 『韓國思想史大系』6, 韓國精神文化硏究院, 1993, pp.139~140.

이상 여러 학자들의 의견을 종합해 볼 때 근대 한국불교는 개혁에 대한 논의를 중심축으로 하여 진행돼 왔다고 볼 수 있다. 요컨대 근대 한국불교에 있어서는 개혁이 이념적으로나 실천적으로 당위적 사명으로 자리잡고 있었으며, 적어도 한 시대를 관통하는 패러다임으로서 모든 불교인들에게 직·간접적인 영향을 행사했다고 보는 것이다.

이렇듯 근대 한국 불교계에 개혁의 거센 물결을 촉발시킨 원인은 무엇이었을까? 그것은 1905년 러·일전쟁 전후에 우리나라 지성계를 강타했던 사회진화론의 生存競爭 원리와 기독교의 급속한 발전에 대한 위기감 때문이었다고 본다. 즉 종교 경쟁 속에서 불교의 생존을 담보하기 위해서는 전통 불교를 어떻게든 시대에 알맞게 개혁해야 한다는 時代 思潮를 형성케 하였던 것이다. 더욱이 1887년 소위 韓佛修好通商條約으로 인한 信敎의 自由는 한국의 종교사에서 일찍이 경험해 보지 못했던 宗敎多元主義的인 환경을 조성하게 되었다. 그리하여 1895년 入城解禁으로 말미암아 信敎의 자유를 획득했지만 과거 경험해 보지 못했던 다종교 상황 속에 내던져진 한국불교는 특히 기독교의 급속한 전파에 경계심을 갖게 되었고, 사회진화론의 생존경쟁 원리는 더욱 위기감을 부추김으로써 불교 개혁의 패러다임이 형성되었던 것이다. 이것은 불교의 개혁이 단순한 학문적 유희가 아닌, 불교의 사활을 염두에 둔 절박함에서 비롯된 것임을 말해주는 것이다.

이러한 불교개혁의 흐름을 통해서 가장 시급한 과제로 논의되었던 것은 무엇이었을까? 그것은 불교개혁의 구체적인 방법론으로서 布敎를 중시하였고, 포교의 진흥을 위해서 교육을 강조했다는 점이

---

33) 김광식, 「근대 불교개혁론의 배경과 성격」, 『종교교육학 연구』 제7권, 1998, p.51.

다. 1906년에 세워졌던 최초의 근대식 불교학교인 明進學校도 불교계의 이러한 인식을 바탕으로 해서 설립된 것이다.

먼저 포교에 대한 관심은 불교의 사활을 건 제일의 관심사였으니, 포교의 현대화를 위한 각종 논의들이 나오게 된다. 白龍城은 三藏譯會라는 譯經 團體를 조직하고 화엄경 등 30여 종의 불경을 번역·간행하였고, 선의 대중화를 위해 각지에 선종포교당을 건립하는 한편, 포교 현대화를 위해 불교 의식을 한글화하기도 했다. 또한 그는 禪農並行을 통한 사원경제의 자립을 주장하여 만주에 농장을 만들고 이를 실천에 옮기는 등 불교의 현실 개혁을 위해 지속적인 노력을 펼쳐 나갔다. 한용운은 그의 『조선불교유신론』에서 "기독교는 포교를 적극적으로 하는데 불교는 포교를 하고 있지 않다"라 하여 조선불교의 문제점을 지적하면서, 포교의 방법으로 단지 설법식의 포교만 가능한 것은 아니며 연설·신문·잡지를 통한 포교, 경전의 번역 및 廣布, 또는 자선사업 등의 다양한 방법을 제시하고 있다. 또한 사원의 위치를 산간에서 도회지로 옮기고, 석가상을 제외한 모든 塑繪를 제거하며, 齋供養과 제사와 같은 각종 의식을 간소화하고, 丐乞生活의 중지와 승려 娶妻의 허용, 그리고 住職의 선거 등을 주장한 것도 모두 불교 포교의 현대화를 위한 개혁방안이었던 것이다. 朴漢永 역시 체계적인 불교 개혁론을 저술하지는 않았지만, 그의 개혁 과제는 불교의 復活과 振興의 시대를 맞기 위한 佛敎 現代化論이었으며, 1913년 그가 창간한 『海東佛報』를 통해 포교의 현대화를 촉구하는 글들을 발표하여 여론을 환기하였던 것이다.

그런데 이렇듯 포교 현대화에 대한 관심은 곧 인재 양성을 위한 교육 제도의 개혁으로 연결될 수밖에 없었으니, 다음의 글에서 교육을 중시하는 불교계의 관점이 잘 나타나 있다.

今日 朝鮮佛敎로 하여금 大發展의 途에 就케할 機關은 人民布敎가 嚆
矢가 된다고 斷論하여도 過言이 不是인즉 噫홉다 靑丘叢林을 一回盱
衡하건대 可以 高尙한 學問과 完全한 知識을 具體하여 國利民福의 重
大責任을 履行할 者가 幾數에 達할는지 諸德은 一思了코 又一思하실
지어다. … 然한즉 諸德이 頭燃을 救함보다 一層急務로 進行할 바는 靑
年徒弟의 敎育을 獎勵하여 我佛敎界의 未來師範을 多數 養成함이 是
矣라…目今世界에 東西를 勿論하고 名異性殊한 各般 宗敎가 朝成會
暮結團하여 無形競爭이 如電如雷함은 諸德도 必非不知이시리니 若靑
年徒弟의 敎育上 實力이 腐敗 且 萎靡한 境遇에 抵하여는 何等 能勇을
伸張하여 自敎의 權利를 永遠히 保維하리오.[34]

여기에서 종교간의 보이지 않는 경쟁이 번개와 우레처럼 치열한 상황 속에서 청년도제의 교육이 잘 이루어지지 못한다면 자기 종교의 권리를 지킬 수 없다는 급박한 인식이 잘 나타나 있다.

한편 이러한 교육 진흥에 대한 불교계 일반의 인식을 바탕으로 해서 좀더 체계적인 불교개혁론이 등장하게 되었으니, 1912년 권상로는 「朝鮮佛敎改革論」[35]을 통해서 교육기관의 개량을 네 가지 측면(師範, 書籍, 體制, 場所)으로 제시하였으며, 1913년에 한용운은 『朝鮮佛敎維新論』을 발표하여 승려 교육의 급선무로 普通學・師範學・外國 遊學의 세 가지를 제시했고, 1922년에 이영재는 「朝鮮佛敎革新論

---

34) 金明熙, 「朝鮮叢林에 龍象大德을 向하여 靑年徒弟의 敎育獎勵를 忠告함」, 『朝鮮佛敎月報』 제2호, 1912, pp.42~43.
35) 그의 「朝鮮佛敎改革論」은 『朝鮮佛敎月報』의 제3호(1912. 4)부터 시작해서 제18호(1913. 7)까지 약 1년간 총 12회에 걸쳐서 연재되다가 未完으로 끝나고 있다.

」에서 외국 유학에 중점을 두어 교육의 혁신을 주장하였던 것이다. 이들의 교육에 대한 강조는 이후 한국불교의 일반적인 인식을 이루게 되는데, 그것은 불교가 타종교와의 경쟁에서 승리하고 세계 문명과 어깨를 나란히 하기 위해서는 불교 개혁의 주체로서 청년 인재를 길러내지 않으면 안 된다고 하는 공통의 인식이 있었기 때문이라고 할 수 있다.

그런데 당시 불교개혁론을 통해서 공통적으로 지적할 수 있는 한계는 바로 불교의 종교적 본질에 대한 충분한 再評價가 없었음으로 해서 기독교와의 관계에서 문화적 주체성의 부족을 보여주고 있다는 점이다. 즉 불교개혁론은 거의 공통적으로 기독교의 확산을 경계하는 면이 많이 보이는데, 그것이 너무 지나쳐서 불교의 전통을 버리고 오히려 그것을 모방하려는 경향마저 보이고 있다는 점이다. 물론 타종교에서도 좋은 점은 배워야 하겠지만 그러한 모방이 혹시 불교 고유의 특징과 장점을 타기하는 것은 아닌가 하는 데에는 의문의 여지가 있다. 예컨대 한용운이 사찰에서 석가상을 제외한 모든 塑繪를 제거하자고 주장한 것은 천주교 측의 우상 숭배라는 비판을 의식한 것인데, 이것이 혹 불교의 문화적 包容性이나 대승불교의 三身佛(法身, 報身, 化身) 사상 같은 고유의 종교성을 포기하려는 것은 아닌지 생각해 볼 일이다.

또한 이영재는 「朝鮮佛敎革新論」에서 法國의 건설을 주장하고 있는데, 이것은 천주교의 바티칸 교황청을 염두에 둔 것인 바, 이것이 과연 불교 현실에서 가능한 일이며 그럴 만한 당위성이 있는지 하는 것이 문제인 것이다. 그는 民主共和政을 기준으로 敎憲을 제정하여 敎體를 통일할 것을 주장하였는데, 그러기 위해서는 석가모니불을 중심으로 本尊을 통일하고 대승 경전을 중심으로 宗學을 통일하며 儀

式을 간결하게 통일해야 한다는 것이다. 또한 教團을 통일하기 위해 중앙집권적인 財團을 설립하되 3권을 분립하고 지방은 몇 개의 教區로 나누며, 그러한 일사불란한 조직을 바탕으로 布教와 教育, 경제자립, 그리고 사회사업의 혁신을 기하자는 것이다. 그는 本尊의 통일을 주장하는 논리에 있어서도 "불교가 諸神繪像을 奉安하야 他教에서 偶像崇拜라는 誹謗을 甘受하야 가면서 이것을 供儀할 必要는 秋毫도 업다"[36)]고 말하여 基督教의 불교 비판에 대해 상당한 신경을 쓰고 있다. 결국 이것은 한국불교가 정치적인 억압에서 풀려나 근대적인 다원 종교 상황을 맞이하면서 타종교에 대한 경쟁의식 속에 긴장하기는 했지만, 과연 신성한 자기반성과 본질적인 성찰이 있었는가 하는 의문을 갖게 하는 것이라고 하겠다.

결국 당시 불교계는 사회진화론적인 시대 인식과 기독교에 대한 경계심의 바탕 위에서 생존 경쟁에서 살아남기 위해서는 불교를 維新, 또는 개혁해야 한다고 보았고, 그 개혁의 대상으로는 一次的으로 불교 교육 제도를 개혁해야 한다는 의견이 대세를 이루고 있었다 할 수 있다. 불교개혁에 대한 이러한 논의는 곧 불교학적인 반성과 모색의 계기를 만들게 되었으며, 그것이 바로 근대 한국 불교학 성립의 여명을 가져오게 되었던 것이라고 할 수 있다.

---

36) 「朝鮮佛教革新論」(十五), 『朝鮮日報』 1922년 12월 8일.

4. 사회진화론과 종교학 이해 : 근대불교학 태동

　전통 불교학을 근대적 학문으로 탈바꿈시키는 데 있어 가장 결정적인 영향을 끼친 것은 社會進化論이었다고 할 수 있다. 사실 近代 學問이 傳統 學問과 가장 결정적으로 다른 점은 비판적인 자의식을 통한 客觀性의 유지와 方法論(methodology)의 적용을 통한 科學的인 연구라고 할 때, 사회진화론은 이 두 가지 측면에서 모두 불교학의 근대화에 공헌했다고 할 수 있다.
　먼저 前者의 측면에서 사회진화론의 생존경쟁 의식은 경쟁에서 지지 않으려면 어떻게든 舊態한 불교를 개혁해야 한다는 불교개혁의 사조를 조성했고, 개혁은 批判을 前提로 하는 것이므로, 바로 여기서 불교 자신의 모습에 대한 비판 정신이 싹튼 것이라고 할 수 있다. 더욱이 1887년 소위 韓佛修好通商條約으로 인한 信敎의 自由는 한국의 종교사에서 일찍이 경험해 보지 못했던 宗敎多元主義的인 환경을 조성함으로써, 이제 불교를 여러 종교 중의 하나로 볼 수 있는 객관적인 시각이 생겨나기 시작한 것이다.
　다음으로 後者의 측면에서는 사회진화론의 영향으로 다양한 종교 현상들을 하나로 꿰뚫어 볼 수 있는 방법론의 적용을 가능케 했다고 할 수 있다. 종교학 초창기의 2대 방법론으로는 進化論과 比較 硏究를 들 수 있는데, 사회진화론적인 사고방식이 일반화되면서 종교도 進化, 또는 進步해 간다는 관점의 적용이 가능해졌다는 것이다. 물론 여기에는 서양 종교학의 영향이 있었다고도 볼 수 있겠지만, 그보다는 오히려 自生的인 韓國 宗敎學의 태동이라는 관점에서 접근해 볼 수도 있을 것이라는 생각이 든다.

사회진화론이 우리나라 지식층에 가장 심대한 영향을 끼친 것은 중국 梁啓超(1873~1929)의 문집인 『飮氷室文集』(1903)을 통해서였다. 이에 의하여 당시의 지식인들은 국제 질서의 운동 법칙을 優勝劣敗·適者生存의 원칙으로 이해하였으며 한 걸음 더 나아가 그것을 보편적 원리로 파악하였다. 그 논리적 귀결은 한국이 優勝·生存의 主體, 즉 適者가 되어야겠다는 철저한 자각이었다.[37]

그리하여 불교학자들은 이러한 사회진화론을 한국불교의 현실에 대입하여 한국불교의 위상을 조명해 보려고 하였다. 특히 梁啓超의 新史學에서 중시하고 있는 '進化'와 '團體'를[38] 불교적으로 해석하여, 단체는 佛敎로, 진화는 생존경쟁이 중심이 되는 사상으로 파악하였던 것이다. 따라서 불교가 타종교와의 경쟁 속에서 어떻게 발전되어 왔고, 또 발전되어 나갈 것인가? 하는 것을 그들의 학문적 과제로 설정하게 된다. 결국 불교학에 있어서 사회진화론의 수용은, 종교 경쟁 속에서 불교의 생존을 담보하기 위해서는 전통 불교를 어떻게든 시대에 알맞게 개혁해야 한다는 時代 思潮를 형성케 하였고, 한 걸음 더 나아가서 무엇보다도 불교를 신앙적 관점이 아닌, 客觀的이고 普遍的인 관점에서 볼 수 있는 近代的인 안목을 제시해주었다고 할 수 있다.

따라서 근대 한국불교학은 한국의 불교를 사회진화론적인 進步史

---

[37] 金春男, 「梁啓超를 통한 韓龍雲의 西歐思想 受容」, 『玄巖申國柱博士華甲紀念韓國學論叢』, 1985, p.577.
[38] 양계초는 人群進化의 현상을 서술하여 그 公理公例, 즉 법칙을 구하는 학문이 역사라고 정의하였다. 여기서 人群이란 團體를 가리키는 것이므로, 역사란 개인보다는 團體의 進化를 살피면서 법칙을 구해야 하는 것으로 보는 것이다. 李光麟, 「舊韓末 進化論의 受容과 그 影響」, 『韓國開化思想硏究』, 一潮閣, 1979, p.283.

觀에 입각하여 연구하는 작업, 즉 歷史學的 接近 方法으로부터 출발했다고 볼 수 있다.[39] 이것은 先聖이나 祖師들을 무조건 숭배하고, 역사를 성인시대로부터의 타락이나 퇴보로 여기는 전통적 역사 인식을 克復하고, 進步라는 개념으로 역사를 파악하게 된 것이니, 한국불교사를 서술했다는 것 자체가 비판적인 안목을 보여주는 것으로 불교학의 근대화를 의미하는 것이다. 또한 종교 연구에서 역사학적 연구는 가장 기본적인 관점으로 宗敎 硏究의 자료원이 된다고 보았을 때, 한국 불교사의 정립이 이후 한국불교의 과학적 연구에 밑받침이 되었음은 분명한 사실이다.

그리하여 한국의 불교사를 通史的으로 다룬 權相老의 『朝鮮佛敎略史』(1917)와 李能和의 『朝鮮佛敎通史』(1918)와 같은 기념비적인 대작이 나오게 되었으니, 어떤 점에서 아직도 그 범위를 뛰어넘는 연구가 나오지 못했다는 점에서 현재까지도 그 활용 범위가 넓다고 평가된다.[40] 이것은 뒤에 나온 包光 金映遂의 『朝鮮佛敎史稿』와 일본인 高橋亨의 『李朝佛敎』(1929), 忽滑谷快天의 『朝鮮禪敎史』(1930) 등 발전된 연구의 기초가 되고 있다는 점에서도 의의가 큰 것이다. 그리고 『震壇學報』 제8집에 실린 金包光의 「五敎兩宗에 대하여」(1937. 11.)는 오늘날의 연구처럼 註를 다는 등 학술 논문으로서의 격식을 다 갖추지는 못하였더라도, 우리나라 불교 역사를 다룬 본격적

---

39) 당시 사회진화론은 국민들의 역사의식을 고양시켜 朴殷植(1859~1925), 張志淵(1864~1921), 申采浩(1880~1936), 鄭寅普(1892~?) 등으로 이어지는 民族主義 史學을 발전시켰던 바, 불교의 역사학적 연구는 사학계의 이런 움직임과도 맥락을 같이하는 것이다.
40) 李逢春, 「韓國佛敎史 연구의 現況과 課題」, 『한국의 불교학 연구, 그 회고와 전망』, 동국대 불교문화연구원, 1994, p.47.

인 학술 논문으로는 최초의 사례로 평가받고 있다.[41]

또한 이능화는 1923~1924년에 간행되었던 『朝鮮史』講座 分類特別講義에 「朝鮮佛教史」란 제목 하에 삼국의 불교사를 다루면서 불교의 宗派 및 唐土 유학승의 연구 등을 예시하였고, 權相老도 한국불교의 宗派에 관한 몇 편의 글을 내놓고 있다.[42] 崔南善(1890~1957)이 「朝鮮佛教-東方文化史上에 있는 그 地位」(『불교』 제74호, 1930. 8.)라고 하는 주목되는 논문을 발표한 것도 비슷한 시기의 일이다. 또한 1934년에 중앙불교전문학교 교수 權相老와 江田俊雄이 공동 작업으로 조선왕조실록 가운데서 불교 및 조선 불교사 관계 기사를 발굴, 초록한 『李朝實錄佛教鈔存』을 간행하였는데, 이는 조선시대 불교 연구를 위한 매우 중대한 작업으로 평가되고 있다.[43]

이렇듯 사회진화론으로 촉발된 한국불교사의 정립은 근대 한국불교학의 성립에 있어서 중요한 의미를 갖는데, 다만 여기에 머무르지 않고, 비교와 분류를 통한 類型의 정립과 일반 이론의 정립까지 시도함으로써 과학적인 불교 연구를 위한 단서를 열고 있다는 점이 주목되는 것이다. 결국 당시 불교학자들은 종교학 초창기의 2대 방법론인 '進化論'과 '比較法'에 대해 정확한 이해를 가지고 있었으니, 진화론의 수용은 무속을 통한 한국 종교의 기원과 사회 기층 탐색이라는 방향으로 나타났고, 비교종교학적인 시각은 종교 유형론의 정립과 인류

---

41) 金煐泰, 「한국불교사 연구의 회고와 전망」, 『韓國佛教史의 再照明』, 佛教時代社, 1994, p.21.
42) 권상로는 『불교』 제54호(1928. 11.)부터 61호(1929. 7.)까지 「朝鮮에서 自立한 宗派」라는 제목 하에 '華嚴宗', '念佛宗', '律宗', '曹溪宗', '神印宗과 摠持宗', '天台宗과 始興宗'으로 나누어 한국불교 종파의 연혁을 논구하는 글을 연재하고 있다.
43) 이봉춘, 위의 논문, p.48.

종교문화의 보편성을 추구하는 데로까지 나아가고 있었던 것이다.

이능화와 권상로 같은 불교학자들은 한국 종교의 기원 탐구에 상당한 노력을 기울였으니, 이것은 진화론적 종교 연구의 필연적인 결과였다. 이들은 한국 종교의 기원을 檀君 神敎에 두었으며, 이 신교를 추적하는 방법론에 있어서 오늘날 그 원형을 파악하기는 어려우니 그 殘留物, 또는 殘影인 巫俗을 통해서 그것을 추적하고 있으니, 이것은 초창기 종교인류학자들의 종교 기원 연구와 매우 흡사한 착상이라고 할 수 있다.[44] 또한 이것은 民族史學者들의 민족 주체적 입장과도 통하고 있으니,[45] 이것은 일제강점기라는 시대적인 배경 하에서 결코 과소평가 할 수 없는 중요한 의미를 갖는다고 할 수 있다.

한편 종교 기원에 대한 연구가 진화론적인 종교 연구 방법이라면, 그와는 다른 측면에서 종교를 연구하는 방법으로 宗敎樣態論, 또는 宗敎類型論이 있다. 당시 불교학자들은 종교 기원에 대한 연구뿐만 아니라, 나름대로 제종교의 비교 연구를 통해서 독특한 종교 유형론을 펼치고 있다. 이능화는 『朝鮮宗敎史』를 비롯한 여러 논문에서 나름대로의 기준을 가지고 다양한 종교 유형론을 펼치고 있고,[46] 권상

---

44) 초창기 人類學的 종교 연구를 가능케 했던 이론적 배경은 '잔류물(survivals)이론'이라고 할 수 있다. 즉 일종의 살아있는 化石으로 원주민 부족들을 연구해 보면 그 기원 및 太古史의 문제를 밝혀낼 수 있다는 것이다. 이 점에 대해서는 에릭샤프 저, 윤이흠·윤원철 역, 『종교학―그 연구의 역사』, pp.73~76을 참조할 것.
45) 이능화가 道敎史를 다루면서 우리나라가 바로 도교의 始源國이라는 주장을 펼치고 있는 점이나, 권상로가 우리나라의 古宗敎를 통해서 동아시아 제 민족의 종교 기원을 발견하려고 했던 점은 모두 애국계몽적인 민족 주체적인 사관을 잘 드러내주고 있는 것이다.
46) 이런 안목을 가지고 집필된 대표적인 논문으로서 「多神敎, 一神敎, 無神敎」, 『佛敎振興會月報』제4호(1915. 6.), 『韓國佛敎雜誌叢書』제16권, pp.299~307과 「多妻敎, 一妻敎, 無妻敎」, 『佛敎振興會月報』제5호(1915. 7), 『韓國佛敎雜誌叢書』제

로도 도덕성의 有無라든가 인격신과 비인격신, 天의 등급 등과 같은 여러 가지 기준을 가지고 나름대로의 종교 유형론을 펼치고 있다. 특히 이들이 天에 대한 신앙을 가지고 모든 종교들을 한자리에서 비교하고 있는 것은 종교의 근원적 동일성을 추구하는 것으로서 방법론 상으로 상당히 의의 있는 연구라고 평가된다. 이것은 결국 일반 이론의 정립을 통해서 인류 문화의 보편성을 추구하려는 것으로서 종교학적으로 상당히 선구적인 시각이라고 할 수 있다. 바로 이러한 점들이 전통적인 會通論의 경지를 뛰어넘어 客觀的이고도 科學的인 불교 연구, 즉 근대 불교학으로 발돋움할 수 있는 밑거름이 되었다고 생각된다.

5. 끝맺는 말

1895년 입성금지 해금을 계기로 종교 활동의 자유를 인정받은 한국불교는 모든 종교가 평등한 위치에서 상호 경쟁한다고 하는 다소 생소한 환경에 직면하여 타종교의 도전에 대응해 나가면서 정체성 확립과 자기 개혁을 해나가야 하는 과제를 떠안게 된다.

근대 한국불교의 선각자들이 제일 먼저 착수했던 것은 타종교와의 비교를 통해서 불교의 正體性을 확립하고 自信感을 회복시키는 작업이었다. 이것은 전통적인 불교 회통론의 형식을 통해 이루어졌는데, 타교의 공격에 대해 방어적 논리에 급급했던 전통적 회통론과는

16권, pp.394~403을 예로 들 수 있다.

달리, 새로운 시대에 타종교와의 경쟁에서 우월성을 확보하기 위한 능동적이고 자신감에 찬 작업이었다. 그리하여 이능화의 『백교회통』(1912)을 비롯해서 다양한 관점으로 敎理的인 비교를 하여 타종교에 대해 불교의 우수성을 확인하려는 작업을 시도하였던 것이다.

호불론적 회통론을 통해 전통종교에 대해 교리적 우월성을 확인할 수 있었던 불교였지만, 서세동점의 물결을 타고 무서운 속도로 세력을 키워 나가고 있는 기독교에 대해서는 문화적인 충격을 받을 수밖에 없었고, 이에 대한 대응이 가장 큰 문제였다고 할 수 있다. 이때 기독교에 대한 대응은 한편으로는 그들의 공격적 태도에 대해 반감을 가지면서도, 또 한편으로는 그들의 현대식 포교방법에서 좋은 점을 수용해 보자는 兩價의 감정이었던 것이다.

그리하여 백용성은 『귀원정종』(1910)을 써서 교리적 논박을 가하기도 했지만, 오히려 기독교가 한국 사회의 開化를 위해 커다란 역할을 하고 있음을 긍정적으로 평가하려는 경우도 많았다. 이능화가 대표적 인물인데, 그는 『朝鮮基督敎及外交史』(1928)를 써서 한국의 기독교사를 그 당시의 政治 現實이나 사회적인 제 문제와 연결시켜 그 순기능을 강조하려고 했던 것이다.

어쨌든 기독교에 대한 好, 不好를 떠나 그들에 대한 대응은 자연스럽게 불교 자체의 개혁에 대한 논의로 이어지게 되었고, 그것은 불교의 종교적 정체성을 성찰하게 되는 계기로 작용하게 된다. 물론 전적으로 기독교 때문만이라고 할 수는 없겠지만, 적어도 그러한 흐름을 촉발시킨 유력한 원인이었던 것만은 분명한 사실이라고 하겠다. 權相老, 韓龍雲, 李英宰처럼 독립적인 글을 통해서 체계적인 개혁론을 제시한 학자들도 있었지만, 꼭 그렇지 않다 하더라도 당시에는 거의 모든 지식인들이 언필칭 개혁과 유신을 부르짖고 다양한 방법으로 실천적인 흐름을 형성하였으니, 바야흐로 당시 한국 불교계에서는 '개혁'이 하나의 패러다임을 형성하고 있었던 것이다.

개혁의 방법론으로서 가장 중요시했던 것은 布敎의 현대화와 교육의 진흥이었다. 포교의 현대화를 위한 각종 아이디어들이 속출하였고, 교육제도의 개혁을 위한 구체적인 제언들도 나오게 된다. 다만 불교의 종교적 본질에 대한 충분한 再評價가 없었음으로 해서 기독교와의 관계에서 문화적 주체성의 부족을 보여주고 있다는 점은 한계로 지적할 수 있겠다.

한편 불교개혁에 대한 이러한 논의는 곧 불교학적인 반성과 모색의 계기를 만들었으니, 이것이 근대 한국불교학 성립의 밑거름이 되었던 것이다. 기독교에 대한 위기감과 함께 社會進化論에서 촉발된 생존경쟁 의식은 경쟁에서 지지 않으려면 어떻게든 舊態한 불교를 개혁해야 한다는 불교개혁의 사조를 조성했고, 개혁은 비판을 전제로 하는 것이므로, 바로 여기서 불교 자신의 모습에 대한 비판 정신과 객관적 연구를 위한 동기를 제공했던 것이다. 또한 사회진화론의 영향으로 다양한 종교 현상들을 하나로 꿰뚫어 볼 수 있는 방법론의 적용을 가능케 했으니, 종교학 초창기의 2대 방법론인 進化論과 比較硏究를 통한 불교 연구가 가능케 된 것이다.

따라서 근대 한국불교학은 한국의 불교를 사회진화론적인 進步史觀에 입각하여 연구하는 작업, 즉 역사학적 접근 방법으로부터 출발하게 된다. 進步라는 개념으로 역사를 파악하게 된 것 자체가 불교학의 근대화를 의미하는 것이지만, 뒤에 올 과학적인 불교 연구를 위한 자료원의 집성이라는 점에서도 근대적인 의미가 있는 것이다. 그리하여 한국의 불교사를 通史的으로 다룬 權相老의 『朝鮮佛敎略史』(1917)와 李能和의 『朝鮮佛敎通史』(1918)와 같은 기념비적인 대작이 나오게 되어 오늘날까지도 한국불교학의 든든한 바탕이 되고 있다.

　근대 초기의 다소 생소한 종교지형 속에서 한국불교는 타종교와의 관계 속에서 자신의 정체성을 형성해 나가면서 자기개혁의 틀을 형성해 나갔다. 그러한 개혁의 틀과 정체성에 대한 담론은 오늘날까지도 한국불교의 모습에 큰 영향을 끼치고 있기에 우리가 오늘날 이것에 다시금 주목하게 되는 것이다. 1세기 전 한국불교의 선각자들이 고민했던 문제들은 오늘날 우리들이 고민해야 할 문제들과 별반 다르지 않다고 본다. 따라서 근대 한국불교가 자기정체성을 형성해 나가는 과정에서 타종교를 어떻게 이해했는지 하는 점을 살펴보는 것은 오늘날의 종교 지형에서 한국불교의 좌표를 설정하는 데 있어서도 필수적인 일이 아닐 수 없다. 앞으로 이 점에 대한 더욱 발전된 논의가 계속되기를 기대해 본다.

대한시대 불교학 연구의 지형도
― 이능화 · 박정호 · 권상로 · 김영수 불교학의 탐색 ―

고영섭 | 동국대 불교학과 교수

1. 문제와 구상
2. 대한시대 불교학의 성격
3. 전승 불학과 개신 불교학의 분기
   1) 불교 지식인들의 지성사적 위상
   2) 불교학 방법론의 다양한 적용
4. 불교학 연구의 지형도
   1) 이능화의 종교사학적 방법론
   2) 박정호의 민족사학적 방법론
   3) 권상로의 문화사학적 방법론
   4) 김영수의 전통사학적 방법론
5. 한국불교 연구에서 네 학자의 위상
6. 정리와 맺음

1. 문제와 구상

　대한시대(1897~) 한국불교사의 주요 쟁점은 근대의 기점을 어디에 둘 것인가 하는 것이다. 여기에는 근대의 기점을 일반사의 기준에 의거해 볼 것이냐, 아니면 불교사의 기준에 기초해 볼 것이냐 라는 시각이 공존해 있다. 그리고 이 공존 속에는 보편사와 부분사, 즉 일반사와 특수사의 갈등이 혼재되어 있다. 이 갈등을 극복하기 위해서는 이 둘 사이의 경계를 아울러 보는 관점이 요청된다. 종래 몇몇 학자들에 의해 제안된 근대의 기점은 크게 네 가지로 요약된다.
　첫째는 강화도 조약(1876) 혹은 대한제국의 성립(1897)을 기점으로 삼는 것이다.[1] 둘째는 도성출입금지령의 해금(1895)을 기점으로 보려는 것이다.[2] 셋째는 원흥사의 설립(1899)과 사사관리서의 설치(1902)로 삼는 것이다.[3] 넷째는 일본불교가 부산 동래에 별원을 두고 포교를 시작(1877)한 것을 기점으로 보려는 것이다.[4] 그런데 이들 네

---

1) 金煐泰, 「한국불교사」하, 『한국문화사대계』 11(고려대 민족문화연구소, 1979), p.339.
2) 金敬執 『한국근대불교사』(경서원, 1998), p.17.
3) 姜昔珠・朴敬勛, 『佛敎近世百年』, 중앙신서 71(중앙일보사, 1980), p.11.; (민족사, 2002), p.7.
4) 金淳碩, 『법보신문』 2006년 5월 24일자.

가지 시각은 모두 일리는 있지만 한국불교사의 근대적 기점에 온전히 부합하는 것은 아니다. 저마다 타당성을 지니고 있지만 한편으로는 문제점도 가지고 있기 때문이다.

먼저 강화도 조약(1876) 혹은 대한제국의 성립(1897)으로 보는 시각의 경우에는 불교사를 일반사에 종속시켜 불교의 외연을 좁히게 된다. 다음의 도성출입금지령의 해금(1895)으로 보려는 시각의 경우에는 그 이후 나라를 잃는 1910년까지 도성출입의 금지와 해금이 반복되고 있어 이 해를 기점으로 한정하기에는 독자성이 떨어질 수 있다.

그리고 세 번째의 원흥사의 설립(1899)과 사사관리서의 설치(1902)로 보려는 경우에는 이 설이 불교계가 주체적으로 세운 사찰이 아니기 때문에 불교의 내포를 정부의 관리와 보호의 틀 속에서 바라볼 위험성이 있다. 뿐만 아니라 사사관리서는 2년 만에 폐지(1904)되기 때문에 이것을 근대의 기점으로 보는 것은 무리가 있다. 마지막으로 일본불교의 부산 별원 설치와 포교 시작을 기점(1877)으로 보려는 시각은 우리 불교의 주체를 망각하고 일본불교를 중심에 두고 보는 몰주체적 발상이라는 비판을 면하기 어렵다.

이처럼 이들 네 시각은 저마다 한계가 있지만 동시에 수용할 부분도 없지 않다. 이들 시각의 한계는 선말 한초 불교계의 불행했던 역사의 자화상이기도 하므로 근대의 기점을 이들 시각과 무관하게 설정하기는 쉽지 않다. 불교는 보편적인 원리에 기초한 세계관을 통해 인간과 자연을 설명하고 있다. 때문에 불교사 역시 일반사와의 관계 속에서 파악해야만 불교의 참모습을 역사 속에서 기술해 낼 수 있게 된다. 따라서 불교의 근대적 기점은 강화도조약으로 보기보다는 국명과 국체가 바뀐 대한제국의 성립(1897)으로 보는 것이 비교적 논리적 정합성을 확보하는 것이라고 논자는 생각하고 있다.[5)]

대한시대 한국불학사의 주요 쟁점 역시 전승(傳承) 불학과 개신(改新)[6] 불교학의 분기점을 언제부터로 잡을 것인가에 겨냥되어 있다. 이것은 계정혜(戒定慧)와 유불도(儒佛道)와 문사철(文史哲)과 선교(禪敎) 회통를 기저로 한 전승 불학과 과학적 분석적 합리적인 방법론을 기반으로 한 개신 불교학의 분기를 어느 지점에 둘 것이냐는 관점 차이라고 할 수 있다. 논자는 새로운 방법론에 입각하여 불교학을 연구하기 시작했을 뿐만 아니라 불교학 연구 주체의 확보와 방법의 실제를 수용했던 명진학교 건립(1906)을 대한불학사의 기점으로 보고 있다.[7]

이 글에서 논자는 대한불교사의 기점인 1897년과 대한불학사의 기점인 1906년 이래 이루어진 불학 및 불교학 연구의 지형도를 살펴보고자 한다. 특히 『조선불교통사』(신문관, 1918. 3. 10.)와 『이조불교사』(1924~1926)를 쓴 상현 이능화(尙玄 李能和, 1868~1943), 「불교의 흥폐(興廢) 소이(所以)를 탐구(探究)할 금일(今日)」[8]을 써서 한국불교사를 개관하면서 이 시기를 불교의 '부활 시대'(復活時代)로 규정한 석전 박정호(石顚 朴鼎鎬, 1870~1948, 漢永은 字), 『조선불교

---

5) 國名과 國體가 새롭게 바뀐 대한제국 성립을 기점(1897)으로 보게 되면 불교사를 일반사와 공유할 수 있을 뿐만 아니라 또 이 해는 도성출입이 재차 금해진(1896) 뒤 다시 해금된 해이기도 해서 온전히 근대의 기점으로 삼을 수 있기 때문이다.
6) 여기서 쓴 '改新'의 의미는 '傳承'에 상응하는 개념으로 쓴 것이다. 종래의 전승 불학과 완전히 단절된 의미에서가 아니라 '전승'의 의미를 '새롭게 고친' 혹은 '새롭게 혁신한'의 의미를 확보함으로써 전통과의 연속성을 드러내고자 했다. 논자는 '개신'이 '새로운' 혹은 '근현대'라는 말보다는 보다 적절하다고 생각하여 이렇게 쓴 것이다.
7) 拙著, 『한국불학사 : 신라시대편』(연기사, 2005), pp.27~29.
8) 朴漢永, 「佛敎의 興廢 所以를 探究할 今日」, 『海東佛敎』 제4호, 1914. 2, 『韓國佛敎雜誌叢書』 제17권 p.239.

약사』(1917. 8.)와 『조선불교사개설』[9](1939) 및 『조선종교사』를 써서 당시의 불교의 '갱생과도시대(更生過渡時代)'라고 규정한 퇴경 권상로(退耕 權相老, 1879~1965), 유인본(油印本)으로 된 『조선불교사고』(朝鮮佛敎史藁, 1956)와 『한국불교사상논고』(1984 간행[10])를 남긴 포광 김영수(包光 金映遂, 1884~1967) 등 이 시기의 대표적인 학자들을 중심으로 살펴보려고 한다. 이들은 주로 조선불교 혹은 한국불교에 대해 깊은 관심을 가지고 평생을 학적 규명에 매진해 왔기 때문이다.

물론 이들 이외에도 학술적 가치를 지닌 성과를 낸 사람들로서 불교학자군으로 포함할 수 있는 이들은 여럿 있다. 이를테면 용성 진종(龍城 震鍾, 1864~1940), 만해 봉완(萬海 奉玩, 1879~1944)의 경우에는 선사 혹은 개혁가로서의 면모를 보여주었다. 육당 최남선(六堂 崔南善, 1890~1957), 백암 박은식(白巖 朴殷植, 1859~1926), 단재 신채호(丹齋 申采浩, 1880~1936), 호암 문일평(湖巖 文一平, 1888~1939) 등의 학자들도 불교 관련 성과를 어느 정도 남겼으나 학문 범주상으로 볼 때 아무래도 이들은 언론학, 역사학, 국문학, 민속학 등의 분야로 분류해야 할 것이다. 여기서는 지면관계상 대표적인 불교학자군에 포함되는 이능화, 박정호, 권상로, 김영수 네 명에 한정했다.[11]

논자는 이들 네 사람을 중심으로 조선 말 대한 초로부터 그려간

---

9) 權相老는 이 책에서 甲-불교向上시대, 乙-불교平行시대, 丙-불교衰退시대, 丁-更生過渡時代의 넷으로 구분하고 있다.
10) 1984년 원광대학교에서 남아있는 그의 자료를 모아 『포광 김영수 박사 전집-韓國佛敎思想論攷』를 발간하였다.
11) 李英宰와 金九卿의 경우도 있으나 이들 모두 生平을 채우지 못하고 夭折하였기에 그들의 학적 성취의 양이 논의의 대상이 되기에는 부족하다고 여겨 여기에서는 논외로 했다.

이들의 새로운 불교학 연구 지형도를 탐색해 보고자 한다. 이들은 대한시대의 주요한 특징 중의 하나인 잡지를 창간하거나 편집 간행을 통하여 글로써 계몽하고 실천한 사람들이라는 점에서도 주목된다. 이들이 활동했던 시대는 주로 선말 한초(鮮末韓初)로부터 이후 해방 및 6·25 전후기 시기까지의 한국 불교학의 정초자들이자 계승자이며 이후 불교학 연구자들에게 방법론을 전수한 이들이다.[12]

이들 네 사람보다 조금 아래 연배이기는 하지만 독일 벌츠블록대학 철학과에서 수학하고「불교 순전(純全) 철학」으로 철학박사학위를 받아온 백성욱(白性郁, 1897~1981)이나 일본 유학을 한 뒤 1932년 중앙불전의 학감을 하고 1937년 속간된『불교』의 편집 겸 발행인을 맡았던 허영호(許英浩), 그리고 일본 동양대학 윤리교육과와 인도철학 윤리과를 졸업한 영담 경주(暎潭, 1896~?, 金敬注) 등의 연구방법은 이들과는 달랐다. 이들 유학파 세 사람은 유럽과 일본 유학생들은 원전을 보려는 노력 위에서 이루어진 근대불교학의 문헌학적 방법론으로 접근하였다.

하지만 이들 네 사람은 국내에서 자생적으로 성장하였고 서구의 새로운 방법론들은 주체적으로 수용하여 자신들의 고유한 체계 속에서 소화해 갔다. 하여 한국불교학 연구는 이제 이들 1세대 학자들[13]

---

12) 이들과 동시대에 활동하면서 한국인 학자들을 자극시켰던 대표적인 일인 학자들로『李朝佛敎』(1929)의 高橋亨,『朝鮮禪敎史』(1930)의 忽滑谷快天,『朝鮮佛敎史의 硏究』(趙明基 集成, 1977)의 江田俊雄 등이 있다.
13) 이들에 관한 선행연구로는 愼賢淑,「石顚 朴漢永의 佛敎 維新運動에 관한 一考察」, 동국대학교 대학원 사학과, 1983 ; 沈雨晟,「民俗學의 근대적 開眼」,『조선무속고』, 李在崑(동문선, 1991); 李在軒,「近代 韓國 佛敎學의 成立과 宗敎 認識: 李能和와 權相老를 중심으로」, 한국정신문화연구원 한국학대학원 철학·종교전공, 1999; 魯權用,「근대 한국 불교학의 오아시스: 包光 金映遂」,『세속에 핀 연

로부터 불교학 전반의 가르침을 받은 2세대와 3세대를 거쳐 이어졌다. 이제 2세대와 3세대를 이은 4세대와 5세대 학자들이 주류로 활동하고 있다.[14] 따라서 이들 네 사람으로 대표되는 대한시대 불교학에 대한 총체적 검토는 2세대와 3세대를 이어 이 시대 불교학의 주류를 형성하고 있는 4세대와 5세대의 현재적 모습과 미래적 과제를 반추해 볼 수 있다는 점에서 반드시 이루어져야 할 작업이라 할 수 있다.

2. 대한시대 불교학의 성격

불학과 변별되는 불교학이 무엇이냐는 정의는 오래 전부터 논의를 거듭해 왔다. 붇다의 가르침과 붇다의 가르침을 통해 배웠던 불학자들의 가르침을 연구하는 불교학자들은 불교의 출발을 붇다의 전법으로부터 삼고 있다. 불교가 수행과 학문의 체계인 불학 및 문헌학의 기초 위에서 분석적이고 해석학적인 불교학의 범주로 분기되면서 불자들과 일반인들은 불교에 대해 보다 깊고 넓게 이해할 수 있었다.

이러한 이해의 지평이 마련될 수 있었던 것은 진제와 속제로 표현

꽃』(대한불교진흥원출판부, 2003) ; 金曉呑, 「石顚 朴漢永의 『戒學約詮』과 歷史的 性格」, 朴漢永, 『戒學約詮』(동국역경원, 2000) 등이 있다.

14) 논자는 불교학 1세대(터전기)를 대략 이능화가 태어난 1868년부터 1890년 내에 태어난 학자군, 2세대(파종기)를 1891년부터 1915년 내에 태어난 학자군, 3세대(양육기)를 1916년부터 1940년 내에 태어난 학자군, 4세대(성장기)를 1945년부터 1970년 내에 태어난 학자군, 5세대(결실기)를 1971년 이후에 태어난 학자군들로 분류하고 있다.

되는 붇다의 설법이 지니고 있는 두 가지 형식 또는 진리의 두 가지 형식〔二諦〕에 기초한 것이라고 할 수 있다. 이제〔二諦〕에 기초한 붇다의 전법은 우리에게 많은 것을 시사해주었다.『장아함경』「대본경」이나『범천권청경』에 의하면 깨달음을 얻은 석존이 전법을 주저하는 모습을 읽을 수 있다.

"내가 얻은 법이 너무나도 깊고 미묘하여 비록 저들을 위하여 설명하더라도 저들은 반드시 그것을 알아듣지 못할 뿐 아니라 도리어 어지러움을 느낄 것이니 나는 차라리 잠자코 있어 법을 설하지 않으리라."
그러자 범천이 지극히 권청하였다.
"바라건대 세존이시여! 때에 맞춰 법을 베푸소서. 지금 이 중생들은 업장이 엷고 모든 감각기관은 영리하고 공경하는 마음이 있어 교화하기 쉽습니다. 그리고 뒷세상에서 구제할 수 없는 죄를 두려워하여 모든 악한 법을 멸하고 착한 도를 나게 해주소서."
하지만 석존은 범천의 권청을 듣지 않았다. 범천은 거듭 청하였다.
"세존이시여! 만일 세존께서 설법하시지 않는다면 이 세상은 무너질 것입니다. 그것은 참으로 가엾은 일입니다. 오직 바라건대 세존께서는 때에 맞춰 법을 설하시어 저 중생들로 하여금 악한 세계로 떨어지지 않게 하소서."[15]
"오직 바른 법이 있어서 여래는 스스로 깨달아 평등한 깨달음을 성취하셨으니 여래께서는 그것을 마땅히 공경하고 존중하며 받들어 섬기고 공양하시며 그것에 의지하여 살아가셔야 할 것이옵니다."[16]

---

15)「大本經」제1,『長阿含經』제1분(『高麗藏』제17책, 813중 면;『大正藏』제1책, 8하 면)

범천이 거듭 권청하자 석존은 부처의 눈으로 세계를 관찰해 본 뒤 중생들을 가엾이 여겨 감로의 법문을 베풀고 있다. 여기서 석존이 전법하기를 주저한 것은 "너무나도 깊고 미묘하여 중생들이 알아듣지 못할 뿐만 아니라 도리어 어지러움을 느낄 것"이라 생각했기 때문이다. 여기서 범천이 권청한 근거는 곧 "업장이 엷고 모든 감각기관은 영리라고 공경하는 마음이 있어 교화하기 쉬운 중생들이 있기 때문"이다. 다시 말해서 범천은 모든 중생들이 알아들을 수는 없지만 알아들을 수 있는 중생들이 있기 때문에 때에 맞춰 법을 베풀어 달라고 청하고 있는 것이다.

여기서 전자를 '언어로 설명할 수 없는 진리'인 진제라 한다면, 후자는 '언어로 설명되어 중생들을 알아듣게 하는 진리'인 속제라 할 수 있다. 진제가 눈에 보이지 않고 손에 잡히지 않는 초언어적 진리라고 한다면, 속제는 우리의 생활 속에서 경험적 언어로 표현된 진리라고 할 수 있다. 따라서 구극적 진리(진제)와 방편적 진리(속제)인 이제(二諦)의 형식으로 설한 붇다의 설법에서부터 이미 순수학과 응용학은 분기 근거를 확보하였다[17]고 말할 수 있다.

결국 붇다의 가르침은 천인과 인간 세계의 이익과 행복을 위하여 설해졌다. 여기서 말하는 '이익'과 '행복'은 불교학이 나아가는 방향과도 일치한다. 불교학 역시 불학자들과 불교인들의 이익과 행복의 구현에 그 존재 이유가 있는 것이다.

---

16) 『雜阿含經』 제44권, 1188경, (『高麗藏』 제18책, 153상 면; 『大正藏』 제2책 322상 면).
17) 拙著, 「불교응용학의 사상적 근간」, 『우리 불학의 길』(정우서적, 2004), pp.55~57.

"비구들이여! 나는 천인세계와 인간세계의 모든 구속을 면하였다. 비구들이여! 너희들도 또한 천인세계와 인간세계의 모든 구속을 면하였다. 많은 사람들의 이익과 행복을 위하여, 세간세계를 불쌍히 여기고 천인세계와 인간세계의 이익과 행복을 위하여 유행하라. 하나의 길을 두 사람이 가지 말라. 비구들이여! 처음도 좋고 중간도 좋고 끝도 좋고, 그리고 의(義)와 문(文)을 갖춘 법을 설하고 원만하고 청정한 범행을 설하라. 태어나면서부터 더러움이 적더라도 법을 듣지 못함에 의해 멸해야 하는 중생도 있다. 그들은 법을 요해할 수 있는 자들이다. 비구들이여! 나도 또한 법을 설하기 위해 우루베라(울비라주처)의 장군촌으로 가리라."[18]

구극적 진리와 방편적 진리를 경계를 넘나들며 전개되는 불학과 불교학 역시 모든 이들에게 '이익'과 '행복'을 주는 방향으로 나아갈 수밖에 없다. 이 같은 지향을 통해 처음도 좋고 중간도 좋고 끝도 좋고 뜻[義]과 글[文]을 갖춘 법을 설하고 원만하고 청정한 범행을 담은 가르침을 재구성하고 재해석하여 전하는 것이다. 그러기 위해서는 계정혜 삼학과 선교 화회와 같은 불학의 방향을 계승하는 새로운 불교학의 연구가 요청되는 것이다.

그런데 대한시대 불교학은 계·정·혜 삼학과 문·사·철과 유·불·도와 선교 화회의 방법론으로 연구해 온 불학시대와는 다르게 전개되었다. 즉 이 시대의 불교학은 학문적 진실의 탐구와 종교적 수련의 과정을 나눠보려는 방향으로 진행되어 왔다. 초기에는 어느

---

18) 「惡魔相應」 4, '계제' 2(『南傳藏』 제2책); 『雜阿含經』 제39권, 1096경, (『高麗藏』 제18책, 187상 면; 『大正藏』 제2책, 288상중 면)

정도 두 방법론이 혼재하였지만 점차 연구가 진행되면서 분리되기 시작했다. 결국 중기 이후 대한시대 불교학은 종래 전승 불학의 통섭(通攝)의 관점에서 벗어나감으로써 전승 불학의 장점을 잃어버렸다. 그러면 불학과 불교학은 무엇이며 어떻게 분기되는가를 살펴보자.

종래의 불학이 삼장 또는 사장을 통해 깨달음으로 나아갈 수 있다는 믿음 또는 신행 위에서 '교판'과 '격의'와 '육가' 등의 방법론을 통해 연구해 온 동양 전승 교단에서의 불교 연구법이라면, 불교학은 서양 제국주의 종주국의 식민지 지배 차원에서 비롯되고 지방 분과학적인 연구 배경에서 촉발된 언어학, 지리학, 역사학, 신화학, 종교학, 문헌학, 철학, 사회학, 심리학 등의 방법론을 동원한 근현대 서구의 객관적이고 분석적인 불교 연구를 일컫는다고 할 수 있다.[19]

불학이 붇다(의 가르침)에 대한 학문의 한 분야이고 깨달음을 얻기 위한 몫은 별도로 설정해야 한다면 불학자들의 삶의 목표는 이원화되고 만다. 전문적인 불교 이해자들의 '불학함'과 일반적인 불교 이해자들의 '불교함'은 모두 불제자들로서의 몫이다. 하지만 전승 교단의 맥락에서 볼 때 불학자들의 불학함의 목적은 삼장(三藏) 또는 사장(四藏)의 가르침을 통해 깨달음으로 나아가는 것이다. 때문에 생(로병)사 문제를 해결하고 부처가 되려는 것이 모든 수행자들의 목적이듯이, 불학자도 성불하기 위한 방편으로 불학을 한다고 할 수 있다.[20]

그런데 대한시대 불교학의 초창기는 이전 시대의 전승 불학과 개신 불교학이 병존한 시대였다. 이 시대 불교학의 주체들은 대부분이 출가자였다. 하지만 점차 재가자가 가세하는 흐름으로 옮겨갔다. 출

---

19) 拙著, 『한국불학사: 신라시대편』(연기사, 2005), pp.27~28.
20) 拙著, 앞의 책, p.28.

가자의 경우는 계·정·혜 삼학과 선교 화회를 중요시하는 전승 불학의 방법론을 유지하면서 개신 불교학을 연구해 갔다. 이에 견주어 독신승에서 결혼승으로 옮겨간 불학자들의 경우에는 계·정·혜 삼학과 선교 화회의 방법론이 어느 정도 계승되었지만 재가자의 경우는 개신 불교학의 분석적, 합리적, 과학적 방법론을 훈습하면서 문헌학과 해석학적 관점을 통해 접근하였다.

전승 불학에는 고전주석학인 경학과 선학 위에서 종교적인 의미에서의 수행 또는 신행적 의미가 가미되어 있다. 이에 견주어 개신 불교학은 붇다의 가르침에 대한 일체의 신행을 배제하고 지극히 객관적이고 합리적인 시각으로 접근한다. 그런 점에서 불학자들의 이상이 '불학함'을 통해 깨달음으로 나아가려는 것이라면, 불교학자의 이상은 붇다의 가르침을 주로 과학적(언어학적, 문헌학적, 철학적, 종교학적 접근 등)으로 분석하여 현실 문제를 해결하기 위한 이론을 도출하는 것을 궁극으로 삼는다고 할 수 있을 것이다.

이 점에서 전승 불학과 개신 불교학의 차이점을 발견할 수 있다. 다시 말해서 경학과 선학 및 수행이 어우러진 한국 전승 불학의 무늬와 살결 속에는 학문적 진실의 탐구(원리, 이론)와 종교적 수련의 과정(실제, 실천)이 나누어져 있지 않다. 일찍이 지눌이 주창한 정혜결사에서처럼 선정[定]과 지혜[慧]의 쌍수가 바로 종교적 수련과 학문적 원리의 다른 이름인 것이다. 바로 이 대목에서 종교성과 철학성이 고루 담긴 불교의 두 측면을 엿볼 수 있다.[21]

즉 전승 불학은 학문적 진실의 탐구와 종교적 수련의 과정은 하나가 아니면서도[不一] 다르지도 않으며[不異], 서로 섞일 수 없는 것

---

21) 拙著, 앞의 책, p.29.

이면서도〔不相雜〕서로 떨어질 수도 없는 것〔不相離〕으로 파악했다. 그래서 원효의 이문일심(二門一心)사상에서처럼 하나면서 둘이고 둘이면서 하나이며, 하나를 고수하지 않기 때문에 둘을 들어 한 길로 나아갈 수 있다는 관점 위에서 불교 연구를 해왔다.

이와 달리 개신 불교학은 이 두 축을 분리하여 파악하려고 했다. 개신 불교학은 이른바 객관적 태도 혹은 실증적 시각을 통해 사료나 저술 및 현상을 분석하여 결론을 이끌어 내려고 했다. 이것은 정과 혜의 분리를 통해 합리적 시각 위에서 불교를 연구하자는 것이었다. 이러한 개신 불교학은 하나와 둘을 나누고 섞임과 떨어짐을 분리함으로써 전승 불학이 지닌 장점의 많은 부분을 잃어버렸다.

다시 말해서 개신 불교학은 역사적 사건이나 사태를 합리적, 분석적, 객관적 태도와 시각 및 방법론으로 접근하여 전승 불학과는 다른 학문방법론을 견지했다. 그 결과 많은 성과물을 내올 수 있었으나 좀 더 심화된 연구를 내오기에는 일정한 한계를 지니고 있었다. 객관 혹은 합리를 넘어 체화된 연구를 가져오기 위해서는 불교가 강조하는 수행의 의미를 받아들이지 않고는 쉬운 일이 아니었다. 따라서 개신 불교학의 과제는 전승 불학의 장점을 불교 연구에 지혜롭게 접목하는 것이라 할 수 있다.

3. 전승 불학과 개신 불교학의 분기

이 글에서 다루는 대표적인 불교 지식인들인 이능화, 박정호, 권상로, 김영수 등은 전승 불학과 개신 불교학의 방법론을 아우르면서 연구에 임한 이들이다. 이능화는 신학문을 섭렵한 뒤에 불교 승려들과 긴밀한 교유 위에서 불교를 연구했지만 평생 출가한 적은 없었다. 이와 달리 박정호는 평생을 승려로서 살았다. 권상로와 김영수는 대교과까지 마친 뒤 신학문을 접하며 불교 연구에 임했으며 두 사람 모두 약 20여 년 간 비구 생활을 한 뒤 결혼하여 각기 재가자로서 불교를 연구했다.

종래 불학의 학문 방법론에서 볼 때 이들의 신분과 그 이동은 학문 방법론의 변주를 가져왔다. 그 뒤섞임은 이 땅의 불교학 1세대 학자들이라면 누구나 경험했던 것이라 할 수 있다. 이 점은 신분의 변동이 없이 줄곧 일관되어 온 이능화나 박정호에게서 확인된다. 때문에 이들 불교학자들에게 전승 불학과 개신 불교학의 방법론은 상당한 영향을 미쳤다고 파악된다.

개신 불교학의 경우 불교학 연구 시각의 동이와 방법론 적용의 동이에 따라 불교 지식인들의 지성사적 위상이 변모되었다. 아울러 다양한 방법론의 적용을 통해 높은 평가를 받은 성과들을 내올 수 있었다. 이러한 작업들이 가능했던 것은 외적 행동가 혹은 사상가 또는 운동가들이었던 한용운, 박중빈, 백용성 등이 '개혁'과 '혁신', 혹은 '유신'과 '재건' 및 '현대화' 등의 기호를 통해 교단 분위기의 쇄신과 불교의 외연을 넓혀온 배경 위에서 가능할 수 있었다고 할 수 있다.

따라서 불교의 외연을 넓혀 온 이들의 토대 위에서 내적 저항가 혹은 학자들이었던 이능화, 박정호, 권상로, 김영수와 같은 학자들이 그들의 체질에 맞는 연구 시각과 방법론을 적용하여 불교 연구를 매진할 수 있었다. 물론 이러한 업적들이 개인적인 능력과 기질에 의한 것이기도 하였겠지만, 궁극적으로는 한용운·박중빈·백용성 등이 열어나간 불교의 변화된 환경을 이룩한 공적 위에서 가능했다는 것을 인정해야만 할 것이다. 그리고 그 위에서 비로소 이들의 연구 성과가 불교학 또는 국학의 외연을 넓혀갈 수 있었다고 할 수 있다.

1) 불교 지식인들의 지성사적 위상

대한시대 이전 불교계의 지성적 모습은 조선 중기 이래 묵암 최눌(默庵 最訥, 1717~1790)과 연담 유일(蓮潭 有一, 1720~1799)의 심성(心性) 논변 및 그 주변의 논변22)과 인악 의첨(仁岳義沾/沼, 1746~1841)과 연담 유일의 사기(私記) 간행을 통해 일어난 불심(佛心)의 논변 그리고 선의 본질에 대한 삼종선(三種禪) 논변에서 찾아야 할 것이다.

이 가운데에서도 특히 조선 후기 선의 본질에 대한 이론적 조명이라 할 삼종선 논변은 백파 긍선(白坡亘璇, 1767~1852)과 초의 의순(草衣意恂, 1786~1866)으로부터 시작되어 추사 김정희(秋史 金正喜, 1786~1856)와 백파 긍선과 초의 문도로 계승되어 온 불교계 나름의 방법론 모색 과정이었다고 할 수 있다. 이러한 지성적 모습이 조선 말에 단절되지 않고 계승되었던 것은 철저한 자기 부정의 역사를 창출해온 불교의 혁신사상에 그 뿌리가 닿아 있기 때문이라 할 수 있다.

선말 한초(鮮末韓初)의 전환기에 불교 개혁적인 사고를 가지고

---

22) 默庵 最訥(1717~1790)은 蓮潭 有一(1720~1799)과 心性(性理)에 대한 토론을 벌였다. 최눌은 『心性論』 3권을, 유일은 『心性論』 1권을 저술하였고, 雲峰 大智(?~?) 역시 『心性論』을 지었다. 최눌의 저술은 이후 혜암과 나암이 복서하였고, 뒤이어 경암 응윤이 찾아와 토론하고 돌아가는 등 많은 관심과 논변을 불러일으켰다. 이에 1785년 華日과 敬賢 두 사람은 최눌의 저술이 그들 법손들에 의해서 爭論의 禍根이 될 우려가 있을 것이라며 泉隱寺 上禪庵에서 불태워버렸다고 한다. 현재 有一의 것은 서문만 남아 있고 大智의 것은 온전히 남아 있다.

있었던 불교 지식인들의 지성사적 구조는 어떤 것이었을까? 그리고 그 이념과 사상적 근간은 어디에 두었을까? 불제자는 붓다의 가르침이 진리임을 결정코 믿는 사람들이다. 동시에 이들은 붓다의 가르침인 중도의 실천과 연기의 원리를 자기 삶의 가치이자 기준으로 삼는 사람들이다. 때문에 불자의 몸과 마음의 움직임 역시 붓다의 중도 연기의 활동이라고 보아야 할 것이다. 대한시대 불교 지식인들의 지성사적 모습 역시 이 같은 몸과 마음의 투영에서 이루어졌다고 보아도 크게 틀리지 않을 것이다.

붓다는 출가와 수행 과정에서 그 누구보다도 치열하게 '혁신'의 모습을 보여주었다. 생로병사를 넘어서기 위한 자기와의 싸움은 내적 혁신을 위한 노력이었다. 하여 인간의 근본문제를 해결하기 위한 붓다의 노력은 윤회를 벗어나 깨달음의 성취로 이어졌다. 그 깨달음의 사회화는 곧 인도의 전통적 계급사회를 타파하기 위한 인간평등사상의 주창으로 드러났다. 그리고 자신의 본래성을 되찾기 위한 붓다의 혁신 정신은 자연스럽게 살아있는 모든 것들의 '평화' 혹은 '평등'으로 표현되었다.

이 평등은 붓다의 핵심 교설인 중도(中道)의 다른 표현이라 할 수 있다. 즉 양 극단을 넘어서서 어디에도 걸림이 없는 자재와 무애의 정신이자 중도의 정신이며, 평등은 중도의 실현태라고 할 수 있다. 그러니까 실천의 몸체〔體〕가 중도라면 그 몸짓은 평등〔用〕인 것이다. 평등 혹은 평등상 또는 평등주의는 바로 인간관계 속에서 이루어져야 할 중도의 구체적 표현이다. 붓다의 혁신의 벼리 역시 바로 중도와 평등에 겨냥되어 있었다. 이능화는 자신이 편집한 『불교진흥회월보(佛敎振興會月報)』에서 선각과 후각의 평등적 모습을 아래와 같이 보여주고 있다.

불(佛)이란 깨달음이요, 교(敎)란 선각(先覺)이 후각(後覺)을 깨닫게 해주는 것이다. 선각이란 누구인가? 부처다. 후각이란 누구인가? 중생이다. 부처와 중생이 깨달음은 하나이되, 선후일 따름이다. … 그러니 부처이자 범부(凡夫)요, 범부이자 부처라. 앞선 것이 뒤진 것이요, 뒤진 것이 앞선 것이다. 앞선 것이 앞섬이 없으며, 뒤진 것 또한 뒤짐이 없다. 범부를 범부라 할 것이 없고, 부처를 부처라 할 것이 없다. 남[生] 또한 남이 없고, 빠름[速]은 본래 빠를 것이 없는 것이다. 체(體)를 체(體)라 할 것이 없고, 깨달음[了]을 깨달음이라 할 것이 없다. 본래 스스로 미혹함이 없고, 지금 또한 깨달음도 없다. 열어 보이는 자는 누구이며, 깨달아 들이가는 자는 누구인가.[23]

앞서되 앞섬이 없고 뒤지되 뒤짐이 없는 도저한 평등 지향은 불교의 근본정신이 된다. 이능화는 불교의 본질을 깨달음으로 보고 그 본질을 무차별의 평등으로 바라보고 있다. 일찍이 권상로 역시 붇다의 혁신 정신을 '평등주의' 혹은 '평등상'이라는 말로 표현했다. 그는 자신의 「조선불교개혁론」 '논불석가출세(論佛釋迦出世)가 전위개혁(全爲改革)' 장에서 인도 사성계급을 열거하면서 이렇게 얘기했다.

석가세존께서 도솔궁으로부터 내의來儀하사 수행성도 하시고 입을 열어開口 제일구第一句에 평등주의를 선창하사 왈, 일체중생이 안으로 종지를 머금고 있어서內含種智는 부처와 다름이 없다與佛無殊 하시고, 열반회상에서 마치심終於涅槃會上에 유정무정이라 하는 이云有情無情

---

23) 李能和, 「發刊詞」, 『佛敎振興會月報』 제1호, 1915. 3. 『韓國佛敎雜誌叢書』 제16책, p.7.

는 모두 함께 성불하리皆共成佛라 하시니 평등상에 궁극적으로 나아간 다는 말씀極卽之談 이것此보다 더한過 것者이 없다無하시고 (중략) 유마의 불이維摩不二와 화엄의 원융과 원각의 돈각圓覺之頓과 법화의 종法華之終이 모두 평등의 궁극皆平等之極이요, 개혁의 궁극改革之極이라.[24]

퇴경은 붓다의 평등사상을 통해 조선불교개혁의 당위를 입론하려 했다. 그는 붓다의 일생 자체가 평등 두 글자에 통섭되며 바라문의 계급주의를 타파하여 자유 평등의 인류 행복을 지적하였다고 지적함으로써 붓다를 제일의 개혁가라 보고 있다. 퇴경이 보기에 국권을 빼앗긴 대한시대의 현실에서 우리에게 필요한 것은 무엇보다도 중요한 것은 대한 정신의 혁신이었다. 붓다의 가르침을 진리로 삼는 불자들의 경우 역시 마찬가지였다.

퇴경은 민족문화의 담지자인 불교인들에게 가장 필요한 것 역시 붓다의 혁신 정신에 비추어 새로운 생활과 참된 삶을 전개하는 데 도움이 되거나 유익한 것이라면 그대로 취하여 시대에 맞게 편리하게 고쳐나가자고 주장했다. 그는 유마의 불이, 화엄의 원융, 원각의 돈교, 법화의 종교가 모두 평등의 궁극이요 개혁의 궁극이라 했다. 결국 불교 개혁의 궁극은 평등임을 역설하였다.

불교 지성인의 모습은 붓다의 혁신 정신에 입각하여 일상에서 부딪치는 갖은 유혹과 끊임없이 싸워 이겨내는 인간상이라 할 수 있다. 불의와 타협하지 않으며 개인의 이해보다 전체의 이익을 생각하는 인간상이라 할 수 있다. 그는 옳지 않은 것을 옳지 않다 하고 옳은

---

[24] 權相老,「朝鮮佛敎改革論」,『朝鮮佛敎月報』제8호, 1912, pp.48~49.

것을 옳다고 주장하는 사람이며, 아는 것을 안다고 하고 모르는 것을 모른다고 하는 모습을 보여주는 사람이다. 이러한 지성의 모습을 퇴경은 붇다의 삶에서 찾으려 했던 것이다.

대한시대 불교 초기에는 혁신과 항일운동을 해오다가 말년에 현실과의 타협 혹은 친일로 흘러간 이들이 다수 있다. 그것이 위장 친일이든 온전한 친일이든 우리 역사의 비극임에 틀림없다. 개인과 공인으로서의 경계가 모호하기는 하지만 적어도 지식인 혹은 지성인의 모습은 개인보다는 전체를 먼저 생각하는 것이어야 한다. 독립운동을 통해 목숨을 잃은 사람들의 존재를 생각해 본다면 그 시대를 살아남기 위해서는 어쩔 수 없었다는 변명이 옳을 수만은 없기 때문이다.

학문을 하기 위해서는 어쩔 수 없었다라거나 이것도 저항하기 위한 하나의 방법이었다라는 방어 기제도 있을 수 있다. 위장 친일의 경우나 소극적 친일의 경우도 마찬가지다. 또 스스로 외적 저항의 방법을 택하지 못하고 내적 저항의 방법을 택하여 한 일이라고 할 수도 있을 것이다. 외적으로 지속되는 일제의 탄압을 개인으로서 이겨낼 수 없었기에 장기적이고 내적인 독립 혹은 자립을 위해 불교학과 국학 및 역사와 사상 탐구로 들어갔다는 것이 정당화될 수 있을 것인가.

다시 말해서 스스로 외적 저항가가 되지 못할 근기이기에 내적 저항가로서의 역할을 하고자 불교학 혹은 국학 연구에 몰입해 들어갔다고 할 수 있는가. 그리고 친일과 부일과 항일의 경계로 나눈다 하더라도 친일(親日)과 부일(附日)의 경계를 엄격히 갈라볼 수 있는가. 이 같은 역사의 준엄한 역사적 물음이 존재한다는 사실을 우리는 숙지하지 않을 수 없는 것이다. 이 문제는 오늘을 사는 우리에게도 동일하게 적용될 수 있을 것이다.

때문에 이들에 대한 평가에는 보다 진지하게 접근해야만 할 뿐만 아니라 주의해야 할 점이 한 두 가지가 아니다. 어느 한 시기의 저항-항일-친일이나 국학-외학-국학으로의 전환을 한정해서 평가하는 것은 단견에 떨어질 위험성이 있기 때문이다. 한 인물의 온전하고 정당한 평가가 되기 위해서는 그들 전 생애의 삶을 총체적으로 파악해야만 한다. 더욱이 그들을 평가하는 이들 자신의 몸과 마음을 빼버린 채 그들을 대상화하여 바라보는 시선은 주의를 요하는 것이다.[25]

즉 일상 속에서 부딪치는 경계와 끊임없이 타협하면서 살아가는 다수의 평가자들이 정작 자신의 삶의 방식에 대해서는 매우 관대하면서도 대한시대에 살았던 그들의 친일과 부일에 대해서는 너무나 엄정하게 단죄하고 있다는 사실이다. 평가자 자신들이 그 시대를 살았다면 현실과 타협하지 않고 살 수 있었을 것인가라는 자문 위에서 그들에 대한 평가는 더욱더 주의하고 경계해야 하는 것이다. 결국 불교 지식인의 '지성성'은 '이해'를 넘어 자신의 몸과 마음을 일이관지(一以貫之)하게 다루었느냐의 여부에 겨냥될 수밖에 없는 것이다.

2) 불교학 방법론의 다양한 적용

전승 불학이 개신 불교학으로 옮겨가는 과정 속에서 불교학자들의 인식에 깊은 영향을 미친 사조는 영국의 사회학자 허버트 스펜서(Spencer, Herbert, 1820~1903)가 정립한 사회진화론(社會進化論)이었

---

[25] 해당 인물을 평가하는 자신이 그 시대에 살았으면 어떠했을까 또는 지금 자신은 간고한 현실에 대응하며 어떻게 살아가고 있는가 라는 疑團에 대해 언제나 활짝 깨어서 탐구하고 있느냐의 여부가 무엇보다도 중요하다고 할 것이다.

다. 그는 우주는 '진화'한다는 입장에 서서 천체의 발생에서 인간 생활에 이르는 모든 것을 총체적으로 설명하려 하였다.[26] 스펜서는 사회진화론의 원동력을 '경쟁'으로 파악했으며 사회 모든 성원들은 '생존경쟁의 과정'에서 오직 가장 잘 적응하는 자만이 살아남는다고 하여 적자생존을 강조하였다. 즉 생물계에서의 자연도태와 마찬가지로 인간 사회에서도 지적으로 가장 우수한 자는 살아남고, 지적으로 열패한 자는 도태되기 마련이라고 했다.

사회진화론을 원용하여 우리 역사에 최초로 기록에 남긴 사람은 『경쟁론』(競爭論, 1882)을 쓴 유길준(兪吉濬, 1856~1914)이었다. 그 밖에도 미국에 유학했던 시재필(徐載弼, 1864~1951), 윤치호(尹致昊, 1865~1946)가 사회진화론을 우리 사회에 소개했다. 그러나 이것이 대중들에게 큰 영향을 끼치지는 못하였다. 진화론이 우리나라에 본격적으로 보급되면서 큰 영향을 끼친 것은 1905년 러·일전쟁과 일제의 을사 5조약 강요에 의한 국권 강탈 전후이며 그 도입 경로는 서양(특히 미국), 중국, 일본을 통한 것이었다.[27]

이들로부터 도입된 사회진화론의 분위기가 보다 널리 퍼지게 된 것은 중국 양계초(梁啓超, 1873~1929)의 『음빙실문집』(飮氷室文集, 1903)이 국내에 보급되면서부터라고 할 수 있다. 이 문집에서 주장하

---

26) 스펜서는 『제일원리(기본구상)』에서 시작하여 『생물학』, 『사회학』, 『윤리학』 등에 이르는 전 10권의 자신의 체계에 '종합철학'이라는 개념을 부여했다. 이들 책들의 모든 영역이 진화의 원리에 의해서 통일적으로 설명되고 있다. 林錫珍 감수, 『철학사전』(이삭, 1986.), pp.343~344.
27) 愼鏞廈, 「舊韓末 韓國民族主義와 社會進化論」, 『인문과학연구』 창간호(동덕여대, 1995), pp.6~8.; 李在軒, 「近代 韓國 佛敎學의 成立과 宗敎 認識 : 李能和와 權相老를 중심으로」, 한국정신문화연구원 한국학대학원 철학·종교전공, 1999, pp.28~29.

는 것처럼 당시의 불교 지식인들은 국제질서의 운동법칙을 '우승열패', '적자생존'의 원칙으로 받아들였고, 그것을 당시 국제 질서의 보편적 원리로 파악하여 한국이 '우승'과 '생존'의 주체가 되어야겠다고 자각하였다. 이들의 자각에 의해 사회진화론은 우리 사회 전 분야로 급속하게 퍼져 나갔다.

그리하여 사회진화론은 첫째 민족정신의 앙양으로 애국계몽운동의 이론적 기초로 작용하였으며, 둘째 국민의 정신과 자세를 새롭게 하려는 신민(新民)사상이 고취되어 구학문 내지 구사상, 그리고 수구파(守舊派)에 대해 맹렬한 비판이 제기되었고, 셋째 국민들의 역사의식이 고조되어, 전통적인 왕조 중심의 권선징악적(勸善懲惡的) 사관(史觀)과는 달리 민족이 처한 역경을 타개해 보려는 현실적인 요구에서 우러난 민족주의적(民族主義的) 사관(史觀)을 갖고 역사를 서술하게 되었다.[28]

불교계 지식인들도 자신의 저술에서 '진화' 개념과 '진화의 정신'을 본격적으로 수용하기 시작했다. 당시 대표적인 불교 지식인이었던 수원 용주사 주지 대련 일형(大蓮日馨, 1875~1942)은 진화를 아래와 같이 이해하고 있다.

> 진화란 하나의 목적(目的)을 향해 위로 나아가는 것을 일컫는다. 날로 나아가고 달로 나아가서 끝없이 나아가면 반드시 극점(極點)에 이를 것이다. 무릇 천지(天地) 고금(古今)의 사물이 진화(進化)의 공례(公例)를 피할 수 있는 것은 있지 않다.[29]

---

28) 李光麟,「舊韓末 進化論의 受容과 그 影響」,『韓國開化思想硏究』(一潮閣, 1979), pp.255~287.

대련은 1912년 원종의 기관지로 탄생한 불교계 최초의 잡지인 『조선불교월보(朝鮮佛敎月報)』에서 사회진화론을 기초로 하여 논지를 전개하고 있다. 여기에 실린 불교지식인들의 대부분의 글이 사회진화론의 기조를 받아들이고 있었음을 보여주고 있다. 특히 「진화는 월보(창간)에 있다(「進化는 在月報」)」는 대련의 글 제목은 당시 지식인들의 정서와 아우라를 전해주고 있다. 이 글의 제목은 새로운 잡지 창간과 간행 자체가 이미 진화이며 동시에 진화에 대한 논의 자체가 월보에 실려 있다는 것을 의미하는 것이기도 하다.

또 다른 지식인인 만해(1879~1944) 역시 '우승열패'와 '약육강식'의 기호로 요약되는 '세력'으로서 사회진화론을 적극적으로 수용하고 있다. 이는 보다 강한 현실적 '힘' 또는 포교의 '힘'을 뼈저리게 느끼고 살았던 만해의 뼈아픈 자각이라고 이해된다.

> 우승열패(優勝劣敗)와 약육강식(弱肉强食)이 또한 자연의 법칙임을 부정할 길이 없다. 우수해지는 까닭, 열등해지는 까닭, 강해지는 까닭, 약해지는 까닭의 이치가 단순치가 않아서 장구한 시일을 두고 열거한대도 다하기 어려운 터이나, 뭉뚱그려서 말하면 세력일 따름이라고 할 수 있다.[30]

하여 만해는 여덟 번째 '포교'의 장에서 우승열패와 약육강식에 대해

---

29) 姜大蓮, 「進化는 在月報」, 『朝鮮佛敎月報』創刊號, 1912. 2, p.42.
30) 韓龍雲, 「朝鮮佛敎維新論」, 원문은 「更僕難盡」으로 되어 있다. 韓鍾萬 編, 『韓國近代民衆佛敎의 理念과 課題』(한길사, 1980), pp.50~51.

자연의 법칙으로 수용하고 있다. 그는 "조선 불교가 유린된 원인은 세력이 부진한 탓이며, 세력의 부진은 가르침이 포교되지 않은 데 있다"고 역설하고 있다. 이어 그는 "세력이란 자유를 보호하는 신장(神將)이니, 세력이 한 번 꺾이면 자유 또한 상실되어 살아도 죽은 것과 다를 바 없어지게 마련이다"[31]고 하면서 "불교가 망해도 승려는 홀로 남아 있겠는가, 불교가 쇠미해져도 승려는 홀로 번성할 수 있겠는가"[32]라며 조선 불교의 '열패'성과 '약육'성에 대한 뼈저린 회한을 보여주고 있다.

또 다른 지식인인 보륜(寶輪) 역시 조선불교 유신의 급선무를 역설하고 있다. 특히 보륜은 조선불교의 유신의 시점을 '오늘'임을 힘주어 말하는 대목에서 그의 인식을 돌올하게 보여주고 있다.

오늘은 곧 문명 진화의 오늘이라. 온갖 춤이 바야흐로 팽창하고 온갖 폐단이 새로워지니 천추의 감화도 오늘의 으뜸이오. 만대의 남길 업적도 오늘의 자랑이니, 오늘 승려가 되려는 자가 만일 오늘로서 조선불교유신의 좋은 별이 되려 하지 아니하고, 옛 비와 지금의 구름에 기대어 왕년에 했던 것처럼 코를 골며 자면 봄을 가을로 알아 밭을 갈고 수확함이 그릇되게 되는 것과 같고, 낮을 좇아 밤으로 삼아 自로 일어남의 마땅함을 잃어버리리니 때문에 나는 오늘을 일컬어 조선불교를 유신할 수 있는 오늘이라 하노니[33]

---

31) 韓龍雲, 위의 글, 위의 책, p.54.
32) 韓龍雲, 위의 글, 위의 책, p.54.
33) 金寶輪, 「朝鮮佛敎를 可以 維新할 今日이여」, 『朝鮮佛敎月報』 제11호, 1912. 12, p.26.

이처럼 당시의 주요 불교 지식인들은 1870년대 이래 종교학에서 보편화된 사회진화론에 입각한 유신과 개혁 혹은 혁신과 현대화에 깊이 훈습되어 있었다. 이러한 진화론의 사조에 기초하여 불교학 연구 역시 자연스럽게 '비교'와 '대비'와 '대결'의 방법으로 나아가게 되었다. 특히 시간적 순서에 따라 진화의 추이를 분석하는 진화론적 접근법과 시간의 순서를 넘어 두 사물 혹은 대상을 비교하여 분석하는 방법이 보편적으로 사용되었다.

'비교'란 교섭이나 영향이 실제로 있고, 혹은 있었다고 확인되는 동일 및 상이한 문화권 간의 사상을 실증적으로 연구하는 것을 뜻한다. '대비'는 상호간의 교섭 관계가 실증되지 않는 것들, 교섭이나 영향에 의하지 않은 유사의 비교연구를 말한다. 비교하는 사상은 일 대 일의 경우도 있고 일 대 다수의 경우도 있다.[34]

'대비'는 두 개 혹은 그 이상의 사상 및 사상가를 대비하는 '개별 연구의 단계'와 그보다 높은 차원에서 개별 연구를 쌓은 다음, 그 사이에 법칙과 유형을 찾아내려는 '종합 연구의 단계'의 두 가지로 구별할 수 있다. 때문에 대비 연구는 궁극적으로 종합을 지향하기 때문에, 대조하는 것들 사이에 유사점(類似點), 동일성(同一性)을 추구하지 않으면 안 된다. 바꾸어 말하면 무엇인가 공통점이 있는 동류가 아니면 대비 연구의 대상으로 삼지 못한다. 때문에 대비 연구는 결론이 먼저 짐작되는 데서 시작하는 연구이다.[35]

'대결'은 '비교'와 '대비' 연구의 한계를 넘어서서, 비교사상의 궁극

---

34) 卞圭龍, 「比較思想의 可能性과 方法論: 東西中洋朝哲學의 相逢을 위한 詩論」, 심재룡 외, 『한국에서 철학하는 자세들』(집문당, 1986), pp.285~290.
35) 卞圭龍, 위의 글, pp.286~288.

적 지향점은 '철학하는 것'에로 도달해야 한다. 즉 두 개의 사상을 비교학적으로 연구하려는 사람은 모름지기 스스로의 주체적 자각의 입장에서 해당되는 두 가지 사상의 구조와 구조를 대결케 한다. 그 대결에는 주체적 자각이 관여하고 있다는 사실이다. 다시 말해서 두 가지 사상을 대결시키는 그 자체가 사상을 단순하게 대상적으로 취급하는 것이 아니라, 연구자 자신의 주체적 자각의 발로이자 주체적 대결이다.[36]

사회진화론은 불교학 방법론의 다양한 적용과 해석의 길을 열어주었다. 그 방법론은 아직 대비와 대결에 이르지는 못하였지만 비교의 방법론을 제시해주었다는 점에서만 하더라도 종래 불교학 연구와 변별되는 새로운 접근법이다. 이러한 방법론 위에서 이능화는 국학에서 외학을 거쳐 다시 국학으로 오는 과정 속에서 터득한 비교의 방법론 위에서 동양과 서양, 기독교와 불교 및 유교와 무속 등을 연구하였다. 그의 애국계몽 사학 혹은 민족주의 사학은 개신 불교학의 한 방법론으로 자리잡으면서 이후 연구자들에게 많은 영향을 끼쳤다.

박정호와 권상로 및 김영수의 경우도 크게 다르지 않다고 할 수 있다. 이처럼 대한시대 불교학 연구의 방법론은 크게 진화론적인 진보사관에 의한 역사연구와 비교사적 방법 그리고 문화사학적 방법론 및 역사학적 방법론 등이 주로 원용되어 왔다고 할 수 있다.

---

36) 卞圭龍, 위의 글, pp.289~290.

4. 불교학 연구의 지형도

1) 이능화의 종교사학적 방법론

상현 이능화(尙玄 李能和, 1868~1943)는 충남 괴산에서 삼 남매 중 맏아들로 태어나 어려서부터 한학을 배웠다. 10여 세 전후로부터 쌍장(雙杖)선사와의 교유를 통해 불교의 깊은 지향을 맛보았다.[37] 20여 세에 그는 법부(法部) 협판(協辦)이었던 아버지 이원긍(李源兢)을 따라 한양에 왔다. 1889년(고종 26) 상현은 정동 영어학당을 졸업했으며, 1892년(고종 29) 24세에 『원각경』을 보다가 발심하여 불교에 귀의했다. 1894년(고종 31) 그는 한어(漢語)학교를 마치고, 1895년 관립 불어(法語)학교에 입학했다. 이 해 11월 상현은 농상공부 주사가 되었으나 이듬해 사직했다. 법어학교에서 남달리 성적이 뛰어나 졸업 전인 1897년(광무 1) 관립 한성외국어학교 불어교관이 되어 한국인 최초로 불어를 가르쳤다. 1902년 상현은 잠시 칭경예식(稱慶禮式)사무소 위원이 되었다가 1904년(광무 8) 다시 교관으로 복직하였다.

1906년(광무 10) 사립 일어야학사(日語夜學舍)에 입학하여 이듬해 졸업하였고, 10월에 관립 한성법어학교 교장으로 임명되었다. 1909년 법어학교, 영어학교, 일어학교 등이 통폐합되어 관립 한성외국어학교 학제가 시작될 때까지 학감으로 있었다. 이후 그는 1910년 일본의 한국병탄으로 이 학교가 문을 닫을 때까지 불어교육을 통하

---

37) 李能和,「萬事萬里를 自心自性에 求하기 爲하야」,『佛敎』제50·51호, 1928. 9, p.60. 그는 10여 세 때에 成佛寺 重創化主 雙杖선사 山海 繼奉과의 만남을 통해 불교의 奧義를 맛보았던 것으로 보인다.

여 인재 양성에 주력하였다. 1907년 3, 4월 상현은 의정부(議政府)의 특명으로 일본에 건너가 각 관청을 시찰하고 돌아와 국문연구소 위원이 되었다. 상현은 나라가 없어졌지만 신학문과 국학에 대한 열정은 뇌리에서 떠나지 않아 연구에만 몰두하여 종교와 민속 등의 자료를 수집하고 섭렵했다.

1912년 상현은 사립 능인(能仁[38]) 보통학교를 세워 교장이 되었고, 1914년에는 불교계 계몽운동의 흐름 위에서 30본산 주지와 50여 명의 신도가 중심이 되어 각황사에서 조직 발족된 불교진흥회의 산파 역할을 하였다. 그는 1915년 젊은 승려들의 추대로 불교진흥회 간사에 피선되었다. 이듬해 4월 교장직을 물러난 뒤 『불교진흥회월보』를 편집했다. 1917년 상현은 불교진흥회의 이사가 되었다. 1921년 그는 총독부 산하의 조선사편수위원회의 편수관 및 편수위원 등을 맡아 15년 동안 조선사편찬에 종사하는 한편 종교를 비롯한 민족문화 각 분야에 걸쳐 수집한 자료를 정리, 연구하고 이것을 후학에게 전하기 위해 원고를 집필하였다.

상현은 제4편(광해군~경종)과 제6편(영조~갑오개혁)을 주로 맡아 분담하였다. 특히 그는 한국사 체계에 발해사가 반드시 들어가야 함을 강력히 주장하였고, 건국신화는 민족정신을 발휘하는 것이므로 반드시 수록해야 한다고 주장하였다. 이러한 대목에서 우리는 상현의 뚜렷한 민족 주체의식을 확인할 수 있다. 1923, 1924년에 그는 조선사학회에서 간행한 조선사 강좌 분류사 특별강의에 『조선불교사』를

---

[38] 庚戌國恥를 당하자 그는 스스로 사립 보통학교를 만들어 교명을 자신의 이름에서 '能'자를 따고 부인 鄭仁鎬의 이름에서 '仁'자를 따서 '能仁'이라 하고 3년간 교장으로 있었다. 이는 釋尊의 일컫는 '能仁'과도 같은 것이다.

집필하였다.[39]

상현의 주요저술 대부분은 거의 이 무렵에 이루어진 것이라 할 수 있다. 1930년 그는 한국학 연구를 위해 재한 일인학자 중심으로 청구학회가 발족되었을 때 평의원으로 추대되었고, 1939년 이 학회가 해산될 때까지 계속 관계를 맺었다. 아울러 조선총독부 보물고적보존회의 위원이 되어 민족문화 수호에 관심을 표하기도 했었다.

1931년 그는 박승빈, 오세창 등과 계명구락부를 조직하여 민족정신의 계몽과 선양에 힘쓰면서 중앙불교전문학교(동국대학교 전신)에서 조선종교사를 강의했다. 총독부의 『조선사』 편찬이 마무리된 1938년 이후에 상현은 잠시 이왕직(李王職)에 나갔다. 이때부터 일찍이 익혔던 능통한 영어와 불어 및 중국어와 일본어 등을 기초로 국학 관계의 많은 저술을 남겼다. 칠순이 넘어서는 거의 고향에 칩거하였고 자녀들의 권유로 상경한 뒤 5년 후에 타계했다. 그의 유고는 6·25전쟁으로 인해 거의 대부분 산일되었으나 일부가 남아 있어 국학 연구에 지대한 공헌을 하고 있다. 1943년 종로구 운니동에서 별세했다.

현존 저서로는 종교다원주의 입장에서 타 종교와의 비교를 통해 불교의 독자적 정체성과 교리적 우월성을 밝히려고 한 『백교회통』(1912)과 불교사료를 정리하여 한국불교에 관한 일체 사료를 집성하여 망라한 『조선불교통사』(1918)를 비롯하여 『조선기독교급외교사』, 『조선해어화사』, 『조선무속고』, 『조선여속고』, 『한국도교사』, 『질병사연구』, 『춘몽록』, 『조선사회사』 등이 있다. 유고였던 『조선유교급유

---

39) 이능화는 자신이 발행인 겸 편집인으로 있던 『佛教』 제1호(1924년 7월)에서 제28호(1926년 10월)에 걸쳐 총20회 「李朝佛教史」를 연재하였다. 이 연재는 단행본으로 간행되지는 않았다.

학사상사』, 『조선의학발달사』, 『조선십난록(朝鮮十亂錄)』, 『조선잡고합편(朝鮮雜考合篇)』, 『조선신화고』, 『조선신사고(朝鮮神事考)』, 『조선제례고』 등은 6·25전쟁 때 모두 불타 전해지지 않고 있다.

타종교와의 비교를 통한 이능화의 종교사학적 방법론은 그의 역정이 국학-외학-국학으로 이어지면서 여러 저술에 투영되었다. 그가 역설한 불교 '정체성' 확립과 거사불교를 중심으로 한 '계몽(啓蒙)'은 우리 문화와 역사와 신화 및 민속 등에 대해 제대로 알지 못하는 대한 백성들로 하여금 바르게 눈뜨게 하고자 함이었다. 그는 한국 주요사뿐만 아니라 한국 특수사 분야의 중요한 개척자로서 많은 부분 새로운 자료의 분석과 집성 위에서 계몽에 기초한 종교사적 방법론을 적용하였다.

이능화는 특히 토착종교에 대한 깊은 이해를 바탕으로 많은 서적을 저술하였다. 토착종교에 대한 그의 관심은 나라를 잃어버린 대한 백성들에게 계몽의 시선을 열어가는 것이었다. 그의 산일된 저술을 제외하고도 『백교회통』, 『조선불교통사』, 『조선기독교급외교사』, 『조선무속고』, 『한국도교사』 등에서 보여주고 있는 종교문화에 대한 그의 식견은 학계로부터 높은 평가를 받아 왔다.

이능화 이전에도 일본에 나라를 빼앗겨 주권을 상실했을 때, 우리의 역사, 지리, 민속 등 여러 방면에 걸쳐 스스로를 알고자 하는 노력이 선진적인 학자들에 의해 진행되었다. 그들의 국학에 대한 몰입은 일제에 대한 간접적인 저항이기도 했으며 민족의 혼을 살리려는 힘겨운 노력이기도 했다. 이러한 조류 속에서 전인미답(前人未踏)의 분야를 스스로 개척한 선각적인 학자 중의 한 사람이 이능화이다.[40]

---

40) 沈雨晟, 「民俗學의 근대적 開眼」, 『조선무속고』, 李在崑(동문선, 2002.), p.326.

그에 대한 학계의 평가는 가) 토착종교에 관한 문헌을 집성함으로써 이 방면의 연구를 위한 자료적 토대를 마련한 점, 나) 승려의 저작이기 때문에 도외시되었던 『삼국유사』의 가치를 주목한 점, 다) 비합리적 성질 때문에 애써 외면해 왔던 단군신화 자체를 주목한 점, 라) 천시만 할 줄 알았던 무속을 토착종교의 주요 부분으로 이해한 점 등에서 일정한 의미를 지닌다.[41]

이능화는 불교 수용 이전에도 한국에는 토착종교로서 하나의 종교전통이 있었다고 보았다. 그는 최남선과 같이 『삼국유사』와 단군에 대한 신화 자체를 주목한 점이나 무속을 중시한 점에서 상통한다. 하지만 최남선이 서구의 인류학이나 신화학의 방법론을 도입하여 신화에 보이는 신명(神名) 등의 고유명사의 원의(原義) 규명을 통해 신화의 본질을 이해한 점과 달리 이능화는 종래의 여러 관련 자료들의 검토와 비교를 통해 『삼국유사』와 무속의 제 현상을 민속학적 측면에서 풀어나갔다. 최남선은 주로 문헌학적인 방법에 의한 상고사 연구에서 조선학에 접근함을 시도했고, 이능화는 주로 종교사학의 기초로서 이 방면에 공헌하였다.[42]

불교학 연구에 대한 그의 평가는 매우 드물지만 불교의 정체성 확

---

41) 徐永大, 「한국 고대종교 연구사」, 『해방후 50년 한국종교연구사』(창, 1996), pp.223~225. 논자는 여기에서 종교 전통의 명칭을 '고유신앙' '재래신앙' '원시종교' '토속신앙' '神敎' '仙敎' '巫敎' 등 연구자에 따라 각양각색의 명칭이 사용되어져 왔으나 '가축을 따라 이동하지 않고 농경을 하면서 정착생활을 하고' '대를 이어가면서 그 지방에 살고 있음'을 뜻하는 종교 전통을 한국에서 가장 오랜 종교 형태로서 한국의 역사와 문화 속에 깊은 뿌리를 내리고 지금에까지 그 맥을 이어오고 있으므로 이것을 외래종교와 대비되는 개념으로서 '토착종교'라고 해 두자고 제안한다.
42) 沈雨晟, 「民俗學의 근대적 開眼」, 『조선무속고』, 李在崑(동문선, 2002), p.327.

립과 불교 계몽의 시각에 기초하여 가) 중도적 평등주의, 나) 불교의 정체성 확립, 다) 진보적인 한국불교사 서술, 라) 불교 계몽 활동~거사불교 운동으로 평가받고 있다.[43] 그의 대표작으로 알려져 있는『조선불교통사』는 조선 승려까지도 조선 불교의 역사를 알지 못하고, 조선 불교 1500년 이래로 계통적 역사가 절무(絶無)함을 안타까이 여기어 조선 불교에 대한 참조자료를 제공한다는 동기로 자료 수집에 착수하였다고 하였다.[44]

이 책에 일관되게 나타나는 방법론적 특이성은 첫째, 사회진화론적인 진보사관에 의하여 통시적 안목을 견지하면서 한국불교의 원류를 파악하려는 다양한 시도를 하고 있다는 것과 둘째, 공시적 비교의 관점을 잃지 않으면서 한국의 역사 속에서 불교와 영향을 주고받았던 타종교 문화와의 관련성을 밝히려는 노력으로 나타났다[45]고 평가받고 있다.

> 혹은 전기를 서술하는 서법(書法)을 썼고, 혹은 패관(稗官)을 연의(演義)하는 서법을 썼다. 자재하게 보충하고 생략하여 이어져 글을 이루었는데, 가공(架空) 허구(虛構)의 서술이 없고, 나무를 쓰러뜨려 뿌리를 찾아내는 방법이 있어, 참으로 깨달음에 이르는 길잡이 황금 밧줄이요, 미혹의 강을 건네는 보배 뗏목이다. … 여러 성인의 이성온오(理性蘊

---

43) 李在軒,「近代 韓國 佛敎學의 成立과 宗敎 認識: 李能和와 權相老를 중심으로」, 한국정신문화연구원 한국학대학원 철학・종교전공, 1999, pp.75~112.
44) 李能和,「朝鮮佛敎通史에 就하여」,『조선불교총보』제6호, 1917.8,『韓國佛敎雜誌叢書』제14권, pp.346~355. 상현은 여기에서 이 책의 집필 동기, 자료 수집의 과정, 책의 구성, 출판의 경과 등을 밝혀 놓고 있다.
45) 李在軒, 앞의 논문, p.92.

奧)의 묘리를 모으고, 이천년 흥폐존망(興廢存亡)의 자취를 엮어서, 그 요점은 마침내 불조(佛祖)에 돌아가게 하였으니, 실로 인천(人天)을 가르쳐 인도하기에 요긴한 것이다. … 장차 형세를 얻어서 우리 부처님의 오승(五乘)의 속제(俗諦)가 온 나라에 급속히 펴질 것이니 좋고도 성대하도다.[46]

그가 불교사를 기술하면서 사용한 방법은 실증주의 사학의 방법론이었다. '가공 허구의 서술이 없고, 나무를 쓰러뜨려 뿌리를 찾아내는 방법'은 이를 말해주는 것이다. 서문은 그가 술이부작의 실증사관에 의해 한 자와 한 대목두 지어냄이 없이 사료에 근거하여 '서술'하고 '연의'하며 기술했음을 언표하고 있다. 동시에 '자재하게 보충하고 생략하여 이어져 글을 이루었다'는 것은 미진하고 불분명한 곳에서는 나름대로 보충하고 생략하여 글을 이루었다고 했다. 이것이 가능했던 것은 그가 파악한 불교의 평등주의와 그의 종교다원주의의 시각 때문이었다고 할 수 있다.

상현의 『조선불교통사』는 불교 전래(372년) 이래 당시(1916년)까지 1544년의 불교사적을 편년체로 기술한 「불화시처(佛化時處)」 상편, 각 종파의 원류를 밝힌 「삼보원류(三寶源流)」 중편, 한국불교 관련 여러 사항을 제목으로 뽑아 재구성한 「이백품제(二百品題)」의 하편으로 구성되어 있다. 이 속에서 보여주는 붇다의 탄생 기년 기록, 중국에 앞서 기록한 한국 기년 기록, 사회진화론적 역사인식에 기초한 진보적인 역사관[47] 등 그가 보여주는 몇 가지의 범례들에는 그의

---

46) 惠勤,「序」, 李能和, 『조선불교통사』, 尹在瑛(박영사, 1980), pp.25~26.
47) 李在軒, 앞의 논문, p.94.

애국계몽적인 민족사관이 투영되어 있다.

민족에 대한 사랑이 투영된 상현의 애국계몽사학적 방법론은 그의 저술 곳곳에서 확인된다. 민족의 주체성을 강조하면서도 객관적인 태도를 견지함으로써 이 저술의 가치를 드높이고 있다. 그의 방법론은 민족정신에 상응하는 불교정신의 기초 위에서 이루어졌다. 그것은 곧 그가 평생을 한민족의 근대화에 대한 깊은 고뇌 속에서 살았다는 점을 보여주는 것이다.

따라서 우리는 상현은 불교를 통해 한민족의 근대화를 달성할 수 있다고 확신하였고, 불교의 근대화를 위해 헌신했다는 점을 확인할 수 있다. 그가 국학-외학-국학으로의 변주를 통해 학문적 성취를 얻으려 했던 것도 궁극적으로는 국학의 정수라 할 불교학에서 그의 최종적 귀결을 마무리짓고자 함에서였다고 할 수 있다.

3) 박정호의 민족사학적 방법론

석전 박정호(石顚 朴鼎鎬, 1870~1948, 漢永은 字)는 전북 완주(전주)에서 태어나 어려서부터 유학을 공부하였다. 1876년 17세(고종 23) 때에 어머니가 전주 위봉사의 금산에게서 듣고 온 생사에 관한 법문을 듣고 느끼는 바가 있어 출가의 뜻을 품게 되었다. 1888년(고종 25) 19세에 전주 태조암(太祖庵)에서 금산(錦山)화상에게 머리를 깎고 제자가 되었다. 1890년(고종 27) 장성 백양사 운문암(雲門庵)의 환응 탄영(幻應坦泳)에게서 사교(四敎)를 배우고, 1892년(고종 29) 순천 선암사(仙巖寺)의 경운(敬雲)에게서 대교(大敎)를 수학했다. 이어 순창 구암사(龜巖寺)에서 설유 처명(雪乳處明) 선사로부터 법을 전해 받고 호를 영호(映湖) 또는 석전(石顚)이라 했다.[48] 잘 알려진 한영(漢永)은 그의 자(字)이다.

1896년부터 구암사, 대흥사, 법주사, 화엄사, 범어사 등에서 불법을 강의했다. 39세가 되어 불교 유신의 뜻을 품고 서울에 올라와 용운 봉완(龍雲 奉玩, 1879~1944)과 금파 경호(竟胡, 1868~1915) 등과 함께 유신운동을 펼쳤다. 일제가 한국을 병탄한 1910년 회광 사선 등이 일본 조동종과의 연합동맹 7조약을 체결하여 한국불교를 일본 조동종에 예속시키려 했다. 이에 용운 봉완, 범어 성월(梵魚惺月), 진응 혜찬(震應 慧燦), 금봉(錦峰), 종래(鍾來) 등과 함께 대한불교의 전통은 임제종(臨濟宗)임을 밝히고 연합체맹을 무효화시켰다. 이어 임제종을 세워 독자성을 견시하려고 심혈을 기울였다.

1913년 『해동불교(海東佛敎)』를 창간하여 포교 현대화를 촉구하는 글을 통해 불교 유신을 제창하고 불교인의 자각을 촉구했다. 1914년 불교고등강숙이 설립되자 여기에 참여하여 교육사업에 헌신하였고, 중앙학림, 서울 안암동 개운사(開運寺) 대원암(大圓庵)의 불교강원 등에서 후학 양성에 힘썼다. 그는 금봉, 진응과 함께 조선불교 삼대 강백(講伯)으로 추앙받았다. 경사자집(經史子集)과 노장(老莊) 학설을 두루 섭렵하고 서법(書法)까지도 겸통한 대고승으로 평가받았

---

48) 일찍이 秋史 金正喜가 白坡 亘璇에게 '石顚曼庵'이란 글자를 써주면서 후일 법손 가운데에서 도리를 아는 자가 있게 되거든 이 호를 품수하는 것이 좋을 것이란 부탁이 있었다. 이 연유로 이것이 긍선의 제자 雪竇 有炯을 거쳐 제자 雪乳 處明(1858~1903)에게 유전되어서 鼎鎬에게 '石殿'이란 호가 전수된 것이라 한다. 또 하나의 호인 '曼庵'은 1891년부터 6년 연상의 석전에게서 7여 년간 경전공부를 한 인연이 있어 최종적으로 宗憲(1876~1957)의 법호가 되었다. 설유 처명의 문하였던 학명 계종(鶴鳴 啓宗, 1867~1929)에게서도 공부한 바 있는 종헌이었기에 추사가 백파에게 적어준 호 '만암'의 최종 수지자가 종헌인 것은 어쩌면 당연한 일일 것이다.

다.[49] 『조선불교월보』사 사장, 불교전문학교 교장을 역임하고 1929년부터 1946년까지 조선불교 초대 교정(敎正)을 지냈다. 이후 우리나라 불교 근대화에 힘쓰다가 정읍 내장사(內藏寺)에서 1948년 2월 법랍 60년이 되는 79세의 나이에 입적했다. 그는 당대 한국 화엄의 종주라 평가받았으며 시문에도 능했다.

저술로는 『석전시초』, 『석림수필(石林隨筆)』, 『석림초(石林抄)』, 『정선 치문집화(精選緇門集話)』, 『정선 염송설화』, 『계학약전(戒學約詮)』, 『염송신편』 등이 있다. 이들 대부분이 수필과 시문 및 선서와 계율서다. 영호는 비교적 많은 저술을 남기지는 않았으나 출가자로서의 모습을 견지하면서 격조 있는 시작과 강설과 지계로 불교학계에 이름을 널리 남겼다.

그는 이능화와 권상로 그리고 김영수에 비해 한국불교 전반에 관한 통사를 쓰지는 않았다. 동시에 학자적 모습을 그 스스로 크게 보여주지는 못하였다. 하지만 그가 지도한 다수의 문하생들은 불교학의 길을 걸어갔다. 그의 불교학자로서의 면모는 다분히 그가 길러낸 학자들의 면모와 연속되어 있다. 때문에 그의 불교학 방법론을 논구하는 데에는 어느 정도 한계가 있다.

하지만 석전에게는 조선불교의 주체의식에 대한 깊은 사색이 있었다. 특히 조선사학이 연구되지 않는 것은 중국에 대한 사대주의로부터 온다고 했다. 그가 조선불교사를 보며 느꼈던 세 가지 문제는 첫째, 조선불교의 탁월함에 대한 기록이 없다. 둘째, 가락국과 금강산이 인도에서 직접 들여온 조선불법의 연원지여서 중국 효명제 때보다 먼저임에도 실제 기록으로 전하는 바가 없어 경우 소수림왕 때 불

---

49) 睦楨培, 「石顚스님의 생애와 사상」, 『佛光』, 제67~71호, 1980.

교가 들어왔다. 셋째, 1000년을 단위로 보는 보통 사학의 성질과 달리 출세간법인 불교사학 역시 기사(記事), 기언(記言), 기물(記物) 그 자체인 금석학, 미술학 등 불교사의 자료가 될 만한 것은 모두 모아 연구해야 한다고 했다.[50]

불교사적으로 연구해야 할 것이라고 석전이 제안한 것은 첫째는 불법이 들어온 연원을 자세히 살피며, 둘째는 고승 전등의 기연이며, 셋째는 탑사와 상보(像寶)의 연혁이며, 넷째는 장판과 금석의 이름 있는 성취이며, 다섯째는 세워지고 만들어지는 미술이며, 여섯째는 범음 같은 옛날 음악의 보존이다.[51]

석전은 정신문회의 시대주의를 비판하고 조선불교사에 있어 긍지를 심어줄 수 있는 부분은 주체성도 갖게 해줄 수 있다고 보았다. 하여 조선불교사에 밝았던 그는 누카리야 카이텐(忽滑谷快天)의 『조선선교사(朝鮮禪敎史)』 대부분을 구술(口述)하였던 것이다.[52] 이러한 주체적인 사관 위에서 석전은 민족사학의 방법론을 입론했던 것이다. 그의 성품에 대해서는 제자 혹은 그와 교유했던 이들의 글에 잘 나타나 있다.

> 상인은 지계를 더욱 엄격히 하고 만년에는 서울과 교외 사이에 머물며 속세에 드나들었지만 발자취는 조용하여 일찍이 누가 되는 일이 없었다.[53]

---

50) 朴漢永, 「續敎史論」, 『朝鮮佛敎月報』 제13호, 1913. 2, p.22.
51) 朴漢永, 「朝鮮佛敎의 史蹟尋究」, 『海東佛敎』 제8호, 1914. 6, p.5
52) 辛夕汀, '책머리에', 『石顚文鈔』, p.3.
53) 鄭寅普, 「石顚上人小傳」, 『石顚詩抄』. "上人持戒彌苦, 晚寓城郊間, 跡混眞俗, 而一錫蕭然, 未嘗以餘自累."

출가자이면서도 특히 율사로서 이름이 높았던 석전이었기에 그와 교유했던 이들은 한결같이 엄정한 지율 수행을 높이 평가했다. 그러한 그의 살림살이가 말년에 이르기까지 한결같았기에 그가 아끼고 깊이 교유했던 만해와도 승려들의 결혼에 대한 생각만큼은 함께할 수 없었던 것이다.

석전은 이능화, 권상로, 김영수 등과 달리 생평 내내 출가자로 살았다. 때문에 출가자로서의 정체성이라고 할 수 있는 계율 수지를 남달리 강조했던 것은 너무나도 당연하다. 하지만 여타의 승려들과 달리 지계에 관한 교재까지 만들게 된 데에는 나름대로의 맥락이 내재해 있다. 전체 총서계체(總敍戒體), 별현계상(別顯戒相), 결권수학(結勸修學)의 3부 74장으로 구성된 그의 『계학약전(戒學約詮)』은 당시 불교계의 취처에 대한 무방비의 담론에 대한 나름대로의 답변이라 할 수 있다.

> 스승은 계행이 엄격하고 곧았으며 단월들의 시주를 받지 않았고 음악과 여색은 생각하지도 않았다. 이것은 청량국사가 말한 것처럼 발로는 비구니 사찰의 흙을 밟지 않았으며, 옆으로 거사와 함께 앉지 않은 이는 바로 스승을 일컫는 것이다.[54]

승려의 취처 문제를 가장 먼저 제기한 이는 봉원사 승려 영표(高永杓)이다. 그는 승려들의 독신생활로 인하여 인구감손을 우려하여 승려의 '결혼을 허용하고 불교를 믿자[許婚信佛]'고 주장했다.[55] 영

---

54) 成樂薰,「華嚴宗主映湖堂」大宗師浮屠碑銘幷書」. "師戒行嚴正, 不受檀施, 度外聲色, 淸凉國師傳所稱, 足不履尼寺之塵, 脇不着居士之席者, 師之謂矣."

표의 주장은 일반적인 취처의 문제와는 초점이 다르기는 하지만 승려들의 결혼의 필요성을 제기했다는 점에서 특기할 만하다 하겠다. 만해 봉완(奉玩)은 자신이 지은 『조선불교유신론』(1910년 탈고, 1913년 출판) 제14장 '불교의 앞날과 승려의 결혼과의 관계'[56]에서 승려의 취첩(娶妾) 문제[57]를 본격적으로 제기하였다. 이로 인하여 불교계는 한동안 혼란에 휩싸이게 되었다.

만해는 그의 저서에서 당시 유행했던 사회진화론에 입각하여 상호경쟁을 통한 우승열패와 약육강식의 적자생존의 원리를 소개한 뒤 새롭게 변화하는 세계정세에 불교계가 능동적으로 대처하자고 적었다. 그런 뒤에 1910년 3월과 9월 두 차례 중추원 의장 김윤식(金允植)과 통감 데라우찌(寺內正毅) 앞으로 청원하였다.[58] 뒤이어 1919년 11월에는 용주사 주지 대련(大蓮)이「불교확장의견서(佛敎擴張意見書)」를 제출하여 대처행위를 장려시켜 달라고 하였다.

대련은 일본의 경우를 의식하면서 일본 귀족의 딸과 한국 승려의 결혼이나, 일본 승려와 한국 귀족의 딸과의 결혼을 주장하였다.[59] 대

---

55) 『大韓每日新報』 1907년 1월 30일자.
56) 萬海, 『朝鮮佛敎維新論』(佛敎書館, 1913).
57) 萬海,「僧侶娶妾의 辨」, 金觀鎬,「萬海가 남긴 일화」, 『韓龍雲全集』 6, p.358. 여기에서 만해는 "승려취처론은 당면 문제보다도 30년 이후를 예견한 주장이다. 앞으로 인류는 발전하고 세계는 변천하여 많은 종교가 혁신될 텐데 우리의 불교가 구태의연하면 그 서열에서 뒤질 것이다. 그리고 지금처럼 금지를 할수록 승려의 파계와 범죄는 속출하여 도리어 기강이 문란해질 것이 아닌가. 후세 사람들이 나의 말을 옳다고 할 것이라고 믿는다"고 말하고 있다.
58) 만해의 경우는 1908년 5월부터 10월까지 일본에 머물면서 일본 불교계를 순례한 뒤 깊은 경각심을 얻은 뒤 귀국하여 조선불교의 유신운동을 서두르게 되었던 것으로 보인다.
59) 姜大蓮,「朝鮮佛敎擴張意見書」, 『朝鮮佛敎總報』, 제20호, 1920.

련의 경우는 국가나 불교 발전의 차원이기 보다는 개인적 차원에서의 일본불교와의 야합의 관점이라고 밖에 할 수 없으나 만해의 경우는 교화와 국력 그리고 불교 발전에 겨냥되어 있었다. 물론 만해는 대련과는 달리 승려취처의 문제를 승려 개개인의 근기와 자유에 일임하자고 했다.

하지만 만해의 승려취처론은 무엇보다도 자주성이 결여되고 있다는 점이 지적되고 있다. 그 비판의 요지는 결혼의 문제가 진정으로 교단의 발전을 위해서 필요한 조치라면 승가 스스로가 그것을 통감하고 개혁을 통해서 받아들여야 할 문제라는 것이다. 아울러 만해가 진정으로 불교를 생각하는 것이었다면, 내적으로 주체적 계몽과 선전, 그리고 결혼에 대한 정확한 교리적 대안 제시, 나아가서 자주적 역량의 강화를 도모했어야 했다는 것이다. 이러한 문제는 통감부에 건의서를 제출하는 것과 같은 정치적 청원의 차원에서 해결할 것이 아니라 승가 스스로가 주체적인 역량을 길러서 끊임없는 자기 혁신과 개혁을 통해서 해결해야 할 문제인 것이다.[60]

대련과 만해 등이 승려취처론을 제기하고 일부 승려들이 여기에 동조하는 상황에 직면한 석전은 보다 근본적인 조치를 취하기 위해 계율 교재 편찬에 착수하였다. 그는 승려들의 계율엄지(戒律嚴持)의 사상을 고취시키기 위해 몸소 중앙불교전문학교의 계율교재로서『계학약전(戒學約詮)』을 만들었다. 이것은 왜색 불교화 되어 가는 한국 불교에 대한 엄중한 꾸지람이었으며 그 정체성에 대한 확인이었다. 이와 같은 조치는 해방 이후 이승만 대통령의 지시가 발단이 되어 비

---

60) 金曉呑,「石顚 朴漢永의『戒學約詮』과 歷史的 性格」, 朴漢永,『戒學約詮』(동국역경원, 2000), p.234.

구·대처간 정화운동의 빌미가 되었던 것을 생각할 때 그의 선각자적인 통찰력을 느끼지 않을 수 없게 하는 것이다.[61]

또 석전은 한국불교의 두 축이라 할 수 있는 화엄과 선법에 깊은 이해가 있었다. 그는 화엄에 대해 다음과 같이 바라보고 있다.

> 나의 관측한 바는 아주 오랜 옛적 이래로 미증유(未曾有)한 이성이 융통하는 것을 깨달으신 초지(初地)에 불가사의의 장엄한 해탈의 경계(境界)는 바로 부처님이 깨달으신 이상적인 대진리요, 중생을 교화하기 위한 선(善) 방편인 것이다. 일체 모든 것의 구경적(究竟的) 원만함이란 바로 숨어 있어도 오묘하고 그윽한 경지를 나타낸다. 또한 구경적 화엄법계(華嚴法界)의 목적에 도달할 시절인연(時節因緣)은 즉 모든 세계의 개개의 인문(人文)과 인지(人智)와 사회질서는 종교적, 철학적, 과학적 방면에서 훈도(薰陶)되는 것이므로 이것은 바로 모든 것이 원융무애(圓融無碍)한 참다운 경계를 나타낸 것이니, 최종적인 화엄과 최초적인 화엄이 한결같이 일어나는 까닭으로 불교는 과거, 현재의 불교만이 아니라 미래의 불교로 전진하는 것이다.[62]

석전은 화엄과 선법 두 사상을 생활 속에 뿌리내리게 하여 중생들을 이롭게 위해서는 포교가 중요함을 역설하였다. 그래서 그는 과거, 현재의 불교만이 아니라 미래의 불교로 전진하기 위해서는 청년불교에 대해 깊은 관심을 지녀야 됨을 역설하고 있다. 해서 석전은 청년들에게 공부하는 목적을 일깨워주고 있다. 그는 미래 한국불교가 청

---

61) 金曉呑, 위의 논문, p.211.
62) 權相老, 「讀敎史論」, 『朝鮮佛敎月報』 제13호, 1913. 2.

년들의 교육에 있다고 보았다. 그래서 그는 특별한 관심과 견해를 가지고 청년 교육에 힘써 왔고 많은 제자들을 길러냈다.

> 만리 바닷가에 한 돛단배가 봄바람을 만났거든 이 길을 잃지 아니하고 도피안(到彼岸)까지 원대한 목적을 세우고 뜻을 굳건히 해야 한다. 그 앞길에 풍랑이 거듭 일어날 경우라도 그 모양을 흔들리지 아니하고 미묘한 햇살을 열어 헤쳐 나가게 된다. 그 연후에야 모든 하늘의 누각에 엄연하게 자리하여 들쑥날쑥하는 뜬구름 같은 생명을 잘 구원함이 대장부의 마땅한 대업이다. 이와 같이 하지 않고 만일 초급적 배움에 편승하여 그 뜻이 밝지 아니하고 고매하지 아니하면 비열한 자기 생명에 마음의 눈이 암담하여 앞날에 거친 골짜기에 작은 집을 짓는 것과 같은 경우가 된다.[63]

석전이 말하는 공부의 목적은 우선 원대한 목적을 세우고 뜻을 굳건히 하는 것이다. 그래서 그는 뜻이 밝고 고매하여 생명을 잘 구원하는 것이 대장부의 마땅한 대업이므로 초지일관하여 안일에 흘러서는 아니된다고 경계해주고 있다. 이어 석전은 점진적이고 지속적인 교육을 통해 어리석음의 냄새가 지혜의 향기로 변할 수 있다고 역설하고 있다.

그는 조선불교의 병폐 원인은 불교 내부에 있으며 해결책은 교육에 의해서만 가능하다고 진단했다. 그래서 석전은 민족사학의 방법론 위에서 교육과 포교의 개방적이고 진취적인 제시해주었다. 불교의 진리는 세계적인 것이므로 세계 속의 한국불교를 이루어야 하며, 민족

---

[63] 朴鼎鎬, 「靑年佛敎界에 對하여」, 『海東佛敎』 제5호, 1914. 3.

불교와 세계불교의 동시성을 강조하여 '불'의 보편성과 초월성을 강조하고 있다. 종교와 정치와의 관계도 정교의 분립을 주장하여 종교의 독립성을 강조하는 불자로서의 자세를 잃지 않아야 한다고 역설했다.

하지만 석전이나 만해가 주장한 것처럼 일제 치하에서 정교의 분립은 이루어질 수 없었다. 조선불교교단은 1908년에 일본 조동종과 연합체맹을 체결한 원종(圓宗)을 반대하고 1910년에 임제종(臨濟宗)을 창종했으나 1911년에 반포된 사찰령으로 정교 분립 시도가 무산되었다. 새로운 교단을 건설하기 위한 이러한 노력은 일본총독부 정치세력 사이에서 정치력을 발휘하지 않고서는 이루어질 수 없었다. 때문에 정교의 분립은 당위였지 존재가 되지 못했다. 석전은 바로 이 점을 깊이 인식하고 있었던 것으로 보인다.

그리하여 석전은 젊은 청년층에 기대를 하면서 옛 것과 새 것을 절충하고 조화시켜 개방적이고 진취적인 사고를 가져야 한다고 했다. 그래서 그는 교육을 하면 어떤 사람도 깨우칠 수 있다는 낙관적인 교육관과 개방적이고 진취적인 포교에 대한 견해를 제시하고 있다. 그의 민족사학적 방법론 역시 조선불교사의 근원을 찾는 것으로부터 시작하여 주체적인 민족사학의 제고로 이어지고 있다. 따라서 석전은 그의 학문적 귀결점을 도제양성에 두었고 그것은 곧 포교와 교육으로 이어졌다고 할 수 있다.

3) 권상로의 문화사학적 방법론

퇴경 권상로(退耕 權相老, 1879~1965)는 경북 문경에서 태어나 7세부터 향리의 서당에서 10여 년간 한학을 닦아 익혔다. 1896년 문경 운달산 김룡사(金龍寺)에서 월명 서진(月溟瑞眞) 선사에게 머리를 깎았고, 5월에 김룡사 대성암(大成庵)의 혜옹 창유(慧翁昶侑)에게서 사미계를 받고 몽찬(夢讚)이라 이름을 고쳤다. 19세에는 갑사 대자암(大慈庵)에서 2년간 불화를 배웠다. 21세 때에는 해인사 홍제암(弘濟庵)의 금파 재룡(琴波/巴 竟胡, 在龍) 화상에게서 『대승기신론』을 배웠다.

22세 때에는 김룡사 화장암의 풍곡 영안(豊谷[64] 永安) 선사와 법연을 맺었다. 다시 해인사 홍제암에 가서 사미계사(沙彌戒師)인 혜옹 창유(慧翁昶侑) 선사에게서 『능엄경』과 『원각경』을 보았다. 이듬해 문경 사불산 대승사(大乘寺)의 환경 우인(幻鏡雨仁)에게 『화엄경』과 외전인 『주역』과 『도덕경』을 배웠다. 이어 예천 용문사 포운 정흔(佈運定欣)에게서 『화엄경』과 『남화경』 등을 배웠다. 24세가 되던 1903년 5월 법연을 맺은 풍산 영안의 인가를 받고 입실하였으나 영안의 입적으로 건당(建幢)하여 회월(晦月)로 법호를 고쳤다가 다시 퇴경(退耕)으로 바꾸었다. 이후 대승사 윤필암, 김룡사 화장암 등 인근 여러 사암에 강사로 초빙되었다.

1906년 4월부터 김룡사 경흥(慶興)학교와 함창군의 성의(聖義)학교에서 강사를 역임하다가 그 해 불교연구회가 세운 명진학교에 입학하여 신학문을 공부하였다. 1909년(융희 3) 12월 원종종무원의 종무 편집부장을 지냈다. 1911년 12월부터 1년간 문경 대승사(大乘寺)의 주지를 맡았다. 1912년에는 조선불교월보 사장으로 취임하여 『조

---

[64] 李鍾郁의「東國六十年李」(『東大新聞』 325호, 1966년 6월 6일)에 근거해 보면 '豊谷 永安'으로 보는 것이 적절한 것으로 보인다. 李政 編, 『한국불교인명사전』(불교시대사, 1993), p.35. 여기에서는 '豊山 永安'이라고 되어 있다. 李在軒, 앞의 논문, p.114에서도 '豊谷'으로 쓰고 있다.

선불교월보』를 6년간 발행하였다.

1918년부터 1924년까지 김룡사 지방학림과 상주 보광학교의 강사를 역임하였다. 1923년부터 1931년까지 다시 불교사 사장으로 취임하여 『불교』를 발간하였다. 1931년부터 1944년까지 중앙불교전문학교(동국대학교 전신)의 교수로 재직하여 후학들을 양성하였다. 1944년 4월부터 1946년 8월까지 대한 불교총본산 태고사의 교학편수위원을 역임하였다.

1946년 4월 동국대학교 교수로 취임하여 같은 해 6월 이 대학의 학장에 취임하였다. 1953년 2월 동국대학이 종합대학으로 승격되자 초대 총장에 취임하였으며, 그 해 7월 정년퇴임과 동시에 명예교수가 되었다. 1962년 동국대학교에서 명예철학박사 학위를 받았으며 이 해에 정부로부터 문화훈장을 받았다. 일생을 한국불교학의 정립과 불교사상 발굴 선양에 전념하면서 교육계와 언론계 등 여러 분야에서 광대한 업적을 남겼다. 1965년 4월 19일 자택에서 87세의 나이로 입적했으며 조계종에서는 대종사의 법계를 주었다. 그의 부도비는 문경 김룡사에 있다.

편저와 저술 및 번역서로는 31종에 이르며 대표적인 것으로는 『조선불교약사』(1917), 『조선불교사』, 『조선종교사』, 『한국선종약사』, 『한국지명연혁고』, 『한국불교자료초』, 『한국사찰전서』, 『신찬조선불교사』, 『조선문학사』, 『삼국사기불교초존』, 『증보문헌비고불교초존』, 『고려불교초존』, 『이조실록 불교초존』, 『관음예문강의』, 『불설아미타경강의』, 『고려불교초존』, 『불설선생경강의』, 『선재구법』, 『부모은중경』, 『질려난고(蒺藜蘭藁)』, 『조선종교사초고』, 『한국지명연혁사전』, 『역해 삼국유사』, 『역해 삼국사기』, 『퇴경당잡기』, 『퇴경역시집』, 『악부』, 『자학관규(字學管窺)』, 『(실록으로 본) 사명대사』, 『석균여전역

주』 등이 있다.[65]

퇴경은 주로 불교학과 종교학, 문학과 역사 및 지리학에 걸쳐 저작을 남겼다. 그 외 많은 논설도 있으나 그의 주요 전공은 아무래도 불교학 분야라고 해야 할 것이다. 불교학 분야의 것으로는 『조선불교약사』, 『조선불교사개설』, 『조선종교사』, 『한국선종약사』, 『한국불교자료초』, 『한국사찰전서』, 『고려불교초존』, 『이조실록 불교초존』, 『삼국사기불교초존』, 『증보문헌비고불교초존』, 『석균여전역주』 등이 대표적이다. 종교학 분야의 것으로는 『조선종교사초고』를 비롯하여 단편 글인 「종교사료」, 「유(儒)에 대한 잡초(雜抄)」, 「사전산위」(四田散粒), 「한국 고대 신앙의 일련(一臠)」 등이 있다. 지리 분야로는 『한국지명연혁고』가 있고, 문학 및 어학 분야로는 『조선문학사』, 『퇴경당잡기』, 『퇴경역시집』(『이태동잡집』+『지귤이향집』), 『자학관규』이 있고, 역사 분야로는 『역해 삼국유사』, 『역해 삼국사기』, 『(실록으로 본) 사명대사』 등이 있다.

이 가운데에서 한국불교에 관한 저술로 가장 대표적인 것은 『조선불교약사』(1917)와 『한국사찰전서』(1963)라 할 수 있다. 그의 『조선불교약사』(1917)는 소략하기는 하지만 한국불교사 최초의 통사이며 이능화의 『조선불교통사』(1918)보다 1년여 앞서 발간되었다. 이 외에도 그는 『신찬조선불교사』, 『한국선종약사』, 『조선불교사개설』 등의 한국불교 관련 저술을 남겼다. 이처럼 한국불교 연구에 대한 이러한 애정과 노력은 선구적이며 독보적인 것들이라 할 수 있다.

퇴경의 제자인 석전 이병주는 그의 학문적 업적의 범주를 불교학, 종교학, 문학, 역사, 지리학 등으로 분류하였다.[66] 아울러 이병주는

---

65) 퇴경의 전작은 『退耕堂全書』(10책)로 집성되어 간행되어 있다.

불교학과 한문학을 다루는 사람들은 모두 그의 훈수를 받지 않은 이가 없다고 하면서 "자학(字學)의 최남선, 작문(作文)의 정인보(鄭寅譜), 해석(解釋)의 권상로"라는 추앙까지 나돌았다[67]고 하였다. 특히 퇴경은 일평생 손에서 책을 놓은 적이 없고 박람강기(博覽强記)와 무불통지(無不通知)의 해박을 자아내어 자전(字典)과 사전(辭典)이요, 사전(辭典)이 무색한 학해(學海)라는 찬탄을 누렸다고 전한다.[68] 위에서 언급한 다수의 저술도 바로 이러한 그의 학해에 힘입은 것이라고 할 수 있다.

퇴경의 문화사학적 방법론은 조선에서 이루어진 종교를 크게 여섯 범주로 분류하는 내목에서도 드러나고 있다. 그는 첫째 고종교(古宗敎), 둘째 불교(佛敎), 셋째 선교(仙敎), 넷째 유교(儒敎), 다섯째 기독교(基督敎), 여섯째 신흥종교(新興宗敎)로 나누어 보고 있다[69]. 퇴경이 출가자였던 것에서 알 수 있는 것처럼 그는 여기에서 불교를 가장 중시했다.

하지만 무속을 비롯하여 도교와 유교 등의 옛 종교에도 관심을 깊이 두었다. 하지만 외래 종교에 대해서는 부정적인 시각을 견지하면서 매우 경계하고 있다. 여기에서 그의 민족 주체의식이 돋보이고 있다. 그는 다른 종교와의 비교 고찰 속에서 불교문화사의 우수성을 드러내고자 했다. 아울러 그는 여러 차례 고종교의 종교 기원 탐색을 통하여 민족문화의 주체성을 확립하고자 노력했다.

퇴경이 시도한 다른 종교와 비교고찰은 특히 기독교와 일본불교

---

66) 李炳疇,『退耕堂 權相老의 학문세계』,『東大新聞』1987년 4월 21일.
67) 李炳疇,「퇴경당 권상로」,『대원』제36호, 1985, 11, p.30.
68)「退耕堂權相老大宗師事蹟碑 碑文」,『退耕堂全書』제1권, 1990, p.11.
69) 權相老.「朝鮮宗敎史草稿」,『退耕堂全書』제8권, 1990, pp.853~855.

와의 관계에서 두드러지고 있다. 그는 조선에서 이루어지는 일본불교의 급속한 발전을 보고 조선 승려와 승단의 몰주체성을 비판하고 교단을 유신하고자 혁신의 기치를 내 걸었다. 여기에서 그는 불교계의 실제를 다음과 같이 지적하고 있다.

> 승려계(僧侶界)의 일부분〔一邊〕은 (일본불교의) 풍조(風潮)를 받아들이고〔吸引〕, 일부분은 습관(習慣)을 고집(固執)하고, 혹은 세력(勢力)을 바라고 그리워하여〔希慕〕 밖으로의 보호〔外護〕도 의뢰코자 하며, 혹은 분개를 껴안고〔抱〕 자립(自立)으로 유지코자 하는 자도 있〔有〕으나 그 대부분〔其大部分〕은 일본〔內地〕의 어느 종파〔何宗〕와 연락하여 교세(敎勢)를 끌어올리〔引上〕고자 하는 고로[70)]

당시 불교계 승려들의 현실은 일본불교 풍조를 무비판적으로 수용하고, 습관 고집, 세력 희모, 외호 의뢰에 치중하고 있었다. 나라 잃은 분개를 껴안고 자립으로 유지하려고 하는 이들은 좀처럼 찾아보기 어려웠다. 승려들은 어떻게 하면 일본 종파에 연결하여 자신들의 교세를 끌어올릴 수 있을까 하며 것에 귀를 열어두고 있었다. 이에 대해 퇴경은 통렬한 비판을 가하고 있다. 여기서 그는 종교와 철학의 최상승과 일합상을 연구할 것을 촉구하고 있다.

> 현 시대의 포교는 종교의 최상승(最上乘)과 철학의 일합상(一合相)을 연구하여야 하며 또한 이 길을 밝히기 위해서는 교단과 포교를 연구하는 기구가 더욱 문호를 개방하여, 미신적인 요소를 지혜로 신앙하는 방

---

70) 權相老, 『朝鮮佛敎略史』(新文館, 1917 ; 京城 佛敎時報社, 1939), p.251.

향으로 변혁시켜야 한다.[71]

퇴경이 주장하는 포교의 구체적 방법은 1) 미신(迷信) 포교를 지신(智信) 포교로, 2) 이론 포교를 실천 포교로, 3) 과장 포교를 실질 포교로 전환해야 한다는 것이다. 즉 미신적인 부분은 지신으로 나아가게 하고, 관념에 머물고 있는 부분은 실학(實學)으로 실천하도록 하며, 허황되거나 과장된 대목은 진실한 모습으로 드러내게 하여야 비로소 포교로 중생을 자유롭게 할 수 있다. 그는 불교개혁론의 선두 논문인「조선불교개혁론[72]」(1912)을 써서 불교개혁의 당위와 현실을 제시한 적이 있다.

논에는 '조선불교진화자료'라는 부제가 붙어 있어 사회진화론에 따르는 종교 경쟁을 그의 입론 근거로 삼고 있음을 자세히 알 수 있다. 그의 불교학의 특징은 가) 현실적·원융적인 불교 개혁, 나) 불교의 현실에 대한 진단, 다) 불교 개혁론의 선창, 라) 불교 포교 및 교학 진흥의 노력으로 정리되어 왔다.[73] 동시에 그는 문화사학적 방법론으로서 당시로서는 첨단의 종교학 방법론이라 할 진화론적인 연구 방법과 종교양태론 및 종교유형론 등으로 풀어내었다.

그 뒤 퇴경은 자신의 저술 속에서 도덕성의 유무, 인격신과 비인격신, 천(天)의 등급 등과 같은 여러 기준을 통해 종교유형론을 펼치고 있다. 그가 심혈을 기울여 번역한『삼국유사』에 붙인 장문의 해제

---

71) 權相老,「將何布教利生乎」,『朝鮮佛教月報』제13호, 1913. 2.
72) 權相老,「朝鮮佛教改革論」,『朝鮮佛教月報』제3호, 1912. 4. 처음 '개혁'론이었던 것이『퇴경당전서』제8권에는 '혁명'론으로 제목이 바뀌어「朝鮮佛教革命論」으로 고쳐져 실려 있다.
73) 李在軒, 앞의 논문, pp.139~184.

속에서도 이러한 방법론이 투영되어 있다.74) 따라서 퇴경은 천(天)에 대한 신앙을 가지고 모든 종교들을 한 자리에서 문화사적으로 비교하고 있다. 아울러 이러한 방법론을 통해 각 분야에 걸친 다양한 문화들을 분석하여 깊이 있는 저술을 양산할 수 있었다.

4) 김영수의 전통사학적 방법론

포광 김영수(包光[75] 金映遂, 1884~1967)는 경남 함양에서 태어나 1895년(고종 32년) 12세에 영원사(靈源寺)에서 환명 정극(煥明正極)에게 머리를 깎고 구족계를 받았다. 17세부터 22세까지는 금파 경호(琴波/巴 竟胡), 진응 혜찬(震應慧燦), 제봉(濟峰) 등의 강백들에게 가르침을 받았다. 이후 명진학교에 입학하였고 양주 보광사에서 강사를 역임했다. 1913년 남원 실상사 주지, 1916년 보은 법주사 주지를 역

---

74) 권상로, 『삼국유사』(동서문화사, 1978), p.43. 퇴경은 "『유사』에 전하는 옛이야기기 대체로 고급 신화(Hohera Mythologio)로 저급 신화(Niedere M.)가 적으며, 국민 신화(National myths)로 지방 신화(L0cal myths)는 아니기 때문에 우리나라 신화를 가장 원시적인 형태에서부터 그것이 생장 발달해 온 체계를 상고하기에는 퍽 미흡한 점이 없지 않으나, 세심한 주의와 예리한 눈을 가진 사람이라면 그 속에 숨어 있는 것을 어느 정도 꿰뚫어 볼 수 있을 것이라며 朱夢, 赫居世, 脫解, 水露의 난생이 지닌 지방색을 볼 수 있고, 단군의 곰 어머니, 金蛙의 금빛 개구리 모양, 閼智의 황금궤와 탈해의 칠보궤 등이 매우 고급이고 상식적인 것으로 변화해 있기는 하지만, 그 곰·개구리·궤 하는 것의 모체가 원래 '알[卵]'로서 표상된 태양임을 쉽게 알아볼 수 있다면서 우리나라 동명왕의 이야기에서 '알'이라 한 것을 중국 문헌에서는 '햇빛[日光]'이라 했고, 탈해의 이야기에서 '궤'라고 한 것을 '알'이라 했으며, 수로왕의 이야기에서 '합(盒)'과 '알'이 동시에 나오는 것을 근거로 고급 신화-국민 신화와 저급 신화-지방신화를 유형으로 대비하여 파악하고 있다.
75) 그의 은사가 꿈에 '태양을 받았다'고 하여 붙인 '抱光'을 스스로 '包光'으로 고쳤다.

임하였다. 1918년 중앙학림의 교수가 되었고, 1919년 3·1 독립운동 당시에는 조선 불자 대표로서 상해 임시정부에 파견되기도 했다. 1920년 함양군 법화사 주지를 맡아 눈부신 활동을 벌였다.

    1923년 40세가 되던 해 포광은 승복을 벗고 남원 처녀 윤여지와 결혼을 하였다. 당시 불교계에서는 선생을 두고 타락했다고 하며 "산을 지키던 승려가 망령이 났다"고 손가락질하였다. 하지만 그는 "불교가 산 속에서 산중불교로만 있으며 그것이 진정한 불교라 할 수 있겠는가! 언제 어느 곳에서나 불법이 살아서 움직여야지, 즉 성스러움을 여의지 않고 세속에서 진정한 불법을 꽃피워야지"라며 여타의 사람들과는 생각이 달랐다. 이후 그는 혜화전문학교의 교수가 되었고 광복이 되어 다시 개교한 동국대학 교수가 되어 이후 3년 뒤에 초대 학장이 된다.

    6·25 전쟁이 일어나자 전북대와 원광대의 강사를 겸임하면서 많은 후학을 양성했다. 1967년 1월 10일 84세의 나이로 입적했다. 다비 뒤에 나온 사리 15과는 함양군 송전리 문수동에 봉안되어 있다. 저서로는 『불교요의』, 『해인사지』, 『실상사지』, 『금산사지』, 『국역 금강반야바라밀경』, 『국역 금강삼매경론』, 『국역 선문염송』 등이 있다. 1984년 11월 포광 김영수박사전집간행회에서 논문 및 국역 불전들을 묶어 『한국불교사상논고』를 원광대출판국에서 간행했다.

    그가 불교문화와 사상사에 관련된 강의안으로 지은 몇 종의 저술은 모두 7언 4구의 게송 혹은 4. 4조의 가사체로 되어 있다. 이를테면 『인도철학』과 『불교교리발달사』는 10장으로 된 7언 4구의 게송으로 되었고, 『인도불교사』는 16장으로 된 7언 4구의 게송으로, 그리고 『한국사상사』는 9장으로 된 4. 4조의 가사체로 기술하였고, 『조선불교사고』는 제3편 총 70장으로 구성한 것이다. 이 외에도 그는 『국역 금강반야바라밀경』,『국역 금강삼매경론』,『국역 선문염송』 등과 같은 몇 종의 국역을 시도하였고,『금강삼매경론』의 경우는 자세한 분과표를 작성하였다. 이러한 포광의 논저는 문학과 사학과 철학을 아우르는 전통사학적 방법론에서 이루어진 것들이라 할 수 있다.

수도인이자 불교학자로서의 그의 삶은 흔히 출가 이전의 속의 생활과 출가 이후의 성의 생활 그리고 다시 환속하여 성속이 하나 된 생활로 나누어 보고 있다.[76] 동시에 그의 사상적 변화 과정에 따라 포광 스스로 밝힌 사상의 변천은 1) 신불숭배사상, 2) 선악인과사상, 3) 진여수연사상, 4) 인신장존 신심일체, 5) 애진중고식(愛塵衆苦息, 阿숨經)의 과정으로 진행되어 왔다고 알려져 있다.[77] 이러한 과정에서 알 수 있는 것은 포광은 학자로서의 모습을 넘어서서 사상가로서의 면모까지 머금고 있다는 사실이다.

인간적인 덕을 많이 쌓은 이들은 인간들과의 나눔의 잔치에 익숙해 있다. 이것은 도심에 있든 시골에 있던 큰 차이가 없을 것으로 보인다. 그와 교유했던 몇몇 지인들이 포광을 얘기할 때면 언제나 그의 인간적인 면모를 언급하고 있다.

> 포광 선생을 나는 부처님으로 존숭하고 있다. 내가 자주 만나게 되는데 그는 항상 세존과 같은 엄숙하고도 자비스러운 얼굴로 나를 대한다. 내가 법문석덕(法門碩德)들도 많이 대하여 보았지만 어떤 이는 벌레 먹은 대추잎 같기도 하고 어떤 이는 풍년두부와 같기도 하고 어떤 이는

---

76) 魯權用,「근대 한국 불교학의 오아시스」,『세속에 핀 연꽃』(대한불교진흥원출판부, 2003), p.21.
73) 金映遂,「나의 生涯와 思想」,『韓國佛敎思想論考』(원광대출판부, 1984), pp.1085~1096 ; 노권용, 위의 글, pp.294~296.

죽순지팡이와 같기도 하지만 포광 선생은 어디까지나 부처님 그대로였다. 나는 생각하기를 부처님은 신통술을 환롱(幻弄)하는 이보다도 그 자재자연(自在自然)을 능지(能持)하는 이라야 한다고 생각한다. 내가 포광 선생을 자주 많이 뵈옵는바, 이런 표상은 과연 포광 선생이 아니고는 될 수 없다 하여-인하여 포광 선생을 현세의 한 부처님으로 존중하는 것이다.[78]

포광은 저서도 하지 않으셨고, 서적(書跡)도 남기기를 좋아하지 않으시고 심지어는 사진(寫眞)도 남기기를 싫어했다. 1940년 (중앙)불전을 일인이 강달할 때에 한인교수는 되거를 딩하여 우왕좌왕하였으나 포광 선생만은 초연하여 유유자적 선삼매를 즐기고 계셨다. 성북동 댁을 방문하면 "나라를 빼앗겼는데 학교쯤이야" 하시고 도리어 분개하는 우리를 위로하여주셨다. 후세를 위하여 저서를 남기시라고 권하면 "안 남기는 것이 남기는 것이라"고 말씀하였다.[79]

나라를 생각하는 포광의 도량은 학교의 강탈 정도는 문제가 아닐 정도로 컸다. "안 남기는 것이 남기는 것이라"는 이 역설은 "하나를 남겨도 제대로 된 것을 남겨라"는 의미로 메아리쳐 온다. 때문인지 그의 저술 양은 그의 활동에 비해 매우 적지만 남긴 것들은 나름대로 주옥같은 논지가 담겨 있다.

"그는 이렇다 할 저서는 내놓지 않았지만 수많은 논문과 논설을 써서 기회 닿는대로 발표하였고, 그의 필치는 예리하여 잘못된 이론

---

78) 李秉岐, 「敍辭(나와 包光)」『韓國佛敎思想論考』(원광대출판부, 1984).
79) 趙明基, 「敍辭」『韓國佛敎思想論考』(원광대출판부, 1984).

이나 주장이 나오게 되면 준엄하게 반박하고 꾸짖는 글을 썼으며, 해박하고도 깊이 있는 그의 학식은 가히 타의 추종을 불허하였다"[80]고 알려져 있다.

포광의 많은 유고 가운데서 특히『조선불교사고(朝鮮佛敎史藁)』와 유작 전집인『한국불교사상논고』속에서 자신의 학문관을 보여주고 있다. 그는 대개 각 대학에서 담당과목을 수업시간 수에 맞게 짜낸 교안(敎案)들을 많이 남겼다. 그의『조선불교사』는 명작이라 하여 교외에도 널리 유통되어 외국에서 번역 출판까지 하였다.[81]

지금도 삼국시대, 고려시대, 조선조시대로 시대 구분된 이 책은 대학 강단에서 한국불교사 강의 교재로 줄곧 사용되어 오고 있다. 여기에서 포광은 신라시대 제종의 울흥(蔚興)에서 열반(涅槃), 율(律), 법성(法性), 화엄(華嚴/ 甲-海東, 乙-浮石), 법상(法相), 여종일(餘宗一), 여종이(餘宗二) 등 7종을 밝혔고 선법의 전래에서 구산(九山)을 밝혔다. 고려시대에는 천태종이 창종됨에 따라 오교양종이 형성됨을 밝혔고 조선시대에는 제종(諸宗)의 폐합(廢合)을 중심으로 언급하였다.

이 책의 논지는 한국불교의 흐름 속에서 불교 종단이 얼마나 바람직하게 전승되었는가, 살아 움직이는 한국불교의 숨결은 무엇인가라는 관점으로 귀결된다. 삼국시대의 오교구산, 고려시대의 오교양종, 그리고 조선시대 불교정책 및 청허 유정과 사명 유정 등의 사상 및 사찰령 이후의 한국불교에 대해서까지 언급하고 있다. 때문에 이 저작은 '한국불교 전체를 관통하는 강의본'[82]으로 평가된다.

---

80) 朴吉眞,「敍辭」『韓國佛敎思想論考』(원광대출판부, 1984).
81) 趙明基, 앞의 글.

"6·25 이전에 간직하셨던 모든 문헌은 소실되고, 당신의 그 원숙한 경지에서 새롭게 맨손으로 다시 학문을 정리할 기회를 가졌기 때문에 많은 필적(주로 講義案)을 남기게 되었고 이를 소중히 간직하고 있는 몇몇 문하생들에 의해 간행된 유작 전집인 『한국불교사상논고』는 '시종일관된 주지(主旨)가 밝혀져 있는 훌륭한 논서'[83]로 평가받았다.

여기에서 보이는 포광의 주요 논지는 고려 숙종 이후 조선 세종대에는 오교 양종(五敎兩宗)이었고, 숙종 이전 신라 문무왕대까지는 오교 구산(五敎九山)이라고 하는 주장을 통해 한국불교 종단 형성의 근간을 세우려는 데에 있다. 또 선종 구산은 내려온 대각국사 이전 신라 말부터였으며, 이 구산은 사실상 조계선종의 단일종(單一宗)이라는 것이다. 때문에 그는 대각국사 이후 천태종을 창건한 뒤부터 조계종과 천태종의 2개 선종이 형성되었다고 보았다.[84]

이와 같은 주장은 일찍이 상현 이능화가 오교양종의 양종을 선적종(禪寂宗)과 조계종(曹溪宗)으로 본 것에 대한 비판에서 착안한 것이었다. 포광은 선적종과 조계종은 단일종으로서 교종을 상대했을 때는 선적종이라 하고, 천태종을 상대했을 때는 조계종이라고 보았다는 독특한 안목을 제시하였다. 이 주장은 오늘날 무리 없이 수용되고 있다. 다만 포광의 주장처럼 오교구산은 종파명이 아니라 당시 불교교단을 총칭하는 것이라는 주장이 제시되어 있다.[85]

---

82) 魯權用, 앞의 글.
83) 趙明基, 앞의 글.
84) 包光은 天台宗을 受持한 法階로 보아 敎宗이 아니라 禪宗이라고 보았다.
85) 金煐泰, 「五敎九山에 대하여」, 『佛敎學報』, 제16집, 동국대 불교문화연구소, 1979 ; 金煐泰, 「義陽山禪派의 成立과 그 法系에 대하여」, 『韓國佛敎學』 제4집, 한국불

그의 학문세계에 대해 후학들은 "매우 광학(廣學)인 동시에 창조성[不顧論宗[86]]이 깃들여 있으며, 뚜렷한 주체성을 살리신 학문이셨다"[87]거나 "구구절절이 창작적으로 신석(新釋)을 가하여 우리들에게 적절하도록 가르쳐주셨다"[88]고 하였다. 또 "광범한 불교사상을 학생들이 쉽게 이해하도록 상세히 풀이하였으며, 때로는 게송(偈頌)으로 그 뜻을 함축해주기도 하였다"[89]고 했다.

또 "당시의 불교학계에 있어서 화엄종학의 단 한 분의 대가라는 것은 일반적인 공론이지만 그에 그치지 않고 단군설, 기자조선설, 불교고전문학에 대한 해명은 독자적인 견해를 가지고 있었다. 특히 한국불교사의 체계는 선생님에 의해서 처음으로 이루어졌고, 불교사상사에서는 특이한 교판에 입각해서 종래의 불교학설에 예리한 비판을 가하여 불교의 기본정신을 밝혀주셨다"[90]고 평가받는 포광의 학문적 특징을 조명기는 다음과 같이 요약하고 있다.

교학회, 1979.; 金煐泰,「九山禪門의 形成과 曹溪宗의 展開」,『韓國史論』제20집, 국사편찬위원회, 1990.
86) 포광은 因明學 강의에서 그의 독창적인 학문관이라 할 수 있는 창조성을 강조하는 대목을 보여주었다. 즉 宗 , 因, 喩의 三支作法 中에 宗論에서 宗을 배울 때 4종이 있는데, 그 중에서 宗(主義 主張)은 '불고논종'이어야 한다고 했다. '불고논종'이란 아직까지 나오지 않은 새로운 착안으로 주의 주장을 세우고 주장을 관찰하기 위한 因과 喩를 전개하는 것이라고 말하였다.
87) 柳炳德,「序文」,『韓國佛敎思想論考』(원광대출판부, 1984).
88) 趙明基, 앞의 글.
89) 朴吉眞,「敍辭」,『韓國佛敎思想論考』(원광대출판부, 1984).
90) 韓鍾萬,「包光 스승님의 學問과 思想」,『韓國佛敎思想論考』(원광대출판부, 1984), p.1107. 여기에서 논자는 포괄사상의 특징을 1) 敎判, 2) 根本佛敎와 苦觀, 3) 阿賴耶識과 眞如, 4) 一切唯心造, 5) 般若와 禪 의 解脫의 범주로 나누면서 포광이 종래 인도와 중국 불교사상가들의 해석의 문제점을 자신의 관점 위에서 비판하고 자신의 견해를 제시하였음을 밝히고 있다.

독창적으로 개발한 한국불교의 역사도 한민족의 정신적 사상적 천명이었고, 인도에서 발아한 불교도 한족문화를 만나 개화된 것이라고 하였으니 아마 동서고금을 통하여 세계의 중심지가 한(韓)나라인 듯 하게 하고 그의 주인공이 한겨레인 듯하게 하였다. 여기에서 우리에게 독립성과 주체성을 발견할 수 있도록 하여주셨다.[91]

조명기의 지적에 따르면 포광의 학문방법론은 독립성과 주체성 발견으로서의 한국불교 연구로 요약된다. 민족사학 혹은 전통사학의 기반인 문사철을 기초로 하여 동서를 넘나들며 이루어진 그의 학문방법론은 보편적인 원리를 제시하는 불교정신에서 비롯된 것이었다. 이 점은 "처음도 좋고 중간도 좋고 끝도 좋게 전법하라"는 붇다의 가르침과 같이 그의 일이관지하는 삶의 자세에서 확인된다.

포광사(包光師)는 직관에 의한 설명을 하되 불교에 사로잡힌 불교를 하지 아니했다. 단군신화의 이해나 한국의 국호명 등 다양한 문제를 제시하되 한국학적인 이해를 떠나지 아니하고 일제침략기에도 변함없는 이론을 전개하였다. 당신밖에는 이 문제를 풀어줄 사람이 없다고 할 정도의 예지가 살아있었기에 포광사는 독특한 학풍을 자아내게 된 것이라고 하겠다. 단군이 천군숭배사상에서 나왔다는 이론에서 출발하여 생활에 깊숙한 일반적인 면과 연결시켜 한국학을 전개시키는 풍은 포광사의 창의력 아니면 찾아내기 힘든다.[92]

---

91) 趙明基, 앞의 글.
92) 韓基斗, 「包光師의 佛教學風」『韓國佛教思想論考』(원광대출판부, 1984), pp.1101~1102. 이글에서 논자는 "그의 獨創的인 예지가 韓國佛教의 泰斗로 널리 日本과 中國에서도 認定받게 하였다. 그리하여 마침내 (일본의) 望月信亨 博士의

'한국학적인 이해'를 떠나지 않았다는 것이나 일제 침략기에도 '변함없는 이론을 전개'하였다는 것은 주체의식이 두드러졌음을 보여주는 대목이다. '직관의 의한 설명'을 하면서도 '불교에 사로잡히지 않고' 불교를 이야기했다. 그만이 해결할 수 있다는 자부심에 의해 곳곳에서 보여준 '학문적 예지'는 독특한 학풍을 자아내었다고 생각된다.

단군이 천군숭배에서 나왔다는 이론 등을 비롯하여 생활과 긴밀하게 연결시켜 풀어낸 그의 예지는 한국학 발전에 크게 이바지하였다. 포광의 논설「우주의 진리는 원이다」[93]에서 보이는 것처럼 '둥근 것이 본성이고 둥글고자 하는 것이 바른 생활'이라는 그의 메시지는 그의 가풍과 학풍을 잘 보여주고 있다.

특히 포광이 화엄학 연구의 태두로서 발표한「화엄사상의 연구」[94]는 부처님의 깨달음의 경지 그 자체는 다름 아닌 화엄의 세계라는 것과, 화엄경의 결집, 중국의 화엄사상, 한국의 화엄사상, 화엄종과 고려장판, 선종의 화엄강의 등을 통해서 화엄사상 연구의 범위와 내용의 기반을 닦았다. 원교인 화엄의 메시지처럼 '둥근 본성'에 기초한 '둥근 생활'을 역설한 포광의 지론은 한국학에 대한 깊은 이해의 숙성과 발효 속에서 나온 것으로 이해된다.

이처럼 포광의 학문방법론은 민족의 주체에 대한 깊은 이해 속에서 우러나온 것이다. 문학과 역사와 철학을 넘나들며 보여준 그의 학

『佛敎大辭典』(增補版)에도 金包光 先生의 學說은 李能和 先生의 이론을 극복한 내용으로 이것에 의해 包光의 佛敎學風이 심어졌음을 깊이 사모하면서 밝히고 싶다"고 말하고 있다.
93) 金映遂,『鹿苑』제1~3호, 1933.
94) 金映遂,「華嚴思想의 硏究」,『백성욱 박사 송수기념논문집』(동국대학교 출판부, 1959).

문적 자세는 이 나라 전통사학적의 방법론을 계승한 것이라 할 수 있다. 따라서 포광은 민족사학 및 전통사학적 방법론으로 자신의 학문적 지형도를 그려 나갔다고 논자는 평가하고 있다.

5. 한국불교연구에서 네 학자의 위상

지금까지 다루어 온 네 명의 학자들은 한국 불교학 연구의 개척자들이나. 이들이 활동했던 시대는 주로 신말 한초로부디 이후 해방 및 6·25 전후기 시기까지의 불교학의 정초자들이자 이후 불교학의 전수자들이다. 때문에 대한 시대 불교학 연구에 있어 이들의 온축은 거의 절대적이라 할 수 있다. 불행하게도 산일된 몇몇 권의 저술과 현존하는 일부 저술을 통해서나마 당시 한국불교의 역동적인 모습을 복원해 볼 때 이들의 역할은 결코 과소평가되어서는 안될 것이다.

이들은 학문연구의 자극을 위해 몸소 잡지를 창간하거나 기관의 잡지를 편집 간행하기도 했다. 이 당시의 잡지는 한국 불교학 또는 국학 연구에 지대한 공헌을 하였다. 현존하는 다수의 저작들도 이들 잡지를 통해 연재된 것들이며, 대한시대 초중기의 소중한 자료들이 고스란히 잡지에 집성되어 있다는 점에서 이 시대 불교학 연구를 위한 밑거름이 되고 있다.

상현 이능화의 비교 연구에 입각한 애국 계몽사학의 방법론 혹은 종교사학적 방법론은 그 시대적 특성이 반영되어 있어 오늘날에도 시사하는 바가 많다. 그의 생평 가운데 일시나마 친일 부역의 행위가 남아있지만 친일 부역으로 인해 그가 남긴 불교학적 업적은 결코 가

려질 수 없다. 그의 불교학적 성취는 『朝鮮佛敎通史』, 『李朝佛敎史』 등에 고스란히 담겨 있다.

이들 두 저술 말고도 1923~1924년에 조선사학회에서 간행한 조선사 강좌 분류사 특별강의에서 『조선불교사』를 집필하여 조선의 불교 이해의 지평을 넓혔다. 또 그는 『조선종교사』와 『조선도교사』 등을 저술하여 한국종교사와 한국불교사상의 이해에 크게 이바지하였다. 뿐만 아니라 그가 편집했던 『불교진흥회월보』는 1915년 전후의 불교계의 상황을 알 수 있는 주요한 사료가 되게 했다는 점에서 상현의 역할을 높이 평가되어야 할 것이다.

석전 박정호는 민족사학적 방법론을 통해 주체의 회복을 강력히 주창했다. 그에게 조선불교의 주체의식에 대한 깊은 사색이 있었다. 석전은 조선사학이 연구되지 않는 것은 중국에 대한 사대주의로부터 온다고 했다. 때문에 그는 논설인 「불교의 흥폐(興廢) 소이(所以)를 탐구(探究)할 금일(今日)」 속에서 한국불교사를 개관하면서 대한시대 불교를 불교 부활 시대로 규정하였던 것이다.

그리하여 석전은 1913년 『해동불교』를 창간하여 포교 현대화를 촉구하는 글을 통해 불교의 유신을 제창하고 불교인의 자각을 촉구했다. 이후 그는 조선불교월보사 사장을 맡아 잡지를 간행하면서 민족사학적 방법론 위에서 주체의식을 강조했다. 평생을 엄격히 지계하는 출가자로 살면서 그는 무수한 제자들을 양성함으로써 그의 주장을 몸소 실천했다. 그가 강조했던 주체의식은 지계(持戒) 교과서인 『계학약전(戒學約詮)』 편찬 과정에서도 잘 나타나 있다.

퇴경 권상로는 문화사학적 방법론에 입각하여 불교학 또는 국학의 저변을 확립한 대표적 학자다. 그는 조선에서 일본불교의 급속한 발전을 보고 승려와 승단의 몰주체성을 비판하고 교단을 유신하고자 혁신의 기치를 내 걸었다. 이 시기의 불교를 '부활시대'로 본 퇴경의 문화사학적 방법론은 『朝鮮佛敎略史』와 『朝鮮佛敎史槪說』 및 『韓國寺刹全書』 등에서 확인할 수 있다. 특히 퇴경은 1912년에는 『조선불교월보』 사장에 취임하여 6년간 이 잡지를 간행하면서 몸소 글을 써서 불교계를 계몽하였다.

그는 한국학의 주요 분야의 저작을 완수하면서도 교육계와 언론계의 주요 인물로 활동하였다. 특히 동국대학교 교수와 학장 및 초대 총장의 소임까지 보면서도 학문적 열정을 놓지 않았다. 퇴경의 저작은 방대한 『퇴경당전서』(전10책) 속에 집성되어 있지만 대한시대 불교에서 그의 위상은 문학과 역사 및 철학을 비롯하여 국학 전 분야에 걸친 기초 저작들을 남기고 있다는 점에서 본격적으로 조명되어야 할 인물이다.

포광 김영수의 전통사학적 방법론은 독립성과 주체성 발견으로서의 한국불교 연구로 요약된다. 이 점은 "처음도 좋고 중간도 좋고 끝도 좋아라"는 붇다의 가르침과 같이 그의 일이관지하는 삶의 자세에서 확인된다. 그의 주체사학 방법론은 『韓國佛敎史藁』, 『韓國佛敎思想論考』에 깊이 투영되어 있다.

포광은 학자와 사상가의 경계를 넘나들며 독특한 학풍을 형성했다. 그가 처음으로 정리해 낸 오교구산설이나 선교양종설 등은 당시만 해도 한국불교연구의 지평을 몇 단계 끌어올린 것이라고 할 수 있다. 그의 주장이 지금은 어느 정도 빛이 바래었지만 아직도 여전히 그의 자취는 학계에 남아 있다고 할 수 있다. 한국불교연구에 있어 포광에 대한 정당한 평가가 이루어질 때 비로소 그의 진면목이 새롭게 드러날 것으로 보인다.

상현, 석전, 퇴경, 포광 이들 제 1세대 불교학자들이 활동했던 시대는 주로 선말 한초로부터 이후 해방 및 6·25 전후기 시기까지였다. 이들은 책의 집필 동기, 자료의 수집 과정, 책의 구성, 출판의 경과 등을 몸소 체험하면서 불교학의 후속세대에게 충실하게 전수하였다. 그러므로 이들 네 사람은 대한시대 불교학의 정초자들이자 이후 불교학의 전수자들이라 할 수 있다. 이들이 없었다면 오늘의 한국불교 연구의 지형도는 촘촘한 바늘코를 확보하기 어려웠다는 사실을 인정해야만 할 것이다.

이들이 말년에 보여준 친일과 부일의 모습을 일방적인 잣대를 재단해서는 많은 부분을 잃어버리게 된다. '그 사람'과 '그 작품'을 나눠볼 수 있다면 큰 문제는 없게 될 것이지만, 불교의 중도 지혜의 체득 위에서 이들의 공적을 살피지 않는 한 우리는 이들의 성취를 눈여겨 보기 어려울 것이다. 불교의 혁신과 발전을 위해 나아간 이들의 선각자적 위상은 결코 지워질 수 없는 것이라고 말해야만 할 것이다.

6. 정리와 맺음

지금까지 대한불교사의 기점인 1897년과 대한불학사의 기점인 1906년 이래 이루어진 불교학 연구의 지형도를 살펴보았다. 특히 『조선불교통사』(1918)와 『이조불교사』(1924~1926)를 쓴 상현 이능화, 「불교의 흥폐(興廢) 소이(所以)를 탐구(探究)할 금일(今日)」을 써서 한국불교사를 개관하면서 이 시기를 불교의 '부활 시대(復活時代)'로 규정한 석전 박정호, 『조선불교약사』(1917)와 『조선불교사개설』[95] 및 『조선종교사』를 써서 당시의 불교의 '갱생과도시대(更生過渡時代)'라고 규정한 퇴경 권상로, 『조선불교사고(朝鮮佛敎史藁)』와 『한국불교사상논고』[96]의 포광 김영수 등 이 시기의 대표적인 학자들을 중심으로 살펴보았다. 이들은 주로 조선불교 혹은 한국불교에 대해 깊은 관심을 가지고 평생을 학적 규명을 위해 매진해 왔기 때문이다.

이들 1세대 불교학자들인 이능화, 박정호, 권상로, 김영수 등은 선 말 한초로부터 불교를 만나 본격적으로 연구에 뛰어들었다. 이들 중에서 출가로 일관한 이(석전)도 있고, 재가로 일관한 이(상현)도 있으며, 출가와 재가를 넘나든 이들(퇴경과 포광)도 있다. 먼저 이들은 한국 불교학의 기초자료 확보를 위한 노력의 일환으로 불교통사 기술에 진력했다. 이들의 성취는 불교학과 국학 및 역사와 철학 등 전 방위에 걸쳐 이루어졌고 그 결과는 일반학계에까지 어느 정도 원용되었다. 이들 대부분은 초기에는 사회진화론에 입각해 불교연구를 시작했지만 곧이어 주로 공시적 '비교'의 방법론을 원용하였다. 이들을 이어 불교연구를 했던 제2세대와 3세대 역시 비교의 방법론 위에서 논구를 이어갔다. 이러한 방법론은 지금의 4세대와 5세대로까지 이어지고 있다.

'비교'를 잣대로 하는 공시적인 접근과 '진화'를 잣대로 하는 통시적인 접근은 대한시대 불교학 연구의 주요 흐름이었다. 1세대 불교학을 이어갔던 2, 3세대의 불교학은 '비교'의 방법론을 통해 이전 세대보다 진보하였다. 이제 컴퓨터를 체험한 4, 5세대는 이전의 아날로그 세대가 일구어 놓은 성취를 토대로 보다 입체적이고 구조적인 연구

---

95) 權相老는 이 책에서 甲－불교向上시대, 乙－불교平行시대, 丙－불교衰退시대, 丁－更生過渡時代의 넷으로 구분하고 있다.
96) 원광대학교에서는 남아 있는 그의 전 자료를 모아 『포광 김영수 박사 전집－韓國佛敎思想論攷』(1984)를 발간하였다.

를 요청받고 있다. 때문에 오늘의 한국 불교학 연구는 이제 이전과는 다른 차원에서 연구되어야만 한다. 불자들은 무엇보다도 구조적이고 입체적인 다양한 방법론의 모색 위에서 이루어진 성과를 기대하고 있다. 하여 그것이 학제적 연구든 사회과학적 방법론을 원용한 것이든 모든 사람들의 '이익'과 '행복'을 위하여 법을 설했던 붓다처럼 불학자들도 많은 사람들의 '행복'과 '이익'을 위하여 불교학을 연구할 수밖에 없게 되었다.

지금까지 다루어 온 이능화, 박정호, 권상로, 김영수는 재가와 출가와 재가를 넘나들며 불교학의 미래를 위하여 헌신한 인물들이라 할 수 있다. 그들은 척박했던 대한시대 초창기의 불교학 연구의 지평을 확립하였고 그것을 토대로 2세대와 3세대를 배출함으로써 불교학의 대중적 기반을 확보해주었다. 이제 불교학 연구의 주역이 된 4세대와 5세대들 역시 보다 많은 사람들의 '이익'과 '행복'을 위하여 학문의 길에서 매진해야 할 것이다. 그러기 위해서는 먼저 불교학 연구의 저변을 일구어 온 이들 1세대들에게 많은 빚을 지고 있다는 자각을 보다 분명히 해야 할 것이다. 따라서 이들로부터 받은 빚을 갚는 방법은 이들이 해 놓은 성취를 꼼꼼히 살펴보고 배워가면서 더욱 더 분발하는 길밖에 없을 것이다.

불교 근대화의 전개와 성격

1판 1쇄 인쇄　2006년 12월 25일
1판 1쇄 펴냄　2006년 12월 29일

지은이　대한불교조계종 불학연구소
　　　　　불교사연구위원회 (02-2011-1818)
발행인　김도영
펴낸곳　조계종출판사
인　쇄　한영문화사
후　원　조계사, 도선사, 봉은사

출판등록　제 1-1865호
등록일자　1995년 4월 1일
주　소　서울시 종로구 수송동 5번지 동일빌딩 8층
전　화　02-733-6390
팩　스　02-720-6019
E-mail　inyeon@buddhism.or.kr

ⓒ대한불교조계종 교육원, 2006
ISBN 978-89-86821-54-3 03220

※책값은 뒷표지에 있습니다.